Springer

Berlin
Heidelberg
New York
Barcelona
Budapest
Hong Kong
London
Mailand
Paris
Santa Clara
Singapur
Tokio

S. Hamann H. Hell D. Pankow R. Wunderer

PostScript® und PDF editieren mit

DigiScript™

Mit CD-ROM

Springer

Sabine Hamann
Hauke Hell
Detlef Pankow
Robert Wunderer

OneVision GmbH
Zeißstraße 9
D-93053 Regensburg

Die Deutsche Bibliothek – CIP Einheitsaufnahme

PostScript und PDF editieren mit DigiScript / S. Hamann ... - Berlin ;
Heidelberg ; New York ; Barcelona ; Budapest ; Hong Kong ; London ;
Mailand ; Paris ; Santa Clara ; Singapur ; Tokio : Springer.
Medienkombination
ISBN-13:978-3-642-64449-8   e-ISBN-13:978-3-642-60536-9
DOI:10.1007/978-3-642-60536-9

NE: Hamann, Sabine

Buch. - 1997
CD-ROM. - 1997

Additional material to this book can be downloaded from http://extra.springer.com.

ISBN-13:978-3-642-64449-8

Layout und Umschlagillustration: Prof. W. Becker, Neubiberg
Satz: Alexander Zettl, Rottenburg a. d. Laaber
Belichtung: e+r Repro, Donauwörth

SPIN 10545256   33/3142 - 5 4 3 2 1 0 - Gedruckt auf säurefreiem Papier

Willkommen

Dieses Handbuch erklärt die Installation und Einrichtung sowie die Bedienung der verschiedenen Module des OneVision-Softwarepaketes. Dieses Buch wurde, beginnend vom Satz über die Bildbearbeitung, Layouterstellung, Farbkorrektur und Farbseparation, bis hin zum Ausschießen, vollständig mit der OneVision-Software erstellt.

 *Basis*

Der erste Teil, genannt „Basis", beschreibt die Arbeitsumgebung von OneVision und die Werkzeuge, die von allen Programmmodulen gemeinsam genutzt werden. Wie auch in den anderen Teilen des Handbuches finden Sie hier viele Tips, Tricks und Techniken, wie die OneVision-Werkzeuge am effizientesten eingesetzt werden können.

 *DigiScript*

Der Teil „DigiScript" beschreibt die speziellen Werkzeuge für die Bearbeitung von PostScript- und PDF-Dateien. Dies beinhaltet das Öffnen, Ändern und erfolgreiche Ausgeben von PostScript-Dateien.

 *OneVision-Type*

Die drei Grundmodule von OneVision werden in den Teilen „OneVision-Type", „OneVision-Art" und „OneVision-Image" behandelt. Sie beschreiben die Werkzeuge, die zur Verfügung stehen, um neue Dokumente zu erstellen oder bestehende Dokumente zu verändern.

 *OneVision-Art*

 *OneVision-Image*

„Farbreproduktion" beschreibt die vorhandenen Farbmodelle, die Farbverwaltung, Separationsverfahren und gibt Hinweise für die qualitativ hochwertige Reproduktion von RGB- und CMYK-Farben.

 *Farbreproduktion*

Der Grundgedanke bei der Erstellung dieses Buches war nicht, einen enzyklopädischen Überblick über alle Aspekte der Software zu vermitteln; diese Aufgabe verbleibt der umfassenden Online-Hilfe. Der Schwerpunkt wurde vielmehr auf die Anwendungsmöglichkeiten der Software in der Praxis gesetzt. Anhand typischer Probleme und Aufgaben wird erläutert, wie die verschiedenen Module arbeiten und zusammenwirken. Wenn Sie zusätzliche Informationen zu einem bestimmten Modul, Werkzeug oder Problem wünschen, finden Sie alles, was Sie benötigen, in der Online-Hilfe, die Sie durch Drücken der F1-Taste (oder ‹Ctrl›+‹Alt› bei NeXT-Systemen) und Anklicken des betreffenden Fensters erreichen können.

Wir wünschen Ihnen viel Freude und Erfolg bei der Arbeit mit der OneVision-Software.

Inhalt

Teil 1: Basis

Teil 2: DigiScript

Teil 3: OneVision-Type

Teil 6: Farbreproduktion

Teil 1

Basis

von Robert Wunderer

1.1 Einleitung

In diesem Teil des Handbuchs erfahren Sie, wie Sie Ihr System für
die Arbeit mit OneVision vorbereiten und wie Sie grundlegende Ad-
ministrationsaufgaben durchführen können. Sie sollten diesen Teil
möglichst komplett lesen, da viele der hier beschriebenen Kenntnisse in den anderen Teilen vorausgesetzt werden und für die Arbeit
mit OneVision unerläßlich sind.

Im folgenden ist angeführt, welche Bedingungen in diesem Handbuch als Voraussetzung angenommen werden:

- Auf Ihrem Computersystem ist Nextstep lauffähig installiert
- Sie kennen, falls vorhanden, das Paßwort, um sich an Ihrem
  System anzumelden
- Sie haben für die Installation die OneVision-CD zur Hand
- Sie besitzen grundlegende Kenntnisse im Umgang mit Nextstep,
  insbesondere sollten Sie mit Tastatur und Maus umgehen und
  Datei- und Datenträger-Operationen ausführen können, z. B.
  Dateien und Verzeichnisse kopieren.

Wenn Sie Nextstep noch nicht installiert haben oder grundlegende
Kenntnisse im Umgang mit der Maus, der Tastatur oder dem Kopieren von Dateien erwerben möchten, lesen Sie das Nextstep-Hand-
buch. Falls Sie das Paßwort für Ihr System nicht kennen, so sprechen Sie mit Ihrem Systemverwalter.

Der Teil „Basis" beinhaltet fünf weitere Kapitel: 1.2 „Arbeitsplatzeinrichtung", 1.3 „Grundlagen der Bedienung", 1.4 „Elemente", 1.5
„Farben" und 1.6 „Wichtige Funktionen".

Unter 1.2 „Arbeitsplatzeinrichtung" wird Ihnen gezeigt, wie Sie
Ihr System auf die Arbeit mit OneVision vorbereiten müssen. Sie erfahren hier z. B. wie Sie OneVision installieren, lokale Drucker einrichten oder die System-Präferenzen einstellen können.

Das Kapitel 1.3 „Grundlagen der Bedienung" widmet sich dem
Einstieg in die Arbeit mit OneVision. Hier wird Ihnen der Aufbau des
Dokumentfensters erläutert, und Sie erlernen die Anwendung der
Hilfe-Funktion.

Unter 1.4 „Elemente" wird Grundlegendes über die Arbeit mit Elementen erklärt.

Das Kapitel 1.6 „Wichtige Funktionen" widmet sich Dingen, die Sie nicht unbedingt zum Arbeiten brauchen und die daher nicht unter 1.3 „Grundlagen der Bedienung" gehören. Hierzu zählen z. B. die Musterseiten.

1.1.1 Systembesonderheiten

Da Nextstep und damit auch OneVision mehrere verschiedene Hardwareplattformen unterstützt, die unterschiedliche Bezeichnungen für ihre Tasten haben, befindet sich in diesem Abschnitt eine schematische Aufstellung der Bezeichnungen und Positionen der Tasten auf den Tastaturen der verschiedenen Systeme. Unter den Beschriftungen, die Sie auf Ihrer Tastatur finden, ist auch der in diesem Handbuch verwendete Name.

Tastaturbelegung für Intel-486-kompatible PCs und Hewlett-Packard PA-RISC-Workstations

Tastaturbelegung für Sun SPARC-Workstations

1.1.1 SYSTEMBESONDERHEITEN

*Tastaturbelegung für
NeXT-Computer*

*Tastaturbelegung von
OneVision für Windows95-
PC-Tastaturen
(nur unter Openstep für
MachOS!)*

1.2 Arbeitsplatzeinrichtung

1.2.1 OneVision-Installation

Auf der OneVision-CD befindet sich OneVision in einer komprimierten, d. h. nicht ausführbaren Form. Um OneVision starten zu können, müssen Sie es auf Ihrer Festplatte installieren. Achtung: Stellen Sie bitte schon *vor* der Installation sicher, daß Sie als der Benutzer am System angemeldet sind, der dann später mit OneVision arbeiten soll. Sie sollten OneVision also nicht als „root" installieren, außer wenn dafür besondere Gründe vorliegen.

Achtung!

Als ersten Schritt der Installation müssen Sie die komprimierte Datei von der CD öffnen. Dies machen Sie wie folgt:

Schritt 1: Datei von der CD öffnen

In der Datei-Übersicht des Workspace-Managers klicken Sie mit der Maus auf das Computersymbol ganz links, und Sie sehen je nach gewählter Darstellungsart die Verzeichnisse „NextAdmin", „NextApps" und „NextLibrary" entweder als grafische Symbole oder als Namen in einer Liste.

Falls Sie es noch nicht getan haben, legen Sie jetzt bitte die OneVision-CD in Ihr CD-Laufwerk. Sie sollten nach einigen Sekunden entweder ein neues grafisches Symbol in der Datei-Übersicht finden oder den Namen „OneVision_3.02" in der Liste mit den anderen lesen können.

Sie können das Erscheinungsbild des Workspace-Managers Ihrem Geschmack anpassen, indem Sie im Workspace-Menü den Punkt „Übersicht" und dann den Punkt „Browser", „Symbol " oder „Liste" anwählen. Sie sollten alle drei Darstellungen einmal testen und dann diejenige beibehalten, die Ihnen zusagt.

Tip!

Jetzt müssen Sie die CD-ROM auswählen: Sie klicken in der Liste entweder einmal auf den „OneVision_3.02"-Schriftzug, der dadurch mit einem weißen Balken unterlegt wird, oder Sie klicken mit der Maus auf das CD-ROM-Symbol in der Symbolansicht. Achten Sie bitte darauf, wirklich auf das Symbol zu klicken und nicht auf das Textfeld darunter, da Sie ansonsten in den Umbenennen-Modus wechseln würden, was jetzt nicht erforderlich ist. Sie sehen wieder entweder eine Liste mit Namen, in der sich auch der Name „OneVision" befindet, oder ein Fenster mit Symbolen, auch hier finden Sie einen Ordner „OneVision".

Öffnen Sie die Ordner „OneVision", „Packages" und „OneVision" nach demselben Schema wie die CD.

Jetzt sehen Sie eine Datei mit dem Namen „OneVision.pkg". In der Symbolansicht sind alle Dateien mit der Endung „.pkg" als Paketsymbol dargestellt.

Schritt 2: Programm mit Hilfe des Installers installieren

Doppelklicken Sie auf die Datei „OneVision.pkg", und der Installer wird gestartet. Der Installer ist die Standardanwendung zum Installieren und Entfernen von Software unter Nextstep. Gleichzeitig wird das „OneVision"-Paket geöffnet, und Sie sehen eine kurze Beschreibung des Programms sowie einige Angaben über den Umfang etc.

Einige Anmerkungen zur Symbolsprache des Installers: Der „Installieren"-Schalter startet den eigentlichen Installationsvorgang, d. h. er kopiert die benötigten Dateien auf Ihre Festplatte und richtet die Software unter Nextstep ein. Diese Pakete werden nach der Installation im Ordner „/NextLibrary/Receipts" abgelegt. Als „Status" zeigt der Installer im Moment an: „Nicht installiert".

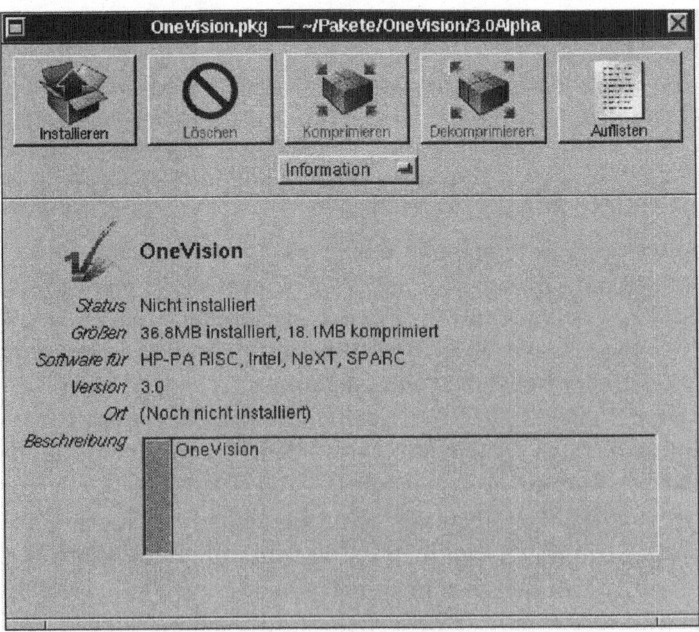

Der Informationsbildschirm

Klicken Sie jetzt auf den Schalter „Installieren", um die Installation zu starten. Sie werden nach dem „Zielverzeichnis" gefragt, d.h. dem Ort auf Ihrer Festplatte, wo Sie die Software installieren wollen. Standardmäßig wird Ihr Heimverzeichnis angenommen, also z.B. „/me/Apps" oder „/User/robert/Apps". Falls Sie dies ändern möchten, klicken Sie auf „Einstellen", und anschließend können Sie in einer Dateiübersicht das neue Ziel auswählen. Nach dem Bestätigen mit „OK" gelangen Sie wieder zum vorherigen Dialogfenster.

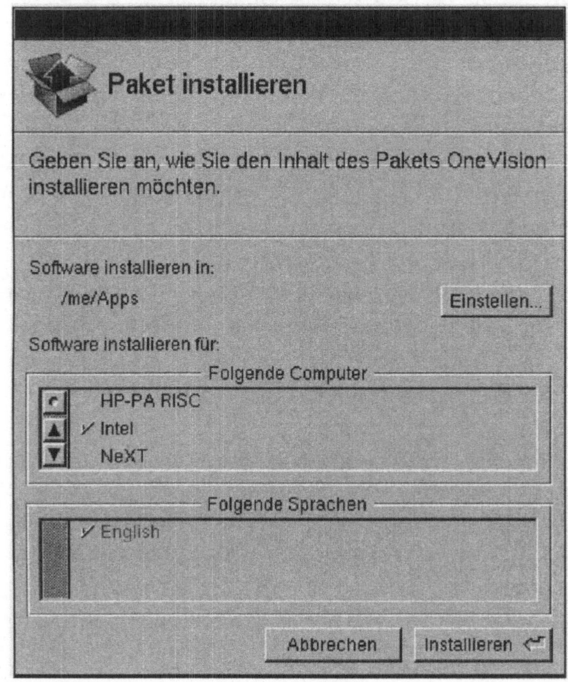

Auswahl der Einstellungen zur Installation

Sie können noch den Computertyp auswählen, auf dem die Software laufen soll. Als Standard finden Sie ein Häkchen vor dem Computertyp, an dem Sie arbeiten. Zur Zeit unterstützt OneVision die Architekturen Hewlett-Packard PA-RISC, Intel i486-Kompatible, NeXT und Sun SPARC.

Jetzt sehen Sie, wie der Installer jede einzelne Datei aus dem *Paket* daraufhin überprüft, ob Sie für alle Dateien, die installiert werden sollen, ausreichende Zugriffsrechte besitzen. So kann z.B. den Inhalt bestimmter Verzeichnisse nur der Superuser „root" ändern.

Probleme lösen

Wenn der graue Balken den rechten Rand der Fortschrittsanzeige erreicht hat, beginnt das eigentliche Kopieren der Dateien. Sie erhalten jetzt entweder gar keine Meldung oder eine der folgenden:

- *„Einige der Dateien in OneVision.pkg sind bereits installiert…"*
  Diese Meldung bekommen Sie, falls Sie bereits einmal OneVision auf Ihrer Festplatte installiert hatten und einige Dateien noch vorhanden sind. Haben Sie bereits eine Version von OneVision installiert, so müssen Sie diese vor der erneuten Installation erst löschen. Sie sollten OneVision nie über eine bereits vorhandene Version installieren. Stoppen Sie die Installation hier, indem Sie auf den Schalter „Abbrechen" klicken. Wechseln Sie in den Ordner „/NextLibrary/Receipts", doppelklicken Sie auf die Datei „OneVision.pkg" und betätigen Sie den Schalter „Löschen". Wenn die vorherige OneVision-Version gelöscht ist, wiederholen Sie die oben beschriebenen Punkte, und fahren Sie an dieser Stelle fort.

- *„Nicht genügend Zugriffsrechte zur Installation…"*
  Sie erhalten diese Meldung, falls Sie versucht haben, OneVision an einem Ort zu installieren, der spezielle, weitreichendere Befugnisse verlangt. Beenden Sie den Installer, und installieren Sie OneVision in einem Verzeichnis, für das Sie genügend Rechte besitzen.

- *„Installation fehlgeschlagen"*
  Diese Meldung erhalten Sie, falls während der Installation ein nicht bestimmbarer Fehler auftrat. Entweder es sind nicht alle Dateien im Paket vorhanden, oder Ihre Festplatte bietet nicht genügend Speicherplatz zur Installation, oder die CD ist beschädigt.

Achtung!

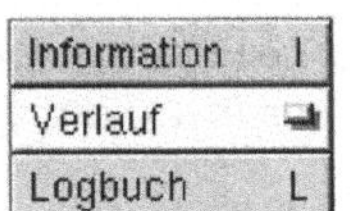

Wenn Sie auf den Eintrag „Verlauf" klicken und die Maustaste gedrückt halten, erhalten Sie noch zwei weitere Auswahlmöglichkeiten: „Information" und „Logbuch".

Die „Information" erschien bereits nach dem Öffnen des Pakets, das „Logbuch" enthält den Inhalt, den der „Überprüfen"-Vorgang gemeldet hat. Auch der „Auflisten"-Schalter erzeugt solch ein Protokoll. Hier können Sie, indem Sie die Pfeiltasten anklicken, die Liste nach oben und unten bewegen und sich die Meldungen hinter den einzelnen Dateien ansehen. „OK" besagt, daß die Datei kopiert werden konnte. „Existiert bereits" gibt an, daß eine zu installierende Datei bereits vorhanden ist. „Zugriff verweigert" bedeutet, daß Sie nicht genügend Rechte besitzen, die Datei zu erstellen oder zu verändern.

Hat der graue Balken den rechten Rand der Anzeige erreicht, ist die Installation beendet; Sie erhalten dann auch eine entsprechende Meldung des Installers. Jetzt klicken Sie in der Installer Menüleiste auf „Verlassen", der Installer wird geschlossen, und die Installation ist beendet.

Sie können, um sich das Prinzip der Installation noch einmal zu vergegenwärtigen, nachsehen, wo das Paket abgelegt wurde. Hierzu klicken Sie auf das Computersymbol links im Workspace-Manager, doppelklicken Sie auf „NextLibrary", oder wählen Sie es in der Liste an, wechseln Sie dann in das „Receipts"-Verzeichnis, und doppelklicken Sie auf „OneVision.pkg". Jetzt sehen Sie unter „Status" den Vermerk „Installiert" und unter „Ort" den Zielort der Installation, z. B. „/me/Apps". Auch die Schalter „Löschen" und „Komprimieren" sind nicht mehr grau unterlegt, d. h. Sie können die entsprechenden Aktionen jetzt ausführen.

Schritt 3: Kontrolle der Installation

Der Installer bietet Ihnen noch weitere nützliche Funktionen an: Falls Sie bereits installierte Software wieder entfernen wollen, genügt es, das entsprechende Paket in diesem Verzeichnis zu öffnen und den „Löschen"-Schalter des Installers zu betätigen. Nach einer Rückfrage wird die Software entfernt. Sie können bereits installierte Software zum Einsparen von Platz auf Ihrer Festplatte „komprimieren", d. h. verdichten, und wieder „dekomprimieren". Weitere Informationen zum Installer entnehmen Sie bitte der Nextstep Dokumentation oder der Online-Hilfe zum Installer. Um diese aufzurufen, wählen Sie bitte zuerst den Punkt „Info" und dann den Punkt „Hilfe" aus dem Installer Menü.

Im Anschluß finden Sie die Beschreibung der Installation einiger Zusatzprogramme.

Installation von CMYKAdjust

Um das Programm CMYKAdjust zu installieren, wechseln Sie auf der OneVision-CD in das Verzeichnis „OneVision/Packages/CMYKAdjust". Doppelklicken Sie dort auf das Paket „CMYKAdjust.pkg". Gehen Sie bei der Installation wie im vorherigen Abschnitt beschrieben vor. Damit CMYKAdjust immer aktiviert ist, müssen Sie es im *Dock* ablegen und es automatisch beim Anmelden starten lassen. Informationen hierzu finden Sie im Abschnitt „Das Dock" auf der nächsten Seite. Lesen Sie bitte außerdem die Datei „LiesMich-CMYKAdjust_Installation.D.rtfd" im selben Ordner.

Achtung!

Installation der HKS-Farben

Achtung!

Legen Sie die Diskette mit der Beschriftung „HKS-Farbleiste" in Ihr Diskettenlaufwerk ein. Wählen Sie ggf. den Punkt „Disks überprüfen" aus dem „Disk"-Menü im Workspace-Manager, um die Diskette anzumelden. Wechseln Sie auf die Diskette, und doppelklicken Sie auf das Paket „HKS.pkg". Achtung: Damit Ihr Programm die HKS-Farbleiste erkennt, darf es vor der Installation noch nicht gestartet sein. Beenden Sie also das Programm, in dem Sie die Farbleiste verwenden wollen, installieren Sie sie, und starten Sie Ihr Programm erneut. Lesen Sie bitte zusätzlich die Datei „_LiesMich-HKS-Farben_Installation.rtfd" auf der Diskette.

Installation der Bitstream-Fonts

Achtung!

Um die Bitstream-Fonts installieren zu können, benötigen Sie die Fonts-CD und die „Bitstream PostScript-Fonts"-Diskette. Melden Sie sich als „root" an, legen Sie die CD in Ihr CD-ROM-Laufwerk und die Diskette in Ihr Diskettenlaufwerk. Melden Sie diese ggf. durch den Punkt „Disks überprüfen" aus dem „Disk"-Menü an. Wechseln Sie anschließend zur Diskette. Doppelklicken Sie auf eines der Scripts, und die entsprechenden Fonts werden von der CD installiert. Wollen Sie alle 500 Schnitte der 173 Schriftfamilien aus der CD installieren, so doppelklicken Sie auf die Datei „InstallAllFonts". Die Schriften werden dadurch in das Verzeichnis „/LocalLibrary/Fonts" installiert. Achtung: Bei diesen Scripten handelt es sich um UNIX-Shell-Scripte, die mit festen Pfadangaben arbeiten. Starten Sie die Installation also nur direkt von der Diskette und bei eingelegter Original-CD. Lesen Sie bitte zudem die Datei „ReadMe-Fontdisk_Installation.rtfd" auf der Diskette.

Installation der Anwendung „CharacterPaster.app"

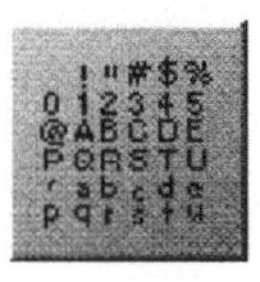

Kopieren Sie das Anwendungsprogramm „CharacterPaster.app" aus dem Verzeichnis „/OneVision/Apps" der OneVision-CD in das Apps-Verzeichnis Ihres Heimverzeichnisses (z. B. „/me/Apps").

1.2.2 Das Dock

Was ist das Dock?

Nachdem OneVision installiert ist, sollten Sie es im Dock von Nextstep ablegen. Mit dem Begriff „Dock" wird die Iconleiste am rechten

Bildschirmrand bezeichnet. Oben befindet sich das NeXT-Symbol für den Workspace-Manager, darunter normalerweise die Uhr, ganz unten der Recycler. Sie können so viele Symbole im Dock ablegen, wie auf der Bildschirmseite Platz finden.

Wechseln Sie jetzt in das Verzeichnis, in dem Sie OneVision installiert haben, also z.B. „/me/Apps" (in der Liste das Computersymbol für das Hauptverzeichnis anwählen, „me" anklicken, „Apps" anklikken oder in der Symbolansicht dann entsprechend auf die Verzeichnis-Ordner doppelklicken). Sie sollten in der Datei-Übersicht das OneVision-Icon vor sich sehen. Falls Sie die Übersicht auf „Browser" oder „Liste" eingestellt haben, enthält die Liste den Schriftzug „OneVision.app". Klicken Sie in diesem Fall einmal auf diesen Schriftzug, und es erscheint darüber, neben dem Computersymbol und den Symbolen für die bereits geöffneten Verzeichnisse, das OneVision-Symbol.

OneVision auf das Dock ziehen

Suchen Sie sich jetzt einen noch nicht belegten Platz auf dem Dock aus. Klicken Sie anschließend das Symbol an, und ziehen Sie es mit gedrückter linker Maustaste auf den freien Platz im Dock. Sobald Sie in Reichweite des Docks kommen, erscheint das Symbol in einem eckigen Kasten, grau unterlegt. Lassen Sie jetzt die linke Maustaste los, und OneVision ist im Dock abgelegt. Achten Sie bitte darauf, die Maustaste wirklich nur über dem Dock loszulassen, denn falls Sie das Symbol irrtümlicherweise über einem anderen Ordner oder Laufwerk fallenlassen, würden Sie OneVision dorthin kopieren oder verschieben!

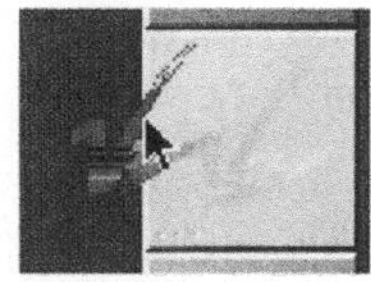

Achtung!

Durch die Positionierung auf dem Dock haben Sie das Programm an sich nicht verschoben. Es ist nach wie vor in dem Verzeichnis vorhanden, welches Sie bei der Installation ausgewählt haben, und kann auch immer noch von dort gestartet werden. Sie haben durch diese Aktion lediglich einen *Verweis* vom Symbol im Dock auf das eigentliche Programm erstellt.

Wichtig!

Um Programme wieder aus dem Dock zu entfernen, ziehen Sie das Icon einfach wieder aus dem Dock, bis der grau unterlegte

Weitere Informationen über das Dock

Kasten verschwindet, danach lassen Sie die Maustaste los. Bestimmte Programme können jedoch nicht so ohne weiteres wieder aus dem Dock entfernt werden. Dazu gehören der Workspace-Manager und der Recycler. Ebenso wie die Datei-Übersicht können aktive Programme, wenn sie ausgeblendet sind, durch einen Doppelklick auf das Symbol im Dock wieder in den Vordergrund gerufen werden.

Tip!

Das Dock liegt im Normalfall immer im Vordergrund, d. h. Sie können kein Fenster darüber legen. Falls Sie einmal den gesamten Platz auf dem Bildschirm benötigen sollten, können Sie das Dock bis auf eines der grauen Quadrate vom Bildschirm entfernen. Klicken Sie hierzu mit der Maus auf das NeXT-Symbol ganz oben, halten Sie die linke Maustaste gedrückt, und ziehen Sie die Maus nach unten. Sie schieben das Dock sozusagen aus dem Bildschirm. Nur das NeXT-Icon bleibt immer sichtbar. Um wieder die ganze Leiste sehen zu können, klicken Sie nochmals das NeXT-Symbol an, halten die linke Maustaste gedrückt und ziehen das Menü einfach wieder nach oben.

Es gibt auch noch einen anderen Weg, die Vordergrundfunktion des Docks abzuschalten. Klicken Sie hierzu bei gleichzeitig gedrückter Wahltaste auf das NeXT-Symbol rechts oben. Durch nochmaliges Drücken der Taste und Klicken wird die Funktion wieder eingeschaltet.

Programme aus
dem Dock starten

Um Programme zu starten, die sich im Dock befinden, gibt es zwei Möglichkeiten:

Durch einen Doppelklick auf das Symbol des Programms im Dock wird das Programm gestartet.

Sie können es aber auch nach dem Anmelden automatisch starten. Um dies einzustellen, klicken Sie im Menü des Workspace-Managers erst den Punkt „Info" und dann den Punkt „Präferenzen" an. Falls Sie die Dialogseite „Dock" der Präferenzen nicht bereits vor sich sehen, öffnen Sie sie bitte mit Hilfe des Menüs direkt unter der Überschrift Workspace-Manager im Dialogfeld.

Sie sehen jetzt eine Liste aller Programme, die sich im Dock befinden. Der Workspace-Manager ist grau unterlegt, das besagt, daß er nicht aus dem Dock entfernt werden kann. Das kleine Häkchen vor manchen Programmen kennzeichnet diejenigen, die automatisch gestartet werden sollen. Wählen Sie jetzt, falls Sie z.B. OneVision nach dem Anmelden automatisch geladen haben wollen, den Punkt OneVision in der Liste an (weißer Balken), klicken Sie oben einmal in das Kästchen neben dem Satz „Beim Starten auto-

matisch aktivieren", und das Häkchen erscheint auch vor OneVision. Sollten Sie das Symbol für OneVision weit unten im Dock abgelegt haben, müssen Sie die Liste eventuell mit den Pfeiltasten nach unten bewegen, um OneVision anwählen zu können.

.... *Die System-Präferenzen*

Klicken Sie jetzt einmal auf das „X" rechts oben, und die Präferenzen werden geschlossen. Weitere Informationen finden Sie in der Nextstep Dokumentation.

Während des OneVision-Programmstarts verändert sich das Symbol im Dock zu einem Icon mit einer kleinen Fortschrittsanzeige darunter, an der Sie erkennen können, wie weit der Programmstart bereits fortgeschritten ist.

1.2.3 System-Präferenzen

Dieser Abschnitt widmet sich den globalen System-Präferenzen, welche für jeden Benutzer einzeln gesichert und beim Anmelden am System wieder eingestellt werden. Sie können durch diese Präferenzen die Nextstep Oberfläche Ihren Wünschen entsprechend gestalten. Hierzu bedarf es der Erklärung zweier Einstellungsfenster: Zum einen sind dies die eigentlichen Workspace-Präferenzen, welche auch schon im Abschnitt „Das Dock" kurz angesprochen wurden. Zum anderen ist dies die Anwendung „Preferences.app", welche Ihnen sehr viele Gestaltungsmöglichkeiten eröffnet.

Das „Präferenzen"-Menü

Zuerst wird hier das „Präferenzen"-Fenster des Workspace-Managers behandelt:

Um Einstellungen vornehmen zu können, müssen Sie das Fenster zuerst öffnen. Klicken Sie hierzu bitte im Workspace-Manager zuerst auf den Punkt „Info" und dann auf den Punkt „Präferenzen". Es öffnet sich ein Fenster, das Ihnen verschiedene Dialoge zur Konfiguration anbietet.

Sie können die einzelnen Fenster öffnen, indem Sie auf den grauen Balken unter der Überschrift „Workspace Manager: Präferenzen" mit der Maus klicken, die linke Maustaste gedrückt halten, und die Maus auf den gewünschten Punkt ziehen.

Dock   Der Punkt „Dock" wurde im Abschnitt „Das Dock" bereits beschrieben, er wird hier daher nicht mehr behandelt.

Ablage   Der Dialog „Ablage" bezieht sich auf das Menü in der Datei-Übersicht, das sich direkt unter dem Schriftzug „Datei-Übersicht" befindet. In diese Ablage können Sie z.B. häufig verwendete Ordner legen, um sie im schnellen Zugriff zu haben, oder auch häufig benötigte Laufwerke. Das Heimverzeichnis des aktiven Benutzers befindet sich immer in dieser Ablage und steht ganz links. Es kann zwar mehrfach hier auftreten, jedoch nicht entfernt werden.

Sie haben im Dialog die Möglichkeit, den Platz in der Ablage zu verändern, indem Sie mit der Maus auf einen der Pfeile im Feld „Titelbreite" klicken und diese dadurch vergrößern oder verkleinern.

Sollten Sie mehr als eine Zeile für die Ablage benötigen, so können Sie den Schalter „Größe der Ablage veränderbar" einschalten (mit der Maus in das graue Kästchen klicken). In der Datei-Übersicht sehen Sie unter der Zeile für die Ablage in der Mitte eine kleine, runde Vertiefung, die andeuten soll, daß die Höhe der Ablage jetzt verändert werden kann. Klicken Sie mit der Maus auf die Vertiefung, halten Sie wieder die Taste gedrückt, und ziehen Sie den erscheinenden Balken nach unten, bis die Ablage die gewünschte Größe erreicht hat. Die Größenänderung geschieht in fest definierten Schritten, deshalb ist es nötig, den Balken einige Zentimeter zu bewegen, um eine sichtbare Veränderung zu erzielen.

Browser   Die nächste Dialogseite beschäftigt sich mit dem „Browser". Die hier angezeigte Möglichkeit der Änderung der Spaltenbreite der

Datei-Übersicht geht ähnlich vonstatten wie bei der Ablage. Die Einstellung der Spaltenbreite wirkt sich allerdings nur dann sichtbar aus, wenn Sie die Datei-Übersicht in den Browser-Modus geschaltet haben (Menüpunkt „Übersicht"/„Browser" des Workspace-Menüs).

Für die beiden anderen Darstellungsarten, vor allem für die Symbolansicht, möchten wir an dieser Stelle noch eine andere Möglichkeit erwähnen: Sie können die Größe der Datei-Übersicht auch am Fenster direkt verändern. Hierzu klicken Sie mit der Maus in der rechten bzw. linken unteren Ecke auf den grauen Rand, der vom Rest nach links bzw. rechts hin durch einen kleinen Strich abgetrennt ist. Der ansonsten leicht schwarze Rand des ganzen Fensters wird grau, wenn Sie die Maustaste an dieser Stelle drücken und gedrückt halten. Bewegen Sie die Maus, können Sie die Größe der Datei-Übersicht zumindest in einer Richtung, d. h. entweder der Breite oder der Höhe nach, verändern.

Die Größenänderung über den Dialog „Symbol-Ansicht" wirkt sich ähnlich wie die Veränderung der Ablage aus, d. h. jedes Symbol nimmt den hier eingestellten Platz für sich in Anspruch. Betroffen sind die Symbole im unteren Teil der Datei-Übersicht. Diese Änderung wird jedoch nur sichtbar, wenn Sie die Datei-Übersicht in den Symbol-Modus umgeschaltet haben (Menüpunkt „Übersicht"/„Symbol" des Workspace-Menüs).

Symbol-Ansicht

Der Dialog „Dateisuche" ist hier nicht von Bedeutung, auf ihn wird nicht näher eingegangen.

Dateisuche

Der Dialog „Disk" beschreibt Operationen, die im Zusammenhang mit Disketten, Wechselmedien oder Festplatten ausgeführt werden sollen. Empfehlung: Wählen Sie für Wechselplatten und Disketten die Einstellung „ein neues Fenster mit ihrem Inhalt öffnen". Eine Diskette melden Sie nach dem Einlegen über den Menüpunkt „Disk"/„Disks überprüfen" im Workspace-Manager an (bei NeXT-Computern geschieht dies automatisch). Die Diskette wird über den Punkt „Disk"/„Auswerfen" bei angeklickter Diskette wieder ausgeworfen.

Disk

Tip!

Die Preferences-Applikation

Die im vorangegangenen Abschnitt besprochenen Workspace-Präferenzen sind nicht zu verwechseln mit der Applikation *Preferences*. Letzteres ist ein Anwendungsprogramm, das Voreinstellungen und andere Systemeinstellungen verwaltet und die Uhr anzeigt.

Die Preferences-Applikation

Lokalisierung

Doppelklicken Sie auf das Uhr-Symbol im Dock. Sollten Sie dieses Symbol dort nicht finden, so öffnen Sie das Programm mit Hilfe der Datei-Übersicht. Der vollständige Pfad lautet: „/NextApps/Preferences.app". Um in das Verzeichnis zu gelangen, klicken Sie bitte zuerst auf das Computersymbol links in der Datei-Übersicht, doppelklicken Sie dann auf das Ordnersymbol zu „/NextApps" oder wählen Sie den Namen in der Liste an.

Wechseln Sie bitte über das zweite Symbol der Leiste in den Dialog zur Einstellung von Tastatur, Sprache, Maß und Papierformat.

Im Feld „Tastaturen" können Sie die von Ihnen bevorzugte Tastaturbelegung auswählen. Mit dem Balken links können Sie durch die Liste blättern. Klicken Sie nach der Auswahl einer Tastatur (Name ist weiß unterlegt) auf den Schalter „Dialogfenster Tastatur", und das Layout der jeweiligen Tastatur wird eingeblendet. Diese Tastenanordnungen sollten weitgehend mit den Beschriftungen auf Ihrer Tastatur übereinstimmen.

Im „Maßeinheiten"-Dialog können Sie einstellen, mit welcher Maßeinheit Sie arbeiten möchten. Auch das Papierformat läßt sich damit festlegen. Haben Sie hier z.B. „Zentimeter" und „A4" eingestellt, so richten sich alle Nextstep-Anwendungen, die Sie unter Ihrem Benutzernamen starten, nach dieser Vorgabe.

Die bevorzugte Sprachreihenfolge, die Ihre Anwendungen verwenden sollen, läßt sich im rechten Teil des Dialogs einstellen, indem Sie die gewünschte Sprache anklicken und bei gedrückter Maustaste an den Anfang der Liste ziehen.

Klicken Sie jetzt mit der Maus einmal auf die Uhr, und die „Datum- und Uhrzeit-Präferenzen" werden geladen.

Falls diese Einstellungen an Ihrem Rechner vom lokalen Netz aus gesteuert werden, können Sie nur die Einstellung der Zeitzone ändern. Ansonsten können Sie hier das Datum auf Monat und Jahr und anschließend die Uhrzeit auf Tag und Stunden genau einstellen: Klicken Sie die Pfeiltasten rechts bzw. links von den Monats- und Jahreszahlen so lange mehrmals an, bis der gewünschte Monat bzw. das gewünschte Jahr erscheint. Klicken Sie schließlich im Kalender einfach auf das richtige Datum. Die Uhr können Sie entweder in einer 24- oder 12-Stunden-Variante anzeigen lassen.

Rollen Sie mit den Pfeiltasten das Weltbild des Menüs zur Einstellung der Zeitzone, und klicken Sie in der Karte ungefähr dorthin, wo Sie sich befinden. Die korrekte Zeitzone wird darüber angezeigt.

Datum und Uhrzeit

Falls mehrere Namen existieren, können Sie mit Hilfe des Menüs über der Karte den Namen auswählen, der Ihnen bekannt ist.

Durch Anklicken des Datumfeldes mit der Maus können Sie, je nachdem, wohin Sie klicken, entweder die Stunden, Minuten oder Sekunden ändern. Jetzt sollten Sie noch auf den Schalter „Einstellen" klicken, und die Änderungen werden in das System übernommen.

Wenn Ihnen die Standarduhr nicht gefällt, können Sie ihr Aussehen verändern, indem Sie mit der Maus auf das Uhrsymbol über dem Schalter „24 Stunden" klicken. Es gibt insgesamt sechs verschiedene Varianten, sehen Sie einfach alle durch, und stellen Sie dann die ein, die Ihnen zusagt.

Eine Variante der Uhr

Wenn Sie jetzt auf das Schloßsymbol klicken, werden die „Paßwort-Präferenzen" geladen.

Falls Sie in dem grauen Dialogbalken in der Mitte den Eintrag sehen: „Sie haben kein Paßwort", so können Sie über den Schalter „Erstellen" eines definieren, und nach einer Rückfrage ist Ihr Paßwort gespeichert. Nun erscheint der Eintrag: „Paßwort ist gesichert".

Paßwort

Sie können das Paßwort über den Schalter „Ändern" modifizieren. Dabei werden Sie zunächst nach Ihrem alten Paßwort gefragt. Nachdem Sie dieses richtig eingegeben und mit „OK" bestätigt haben, sehen Sie, daß sich das Schloß links geöffnet hat. Geben Sie jetzt zweimal Ihr neues Paßwort ein, und das Schloß schließt sich wieder. Ihr neues Paßwort ist gespeichert.

Nach der Installation von Nextstep hat der Benutzer „me" kein Paßwort. Das System meldet Sie nach dem Starten Ihres Computers automatisch an. Wenn Sie ein Paßwort einstellen, müssen Sie es bei jedem Systemstart im Anmeldefenster eingeben. Vergessen Sie Ihr Paßwort also nicht, Sie benötigen es bei jedem Anmeldevorgang an Ihrem Computer! Wenn Sie das automatische Anmelden von „me" einmal außer Kraft setzen wollen, so halten Sie, während das Anmeldefenster geladen wird, die linke Maustaste gedrückt.

Achtung!

Tastatur

Der nächste Dialog, die „Tastatur-Präferenzen", erreichbar über das Tastatursymbol, dient zur Veränderung der Anschlagdynamik Ihrer Tastatur. Wählen Sie hier die Werte, die Ihnen zusagen.

Rollen Sie nun mit dem Balken unter den Symbolen die Liste nach rechts, und Sie sehen eine Reihe weiterer Symbole. Die „Maus-Präferenzen" dienen der Einstellung der Mausgeschwindigkeit. Stellen Sie auch hier die Werte ein, die Ihnen angenehm sind.

Maus

Achtung!

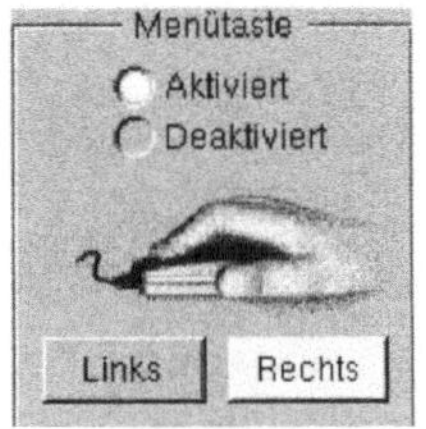

Menütaste aktivieren

Anzeigen

Hintergrundfarbe einstellen

Dialogfenster „Farben"

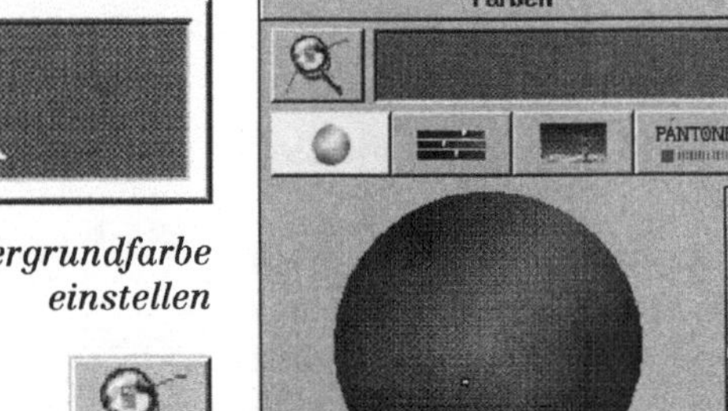

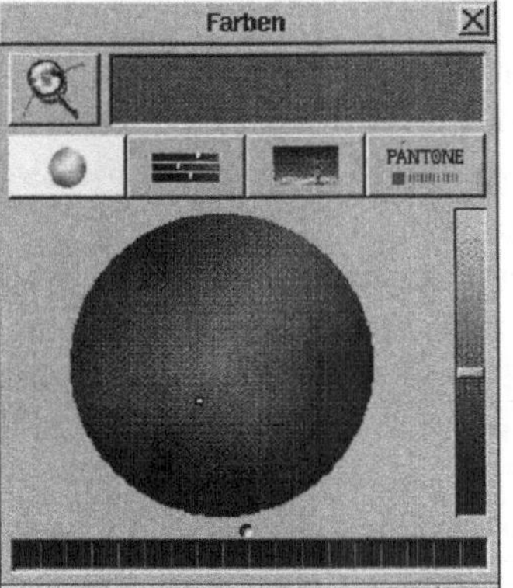

Gewählte Farbe übernehmen

Eine Einstellungsmöglichkeit findet sich hier, die man leicht übersieht, die allerdings in Nextstep und vor allem für die Arbeit mit OneVision sehr wichtig ist: die sogenannte „Menütaste". Stellen Sie hier den Schalter unbedingt auf „Aktiviert", indem Sie in den Kreis klicken. Haben Sie bis jetzt alle Aktionen, d. h. Verzeichnisauswahl in der Datei-Übersicht etc., mit der linken Maustaste durchgeführt, so stellen Sie hier mit der Auswahl „Rechts" die rechte Maustaste als Menütaste ein, andernfalls wählen Sie die linke Taste.

Wenn Sie die zweite Maustaste drücken und gedrückt halten, erscheint das Preferences-Menü nochmals unter Ihrer Maus. Ziehen Sie die Maus bei immer noch gedrückter zweiter Maustaste nach unten, so können Sie durch die Menüs blättern, ohne die Maus bis zum eigentlichen Menü bewegen zu müssen. Dies ist eine Funktion der zweiten Maustaste. In OneVision besitzt Sie noch andere wichtige Funktionen. Dazu lesen Sie später im Kapitel „Grundlagen der Bedienung" noch mehr.

In den „Anzeige-Präferenzen" können Sie die Zeitspanne angeben, nach der sich der Bildschirm verdunkeln soll, falls niemand am Rechner arbeitet.

Sie können die Helligkeit regeln und die Hintergrundfarbe einstellen. Wenn Sie diese ändern möchten, klicken Sie auf den grauen Rand um die gerade aktive Farbe, und es öffnet sich der Dialog „Farben". Klicken Sie jetzt entweder auf einen Farbton im Farbkreis (rechts können Sie die Helligkeit einstellen), oder klicken Sie auf die Lupe. Ihr Mauszeiger nimmt die Form einer Lupe an. Sie können jetzt überall am Bildschirm Farben aufnehmen, indem Sie sie anklicken und diese dann übernehmen. Haben Sie die gewünschte Farbe gefunden, klicken Sie einmal in die Farbanzeige rechts neben der Lupe, halten die Maustaste gedrückt und ziehen das erscheinende kleine Quadrat auf das Rechteck unter der Überschrift „Hintergrundfarbe".

Wenn sich der schwarze Mauszeiger in einen grünen verändert hat, können Sie die Taste loslassen, und Ihre neue Hintergrundfarbe ist eingestellt. Mehr zum Dialog „Farben" finden Sie unter 1.5 „Farben".

Auf die „Ton-Präferenzen" wird an dieser Stelle nicht eingegangen. Sie sind weitgehend selbsterklärend.

Auch die „Font-Präferenzen" benötigen keine langen Erklärungen. Falls Sie einen Font ändern wollen, klicken Sie auf „Font einstellen", wählen den gewünschten Font im folgenden Fenster aus und klicken auf „Einstellen". Es empfiehlt sich allerdings, die Standardeinstellung beizubehalten.

Ton

Die „Menü-Präferenzen" dienen der globalen Anpassung der Menüs aller Anwendungen. Ziehen Sie auf der linken Seite im Abschnitt „Menüposition" das Menüsymbol an die Stelle auf dem Bildschirm, an welcher zukünftig die Menüs der Anwendungen erscheinen sollen. Das Preferences-Menü bewegt sich zu Ihrer Kontrolle gleich mit.

Die „Tastatur-Kurzbefehle" sind diejenigen Buchstaben, die in den Menüs immer hinter dem Namen des Menüpunkts erscheinen, in jeder Anwendung z.B. „Ausblenden h" oder „Verlassen q". Dies bedeutet, Sie können z.B. entweder auf den Menüpunkt „Verlassen" klicken, oder Sie geben bei gedrückter Befehlstaste den Buchstaben „q" ein.

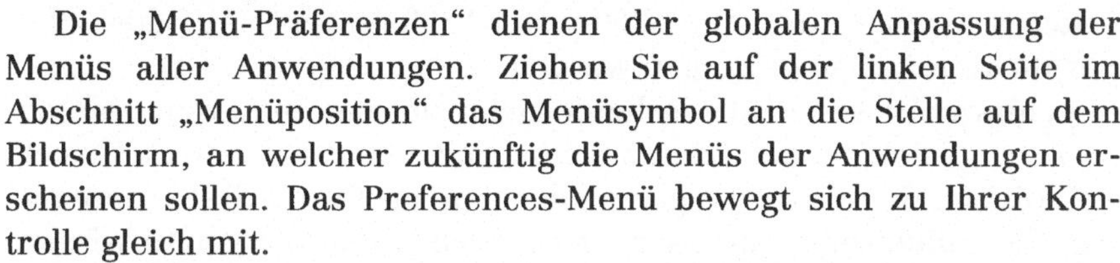

Sie können solche Befehle auch selbst definieren. Der Menüpunkt „Präferenzen…", den Sie in fast jeder Anwendung im „Info"-Menü finden, besitzt z.B. keinen Tastatur-Kurzbefehl. Um diesen zu definieren, geben Sie in das „Befehl"-Textfeld den Menüeintrag genau in der Form ein, wie er auch im Menü steht, in unserem Beispiel „Präferenzen…", und unter „Tastatur-Kurzbefehl" geben Sie z.B. ein großes „V" ein. Sie können so jede Funktion einer Anwendung mit einem Kurzbefehl belegen. Diese Änderungen treten nach dem nächsten Start der jeweiligen Anwendung, bzw. bei Änderungen, die den Workspace-Manager betreffen, nach dem nächsten Ab- und Anmelden in Kraft.

Services

Die „Services-Präferenzen" beziehen sich auf das Dienste-Menü in vielen Anwendungen. Eine genaue Beschreibung würde den Rahmen dieses Abschnittes allerdings sprengen. Lesen Sie dazu das Nextstep Benutzerhandbuch.

Der letzte Punkt, die „Experten-Präferenzen", sind für die Arbeit im System von großer Bedeutung.

Die „Dateierstellungsmaske" definiert, welche Rechte einer neu erstellten Datei automatisch zugewiesen werden. Die „Sicherheitsoptionen" sind in diesem Zusammenhang ebenso wie die „Dateierstellungsmaske" weniger von Interesse.

Experten-Präferenzen

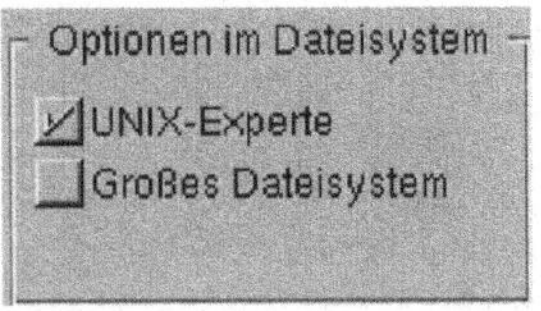

Der Experten-Modus

Der Punkt „Optionen im Dateisystem" wird dagegen häufig benötigt. Wenn Sie das Kästchen „UNIX-Experte" anklicken, werden Sie in der Datei-Übersicht bemerken, daß auf einmal viel mehr Dateien und Verzeichnisse angezeigt werden. Dies waren versteckte Dateien und Verzeichnisse. Die Option „Großes Dateisystem" ist hier nicht von Bedeutung.

Wenn Sie als „root" angemeldet sind, sehen Sie rechts noch ein weiteres Symbol, die „Anmeldefenster-Präferenzen". Auf diese soll hier nicht weiter eingegangen werden.

Achtung: Dieses Feld erscheint nicht umsonst nur, wenn Sie als „root" angemeldet sind. Sollten Sie hier eine falsche Einstellung treffen, können Sie sich u.U. gar nicht mehr an Ihrem System anmelden. Sie sollten hier nur etwas verändern, wenn Sie genau wissen, was Sie tun!

Tip! Sie sollten die Preferences-Applikation nie „Verlassen", sondern immer nur „Ausblenden", da die Uhr nur läuft, solange die Applikation aktiv ist.

Für weitere Informationen lesen Sie bitte die Online-Hilfe zur Anwendung „Preferences.app" und die gedruckte Nextstep Dokumentation.

1.2.4 Einrichten von Druckern

Damit Sie Dokumente, welche Sie in OneVision erstellt haben, auch auf Ihrem Drucker ausgeben können, müssen Sie dem System erst mitteilen, daß ein Drucker angeschlossen ist, von welchem Typ dieser Drucker ist, und wo er sich befindet. Der Drucker kann lokal an Ihrem Computer angeschlossen sein, oder Sie haben über ein *Netzwerk* Zugriff auf ihn.

Lokal angeschlossene Drucker werden mit dem PrintManager eingerichtet. Netzwerkdrucker in einem Nextstep Netz werden auf dem Rechner, an den sie angeschlossen sind, mit dem PrintManager eingerichtet.

Netzwerkdrucker, die an einem UNIX-Server angeschlossen oder in anderer Art und Weise über TCP/IP erreichbar sind, müssen Sie mit dem Programm „HostManager" im Verzeichnis „/NextAdmin" und dem Tool „RemotePrinter" einrichten. Genauere Informationen finden Sie auf der OneVison-CD im Verzeichnis „OneVision/Info_KnowHow /FragenUndAntworten". Novell NetWare-Drucker müs-

sen mit dem Programm „NetWareManager" eingerichtet werden. Achtung: Sie müssen sich als „root" einloggen und authentifizieren! Appletalk-Drucker werden, falls das Programm „Partner" installiert ist, in den Partner-Präferenzen (entspr. Preferences-Feld) eingerichtet.

Informationen zu den oben erwähnten Programmen, außer dem PrintManager, entnehmen Sie bitte der jeweiligen Online-Hilfe bzw. der gedruckten Dokumentation.

Zur Installation eines lokalen Druckers mit Hilfe des PrintManagers gehen Sie bitte folgendermaßen vor:

Installation eines lokalen Druckers

Zunächst müssen Sie den PrintManager starten. Klicken Sie dazu in der Datei-Übersicht des Workspace-Managers mit der Maus auf das Computersymbol ganz links. Sie sehen jetzt die Verzeichnisse „NextAdmin", „NextApps" und „NextLibrary" evtl. zusammen mit einigen anderen entweder als grafische Symbole oder als Namen in einer Liste. Sie öffnen nun den Ordner „NextApps", indem Sie entweder auf das Symbol doppelklicken oder den Namen in der Liste anklicken. Jetzt sehen Sie die Anwendung „PrintManager.app" zusammen mit anderen wieder entweder als Symbole oder als Namen in einer Liste. Mit einem Doppelklick auf den Namen in der Liste oder auf das Symbol starten Sie den PrintManager. Achten Sie bitte darauf, wirklich auf das Symbol doppelzuklicken und nicht auf das Textfeld darunter, da Sie ansonsten in den Modus zum Umbenennen des Objekts wechseln würden.

PrintManager starten

Nach dem Start des PrintManagers erscheint links in der Ecke das PrintManager-Menü. Je nachdem, ob Sie diese Anwendung schon einmal gestartet haben oder nicht, sehen Sie jetzt ein, zwei, oder gar kein Fenster geöffnet. Falls Sie noch kein Fenster geöffnet haben, klicken Sie in der Menüleiste bitte einmal auf den Punkt „Drucker", und es öffnet sich ein Fenster zur Verwaltung von Druckern.

Dialog zum Eintragen eines neuen Druckers öffnen

Wenn Sie noch keine Drucker erstellt haben, ist nur der Punkt „Erstellen" im Druckermenü nicht grau unterlegt; Sie können also nur diesen Punkt auswählen. Klicken Sie jetzt auf „Erstellen", und es öffnet sich ein weiteres Fenster, in dem Sie einen neuen Druckereintrag eingeben können.

Wählen Sie den gewünschten Drucker aus der Liste links unten aus, indem Sie mit den abgebildeten Pfeilsymbolen die Liste auf und ab rollen, bis der gewünschte Drucker erscheint. Die Liste ist

Druckertyp auswählen

Achtung!

alphabetisch geordnet. Haben Sie den gewünschten Druckernamen gefunden, dann klicken Sie ihn an, so daß er mit einem weißen Balken unterlegt ist. Sollte hier der Name Ihres Druckers nicht aufgeführt sein, fehlt dem Betriebssystem vermutlich die passende PPD-Datei zu Ihrem Drucker. Diese Dateien (PostScript Printer Description) enthalten Informationen über Ihren Drucker, z. B. die Auflösung, mit der dieser druckt. Der PrintManager liest diese Informationen aus und verwendet sie, um den Drucker korrekt anzusteuern. Die PPD-Dateien sind auf Ihrer Festplatte im Verzeichnis „/NextLibrary/PrinterTypes" gespeichert. Entweder haben Sie das Paket mit den entsprechenden PPDs, die in Nextstep enthalten sind, noch nicht installiert, oder Ihr Drucker wird nicht standardmäßig unterstützt.

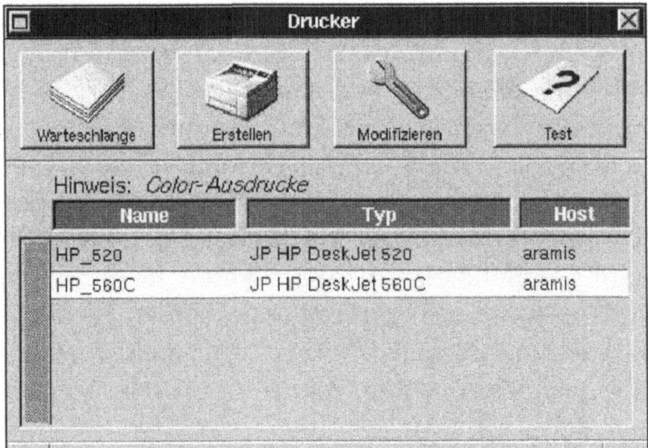

Das Drucker-Fenster

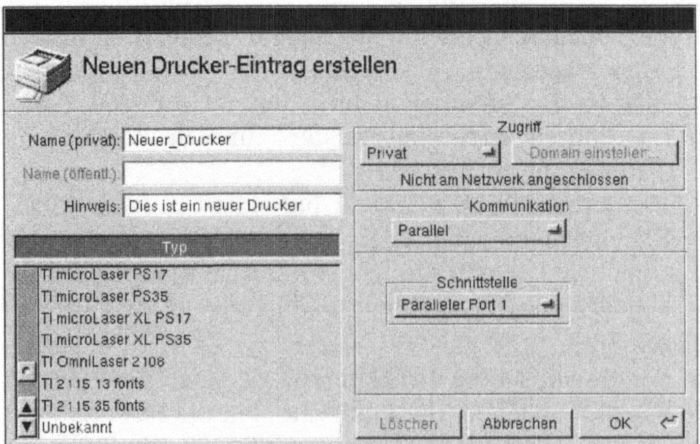

Drucker erstellen

Sind die PPDs noch nicht eingerichtet, so installieren Sie (als Benutzer „root") das „PrinterPPDs.pkg"-Paket von der Nextstep CD-ROM vom Verzeichnis „NextCD/Packages". Um hochauflösende Belichter einsetzen zu können, müssen Sie zusätzlich das Paket „Imagesetter-PPDs.pkg" installieren.

Bei Bedarf: Auswahl der Drucker erweitern

Wird ein Drucker nicht standardmäßig unterstützt, benötigen Sie die passende PPD-Datei zu diesem Drucker. Auf jeden Fall müssen Sie eine PPD-Datei, bevor Sie sie installieren, per Doppelklick in Edit öffnen und den Eintrag „*FormatVersion:" überprüfen. Dieser muß 4.0 oder höher sein. Der Standard zur Druckeransteuerung unter Nextstep ist PostScript. Wenn Sie einen PostScript-Drucker besitzen, bekommen Sie die passende Datei von Ihrem Druckerhersteller mitgeliefert. Kopieren Sie sie in das Verzeichnis „/LocalLibrary/Printer Types" oder in „~/Library/PrinterTypes" in Ihrem Heimverzeichnis. Vorsicht: Die Dateiendung muß „.ppd" sein! Windows-PPDs können direkt verwendet, Macintosh-PPDs müssen vorher mit dem Programm „TextConvert.app" konvertiert werden. Dieses Programm finden Sie auf der OneVison-CD-ROM im Verzeichnis „/OneVision/ Apps". Genauere Hinweise entnehmen Sie bitte der Online-Hilfe zu TextConvert. Alle Non-PostScript-Drucker benötigen einen entsprechenden Treiber, bitte wenden Sie sich in diesem Fall an Ihren OneVision-Händler. Non-PostScript-Drucker sind z. B. manche Drukker der „HP LaserJet"- und viele der „HP DeskJet"-Klasse.

Achtung!

Achtung!

Im Fenster „Neuen Drucker-Eintrag erstellen" können Sie als Bezeichnung einen beliebigen Namen (Leerzeichen und bestimmte Sonderzeichen sind nicht erlaubt) und unter „Hinweis" einen beliebigen Text eingeben. „Name (privat)" ist immer verfügbar und gilt auf Ihrem Nextstep System als Druckername. „Name (öffentl.)" ist nur für Drucker, die im Netzwerk zur Verfügung stehen sollen. Hier geben Sie den Namen ein, unter welchem Sie den Drucker in Ihrem Netzwerk freigeben wollen. Dieser Name erscheint, sobald Sie den Drucker fertig eingerichtet haben, in jeder Nextstep Anwendung im „Drucken"-Fenster. Sinnvollerweise geben Sie hier den Herstellernamen des Druckers ein, z. B. HP_LaserJet_4 oder Epson_EPL3000 und unter „Hinweis" nützliche Zusatzinformationen, wie „Farbdrucker" oder „Drucker in Raum 210".

Name und Hinweis

Jetzt muß dem System noch mitgeteilt werden, wie der Drucker angeschlossen ist. Unter „Zugriff" können Sie angeben, wie der Zugriff auf den Drucker erfolgen soll. Lassen Sie hier am besten die

Anschluß

Standardeinstellung bestehen. Im Feld „Kommunikation" tragen Sie die gewünschte Anschlußart ein, entweder „Parallel", „Seriell" oder für unser Beispiel „HP JetDirect". Jetzt müssen Sie noch die Schnittstelle auswählen, also entweder „Paralleler Port 1" oder „2" etc. oder „Serieller Port 1" oder „2" etc. Bei „HP JetDirect" müssen Sie den Hostnamen des Druckers im Netzwerk oder seine IP-Adresse angeben. Diese Informationen erhalten Sie von Ihrem Netzwerkverwalter. Sollte die gewünschte Schnittstelle nicht in der Liste sein, müssen Sie sie erst installieren. Näheres hierzu entnehmen Sie bitte der Nextstep Dokumentation oder der Online-Hilfe zur Anwendung von „Configure.app" im Ordner „/NextAdmin".

Erstellung abschließen

Klicken Sie jetzt auf „OK". Das Fenster wird geschlossen, und Ihr neuer Drucker erscheint im „Drucker"-Fenster des PrintManagers. Er steht jetzt allen Anwendungsprogrammen zur Verfügung.

Sie können nun entweder weitere Drucker „Erstellen", einen bestehenden auswählen (der Name ist von einem weißen Balken unterlegt), diesen dann „Modifizieren", d.h. dessen Einstellungen verändern, oder einen Drucker testen.

Für letzteres klicken Sie einmal auf den Schalter „Test". Es wird ein schwarzweißer Testausdruck gestartet. Daran können Sie erkennen, daß Sie Ihren Drucker korrekt angemeldet haben. Wenn Sie während des Druckes einmal auf den Schalter „Warteschlange" klicken, sollten Sie, sofern der Druckjob nicht bereits vollständig vom Drucker angenommen wurde, Informationen zum Druckjob sowie zum Druckerstatus erhalten. Über den Menüpunkt „Verlassen" beenden Sie den PrintManager. Falls Sie die Warteschlangen oft kontrollieren möchten, etwa um zu sehen, ob Ihr Druckjob schon bearbeitet wird, dann klicken Sie nicht auf „Verlassen", sondern auf „Ausblenden".

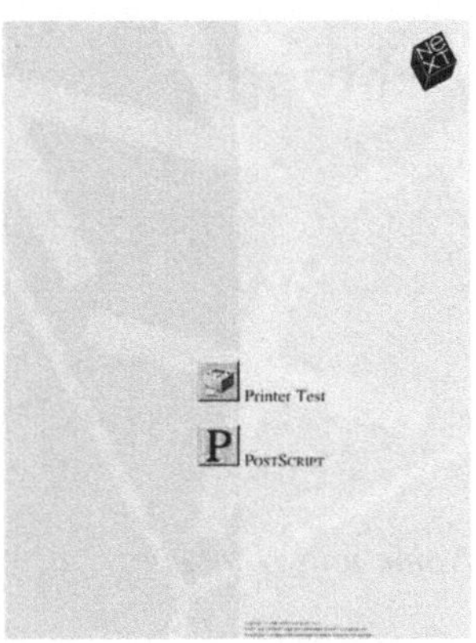

Drucktest

Achtung!

Achtung: Beim Einschalten des Rechners muß jeder Drucker, der direkt an Ihrem PC angeschlossen ist, eingeschaltet sein, ansonsten wird die Schnittstelle nicht initialisiert, und der Drucker wird als Folge davon nicht ordnungsgemäß arbeiten.

Falls Ihr Drucker nach dem „Erstellen" nicht druckt, gehen Sie bitte folgendermaßen vor: Achten Sie darauf, daß der Drucker eingeschaltet und mit seinem Initialisierungsvorgang fertig ist. Beenden Sie den PrintManager, klicken Sie im Workspace-Manager auf „Abmelden", und melden Sie sich neu an. Jetzt sollte der Drucker drucken. Tut er dies immer noch nicht, starten Sie Ihren Rechner

erneut – diesmal mit eingeschaltetem Drucker. Überprüfen Sie gegebenenfalls, ob Ihr Drucker korrekt mit dem Computer verbunden ist.

Bei Intel PCs ist es auch möglich, den Drucker erst nach dem
Starten des Systems einzuschalten. Prinzipiell sollte man aber, um
unerklärliche Fehler zu vermeiden, den Drucker schon vor dem
Rechnerstart einschalten.

Weitere Informationen hierzu finden Sie in der Online-Hilfe zum
PrintManager und in der Nextstep Dokumentation. Die Online-Hilfe
starten Sie, indem Sie im PrintManager-Menü erst den Punkt „Info"
und dann den Punkt „Hilfe" anwählen.

1.2.5 OneVision starten

Nachdem der Arbeitsplatz soweit eingerichtet ist, können Sie OneVision
starten. Doppelklicken Sie hierzu auf
das Symbol im Dock oder auf das Symbol in dem Verzeichnis, in dem Sie
OneVision installiert haben. Nach dem
Doppelklicken erscheint das Fenster
„Information". Anschließend sehen Sie
eine ganze Reihe von Modulen, die
erst geladen und dann initialisiert
werden.

Starten Sie OneVision zum ersten mal,
wird ein Serialisierungsfenster erscheinen, welches Sie darauf hinweist,
daß einige Module noch nicht freige-
schaltet sind, wodurch evtl. das Speichern, Drucken oder andere
Funktionen unterbunden werden. Beim ersten Programmstart wird
auch das „Willkommen"-Dokument geladen. Lesen Sie diese Seite
durch. Sie können von hier aus direkt eine Schnelleinführung starten. (Die Schnelleinführung kann auch über den Menüpunkt „Info"/„Schnelleinführung" gestartet und damit zu einem späteren Zeitpunkt nachgeholt werden.)

Während des Programmstarts wechselt das OneVision-Symbol im
Dock zu einem Symbol mit einer Fortschrittsanzeige, an der Sie sehen
können, wie weit der Programmstart schon abgeschlossen ist.

Das Informationsfenster

Alternativ zu den obigen Möglichkeiten können Sie OneVision auf zwei weitere Arten starten:

Das Symbol für OneVision-Dokumente

- Zum ersten wird, sobald Sie in der Datei-Übersicht des Workspace-Managers auf ein OneVision-Dokument doppelklicken, OneVision automatisch geladen und das entsprechende Dokument bzw. die entsprechenden Dokumente, falls Sie mehrere ausgewählt haben, dann automatisch geöffnet.
- Zum zweiten können Sie OneVision starten, indem Sie auf eine *Modulkonfigurationsdatei* doppelklicken. OneVision Dokumente tragen die Endung „.1Vdoc", Konfigurationsdateien „.1Vcfg". Unter 1.2.7 „Modulverwaltung" wird auf diese Möglichkeit nochmals eingegangen.

Das Symbol für Konfigurationsdateien

Sie sehen nach dem Programmstart das OneVision-Menü, ein leeres Dokumentfenster und die einzelnen OneVision-Module in den Icon-Menüs.

1.2.6 Serialisierung

Dieser Abschnitt widmet sich einem sehr wichtigen Punkt in OneVision, dem Serialisieren, d. h. dem Freischalten von OneVision-Modulen, um diese voll nutzen zu können.

Nachdem Sie OneVision installiert und gestartet haben, erscheint, wie oben schon erwähnt, ein Fenster, das Sie darauf aufmerksam macht, daß einige Module noch nicht serialisiert sind. Beim ersten Programmstart sind dies höchstwahrscheinlich alle Module. Sie können OneVision somit ausführlich testen, bevor Sie einzelne Module kaufen. Allerdings sind wichtige Funktionen deaktiviert bzw. werden nicht ausgeführt.

Nachdem Sie die Module freigeschaltet haben, sind diese Funktionen verfügbar. Sie müssen nur diejenigen Module freischalten, die Sie wirklich benötigen. Zum Thema Serialisierung lesen Sie bitte noch die Datei „Serialisierung.rtf" auf der OneVision-CD.

Um Module freizuschalten, klicken Sie zuerst auf den Punkt „Info" und dann auf den Punkt „Serialisierung" im OneVision-Menü. Es öffnet sich das Fenster „Serialisierung". Ganz oben im weißen Fenster erscheinen die noch nicht serialisierten Module. Darunter

sehen Sie Ihren „Code-String" und ein leeres Feld mit der Beschriftung „Schlüssel-String".

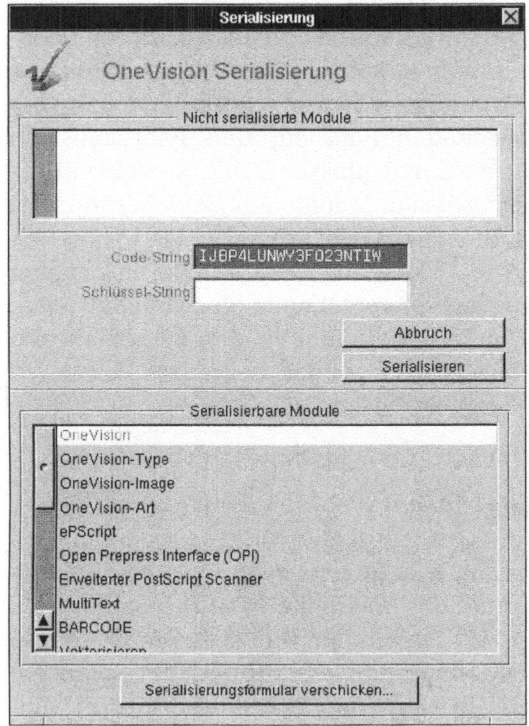

Das Serialisierungsfenster

Unten ist die Liste mit den „Serialisierbaren Modulen" aufgeführt. Standardmäßig ist das „OneVision"-Basismodul aktiviert. Klicken Sie in der Liste auf jedes weitere Modul, das Sie serialisieren möchten.

Schritt1: Schlüssel-String anfordern

Haben Sie alle ausgewählt, klicken Sie unten auf den Schalter „Serialisierungsformular verschicken…". Dadurch wird ein gleichnamiges Fenster geöffnet. Sie müssen hier Ihre Adresse und evtl. andere Informationen eintragen. Wenn die Liste komplett ausgefüllt ist, klicken Sie unten auf den Schalter „Serialisierungsformular an OneVision verschicken mit", halten die Maustaste gedrückt und wählen die gewünschte Versandart an, also entweder Brief, Fax oder E-Mail. Es öffnet sich nochmals ein Fenster, in dem Sie den genauen Wortlaut des Formulars vor dem Versand einsehen können. Die Brief-Option druckt Ihr Dokument auf Ihrem Drucker aus. Die Fax-Option öffnet das Nextstep Fenster zum Faxversand, die E-Mail-

Option schickt Ihr Dokument per Mail-Applikation an OneVision. In jedem Fall geschieht dies erst nachdem Sie den Schalter „Versenden" angeklickt haben.

Schritt 2: Module mit dem Schlüssel-String freischalten

Wenn Sie dann den passenden Schlüssel-String zu Ihrem Code-String von OneVision erhalten haben, kehren Sie über die Menüauswahl „Info"/„Serialisierung" in dieses Fenster zurück, geben den Schlüssel-String im entsprechenden Feld ein und betätigen den Schalter „Serialisieren". Wurde der Schlüssel-String korrekt eingegeben, verschwinden die serialisierten Module aus der oberen Liste, und Sie können sie von jetzt an voll nutzen.

Sie können auch später noch Module „nachlizenzieren", indem Sie einen Schlüssel-String für das entsprechende Modul beantragen, eingeben und bestätigen. Um Informationen zu den verschiedenen Lizenzarten, z. B. normale Lizenz oder zeitlich begrenzte Lizenz, zu erhalten, sprechen Sie mit Ihrem OneVision-Händler.

1.2.7 Modulverwaltung

OneVision ist modular aufgebaut, d. h. immer wenn Sie eine Funktion von OneVision benötigen, muß das passende Modul geladen sein oder geladen werden. Wenn Sie also z. B. ein Bild scannen wollen, so laden Sie das Scannermodul. Die Modulverwaltung stellt somit ein sehr wichtiges Schaltzentrum in OneVision dar, da Sie hier einstellen, welche Module geladen oder entfernt werden sollen.

Die Modulverwaltung öffnen Sie über den Menüpunkt „Info"/„Modulverwaltung". Es erscheint ein Fenster, in dem Sie die Module von OneVision konfigurieren können.

Module, die sich bereits in der Modulverwaltung befinden

In der linken Fensterhälfte sehen Sie die Namen der verfügbaren Module in OneVision, rechts sehen Sie ggf. den Inhalt der größeren Module in kleinere aufgegliedert. Das Modul OneVision besitzt z. B. ein untergeordnetes Modul zur Regelung der Druckausgabe.

Verschiedene Einstellungen sind möglich:

- Wenn Sie ein Modul beim Programmstart von OneVision immer laden wollen, markieren Sie es in der Liste und klicken auf den

Schalter „Laden" im Feld „Beim Start". Es erscheint vor dem Modul ein Kreis. Das Modul wird beim nächsten Programmstart automatisch geladen. Ist das entsprechende Modul noch nicht geladen, werden Sie gefragt, ob Sie es jetzt laden wollen. Klicken Sie „OK" und das Modul wird nachgeladen. Ein Kreis mit einem schwarzen Punkt bedeutet, daß dieses Modul bei jedem Programmstart geladen wird (Kreis) und außerdem im Moment schon geladen ist (Punkt).

- Dementsprechend bedeutet ein einzelner Punkt vor einem Modul, daß das Modul zwar im Moment noch geladen ist, beim nächsten Programmstart allerdings nicht automatisch geladen wird.
- Wenn Sie ein rotes Schloß vor einem Modul sehen, ist dieses noch nicht serialisiert, und Sie können es nur mit Einschränkungen verwenden.
- Grau angezeigte Module können nicht einzeln geladen werden, da sie Bestandteil des übergeordneten Moduls sind und somit automatisch mit diesem geladen werden.
- Wenn Sie ein Modul nur selten benötigen, es also nicht bei jedem Programmstart laden wollen, doppelklicken Sie auf seinen Namen in der Liste. Das Modul wird geladen, und es erscheint nur ein schwarzer Punkt vor seinem Namen.
- Ist ein Modul bereits aktiv, aber Sie wollen es nicht mehr weiterhin bei jedem Programmstart laden, dann wählen Sie es in der Liste an und klicken auf den Schalter „Nicht laden" im Feld „Beim Start".

Der Schalter „Alle laden" des Feldes „Module" lädt alle Module nach. Diese Module werden beim nächsten Start nicht wieder geladen, außer Sie markieren sie nachträglich.

Module in die Modulverwaltung aufnehmen/daraus entfernen

Sie können auch Module, die sich nicht in der Modulverwaltung befinden, hinzufügen. Klicken Sie hierzu auf den Schalter „Hinzufügen". Es erscheint eine Datei-Übersicht. Wählen Sie das Verzeichnis und das Modul aus, das Sie hinzufügen möchten, und bestätigen Sie mit „OK". Diese Module können Sie wie alle anderen auch in OneVision einbinden.

Ebenso können Sie auch Module, die Sie nie benötigen, über den Schalter „Entfernen" löschen. Nach einer Sicherheitsabfrage werden die angewählten Module aus der Modulverwaltung entfernt. Sie werden allerdings nicht auf dem Datenträger gelöscht und können somit über den Schalter „Hinzufügen" wieder eingebunden werden.

Der Schalter „Aktualisieren" im Feld „Konfiguration" durchsucht den OneVision-Ordner nach neuen Modulen. Auch auf diese Weise können Sie gelöschte Module wieder einbinden.

Konfiguration speichern

Wenn Sie die aktualisierte bzw. veränderte Konfiguration beibehalten möchten, müssen Sie sie speichern. Klicken Sie hierzu auf den Schalter „Speichern". Nach der Sicherheitsabfrage wird die vorherige Konfiguration überschrieben und beim nächsten Programmstart die aktualisierte geladen.

Der Schalter „Speichern als" gibt Ihnen hingegen die Möglichkeit, mehrere Konfigurationen für verschiedene Verwendungszwecke parallel bereitzustellen und diese einzeln zu speichern. Geben Sie der Datei im Feld der Datei-Übersicht einen markanten Namen, z. B. „AlleModule" oder „NurText". OneVision erstellt jetzt im ausgewählten Verzeichnis eine Datei mit dem angegebenen Namen und der Endung „.1Vcfg".

Wollen Sie eine der so erstellten Konfigurationen verwenden, darf OneVision noch nicht geladen sein. Doppelklicken Sie auf die Konfigurationsdatei in der Datei-Übersicht, und OneVision wird mit der entsprechenden Konfiguration geladen.

Module nachladen

Wenn Sie mit einer Konfiguration arbeiten, die nicht alle Module enthält, können Sie diese auch während des Programmlaufs von OneVision nachladen. Öffnen Sie hierzu die Modulverwaltung und doppelklicken Sie auf die gewünschten Module. Wenn sich diese nicht in der Liste der Module befinden, klicken Sie auf „Hinzufügen" im Feld „Module" oder auf „Aktualisieren" im Feld „Konfiguration".

Reihenfolge der Module

Ein optischer und auch praktischer Gesichtspunkt ist die Reihenfolge der Module. Sie können die Reihenfolge, in der die Module in den OneVision-Icon-Menüs angezeigt werden, verändern. Klicken Sie auf das Modul, das Sie verschieben wollen, es ist weiß unterlegt. Drücken Sie die Steuerungstaste, halten Sie sie gedrückt, und ziehen Sie das ausgewählte Modul bei gedrückter Maustaste an die gewünschte Stelle. Diese Änderung wird erst beim nächsten Programmstart wirksam.

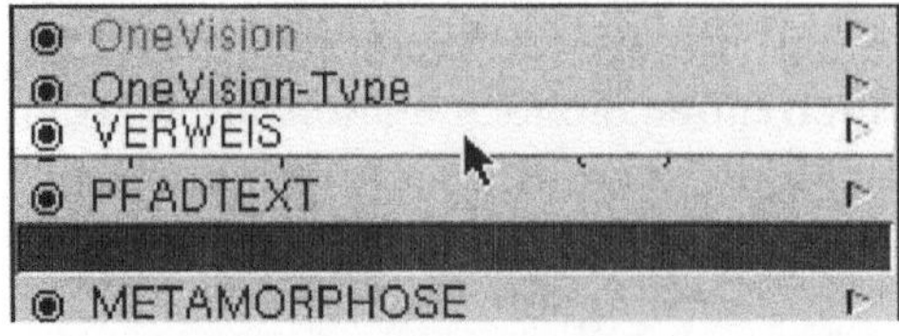

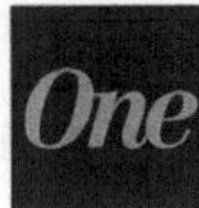

1.2.8 OneVision-Präferenzen

Sie haben bereits die System-Präferenzen kennengelernt. OneVision hat wie fast jede Anwendung zusätzlich zu den vom System vorgegebenen noch eigene, programmspezifische Präferenzen. In diesem Abschnitt sind die wichtigsten Präferenzen beschrieben, die anderen werden in den entsprechenden Teilen des Handbuchs näher erläutert.

Um den Dialog zur Einstellung der Präferenzen zu öffnen, wählen Sie im OneVision-Menü zuerst den Punkt „Info" und dann den Punkt „Präferenzen". Sie gelangen über den Schalter unter der Titelleiste des Dialogs auf die einzelnen Seiten des Dialogs.

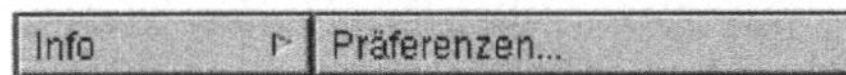

Das erste Dialogfenster der Präferenzen widmet sich den OneVision-Icon-Menüs. Diese Icon-Menüs beinhalten die einzelnen OneVision-Module. Die „Elementauswahl" kann, genauso wie die „Werkzeugauswahl", horizontal bzw. vertikal angeordnet sein. Dies ist weitgehend Geschmackssache. Am wenigsten Platz belegen Sie aber, wenn beide vertikal angeordnet sind. Probieren Sie hier einfach alle Möglichkeiten aus.

OneVision-Icon-Menüs

Der nächste Punkt betrifft die rechte Maustaste. Sie können hier die zweite Maustaste für verschiedene Menüs aktivieren oder deaktivieren. Wollen Sie eine Tastenkombination einstellen (Das Einstellen einer Tastenkombination hat zur Folge, daß die entsprechende Funktion mit den eingetragenen Tasten und dem gleichzeitigen Betätigen der rechten Maustaste ausgelöst werden kann.), so klicken Sie der Reihe nach die gewünschten Tasten an, und aktivieren Sie die Funktion, indem Sie mit der Maus in das Kästchen darüber klikken, so daß ein grauer Haken erscheint.

Rechte Maustaste

Welche der Funktionen Sie benötigen und welche Tastenkombinationen dazu am besten geeignet sind, werden Sie im Verlauf Ihrer Arbeit mit OneVision selbst herausfinden.

Um die Einstellungen zu übernehmen, klicken Sie auf „OK", andernfalls können Sie mit „Verwerfen" wieder zur ursprünglichen Form zurückkehren. Einzig den Punkt „Moduswechsel" sollten Sie nicht deaktivieren und auch nicht mit einer Tastenkombination belegen, da Sie diese Aktion sehr oft durchführen werden und eine zu umständliche Ausführung nur störend wirkt.

Achtung!

Element

Ein Element

Farbe übernehmen

Tip!

Die nächsten Präferenzen beschäftigen sich mit dem „Element". Ein Element kann z. B ein Text oder ein Bild sein. Sie können hier die Farben und die Größe für den Elementrahmen, dessen Anfasser (*Handles*) und anderes einstellen.

Jedes Element in OneVision hat einen Rahmen. Dieser Rahmen umrandet das ganze Element. Die Farbe dieser Umrandung können Sie Ihrem Geschmack anpassen. Klicken Sie hierzu auf den grauen Rand um das Kästchen, das die momentane Farbe anzeigt. Es wird das Farben-Fenster geladen. Wählen Sie die Farbe entweder mit Hilfe des quadratischen Symbols im Farbkreis oder mit der Lupe aus. Sollte die Farbe in den Präferenzen nicht automatisch angepaßt werden, müssen Sie die Farbe mit der Maus in das Rechteck der Präferenzen ziehen. Der Rahmen im Beispiel auf dieser Seite ist rot und umgibt die ganze Flasche samt Hintergrund.

Die sog. „Handles" sind die acht Symbole, die rings um den Rahmen unseres Elements angeordnet sind und unter anderem Funktionen zur Größenänderung von Elementen bereitstellen. Lesen Sie hierzu mehr unter 1.4 „Elemente". Deren Farbe können Sie wie die des Rahmens ändern. Jedes Handle besitzt seinen eigenen Schatten, dessen Farbe Sie auch definieren können. Sie sollten die Standard-Grautöne der Handles und des Rahmens in bunte Farben ändern. Dies verbessert die Sichtbarkeit.

Ein Element kann angewählt sein oder nicht. Wenn das Element noch nicht angewählt ist und Sie die Maus über seinen Rahmen bewegen, wird es in der Farbe angezeigt, die Sie unter „Vorwählfarbe" eingestellt haben. Hier können Sie auch die „Handlegröße" und den „Handlefangradius" einstellen. Der Handlefangradius gibt den Abstand zur Mitte des Handles an, den der Mauszeiger haben darf, um noch Kontakt mit dem Handle zu haben. Wenn Sie mit sehr vielen Objekten und somit mit sehr vielen Handles arbeiten, werden Sie diesen Wert kleiner einstellen müssen, als wenn Sie mit nur wenigen, weit auseinanderliegenden Objekten arbeiten.

Im Feld „Elementverschiebung über Tastatur" können Sie die Schrittweite einstellen, mit der die Elemente auf der Seite bewegt werden sollen, wenn Sie diese mit gedrückter Wahltaste und den Pfeiltasten verschieben.

Wenn „Elementänderungen numerisch anzeigen" aktiviert ist, sehen Sie bei den Mausoperationen Skalieren, Drehen und Scheren den veränderten Wert neben dem Cursor angezeigt. Wenn Sie ein Element z.B. drehen, erscheint der Winkel neben dem Cursor.

Ist die Option „Auswahl durch Pfadtreffer" eingeschaltet, so werden Elemente nur dann selektiert, wenn mit der Maus ein sichtbarer Teil des Elements berührt wird. Diese Option wird detaillierter im Handbuchteil „OneVision-Art" erläutert.

Die letzte Option, „Elemente beim Verschieben zeigen", bedeutet, daß beim Verschieben eines Elements entweder nur sein Rahmen oder das ganze Element angezeigt wird.

Die Präferenzen zu den „Musterseiten" werden genauer unter 1.6.3 „Musterseiten" erläutert. *Musterseiten*

In den Präferenzen zu den Bildschirmdaten tragen Sie die Größe Ihres Monitors ein. Die gewünschte Maßeinheit DTPpoint, mm, Pica, Didot, Zoll oder Inch legen Sie fest, indem Sie rechts neben dem weißen Feld klicken, die Taste gedrückt halten und die gewünschte Einheit anwählen. Diese Maßeinheiten stehen Ihnen übrigens im gesamten OneVision zur Verfügung, d.h. überall, wo Sie Maße eingeben können, besteht auch die Möglichkeit, eine der vorhandenen Einheiten auszuwählen. *Bildschirmdaten*

Tip!

Es werden Ihnen außerdem noch Informationen zur gewählten Farbtiefe, der Anzahl der Pixel sowie zu der daraus resultierenden Auflösung angezeigt.

Die nächste Option sind die „Dokument"-Präferenzen. Die Option „Speichern mit Sicherungskopie" legt, sobald Sie ein bereits gespeichertes Dokument nochmals speichern, eine versteckte Datei mit der Endung „.1Vdoc~" an. (Diese Datei müssen Sie erst im UNIX-Expertenmodus sichtbar machen, wenn Sie sie bearbeiten wollen.) Dieses Vorgehen erhöht die Wahrscheinlichkeit, die Daten ein versehentlich gelöschten oder zerstörten Dokuments wiederherstellen zu können, erfordert allerdings auch jedesmal den doppelten Speicherplatz auf der Festplatte. Unter 1.3.3 „Dokumente" erhalten Sie weitere Informationen über das Laden von Sicherungskopien. *Dokument*

Wenn Sie möchten, daß OneVision Ihr Dokument automatisch sichert, schalten Sie diese Option ein, und tragen Sie in das Feld darunter das gewünschte Speicherintervall ein. Ein zu kleiner Wert kann Sie allerdings bei der Arbeit stören, da, je nach Größe des Dokuments, der Speichervorgang einige Zeit in Anspruch nehmen kann. **Achtung!**

Der Layoutrand mit Schatten

Das Dokumentenlineal

Tip!

Auf diese Weise können Sie häufig in Nextstep und immer in OneVision die passende Hilfe laden.

Im Feld „Layoutränder" können Sie zusätzlich zur eigentlichen Größe des Dokuments noch einen Rand definieren.

Die Option „Schatten" gibt an, ob der Schatten des Dokuments zu sehen sein soll oder nicht. Sie ist allerdings nur wirksam, wenn ein Layoutrand definiert ist.

„Neues Dokument beim Start" heißt, daß Sie nach jedem OneVision-Start ein leeres Dokument geöffnet bekommen. Benötigen Sie kein leeres Dokument, schalten Sie diese Option aus. Sie können auch das Dokumentenlineal ausschalten, wenn Sie es nicht benötigen.

Die restlichen Präferenzen werden in den entsprechenden Handbuchteilen genauer erklärt. Auch können Sie in der Online-Hilfe zu den Präferenzen nochmals nachlesen, was sie bedeuten. Drücken Sie hierzu die ‹F1›-Taste (‹Ctrl›+‹Alt› bei NeXT Computern), halten Sie sie gedrückt, und der Mauszeiger verwandelt sich in ein Fragezeichen. Klicken Sie jetzt auf das Präferenzen-Feld, und die passende Hilfe erscheint.

1.3 Grundlagen der Bedienung

1.3.1 OneVision-Menüs

Das OneVision-Menü

Dieser Abschnitt beschreibt den grundlegenden Umgang mit Menüs unter OneVision und gibt Ihnen einige nützliche Hinweise zum Einsatz in der Praxis. Die hier aufgezeigten Möglichkeiten gelten zum größten Teil auch für jedes andere Menü in Nextstep, also z.B. auch für den Workspace-Manager oder andere Anwendungen. Die Position des Menüs nach dem Programmstart können Sie, wie im Abschnitt „System-Präferenzen" beschrieben, verändern; Standard ist hier die Position links oben.

Ganz oben in jedem Menü erscheint der Name der Anwendung, z.B. „OneVision". Darunter befinden sich meist mehrere Menüpunkte und am Ende fast immer die Schalter „Ausblenden" und „Verlassen".

Der Pfeil rechts neben dem Namen des Menüpunkts deutet an, daß sich ein weiteres Untermenü öffnen wird. Sie sehen jetzt weitere Auswahlmöglichkeiten, so z.B. den Punkt „Modulverwaltung". Sie können den gewünschten Punkt auswählen, oder Sie können das Menü wieder schließen.

Drei Punkte am Ende des Menüeintrages bedeuten, daß hiermit ein Fenster geöffnet wird.

Um ein Menü zu schließen, klicken Sie einfach nochmals auf seinen Namen, hier z.B. „Info". Wenn Sie einen bestimmten Punkt auswählen möchten, ohne das Menü hinterher wieder schließen zu müssen, klicken Sie auf den Punkt, halten die Maustaste gedrückt und ziehen die Maus auf den gewünschten Eintrag.

Menü schließen

Tip!

Wenn Sie die Maustaste loslassen, wird der Eintrag aktiviert und das Menü automatisch wieder geschlossen. Der Menüeintrag, den Sie mit einem weißen Balken unterlegt sehen, ist derjenige, der ausgewählt werden würde, falls Sie die Maustaste loslassen. Wollen Sie gar keinen Eintrag auswählen, so ziehen Sie die Maus einfach außerhalb des Menübereichs, also z.B. rechts neben das Menü, und lassen die Taste los.

Tastatur-Kurzbefehle

Hinter vielen Menüeinträgen sehen Sie einen Groß- oder Kleinbuchstaben. Bei dem Punkt „Modulverwaltung" ist dies z.B. ein großes „M". Wenn Sie auf Ihrer Tastatur die Kombination der beiden Tasten „Befehlstaste" und Tastatur-Kurzbefehl drücken, wird der entsprechende Punkt direkt angesprungen, also z. B. ‹Befehl-M›. Halten Sie hierzu die Befehlstaste gedrückt, und betätigen Sie bei Kleinbuchstaben einfach die passende Taste, z. B. „t". Bei Großbuchstaben drücken Sie zusätzlich die Umschalttaste, halten diese, und drücken den entsprechenden Buchstaben.

Unter 1.2.3 „System-Präferenzen" ist zudem beschrieben, wie Sie sich eigene Tastatur-Kurzbefehle für häufig benötigte Einträge definieren können.

Menüs abreißen

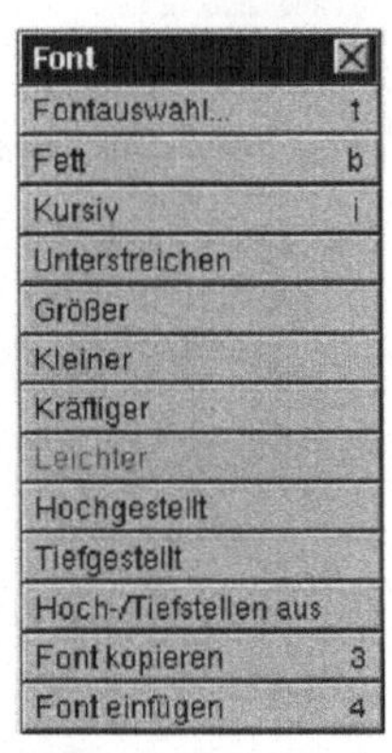

Ein „abgerissenes" Menü

Eine zweite Möglichkeit, leicht an häufig benötigte Menüs heranzukommen, ist die, Menüs „abzureißen". Wollen Sie z.B. öfters Funktionen aus dem Untermenü „Format"/„Font" verwenden, so klicken Sie einmal auf „Format". Das „Format"-Menü ist offen. Klicken Sie einmal auf „Font", und beide Menüs sind geöffnet. Wenn Sie jetzt mit der Maus auf den Namen des Untermenüs, also „Font", klicken, die Maustaste gedrückt halten und die Maus bewegen, so „reißen" Sie das Menü aus seiner Position und erhalten ein eigenständiges Fenster. Dieses können Sie beliebig auf dem Bildschirm positionieren, um es immer griffbereit zu haben.

Achten Sie allerdings darauf, nicht zu viele Menüs auf diese Weise zu öffnen, da die Übersichtlichkeit Ihrer Arbeitsfläche leiden kann, wenn Sie z. B. zehn oder elf Menüs über den Bildschirm verstreut haben. Zum Schließen eines solchen Menüfensters klicken Sie einfach auf das ▨ in der Titelzeile des Menüs.

Externe Anwendungen über das Menü „Dienste" starten

Der letzte Punkt in diesem Abschnitt ist das Menü „Dienste". In fast jeder Nextstep Anwendung, so auch in OneVision, können Sie über den Menüpunkt „Dienste" externe Anwendungen starten, d. h. Sie können über dieses Menü aus einer Anwendung heraus eine andere starten, um in dieser dann spezielle Informationen zu erhalten oder Aktionen durchzuführen.

Sie können in diesem Menü z. B. über den Punkt „Grab" die Anwendung „Grap.app" starten, um Schnappschüsse Ihres Bildschirms zu erstellen, ohne diese Anwendung erst umständlich über die Datei-Übersicht starten zu müssen. Der Inhalt des „Dienste"-Menüs ist nicht immer derselbe. Er ist abhängig von den Anwendungen, die Sie installiert haben.

Dies war eine kurze Einführung in die Arbeit mit Menüs. Sie werden in der Praxis sehr schnell herausfinden, welche der oben beschriebenen Möglichkeiten Ihnen am meisten zusagt.

1.3.2 Online-Hilfe

In diesem Abschnitt wird erläutert, wie Sie die OneVision Online-Hilfe starten können, bzw. wie Sie zu einem bestimmten Punkt gezielt die Hilfe erhalten, die Sie benötigen.

Die Online-Hilfe entspricht weniger einer Anleitung zur Bedienung von OneVision als vielmehr einer umfassenden Referenz zu bestimmten Funktionen. Sie ist daher auch nicht als Ersatz für die gedruckten Handbücher gedacht, sondern als schnell verfügbare und vollständige Referenz. Die Online-Hilfe beschreibt einzelne Teile von OneVision jeweils ausführlich, geht allerdings nicht auf die vielen Möglichkeiten zur Kombination verschiedener OneVision-Module ein.

Das Hilfe-Fenster

Sie starten die Online-Hilfe, indem Sie in OneVision zuerst den Punkt „Info" und dann den Punkt „Hilfe" anwählen. Die Online-Hilfe wird gestartet, und Sie sehen eine kurze Einführung in die Hilfe. Um Hilfe zu einem bestimmten Punkt zu finden, können Sie entweder in der Inhaltsübersicht so lange blättern, bis Sie den Punkt gefunden haben, oder Sie geben links neben dem „Suchen"-Schalter den gewünschten Begriff ein, klicken auf „Suchen", und die gesamte Hilfe wird nach diesem Begriff durchsucht.

Sie können aber auch mit dem Schalter „Index" zuerst auf den Index verzweigen, um da entweder den Begriff aus dem alphabetischen Index auszuwählen oder wieder über „Suchen" zuerst im Index nach dem Begriff zu suchen, zu dem Sie dann durch Doppelklicken auf das Suchergebnis die Informationen angezeigt bekommen.

Um zwischen verschiedenen Hilfethemen, die Sie der Reihe nach gelesen haben, hin- und zurückzublättern, klicken Sie auf den Schalter „Zurück".

Direkthilfe

Es gibt noch eine weitere Möglichkeit, die Online-Hilfe zu starten: Wenn Sie die ‹F1›- bzw. Hilfetaste auf Ihrer Tastatur drücken und gedrückt halten, ändert sich der Mauszeiger zu einem Fragezeichen.

Bewegen Sie nun die Maus auf die Stelle am Bildschirm, zu der Sie Hilfe wünschen, und klicken Sie einmal auf diese Stelle. Dies kann ein Fenster, ein Symbol oder auch ein Menüpunkt sein. Wenn zu diesem Punkt Hilfe verfügbar ist, wird die Online-Hilfe gestartet und das gewünschte Thema automatisch ausgewählt.

1.3.3 Dokumente

In diesem Abschnitt geht es um das Erstellen, Öffnen und Speichern von Dokumenten. Dieser Abschnitt ist außerdem als Tutorial ausgelegt, d. h. Sie können ihn natürlich zu Ihrer Information einfach nur lesen. Zum besseren Verständnis haben Sie aber auch die Möglichkeit, die beschriebenen Funktionen gleich auszuführen.

Was ist ein Dokument

Einige OneVision-Dokumente kennen Sie bereits, so das „Willkommen"-Dokument oder die „Schnelleinführung". Was aber ist ein Dokument? Jedes Dokument ist grundsätzlich ein Ordner auf Ihrer Festplatte, wie auch z. B. „/NextApps" oder „/me". Den Namen eines Dokuments können Sie natürlich frei wählen, die Endung wird allerdings immer „.1Vdoc" sein. Diese Endung ist übrigens auch der Grund, warum Sie OneVision-Dokumente nicht auf einer DOS-formatierten Festplattenpartition speichern können. Sie ist fünfstellig; DOS erlaubt hier aber nur drei Zeichen. Außerdem dürfen Sie, um von Nextstep auf DOS-Partitionen zu schreiben, nur Kleinbuchstaben benutzen. Falls Sie es noch nicht getan haben, starten Sie jetzt OneVision durch einen Doppelklick auf das Symbol im Dock oder auf die Anwendung „OneVision.app".

Achtung!

Neues Dokument erstellen

Nach dem Programmstart zeigt OneVision automatisch ein neues Dokument an. Dies können Sie, wie unter 1.2.8 „OneVision-Präferenzen" beschrieben, auch ändern. Dieses Dokument hat standardmäßig keinen Inhalt, und es trägt den Namen „OhneNamen-1". Ein Dokument besteht aus dem Dokumentfenster und seinen Elementen, z. B. Texten oder Bildern.

Wenn Sie ein neues Dokument erstellen wollen, klicken Sie mit der Maus im OneVision-Menü zuerst auf den Punkt „Dokument" und dann auf den Punkt „Neu". Es öffnet sich ein neues Dokumentfenster.

Das Dokumentfenster

Ganz oben befindet sich die Titelzeile (Kopfzeile), die den Namen des Dokuments und den Ort, wo es auf Ihrer Festplatte gesichert ist, anzeigt.

Die Kopfzeile

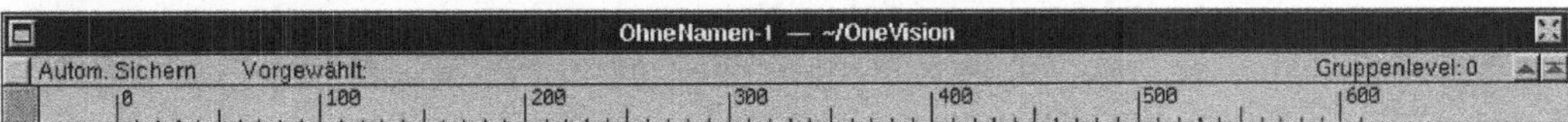

Die Schalter zum Miniaturisieren und Schließen des Dokumentfensters befinden sich am linken bzw. rechten Ende dieser Zeile.

Die Kopfzeile des Dokumentfensters mit Dokumentenlineal

Darunter sehen Sie einen Schalter, der zum An- bzw. Abschalten der Funktion zum automatischen Sichern Ihrer Arbeit dient. Sie können diese Funktion einschalten, indem Sie in das graue Kästchen links neben dem Schriftzug „Autom. Sichern" klicken. Ihre Arbeit wird dann in einem, in den OneVision-Präferenzen definierten Zeitabstand, automatisch gespeichert. Erscheint dort ein Haken, ist die Funktion aktiviert. Falls Ihr Dokument noch keinen Namen hat, werden Sie nach dem Aktivieren der Option aufgefordert, einen zu vergeben.

Daneben sehen Sie die Punkte „Vorgewählt", „Gruppenlevel" und zwei kleine Symbole zum Wechsel des Gruppenlevels. Auf diese Optionen wird unter 1.4 „Elemente" noch genauer eingegangen; hier nur soviel: Unter der Option „Vorgewählt" erscheint, wenn Sie die Maus über ein Element auf der Seite bewegen, dessen Namen. Unter „Gruppenlevel" wird, falls Sie mehrere Elemente zu einer Gruppe zusammengefaßt haben, angezeigt, wie tief Sie im Moment in diese Hierarchie eingetaucht sind. Die beiden Pfeilsymbole rechts daneben ermöglichen den Wechsel des Gruppenlevels.

Gleich darunter sehen Sie, falls Sie es nicht in den Präferenzen deaktiviert haben, das Dokumentenlineal. Dieses dient zur Orientierung auf der Seite.

Das Lineal

Die Einheit können Sie am unteren Ende des Fensters ändern. Links werden die x- und y-Koordinaten des Mauszeigers auf der Seite angezeigt, rechts daneben die zugehörige Einheit. Standard ist hier DTPpoint. Wollen Sie als Einheit z. B. Millimeter auswählen, klicken Sie auf den Schriftzug „DTPpoint", halten die Maustaste gedrückt und ziehen den weißen Balken auf die gewünschte Einheit. Sollte die Liste der Einheiten über den unteren Bildschirmrand hinausgehen, ziehen Sie die Maus einfach weiter nach unten, die Liste rollt dann automatisch weiter.

Entspricht keine der aufgeführten Einheiten Ihren Wünschen, können Sie auch eine eigene definieren. Wählen Sie hierzu den Punkt „Setze" an. Es öffnet sich das „Einheit definieren"-Fenster, in dem Sie jetzt die gewünschte Einheit festlegen können. Geben Sie im Feld rechts neben der „1" den Namen der Einheit an, z.B. „cm", rechts neben dem „=" müssen Sie Ihre neue Einheit in Relation zu einer schon bestehenden setzen. Wählen Sie hier z.B. statt „DTPpoint" „mm" an, und geben Sie im Zahlenfeld „10" ein. Unter „Nachkommastellen" können Sie festlegen, mit welcher Genauigkeit Zahlen der Einheit in den Einheitenfeldern angezeigt werden. Bestätigen Sie mit „OK", andernfalls können Sie mit „Abbruch" die Eingaben verwerfen. Falls Sie eine Einheit nicht mehr benötigen, dann wählen Sie sie in diesem Fenster links oben an und betätigen den Schalter „Löschen". Nach Bestätigung der nachfolgenden Sicherheitsabfrage wird die Einheit gelöscht.

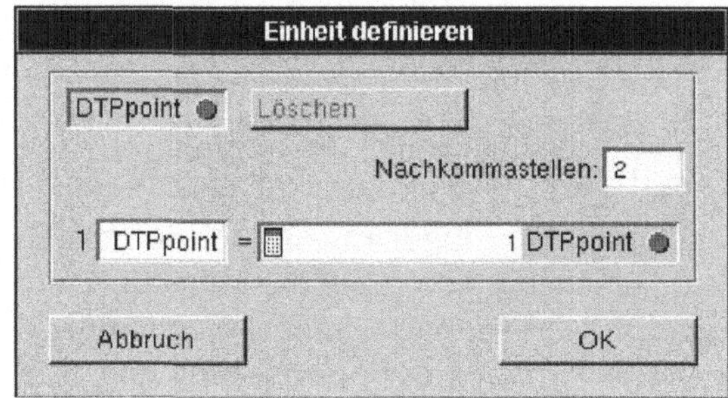

Das „Einheit definieren"-Fenster

Klicken Sie auf den Menüpunkt „Format" und dann auf „Seitenlayout", um die entsprechende Dialogbox zu öffnen. Sie können entweder unter „Papierformat" das Format, etwa „A4", auswählen, oder Sie geben die Größe unter „Breite" und „Höhe" in Abhängigkeit von der Einheit unter „Maßeinheiten" manuell ein. Auch die Orientierung kann hier gewählt werden. Bestätigen Sie mit „OK", und das neue Layout wird eingestellt.

Neben dem Dokumentenlineal erscheinen, falls Ihr Dokument nicht komplett in sein Fenster paßt, die Bildlaufleisten, mit denen Sie das Dokument nach oben und unten bzw. rechts und links verschieben können.

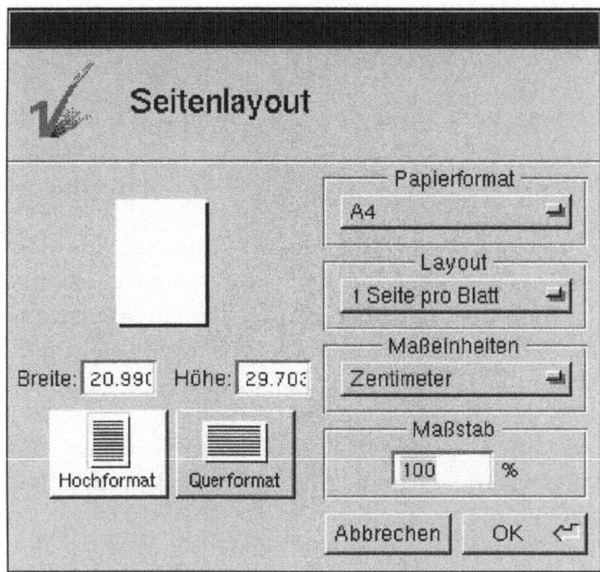

.... *Seitenlayout einstellen*

Rechts unten im Dokumentfenster sehen Sie eine Anzeige in Prozent, z. B. „80 %". Dies ist die Vergrößerungsstufe, in der Sie die Seite im Moment betrachten. Wenn Sie auf diesen Schalter klicken und die Maustaste gedrückt halten, erscheint, ähnlich wie bei der Auswahl der Einheiten, eine Liste, in der Sie die gewünschte Vergrößerung auswählen können.

Anzeige vergrößern/ verkleinern

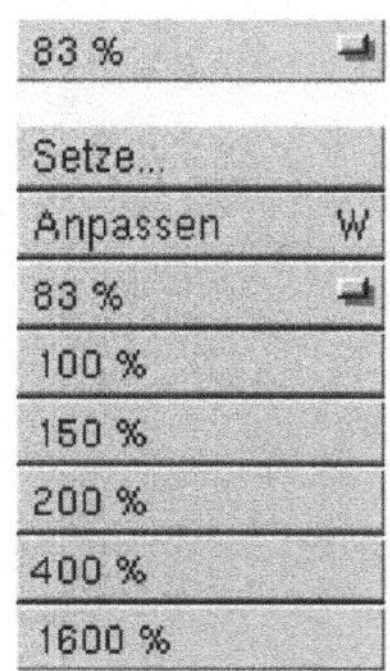

Zusätzlich können Sie hier auch über den Schalter „Setze" eine eigene Prozent- bzw. dpi-Zahl festlegen. Geben Sie hier also entweder die Vergrößerungsstufe in Prozent oder die gewünschte Auflösung in dpi an. Wenn Sie hier die Auflösung Ihres Ausgabemediums einstellen, z. B. 600 dpi für einen Laserdrucker, so entspricht ein Punkt auf der Seite in seiner Größe genau einem Punkt auf dem späteren Ausdruck.

Achten Sie bitte darauf, daß Sie, wie unter 1.2.8 „OneVision-Präferenzen" beschrieben, die Bildschirmdiagonale Ihres Monitors über den Menüpunkt „Info"/„Präferenzen…", Dialog „Bildschirmdaten" richtig eingestellt haben.

Zusätzlich zu dem „Setze"-Schalter und den vorgegebenen Vergrößerungsstufen gibt es noch die Option „Anpassen". Diese können Sie verwenden, um die Seite ganz in Ihrem Dokumentfenster anzuzeigen. Haben Sie z. B. als Vergrößerung 500 % gewählt, sehen Sie

Achtung!

die Bildlaufleisten, und Ihr Dokument wird nur zu einem gewissen Ausschnitt auf dem Bildschirm angezeigt. Wollen Sie jetzt das gesamte Dokument anschauen, dann verwenden Sie die Option „Anpassen", und OneVision wählt die Vergrößerung automatisch so, daß Ihr Dokument ganz im Fenster Platz findet. Dies ist auch nützlich, falls Sie die Größe des Fensters verändert haben und Ihr Dokument nicht mehr vollständig angezeigt wird.

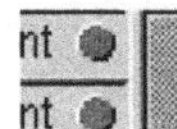

*Kommentar zum
Dokument hinterlegen*

Zwischen dem Schalter zum Vergrößern des Dokuments und den Einstellungen zur Maßeinheit finden Sie ein standardmäßig leeres Textfeld, in das Sie Kommentare und Arbeitshinweise eingeben können. Klicken Sie hierzu einfach mit der Maus in das weiße Feld und geben Sie den gewünschten Text ein. Dieser wird mit dem Dokument gesichert.

Neben dem Textfeld sehen Sie noch zwei weitere Symbole, die zur Verwaltung von Musterseiten dienen. Auf diese wird unter 1.6.3 „Musterseiten" ausführlich eingegangen.

Als letzter Punkt bleiben noch vier Symbole, der Mauszeiger, das Kreuz, das „E" und die Lupe, die Sie links unten im Dokumentfenster finden. Sie werden diese vier Bearbeitungsmodi ständig verwenden. An dieser Stelle folgt nur eine kurze Beschreibung, unter 1.4 „Elemente" wird dann ausführlich auf diesen Punkt eingegangen.

Der Mauszeiger dient dazu, Elemente auf der Seite anzuwählen, zu verschieben oder Operationen wie das Drehen, Skalieren oder Scheren an einem ausgewählten Element durchzuführen. Dies ist der *Element-selektieren-Modus*.

Um ein neues Element anzulegen, bzw. ein Element zu laden, benötigen Sie den *Element-erzeugen-Modus*, symbolisiert durch das Kreuz.

Für die Bearbeitung eines solchen Elements müssen Sie in den *Element-editieren-Modus* wechseln, der mit einem großes „E", für Editieren, dargestellt ist.

Die Lupe dient schließlich dazu, bestimmte Ausschnitte der Seite fensterfüllend zu zoomen, d. h. zu vergrößern.

Die Seiten eines Dokuments

Ein Dokument kann aber nicht nur eine Seite, sondern zwei, drei oder mehr Seiten enthalten.

Sie können Ihrem Dokument Seiten hinzufügen, indem Sie zuerst auf den Menüpunkt „Seite" und dann auf „Neu" klicken. Es öffnet sich ein Fenster, in dem Sie einstellen können, wo neue Seiten eingefügt und wieviele eingefügt werden sollen. Nach der Bestätigung mit „OK", wird die Aktion ausgeführt.

Neue Seiten einfügen

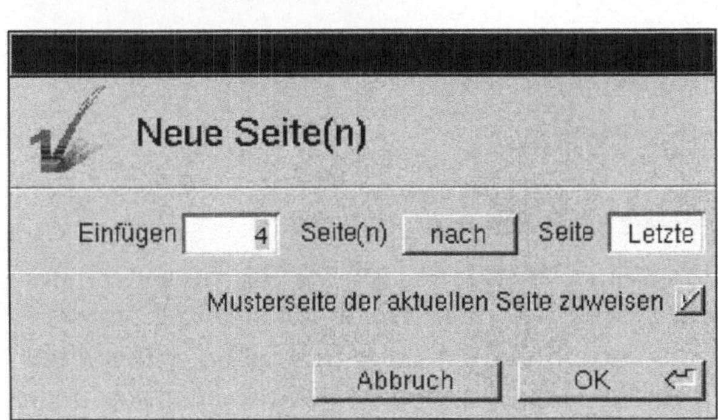

Auf die Option „Musterseite der aktuellen Seite zuweisen" wird unter 1.6.3 „Musterseiten" detailliert eingegangen.

Rechts unten im Dokumentfenster erscheint nun die Anzeige „1/2" und statt des grauen ein schwarzer Pfeil nach rechts. Dies deutet an, daß Ihr Dokument jetzt zwei Seiten enthält, von denen im Moment die erste angezeigt wird.

Arbeiten mit mehreren Seiten

Um auf die nächste Seite zu wechseln, klicken Sie auf den schwarzen Pfeil. Die Anzeige ändert sich in „2/2", und der linke Pfeil wird schwarz. Dieses Schwarz/Grau-Wechselspiel bedeutet, daß Sie die Funktion ausführen können (schwarz) bzw. nicht ausführen können (grau).

Möchten Sie eine Seite direkt anspringen, dann können Sie durch Anklicken des Schriftzugs „1/2" bzw. „2/2" ein Fenster öffnen, in dem Sie die Nummer der gewünschten Seite eingeben oder „Erste Seite" bzw. „Letzte Seite" anwählen können.

Sie können im OneVision-Menü „Seite" mit den gleichnamigen Menüpunkten die gerade aktive Seite an eine andere Stelle innerhalb des Dokuments verschieben, diese löschen oder kopieren, und Sie können die Parameter zur Numerierung definieren. Lesen Sie hierzu bitte in der Online-Hilfe nach, bzw. probieren Sie die Funktionen einfach aus; sie sind weitgehend selbsterklärend.

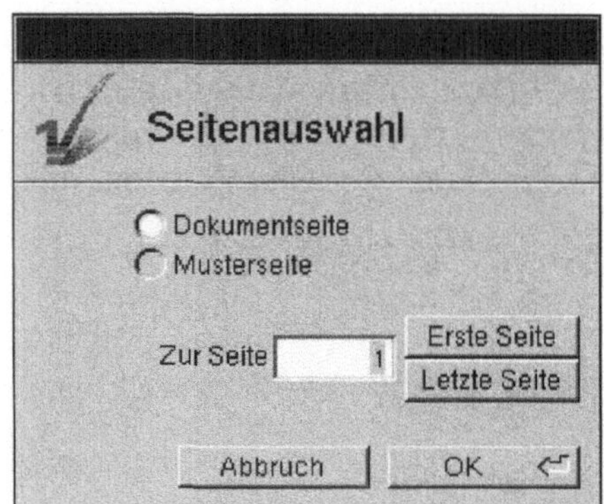

Speichern und Laden eines Dokuments

Nun sehen Sie rechts oben im Fenster an der Stelle, an der vorher ein „X" angezeigt wurde, dieses „X" nicht mehr vollständig, sondern unterbrochen (das „X" ist der Schalter zum Schließen eines Fensters). Dies bedeutet, daß Sie das Dokument verändert, aber noch nicht gespeichert haben. Sie haben z. B. die zweite Seite angefügt bzw. das Layout verändert.

Wenn Sie das Fenster trotzdem schließen wollen, erscheint ein weiteres Fenster, das Ihnen verschiedene Optionen zur Auswahl stellt: Sie können das Dokument an dieser Stelle entweder speichern, das Fenster schließen, ohne zu speichern („Nicht sichern"), oder den Schalter „Abbruch" anwählen. Die Schließen-Operation wird in letztem Fall abgebrochen und das Fenster bleibt offen.

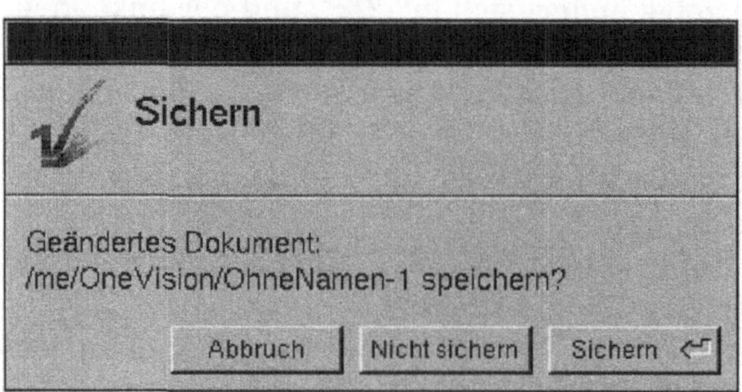

Wenn Sie den Schalter „Sichern" anklicken, wird, falls Sie dem Dokument bereits einen Namen gegeben haben, das Dokument gespeichert. Andernfalls erscheint ein weiteres Fenster, in dem Sie den Namen und den Ort, an dem das Dokument gespeichert werden soll,

eingeben können. Sie haben auch die Möglichkeit, das Dokument zu speichern, ohne das Fenster zu schließen, indem Sie im OneVision-Menü zuerst den Punkt „Dokument" und dann den Punkt „Sichern" anklicken.

Haben Sie in den „Dokument"-Präferenzen die Option „Speichern mit Sicherungskopie" aktiviert, so legt OneVision beim Speichern eine Sicherungskopie der Ursprungsversion an. Dies geschieht aber nur, falls Sie das Dokument schon einmal gesichert haben, da ansonsten ja keine Ursprungsversion Ihres Dokuments verfügbar ist.

Achtung!

Diese Sicherungskopie wird in dem gleichen Ordner abgelegt, in dem sich auch das Ursprungsdokument befindet, und zwar als „versteckte" Kopie von diesem. Diese Sicherungskopie trägt die Endung „.1Vdoc~", der Name ist der des Ursprungsdokuments. Um diese Sicherungskopie überhaupt in der Datei-Übersicht „sehen" zu können, müssen Sie den UNIX-Expertenmodus einschalten. Hierzu doppelklicken Sie auf die Uhr, um die „Preferences"-Applikation zu starten. Bewegen Sie die Bildlaufleiste soweit nach rechts, bis Sie das letzte Symbol (das „UNIX-Diplom") sehen können, klicken Sie dieses an, und schalten Sie die Option „UNIX-Experte" ein, indem Sie auf das Kästchen links neben dem Schriftzug klicken.

Wenn Sie ein Dokument bereits gespeichert hatten, und Sie haben es verändert, können Sie über den Punkt „Änderungen verwerfen" im „Dokument"-Menü zur Ursprungsform nach dem letzten Speichern zurückkehren. Nach einer Sicherheitsabfrage wird das ursprüngliche Dokument wieder geöffnet. Wollen Sie beide Dokumente, also das Ursprungsdokument sowie das aktuelle Dokument, beibehalten, können Sie über den Punkt „Speichern als" Ihr Dokument unter einem anderen Namen nochmal sichern.

Dokument laden

Wenn Sie Ihr Dokument, nachdem Sie es gespeichert und geschlossen haben, wieder öffnen wollen, klicken Sie entweder im Menü auf „Dokument" und „Öffnen", wählen Ihr Dokument aus der Liste aus und bestätigen mit „OK", oder Sie doppelklicken in der Datei-Übersicht auf seinen Namen bzw. sein Symbol. Sollte OneVision im letzteren Fall noch nicht geladen sein, wird es automatisch geladen und Ihr Dokument anschließend geöffnet.

Natürlich können Sie auch mehrere Dokumente geöffnet haben, um diese gleichzeitig zu bearbeiten. Öffnen oder erstellen Sie in diesem Fall einfach mehrere Dokumente. Diese werden dann gleichzeitig auf dem Bildschirm angezeigt.

Wenn Sie ein bestimmtes Dokument schnell in den Vordergrund holen möchten, wählen Sie seinen Namen aus der Liste der geöffneten Fenster im Menü „Fenster" aus. Sie können alle geöffneten Dokumente auch „stapeln", so daß Sie alle Titelzeilen leicht versetzt sehen, um schnell ein bestimmtes Dokument auswählen zu können.

Für weitere Informationen, insbesondere der genauen Beschreibung einzelner Menüpunkte, lesen Sie bitte die Online-Hilfe zu OneVision. Diese aktivieren Sie entweder über den Punkt „Hilfe" aus dem „Info"-Menü oder indem Sie die ‹F1›- bzw. Hilfetaste Ihrer Tastatur gedrückt halten und mit dem Mauszeiger, der die Form eines Fragezeichens annimmt, auf die Stelle im Bildschirm klicken, zu der Sie Hilfe benötigen.

1.4 Elemente

1.4.1 Was sind Elemente?

Dieses Kapitel widmet sich den Elementen. Was ein Element ist, wie Sie eines anlegen und bearbeiten können und noch vieles mehr, erfahren Sie in diesem Abschnitt. Als Voraussetzung für das Verständnis dieser Beschreibung sollten Sie das Unterkapitel 1.3.3 „Dokumente" bereits gelesen und durchgearbeitet haben.

Elemente sind das, womit Sie fast ausschließlich unter OneVision arbeiten werden. Jeder Bestandteil eines OneVision-Dokuments ist gleichzeitig ein Element. Wenn Sie also z. B. einen Text bearbeiten möchten, müssen Sie folglich ein Textelement haben. Wollen Sie ein Bild bearbeiten, so ist das Bild, das Sie geladen haben, auch automatisch ein Element. Die OneVision-Module und diese Element-Funktion stehen in sehr engem Zusammenhang. Wenn Sie z. B. ein bereits bestehendes Element auf der Seite anwählen (dazu später mehr), so wird automatisch das passende OneVision-Modul ausgewählt.

Jedes Element hat einen Rahmen, mit dem es auf der Arbeitsfläche dargestellt wird, der aber nicht im Druck erscheint. Die Farbe dieses Rahmens können Sie, wie unter 1.2.8 „OneVision-Präferenzen" beschrieben, über den Menüpunkt „Info"/„Präferenzen", Dialogseite „Elemente" ändern. Außerdem können Sie dort einstellen, ob alle Elementrahmen oder nur diejenigen der selektierten Elemente angezeigt werden sollen.

Sie können jedes Element nachträglich bearbeiten. Lassen Sie also z. B. einen Text um ein Objekt fließen, so ist es kein Problem, diesen Text später noch einmal zu ändern. Gleiches gilt auch für alle anderen Elemente, ob dies Texte, Bilder oder Grafiken sind. Sie können Elemente beliebig auf der Seite versetzen, vergrößern, drehen und scheren. Wie dies im einzelnen funktioniert, wird später noch ausführlich erklärt.

Ein Element ist eine Größe, der Sie dann einen bestimmten Inhalt zuordnen, d. h. jedes Element hat sein zugehöriges Modul, mit dem

Grundlegende Element-Eigenschaften

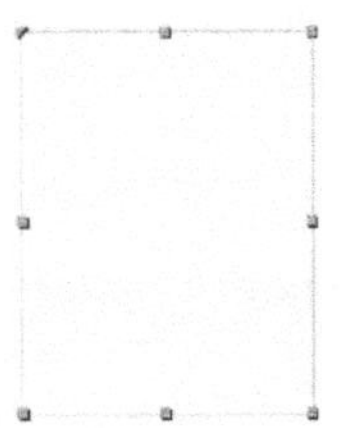

Ein Elementrahmen

es erstellt oder bearbeitet werden kann. Wenn Sie ein Element zur Bearbeitung anwählen, wird das passende Bearbeitungsmodul mit seinen Werkzeugen automatisch aktiviert, und Sie können sofort mit der Bearbeitung beginnen. Für das Erstellen von Elementen gilt dies natürlich in umgekehrter Reihenfolge, d. h. um ein Element zu erstellen, wählen Sie zuerst das passende Modul aus, z.B. OneVision-Type für die Textbearbeitung, erstellen das Element und können es anschließend bearbeiten. Wenn Sie dieses Element später nochmals anwählen, wird automatisch OneVision-Type geöffnet.

1.4.2 Elemente erstellen

Sie können diesen Abschnitt natürlich rein zur Information verwenden, er ist allerdings so ausgelegt, daß Sie parallel dazu in OneVision die hier beschriebenen Operation ausführen können. Starten Sie also, falls Sie es noch nicht getan haben, OneVision. Wenn sich nicht automatisch ein leeres Dokument öffnet, so legen Sie jetzt über den Menüpunkt „Dokument"/„Neu" eines an.

Hinweis

Zuerst wollen wir ein neues Element erstellen und dieses anschließend bearbeiten. Um ein Textelement anzulegen, wählen Sie zunächst das OneVision-Type-Modul an.

Wenn Sie das Symbol nicht in Ihrer Symbolleiste finden, ist das Modul noch nicht geladen. Laden Sie es in diesem Fall über den Menüpunkt „Info"/„Modulverwaltung" nach, wie unter 1.2.8 „Modulverwaltung" beschrieben.

Sie sehen auf Ihrem Bildschirm die zwei Iconleisten, die entsprechend den Präferenzen waagerecht oder senkrecht angeordnet sind. Die zweite Iconleiste wurde nach der Auswahl des Moduls OneVision-Type automatisch angepaßt.

Aufbau der Module

Hier wird der zweistufige Aufbau der OneVision-Module deutlich. Es gibt die Hauptbestandteile wie OneVision-Type, OneVision-Art, OneVision-Image und andere. Sobald Sie eines dieser Module auswählen, paßt sich die zweite Iconleiste, die dann die entsprechenden Werkzeuge für das Modul beinhaltet, diesem an. Je nach Modul kann die zweite Iconleiste demnach eines, zwei oder auch mehr Werkzeuge enthalten. Sie können innerhalb dieser beiden Leisten auf- und abrollen, indem Sie auf die Pfeiltasten am oberen und unteren Ende klicken, oder Sie klicken auf den unteren Rand der Leiste,

halten die Maustaste gedrückt, ziehen die Maus und vergrößern bzw. verkleinern die Leiste somit.

Wählen Sie aus der zweiten Iconleiste das Werkzeug aus, das den Namen „Textrahmen" besitzt. Um jetzt ein Element anzulegen, müssen Sie den Mauszeiger in den Element-erzeugen-Modus schalten.

Sie sehen links unten im Dokumentfenster vier Bearbeitungsmöglichkeiten, den Mauszeiger, das Kreuz, das „E" und die Lupe. Klicken Sie mit der Maus auf das Kreuz. Das Kreuz-Symbol ist jetzt weiß unterlegt, und der Mauszeiger hat über dem Dokumentfenster die Form eines Kreuzes. Einfacher können Sie zwischen den beiden wechseln, indem Sie die rechte Maustaste betätigen. Sollte das nicht funktionieren, ist entweder das Dokumentfenster nicht aktiv (die Kopfzeile muß schwarz sein), oder die Präferenzen für die rechte Maustaste sind nicht korrekt eingestellt. Wählen Sie zur Bearbeitung der Präferenzen den Menüpunkt „Info"/„Präferenzen…", Dialogseite „Rechte Maustaste". Der Moduswechsel muß aktiviert sein, darf aber nicht mit einer Tastenkombination belegt sein. Eine genaue Anleitung dazu finden Sie unter 1.2.8 „OneVision-Präferenzen". Außerdem muß die rechte Maustaste aktiviert sein, lesen Sie auch hierzu unter 1.2.8 „OneVision-Präferenzen" nach.

Schalten Sie nun in den Element-erzeugen-Modus (Kreuz) und bewegen Sie die Maus in den linken oberen Bereich der Arbeitsfläche.

Drücken Sie jetzt die linke Maustaste, halten Sie sie gedrückt, und ziehen Sie die Maus bei gedrückter linker Taste nach rechts unten. Sie sehen, daß Sie die Größe des Elements, welches hier im Moment nur durch seinen Rahmen repräsentiert wird, durch das Bewegen der Maus entsprechend ändern können. Erstellen Sie für unser erstes Beispiel einen Rahmen von nicht zu großem Ausmaß. Wenn Sie die Maustaste loslassen, ist das Element erstellt. Sie sehen seinen Rahmen und die Quadrate rings um das Element, die sog. Element-Handles. Die Farbe und Größe der Handles können Sie in den Präferenzen festlegen.

Während Sie die linke Maustaste gedrückt halten und den Rahmen für das Element aufziehen, können Sie diese Aktion durch Drücken der rechten Maustaste abbrechen.

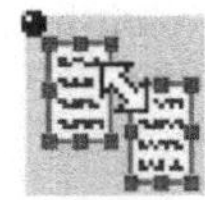

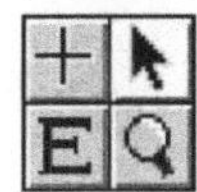

Die Bearbeitungsmodi

Tip!

Über die rechte Maustaste in den Element-erzeugen-Modus

Rahmen für das Element aufziehen

Tip!

1.4.3 Elemente bearbeiten

Text eingeben

Um Text eingeben zu können, klicken Sie links unten im Dokumentfenster auf das Symbol „E" für Editieren.

Sollten Sie die Bearbeitungsmodi nicht sehen können, weil sie von einem anderen Fenster verdeckt sind, so schließen Sie dieses Fenster bzw. verschieben es. Um ein Werkzeugfenster, das Sie geschlossen haben, wieder zu öffnen, klicken Sie einfach nochmals auf das gewünschte Werkzeug, hier z. B. das Werkzeug „Textrahmen".

Tip!

Wechsel in den Editiermodus über Doppelklick in den Elementrahmen

Einfacher können Sie in den Editiermodus wechseln, indem Sie in den Elementrahmen doppelklicken. Der Editiermodus ist ausgewählt, und Sie sehen, falls Sie das Element nicht zu weit am oberen Seitenrand angelegt haben, ein weiteres Lineal in der Größe des angelegten Elements und die Einstellungsmöglichkeiten für Blocksatz, linksbündigen Text etc. Geben Sie nun bitte einen mehrzeiligen Text ein. Wenn Sie den Rand des Elements erreichen, trennt OneVision-Type das Wort, das nicht mehr in das Element paßt und beginnt eine neue Zeile. Klicken Sie anschließend wieder auf das Pfeilsymbol links unten im Dokumentfenster, bzw. drücken Sie die rechte Maustaste. Die Element-Handles erscheinen wieder, und Sie haben den Element-editieren-Modus verlassen.

Element skalieren

Mit Hilfe der Handles können Sie Elemente skalieren, d.h. vergrößern bzw. verkleinern.

Wollen Sie ein Element – in unserem Beispiel ein OneVision-Type-Element – verkleinern, klicken Sie mit der linken Maustaste auf eines der Handles, halten Sie die Maustaste gedrückt, und bewegen Sie die Maus. Sie sehen wieder den Rahmen und können ihn nun in eine beliebige Größe bringen. Neben dem Handle, das Sie angeklickt haben, erscheinen während des Skalierens die Maße des Elements.

Tip!

Drücken Sie während des Skalierens die rechte Maustaste, um die ursprüngliche Größe wiederherzustellen.

Wollen Sie das Element in seiner Breite verkleinern, so benützen Sie die Handles an den senkrechten Seiten; für Höhenänderungen sind die Handles an den waagerechten Seiten zuständig. Falls Sie eine Änderung des Elements in Breite und Höhe wünschen, so klikken Sie auf eines der Handles an den Ecken, und ziehen Sie die Maus bei gedrückter Maustaste solange, bis das Element die gewünschte Größe erreicht hat. Wollen Sie ein Element proportional skalieren, so halten Sie die Wahltaste gedrückt und klicken mit dem Mauszeiger auf eines der Eck-Handles. Anschließend ziehen Sie es in der oben beschriebenen Weise auf die gewünschte Größe.

Verkleinern Sie nun das Textelement versuchsweise in seiner Breite, so daß der Text nicht mehr hineinpassen würde. Sie sehen, daß OneVision-Type den Text neu umbricht und dieser wieder im Element Platz findet.

Eine weitere Möglichkeit zum Skalieren von Elementen besteht darin, das Element von der Mitte aus nach allen Seiten hin größer werden zu lassen. Halten Sie hierzu die Wahl- und Steuerungstaste gedrückt, und klicken Sie auf ein Handle. Wenn Sie ein Handle in einer der Ecken wählen, werden Breite und Höhe unabhängig voneinander verändert. Die Benützung der Handles an den Seiten verändert die beiden Größen proportional zueinander.

Symmetrisch-proportionales Skalieren von Elementen

Achtung!

Diese Option steht auf NeXT-Hardware leider nicht zur Verfügung!

Sie können das Element mit Hilfe der Maus auch frei auf der Seite positionieren. Hierzu klicken Sie im Element-selektieren-Modus (der Mauszeiger hat die Form eines Pfeils) mit der Maus innerhalb des Rahmens auf das Element, halten die Maustaste gedrückt und ziehen das Element an die gewünschte Stelle. Wenn Sie in den Element-Präferenzen die Option „Elemente beim Verschieben zeigen" aktiviert haben, so wird der Text während des Verschiebens angezeigt, andernfalls sehen Sie nur den Rahmen. Sie erreichen die Element-Präferenzen, indem Sie zuerst den Punkt „Info" und dann „Präferenzen" aus dem OneVision-Menü auswählen. Während des Ziehens mit der Maus können Sie ebenfalls noch zwischen Rahmen- und Inhaltsanzeige umschalten, indem Sie die Befehlstaste drücken.

Element verschieben

Tip!

Schieben Sie das Element jetzt z. B. in den linken oberen Teil des Dokuments.

Über die Menüauswahl „Editieren"/„Duplizieren" oder die Tastenkombination ‹Befehl›+‹d› können Sie Elemente duplizieren. Die Kopie wird auf dem Originalelement abgelegt und kann mit der Maus an eine andere Stelle positioniert werden.

Elemente duplizieren

Über den Menüpunkt „Element"/„Mehrfach Duplizieren" werden mehrere Kopien in einem Arbeitsgang angelegt. In einem Dialogfeld können dazu verschiedene Optionen eingestellt werden. Die Tastenkombination ‹Befehl›+‹D› löst die gleiche Funktion aus.

Um ein Element zu drehen, können Sie die Handles verwenden. Klicken Sie hierzu bei gedrückter Steuerungstaste mit dem Mauszeiger in Drehen-Form auf eines der Handles, halten Sie die Maustaste gedrückt, und drehen Sie das Element. Neben dem Mauszeiger sehen Sie, falls Sie die Funktion nicht in den Präferenzen deaktiviert haben, den Drehwinkel angezeigt.

Elemente drehen und scheren

Ähnlich dem Drehen können Sie ein Element mit Hilfe der Handles scheren (neigen). Klicken Sie mit gleichzeitig gedrückter Wahl- und Umschalttaste auf das Handle, halten Sie die Maustaste gedrückt, und bewegen Sie die Maus in die gewünschte Richtung. Der Winkel der Scherung wird neben dem Mauszeiger angezeigt.

Diese beiden Aktionen können Sie auch mit Hilfe des Elementinspektors durchführen. Lesen Sie dazu bitte unter 1.4.7 „Der Elementinspektor" nach. Dort erfahren Sie außerdem, wie Sie Elemente spiegeln können.

Elemente löschen Elemente werden über die Menüauswahl „Editieren"/„Löschen" oder die Tastenkombination ‹Befehl›+‹r› gelöscht.

Zoomen Nun noch die letzte Funktion der vier Bearbeitungsmodi in OneVision, die Lupe. Mit der Lupe können Sie Elemente oder Ausschnitte der Seite zoomen.

Im Abschnitt „Dokumente" wurde schon die Möglichkeit beschrieben, den Zoomfaktor der ganzen Seite in Prozent oder dpi einzustellen. Der Vorteil der Lupe besteht darin, daß Sie gezielt bestimmte Bereiche vergrößern können, ohne sich um den prozentualen Faktor kümmern zu müssen oder das zu bearbeitende Element erst im gezoomten Dokument suchen zu müssen.

Wählen Sie jetzt das Symbol der Lupe. Der Mauszeiger nimmt daraufhin die Form einer Lupe an. Klicken Sie nun mit dieser Lupe auf die Arbeitsoberfläche, und ziehen Sie mit gedrückter Maustaste einen Rahmen um den zu vergrößernden Ausschnitt. Nun wird der selektierte Ausschnitt in der Vergrößerung auf der Seite dargestellt. Rechts unten im Dokumentfenster wird der momentane Skalierungsfaktor angezeigt. Wollen Sie wieder zu einer kleineren Vergrößerung zurückkehren, so wählen Sie rechts, wo jetzt die Prozentzahl steht, entweder eine andere Zahl aus oder klicken auf „Anpassen".

Auch hier gibt es einen schnelleren Weg, die Lupe zu benutzen. Halten Sie die Befehlstaste gedrückt, und ziehen Sie mit gedrückter Maustaste einen Rahmen auf. Der Mauszeiger nimmt für die Dauer der Aktion die Form einer Lupe an. Anschließend kehrt das System automatisch in den vorher aktiven Modus zurück. Bearbeiten Sie z.B. gerade einen Text, können ihn aber nicht richtig lesen, weil er zu klein ist, so drücken Sie einfach die Befehlstaste und ziehen einen Rahmen um das Element. Nach dem Zoomvorgang befinden Sie sich sofort wieder im Element-editieren-Modus.

Zwischen einer frei gewählten und der 100 %-Vergrößerung können sie wechseln, indem Sie die Befehlstaste gedrückt halten und einmal auf die Seite klicken, wobei der Ort des Klickens den Mittelpunkt des neuen Ausschnittes bestimmt. 

Eine weitere Besonderheit der Lupe sollten Sie noch kennenlernen. Selektieren Sie ein Element auf der Seite. Wenn Sie die Handles sehen, doppelklicken Sie bei gedrückter Befehlstaste irgendwo im Dokumentfenster. Das Element wird nun so groß wie möglich dargestellt.

Undo

Zuletzt wird in diesem Abschnitt noch die Undo-Funktion in OneVision, d.h. das Zurücknehmen von Bearbeitungsschritten, beschrieben. Sie finden die drei Menüeinträge hierzu im „Editieren"-Menü, dies sind „Undo Puffer füllen", „Undo" und „Redo". Angenommen, Sie wollen einige Textpassagen löschen, um zu sehen, wie die Wirkung ist, wollen sich aber die Möglichkeit offenhalten, wieder zum ursprünglichen Zustand zurückzukehren, dann müssen Sie folgendermaßen vorgehen:

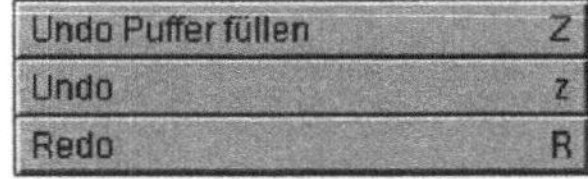

Selektieren Sie das Element, und klicken Sie auf den Menüeintrag „Undo Puffer füllen" aus dem „Editieren"-Menü. Löschen Sie jetzt das OneVision-Type-Element über „Editieren"/„Löschen". Betätigen Sie den Schalter „Undo" aus dem „Editieren"-Menü, und das Textelement erscheint wieder, wie es vorher war. Klicken Sie auf „Redo", und die Undo-Funktion wird ihrerseits wieder rückgängig gemacht, d.h. in diesem Fall wird das Textelement wieder gelöscht.

Die Undo-Funktion in OneVision funktioniert nach folgendem Schema: Sie kopiert alle selektierten Elemente nach dem Aktivieren des Menüpunkts „Undo Puffer füllen" in einen dafür vorgesehenen Speicherbereich. Wenn Sie die Funktion „Undo" ausführen, werden alle Elemente aus diesem Puffer in ihrer ursprünglichen Form auf die Seite zurückkopiert. Dies ist der Grund, warum Sie Elemente, deren Änderungen Sie zurücknehmen möchten, vor dem Klick auf „Undo" selektieren müssen, da diese ansonsten nicht durch die Originale aus dem Undo Puffer ersetzt werden würden, sondern Sie Kopien davon auf der Seite anlegen würden. Alternativ zum Arbeiten mit „Undo" können Sie Ihr Dokument auch speichern und über den Punkt „Änderungen verwerfen" aus dem „Dokument"-Menü zur Ursprungsform zurückkehren.

Dies war eine Einführung in die Arbeit mit Elementen. Für genauere Informationen zu einzelnen Menüpunkten bzw. zu Punkten, die hier nicht beschrieben sind, lesen Sie bitte auch die Online-Hilfe (z.B. indem Sie bei gedrückter ‹F1›-Taste auf den Menüpunkt klicken). Sie finden im Anschluß an den nächsten Abschnitt eine Übersicht über das Bearbeiten von Elementen.

1.4.4 Elemente selektieren

Aktivieren und Deaktivieren von Elementen

Für dieses Kapitel sollten sich mindestens drei Elemente auf Ihrer Dokumentseite befinden. Legen Sie gegebenenfalls weitere Textelemente an. Geben Sie auch hier nach einem Doppelklick in ein Element Text ein, und verlassen Sie den Element-editieren-Modus über die rechte Maustaste wieder. Sie sehen, daß der Elementrahmen der nicht aktiven Textelemente verschwindet, falls Sie in den Dokument-Präferenzen die Option „Rahmen des selektierten Elements" unter „Rahmenanzeige" aktiviert haben, und es werden keine Handles dargestellt. Klicken Sie mit der Maus irgendwo auf die Seite, wo sich kein Element befindet, alle Elemente sind jetzt deaktiviert und ohne Handles. Wollen Sie wieder eines aktivieren, um es z. B. zu bearbeiten, so bewegen Sie die Maus ungefähr in den Bereich, wo der Elementrahmen angezeigt wurde, und Sie sehen, daß dieser in der Vorwählfarbe, aber immer noch ohne Handles erscheint.

Lassen Sie die Maus an dieser Stelle, und sehen Sie sich die Zeile unter der Kopfzeile des Dokumentfensters genauer an. Rechts neben dem Schriftzug „Vorgewählt" erscheint der Name und der Typ des Elements. Bewegen Sie die Maus wieder zum anderen Element, und der Name verändert sich. Diesen Namen, der hier angezeigt wird, können Sie verändern. Die Anleitung dazu finden Sie unter 1.4.7 „Der Elementinspektor".

Mehrere Elemente durch Anklicken selektieren

Klicken Sie mit der linken Maustaste ein Element an. Halten Sie nun die Umschalttaste Ihrer Tastatur gedrückt, und klicken Sie auf weitere Elemente. Die Selektion erstreckt sich nun auf alle angeklickten Elemente. Wollen Sie ein Element innerhalb einer Mehrfachauswahl wieder deselektieren, so klicken Sie einfach nochmals bei gedrückter Umschalttaste auf das Element.

Die Elemente können nun gemeinsam bearbeitet, z. B. verschoben oder gelöscht werden.

Es gibt noch eine andere Möglichkeit, mehrere Elemente anzuwählen:

Klicken Sie mit der Maus auf einen freien Punkt auf der Arbeitsfläche, halten Sie die Taste gedrückt, und bewegen Sie die Maus. Sie sehen einen weiteren Rahmen. Ziehen Sie den Rahmen über alle zu selektierenden Elemente, und lassen Sie die Maustaste los. Die Elemente müssen dabei von dem Rahmen nur berührt werden. Wenn Sie die Wahltaste gedrückt halten, werden nur die vollständig umschlossenen Elemente selektiert.

Mehrere Element mit einem Selektionsrahmen auswählen

Auf diese Weise können Sie natürlich auch einzelne Elemente selektieren. Wollen Sie ein Element selektieren, das von einem anderen verdeckt ist, so kann es ziemlich mühsam sein, bis man das richtige Element erwischt hat. Bewegen Sie in diesem Fall den Mauszeiger über die Elemente, unter denen sich das gesuchte befindet. Wenn Sie die Pfeiltasten Ihrer Tastatur betätigen, sehen Sie, wie Sie in der Zeile unterhalb der Kopfzeile unter „Vorgewählt" den entsprechenden Namen angezeigt bekommen. Falls Sie nun beim gesuchten Namen die Maustaste betätigen, so ist das entsprechende Element ausgewählt.

Sie haben z.B. drei Elemente auf der Seite liegen. Wählen Sie eines an, klicken Sie dann auf „Editieren" und „Selektion invertieren". Die Selektion wird genau umgekehrt, d.h. das gerade noch aktivierte Element ist deaktiviert, und die beiden anderen sind aktiviert. Dies ist im Umgang mit Elementen vor allem dann praktisch, wenn Sie sehr viele Elemente auf der Seite haben und nur eines oder zwei davon nicht selektieren wollen.

Selektion invertieren

Im „Editieren"-Menü finden sich auch Funktionen zum Selektieren bzw. Deselektieren aller Elemente auf der Seite.

Alle Elemente einer Seite selektieren

Bearbeitung von Elementen

Wechsel der Bearbeitungsmodi

Moduswechsel von „Element selektieren" zu „Element erzeugen"	Rechte Maustaste einmal drücken oder Kreuz-Symbol anklicken
Moduswechsel von „Element erzeugen" zu „Element selektieren"	Rechte Maustaste einmal drücken oder Mauszeiger-Symbol anklicken
Moduswechsel von „Element editieren" zu „Element selektieren"	Rechte Maustaste einmal drücken oder Mauszeiger-Symbol anklicken
Moduswechsel von „Element selektieren" zu „Element editieren"	Element selektieren, dann Doppelklick innerhalb des Rahmens

Elemente selektieren („Element-selektieren-Modus" aktiv)

Ein Element selektieren	Mauszeiger über Element bewegen, linke Maustaste einmal drücken
Übereinanderliegende Elemente selektieren	Mauszeiger über Elemente bewegen, mit Pfeiltasten blättern und klicken
Mehrere Elemente selektieren	Elemente bei gedrückter Umschalttaste der Reihe nach anklicken, oder mit gedrückter linker Maustaste Rahmen ziehen (bei gleichzeitig gedrückter Wahltaste werden nur umschlossene Elemente selektiert, sonst auch angeschnittene)
Element in einer Mehrfachauswahl deselektieren	Selektiertes Element bei gedrückter Umschalttaste nochmals anklicken
Alle Elemente selektieren	„Editieren"/„Alles selektieren", oder Rahmen um alle Elemente ziehen
Alle Elemente deselektieren	„Editieren"/„Alles deselektieren" oder auf freien Bereich klicken
Selektion umkehren	„Editieren"/„Selektion umkehren"
Element innerhalb von Gruppen selektieren, ohne Gruppen vorher zu betreten	Steuerungs- und Umschalttaste drücken und halten, Element anklicken

Element erzeugen („Element-erzeugen-Modus" aktiv)

Ein Element erzeugen	Über der Arbeitsfläche linke Maustaste drücken und halten, Rahmen in gewünschter Größe aufziehen, je nach Modul

Tip!

Die meisten der oben genannten Funktionen können Sie, während Sie sie ausführen, durch Drücken der rechten Maustaste abbrechen. Wenn Sie z. B. gerade ein Element verschieben, so drücken Sie bei gedrückter linker Maustaste die rechte, und das Element hat seine ursprüngliche Position wieder.

Elemente vergrößert anzeigen („Lupenmodus" aktiv)	
Einen bestimmten Bereich der Arbeitsfläche vergrößern	Befehlstaste drücken und halten, mit der linken Maustaste Rahmen aufziehen
Ein bestimmtes Element fensterfüllend anzeigen	Element selektieren, Befehlstaste drücken und halten, Doppelklick
Anzeige zwischen 100% und letzter Vergrößerungsstufe umschalten	Befehlstaste drücken und halten, Einfachklick

Funktionen, zu denen Sie die Handles benötigen (Element-selektieren-Modus aktiv, Elemente bereits selektiert)	
Elemente drehen	Steuerungstaste drücken und halten, Handle anklicken, Maus bewegen
Elemente scheren	Wahl- und Umschalttaste gedrückt halten, Handle anklicken, Maus bewegen
Elemente skalieren	Handle anklicken, Maus bewegen
Elemente proportional skalieren	Wahltaste gedrückt halten, Handle anklicken, Maus bewegen
Elemente symmetrisch-proportional skalieren	Wahl- und Steuerungstaste gedrückt halten, Handle anklicken, Maus bewegen

Element verschieben (Element-selektieren-Modus aktiv)	
Element verschieben	Element selektieren, innerhalb des Rahmens linke Maustaste drücken und halten, Maus bewegen

Bearbeitung von Elementen (Fortsetzung)

1.4.5 Elemente gruppieren

Je nachdem, welche Aufgabe Sie gerade in OneVision bearbeiten, kann es vorkommen, daß Sie sehr viele Elemente auf der Seite angelegt haben. Um sich die Bearbeitung zu erleichtern, können Sie beliebige Elemente zu einer Gruppe zusammenfassen.

Was sind Gruppen?

Diese Gruppe wiederum tritt dann als eigenes, neues Element auf. Haben Sie also z.B. etliche Text- und Bildelemente, so können Sie die logisch zusammengehörenden Elemente jeweils zu einer Gruppe zusammenfassen. Gruppen können als Ganzes bearbeitet, z.B. verschoben oder skaliert werden. Sie können die Gruppe auch betreten, um die einzelnen darin enthaltenen Elemente zu bearbeiten.

Auch Gruppen können einen Namen bekommen. Die Anleitung dazu finden Sie unter 1.4.7 „Der Elementinspektor".

Gruppe erstellen

Im folgenden wollen wir zwei Elemente zu einer Gruppe zusammenfassen. Selektieren Sie mit einer der unter 1.4.4 „Elemente selektieren" beschriebenen Methoden mindestens zwei Elemente. Wählen Sie nun den Menüpunkt „Element"/„Gruppe"/„Gruppieren". Es wird ein neuer Elementrahmen angelegt, und die Textelemente sind zu einer Gruppe zusammengefaßt. Sie können diese Gruppe wie jedes andere Element behandeln. Sie können es aktivieren und deaktivieren, verschieben und natürlich auch bearbeiten.

Gruppe bearbeiten

Wollen Sie eine Gruppe bearbeiten, um beispielsweise in ihr eingeschlossene Elemente zu erreichen, so klicken Sie entweder auf „Element"/„Gruppe"/„Betreten", oder doppelklicken Sie einfach auf das Gruppenelement. Rechts oben unter „Gruppenlevel" wird statt „0" eine „1" angezeigt, Sie befinden sich also im Moment in der ersten Stufe einer Gruppenhierarchie.

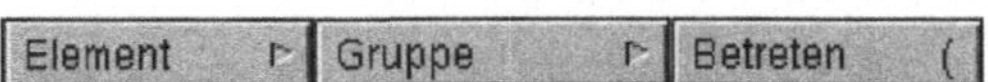

Es ist auch möglich, mehrere Gruppenelemente wiederum zu gruppieren. Wollen Sie dann ein einzelnes Element, z.B. einen Text, bearbeiten, so doppelklicken Sie zuerst auf das übergeordnete Gruppenelement. Angenommen, es befinden sich innerhalb dieser Gruppe zwei weitere Gruppen, eine mit Bildelementen und eine mit Textelementen. Um einen Text zu bearbeiten, müssen Sie nun auf das Text-Gruppenelement und anschließend auf ein enthaltenes Textelement doppelklicken. Danach können Sie den Text bearbeiten. Unter „Gruppenlevel" würde in diesem Fall eine „2" angezeigt.

Tip!

Elemente innerhalb von Gruppen durch den Supercursor auswählen

Die Gruppentiefe ist im Prinzip unbegrenzt, mehr als fünf ineinander verschachtelte Gruppen sind jedoch selten sinnvoll.

Es gibt allerdings noch eine weitere Möglichkeit, einzelne Elemente auszuwählen, ohne die Gruppe erst betreten zu müssen. Dies

ist der sog. *Supercursor*, ein roter Mauszeiger. Normalerweise können Sie nur Elemente in der aktuellen Gruppe selektieren. Wenn Sie allerdings die Steuerungs- und die Umschalttaste Ihrer Tastatur gedrückt halten, können Sie mit dem roten Mauszeiger jedes Element anwählen, ganz gleich in welcher Gruppe es sich befindet.

Gruppe verlassen

Um eine Gruppe wieder zu verlassen, klicken Sie entweder auf „Element"/„Gruppe"/„Verlassen", oder klicken Sie auf einen Bereich außerhalb der Gruppe. Bei jedem „Verlassen" bzw. Mausklick auf der Arbeitsfläche steigen Sie in der Gruppenhierarchie eine Ebene nach oben. Befinden Sie sich also in einer Gruppe innerhalb einer weiteren Gruppe, so müssen Sie zweimal „Gruppe"/„Verlassen" anwählen bzw. zweimal auf die Arbeitsfläche klicken.

Rechts neben der Anzeige „Gruppenlevel" im Dokumentfenster befinden sich zwei kleine Icons, die es Ihnen ermöglichen, sich schnell innerhalb der Gruppenlevel zu bewegen. Das linke der beiden bringt Sie eine Gruppenebene höher, also z. B. aus dem Gruppenlevel „3" in die Ebene „2". Mit einem Klick auf das rechte Icon erreichen Sie sofort die Gruppenebene „0", d.h. Sie verlassen alle Gruppen.

Skalieren von Gruppenelementen

Wenn Sie Gruppenelemente als Ganzes skalieren, so werden die darin enthaltenen Gruppen dem Verhältnis der Skalierung angepaßt. Falls Sie also die Breite Ihrer Textgruppe verändern, so wird der Text entsprechend abgestimmt. Er wird in diesem Fall allerdings nicht neu umgebrochen, sondern es ändert sich seine dargestellte Größe – er wird verzerrt. Sie sollten daher beim Skalieren von Gruppen, die Textelemente enthalten, vorsichtig sein.

Auflösen von Gruppenelementen

Wollen Sie eine Gruppe wieder auflösen, weil Sie sie nicht mehr benötigen, so selektieren Sie das Gruppenelement und wählen „Element"/„Gruppe"/„Auflösen". Danach haben Sie wieder einzelne Elemente auf der Arbeitsfläche.

<table>
<tr><td>Element</td><td>Gruppe</td><td>Auflösen</td><td>O</td></tr>
</table>

Wenn Sie diese Operation bei einer skalierten Gruppe durchführen, die Textelemente beinhaltet, so erhalten Sie von OneVision-Type eine Rückfrage, ob die Skalierung übernommen werden soll oder ob die Elemente wieder in Ihre Ausgangsgröße zurückversetzt werden sollen. Bestätigen Sie hier entweder mit „Übernehmen" oder mit „Zurücksetzen".

Tip!

Für die meisten Befehle zum Arbeiten mit Gruppen sind Tastaturkombinationen definiert.

1.4.6 Elemente speichern und laden

Sie können in OneVision nicht nur ganze Dokumente, sondern auch einzelne Elemente abspeichern. Selektieren Sie ein Element, das gespeichert werden soll. Klicken Sie zum Speichern auf „Element" und „Sichern als…".

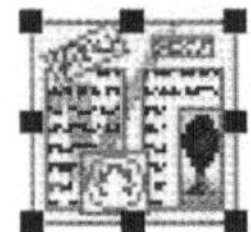

Wählen Sie im nächsten Fenster einen Ordner aus, und geben Sie einen Namen ein. Anschließend bestätigen Sie mit „OK". In der Datei-Übersicht trägt die Elementdatei die Endung „.1Vel" und ein charakteristisches Symbol.

Falls Sie ein solches Element wieder laden wollen, klicken Sie entweder im Menü auf „Element"/„Laden…", oder verwenden Sie Drag-and-Drop. Ordnen Sie die Datei-Übersicht und das Dokumentfenster so an, daß sie sich überlappen, Sie aber noch einen Teil der weißen Arbeitsfläche sehen können. Klicken Sie die Elementdatei in der Datei-Übersicht an, halten Sie die Maustaste gedrückt, und ziehen Sie das Element über die Arbeitsfläche. Sobald die zwei grünen Quadrate, das Symbol für das Kopieren von Dateien, erscheinen, können Sie die Maustaste loslassen.

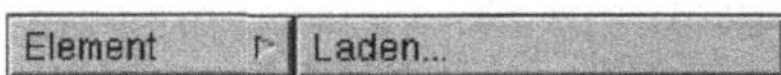

Das Element befindet sich nun auf Ihrer Seite. Sie sehen es zunächst nicht, da auch die Position des Elements auf der Seite mit gesichert wird und es somit genau über dem bereits vorhandenen Textelement liegt. Ziehen Sie es nun einfach an eine neue Stelle. Auf gleiche Weise können Sie übrigens auch TIFF-, EPS- und Textdateien importieren. Genaueres hierzu finden Sie unter 5.2.4 „Bilder sichern" und unter 3.1.4 „Importieren von Text anderer Anwendungen".

1.4.7 Der Elementinspektor

Der Elementinspektor ist eines der am häufigsten benötigten Werkzeuge in OneVision. Sie können mit ihm Funktionen wie Drehen, Scheren, Spiegeln und etliche andere Operationen im Zusammenhang mit Elementen numerisch ausführen.

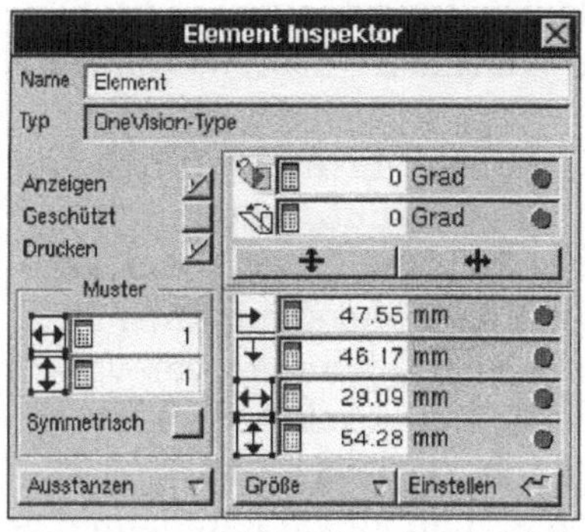

Öffnen Sie den Elementinspektor, indem Sie im OneVision-Menü zuerst den Punkt „Element" und dann „Inspektor…" anklicken. Sie sehen das Fenster des Elementinspektors. Laden Sie nun ein beliebiges Element auf die Seite, z. B. das Bild „Cointreau15.tiff" von der OneVision-CD im Verzeichnis „OneVision/Beispielbilder", indem Sie es aus der Datei-Übersicht mit der Maus auf

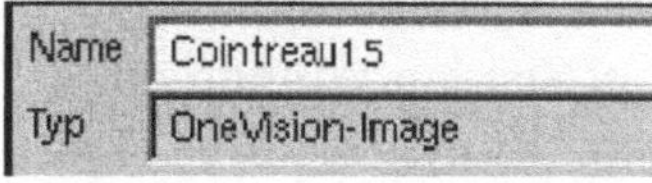

Der Elementinspektor

die Arbeitsfläche ziehen. Wählen Sie das Element an, und wenden Sie sich den ersten beiden Zeilen des Elementinspektors, dem „Name"- und dem „Typ"-Feld, zu.

Unter „Name" erscheint in diesem Fall die Bezeichnung „Cointreau15", unter Typ „OneVision-Image". Beim Import von Bildern wird deren Dateiname im „Name"-Feld eingetragen. Wenn Sie diesen Namen ändern wollen, so klicken Sie mit der Maus einmal in das weiße Textfeld, geben dann den neuen Namen, etwa „Flasche", ein und drücken die Eingabetaste. Dieser Name wird auch in der Seite unter „Vorgewählt" angezeigt. Deselektieren Sie das Element, und bewegen Sie die Maus über das Bild. Sie sehen unter der Kopfzeile des Dokumentfensters „Vorgewählt: Flasche".

Sie sollten jedem neu angelegten Element einen eindeutigen, markanten Namen geben, da Ihnen dies später bei der Arbeit mit vielen Elementen das Auffinden und Selektieren eines einzelnen Elements erleichtert. Der Typ des Elements läßt sich nicht verändern. Er ist durch das OneVision-Modul, mit dem es erstellt wurde, festgelegt. OneVision-Image ist z. B. hier ein Bild, OneVision-Art eine Grafik und Gruppe allgemein eine Gruppe von Elementen.

Unter dem Elementtyp-Feld sehen Sie drei Kästchen, die Optionen „Anzeigen", „Geschützt" und „Drucken". Diese beziehen sich auf das gerade aktive Element.

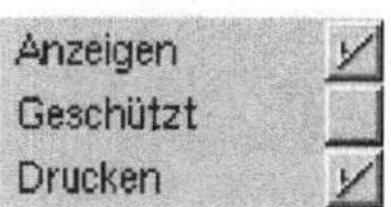

Parameter für Elemente definieren

Selektieren Sie jetzt das Bildelement mit der Flasche auf der Seite, und schalten Sie die Option „Anzeigen" aus. Sie sehen, daß diese Option festlegt, ob ein Element angezeigt werden soll oder nicht.

Die Option „Drucken" legt fest, ob ein Element auf dem späteren Ausdruck erscheinen soll oder nicht. Sie könnten auf diese Weise z.B. einen OneVision-Type-Text als Bearbeitungshinweis erstellen, bei diesem dann einfach den Schalter „Drucken" ausschalten, und er erscheint nicht auf dem Ausdruck.

Der „Geschützt"-Schalter definiert, ob ein Element bearbeitet werden kann oder nicht. Schalten Sie die „Geschützt"-Funktion ein. Sie sehen, daß das Element nicht mehr selektiert ist. Sie können das „Flasche-Element" auch nicht mehr auswählen und somit auch nicht mehr bearbeiten. Auf diese Weise können Sie Elemente vor versehentlichem Bearbeiten schützen. Wenn Sie ein geschütztes Element doch wieder bearbeiten wollen, so müssen Sie zuerst den Schalter „Supermodus einschalten" im „Editieren"-Menü anwählen, dann das Element selektieren und schließlich den Schalter „Geschützt" ausschalten.

Wichtig!

Rechts neben diesen drei Optionen sehen Sie zwei Eingabefelder für „Winkel" und „Scherung". Im ersten, dem „Winkel"-Dialog, können Sie den Winkel, um den das Element gedreht werden soll, eingeben. Tippen Sie hier z. B. „50" ein und drücken die Eingabetaste, so wird das Element um 50° nach links gedreht, „-50" dreht das Element um 50° nach rechts. Ähnlich dem Drehwinkel können Sie den Scherungswinkel im Elementinspektor festlegen.

Um ein Element zu drehen oder zu scheren, können Sie zudem die Handles verwenden. Lesen Sie dazu bitte das Unterkapitel 1.4.3 „Elemente bearbeiten".

Bezugsecke

Unter diesen beiden Eingabefeldern befinden sich zwei Schalter zum horizontalen und vertikalen Spiegeln des gerade selektierten Elements. Beachten Sie, daß sich dabei die Position der Bezugsecke ändert!

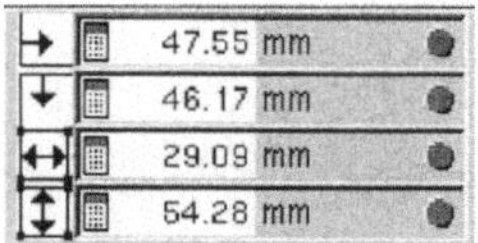

Positionieren und Skalieren von Elementen

Mit den vier Eingabefeldern darunter können Sie die Positionierung des Elements numerisch eingeben. Die ersten beiden dienen dem Einstellen des Abstandes des Elements vom oberen bzw. linken Seitenrand, die letzten beiden dem Definieren der Breite bzw. Höhe des Elements. Sie können mit der Tabulatortaste zwischen diesen vier Feldern hin- und herspringen. Nach dem Betätigen der Eingabetaste werden die Werte eingestellt.

Musterdarstellungen

Im Feld „Muster" können Sie den Inhalt eines Elements vervielfacht darstellen lassen. Normalerweise sehen Sie jedes Element nur einmal auf der Seite. Wollen Sie den Inhalt eines Elements mehrfach darstellen, so geben Sie im Feld „Muster" an, wie oft der Inhalt horizontal und vertikal nebeneinander gezeichnet werden soll. Die Option

„Symmetrisch" spiegelt Musterelemente zusätzlich horizontal und vertikal zueinander. Testen Sie diese Option zum besseren Verständnis mit verschiedenen Parametern.

Zwei weitere Funktionen finden sich noch im Elementinspektor. Dies ist zum einen die Auswahl „Größe". Lesen Sie hierzu bitte die Online-Hilfe.

Größe

Zum anderen ist dies die Funktion „Ausstanzen". Diese Funktion gibt Ihnen die Möglichkeit, Elemente mit anderen in der Weise zu verknüpfen, daß das eine Element die Stanzform für das andere darstellt.

Ausstanzen von Elementen

Ein kleines Beispiel: Dafür benötigen Sie zwei Elemente, das Cointreau-Bild und einen Text. Erstellen sie einen Textrahmen mit einem kurzen Text, rufen Sie mit ‹Befehl›+‹t› die Fontauswahl auf, wählen Sie eine Schrift mit ca. 60 Punkt aus, und betätigen Sie den Schalter „Einstellen". Geben Sie einen Text auf der Arbeitsfläche ein, z.B. „Text". Beenden Sie den Element-erzeugen-Modus, und verschieben Sie den Text so, daß er sich zu großen Teilen mit dem Cointreau-Bild überlappt. Legen Sie den Text in den Hintergrund (Menü „Element"/„Nach hinten").

Selektieren Sie das Cointreau-Bild, und wechseln Sie zum Elementinspektor. Klicken Sie hier auf die Funktion „Ausstanzen", halten die Maustaste gedrückt, und ziehen Sie auf den Punkt „Verknüpfen". Der Mauszeiger nimmt dadurch die Verknüpfen-Form an. Mit diesem wählen Sie das Textelement auf der Arbeitsfläche aus. Betätigen Sie nun die rechte Maustaste, und Sie verlassen den Verknüpfungsmodus wieder. Sie sehen, daß der Pfadtext das Cointreau-Bild ausgestanzt hat, so daß das Bild der Flasche nur noch in der Form des Textes zu sehen ist.

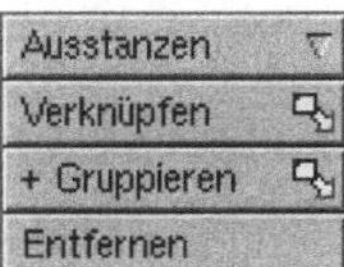

Der dritte Schalter, „+ Gruppieren", hat denselben Effekt wie der Schalter „Verknüpfen". Er erzeugt allerdings im Anschluß an die Verknüpfen-Operation noch eine Gruppe, die alle an der Verknüpfung beteiligten Elemente beinhaltet. Der letzte Schalter „Entfernen" löscht die Verknüpfung, und die Elemente liegen wieder in der Ursprungsform, also in der Form, in der sie sich vor der Verknüpfung befanden, vor.

Das Bild wird durch den Text ausgestanzt.

1.4.8 Das Verweiselement

Das Erstellen von Verweisen hat gegenüber dem Kopieren bzw. Duplizieren von Elementen zwei große Vorteile: Erstens benötigen Verweiselemente, vor allem bei großen Bildern, im Gegensatz zu den Originalen wesentlich weniger Speicherplatz und Rechenleistung; zweitens werden alle Änderungen, die Sie am Originalelement ausführen, automatisch in das Verweiselement übernommen, d. h. Sie brauchen nur das Original zu verändern, damit sich alle anderen automatisch anpassen. Das Modul „Verweis" muß geladen sein, bevor Sie es verwenden können. Wenn es noch nicht geladen ist, öffnen Sie die Modulverwaltung („Info"/„Modulverwaltung"), und laden Sie es nach wie unter 1.2.7 „Modulverwaltung" beschrieben.

Als Anschauungsbeispiel laden Sie bitte ein Bild von der OneVision-CD im Verzeichnis „OneVision/Beispielbilder". Nehmen Sie hier das Bild „Cointreau15.tiff", und laden Sie es auf die Arbeitsfläche. Um einen Verweis zu erstellen, klicken Sie zuerst das Verweismodul an. Schalten Sie dann die Maus in den Element-erzeugen-Modus (Mauszeiger in Kreuzform), klicken Sie auf die Arbeitsfläche, halten Sie die Maustaste gedrückt, und ziehen Sie die Maus. Es öffnet sich ein Rahmen mit einem dunkelgrauen Hintergrund. Klicken Sie im Dialogfenster des Verweiselements auf den Schalter „Verknüpfen". Der Mauszeiger verändert über der Arbeitsfläche seine Form in einen Doppelpfeil. Klicken Sie einmal mit der Maus auf das Element, von dem Sie einen Verweis erstellen möchten, also auf das „Cointreau"-Bild. Der Verweis wurde erstellt.

Falls die Option „Größe anpassen" im Verweis-Dialogfenster ganz unten mit einem Häkchen versehen ist, wird das Verweiselement an die Größe des Originalelementes (auf das das Verweiselement zeigt) angepaßt, ansonsten behält es die Größe, in der Sie es aufgezogen haben. Schalten Sie die Option nun aus bzw. ein, und führen Sie den Vorgang erneut durch. Vergleichen Sie die Ergebnisse. Sie können die Option auch nachträglich über den Elementinspektor korrigieren („Größe"/„Original"), wenn das Originalelement nicht selbst skaliert ist.

Klicken Sie eines der Verweiselemente an. Sie sehen, daß die vorher noch grau unterlegten, anderen Schalter jetzt anwählbar sind. Klicken Sie im Feld „Originalelement" einmal auf den Schalter „Selektieren". Sofort wird das Original angewählt. In den ersten

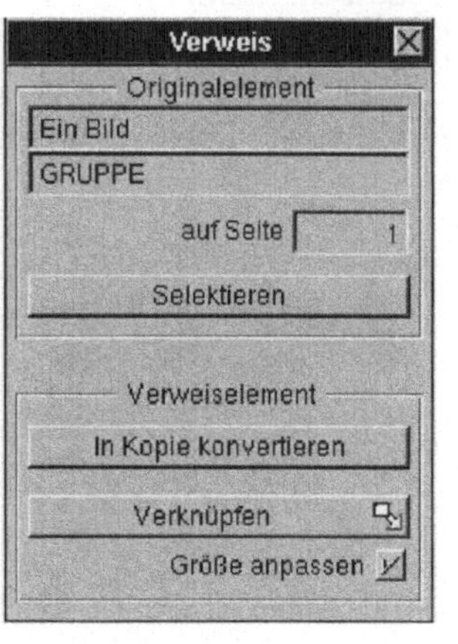

Das Dialogfenster des Verweiselementes

zwei Feldern zeigt Ihnen das Verweis-Fenster an, auf welcher Dokumentseite sich das Original befindet und welchen Namen es trägt.

Wenn Sie im Feld „Verweiselement" die Option „In Kopie konvertieren" anwählen, so wird aus dem gerade aktiven Verweiselement eine genaue Kopie des Originals mit seinen Eigenschaften. Die Kopie wird selbständig als Bild gespeichert.

Sie können Verweise natürlich auch auf verschiedenen Dokumentseiten anlegen. Weitere Verwendungsmöglichkeiten für Verweiselemente, insbesondere deren Verwendung auf Musterseiten, finden Sie unter 1.6.3 „Musterseiten".

1.4.9 Elementausrichtung

In diesem Abschnitt erfahren Sie, wie Sie verschiedene Elemente auf der Seite genau zueinander ausrichten können. Im folgenden werden zwei Arten des Ausrichtens besprochen – die des manuellen Ausrichtens und die des automatischen Ausrichtens mit Hilfe des Ausrichtungswerkzeugs. Beide Methoden in Kombination miteinander ergeben oft das optimale Ergebnis.

Bevor Sie Elemente automatisch ausrichten, sollten Sie diese ungefähr so auf der Seite positionieren, wie Sie später angeordnet sein sollen. Bewegen Sie hierzu die entsprechenden Elemente in etwa in die spätere Position, indem Sie sie verschieben.

Manuelle Ausrichtung

Drei manuell positionierte Elemente

Wenn sich verschiedene Elemente überlappen sollen, so legen Sie jetzt fest, welches vor bzw. hinter den anderen liegen soll. Verwenden Sie hierzu die Funktionen aus dem „Element"-Menü. Wenn Sie z. B. drei übereinanderliegende Elemente haben, selektieren Sie das Element, das vor den anderen liegen soll, und wählen Sie den Punkt „Element"/„Nach vorne". Analog verfahren Sie, wenn Sie ein Element hinter die anderen legen wollen. Beim Anwählen des Punktes „Vor Element" bzw. „Hinter Element" ändert der Mauszeiger seine Form. Wenn Sie jetzt ein Element anklicken, so wird das selektierte Element vor bzw. hinter das angeklickte Element gelegt.

Im Anschluß an die manuelle, visuelle Positionierung können Sie die Elemente automatisch mit Hilfe eines Werkzeuges ausrichten

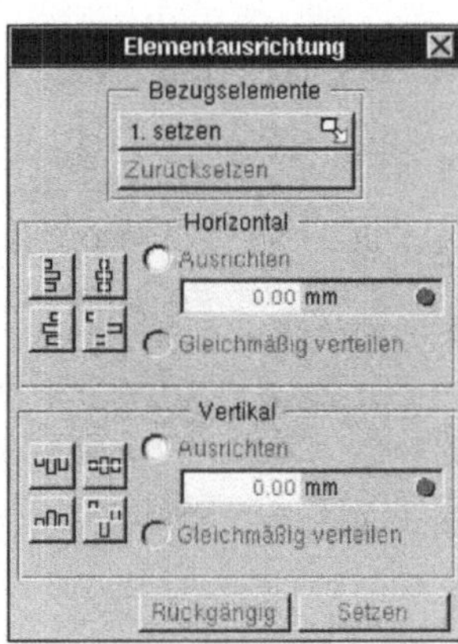

Automatische Ausrichtung

lassen. Wählen Sie dazu den Punkt „Ausrichtung…" aus dem „Element"-Menü.

| Element | ⌐ | Ausrichtung... | # |

Damit der Menüeintrag erscheint, muß das Modul „Ausrichtung" unter dem Eintrag „OneVision" geladen sein. Wenn Sie den Punkt also nicht sehen, laden Sie das Modul, wie unter 1.2.7 „Modulverwaltung" beschrieben, nach. Es öffnet sich das Dialogfenster des Ausrichtungswerkzeugs. Mit diesem Werkzeug können Sie die Positionierung Ihrer Elemente auf der Seite exakt festlegen.

Selektieren Sie als nächstes alle Elemente auf der Seite, die an der Ausrichtung beteiligt sein sollen.

Wenn Sie Elemente ausrichten, werden diese, ausgehend von ihrer ursprünglichen Position, zueinander ausgerichtet. Als Bezugselement für die Ausrichtung wird das selektierte Element angenommen, welches sich am weitesten links oben auf der Seite befindet. Sie können allerdings auch ein anderes Element als Bezugselement definieren. Wählen Sie hierzu den Schalter „Setzen" im Feld „Bezugselement" an, und klicken Sie das neue Bezugselement an. Sie können jedoch nur Elemente als Bezugselemente setzen, die nicht selektiert sind. Wenn Sie die Zuweisung wieder aufheben wollen, klicken Sie den Schalter „Zurücksetzen" an.

Wählen Sie jetzt, wie Sie die Elemente ausrichten wollen, also ob Sie sie horizontal linksbündig, mittig, rechtsbündig oder nebeneinanderliegend und ob Sie sie vertikal an der Ober- Mittel- bzw. Unterkante oder untereinanderliegend ausrichten wollen. Sie können in den Eingabefeldern „Horizontal" und „Vertikal" einen Abstand eingeben, der zwischen den Elementen bleiben soll.

Sobald Sie einen der Schalter betätigen, wird die neue Position der Elemente angezeigt. Sie können die aktuellen Einstellungen zur Positionierung wieder auf die Standardwerte setzen und die Elemente wieder in ihre Ausgangsposition bringen, indem Sie den Schalter „Rückgängig" anklicken.

Die Funktion „Gleichmäßig verteilen" verteilt Elemente zwischen zwei äußeren gleichmäßig. Als Bezugselemente werden hier für die horizontale Verteilung die Elemente, die sich am weitesten links und rechts, für die vertikale Verteilung die Elemente, die sich am weitesten oben und unten befinden, verwendet. Sie können auch hier eigene, nicht selektierte Bezugselemente setzen, indem Sie den Schal-

---

Achtung!

Sie müssen Elemente, die einander ausstanzen, vor der Ausrichtung gruppieren, um die Abstände der Elemente zueinander zu erhalten.

Achtung!

Art der Ausrichtung

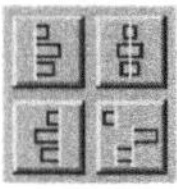

Einstellung zur horizontalen Ausrichtung

Einstellung zur vertikalen Ausrichtung

Elemente gleichmäßig verteilen

ter „1. setzen" anklicken und das gewünschte Element selektieren. Das zweite Bezugselement definieren Sie mit dem Schalter „2. setzen". Wenn Sie die Zuweisung der Bezugselemente wieder aufheben wollen, klicken Sie auf den Schalter „Zurücksetzen".

Wählen Sie als nächstes, wie Sie die Elemente verteilen wollen. Sie können sie horizontal bezüglich der linken Elementkanten, der Elementkantenmitten, der rechten Elementkanten oder bezüglich der Elementzwischenräume und vertikal bezüglich der oberen Elementkanten, der Elementkantenmitten, der unteren Elementkanten oder bezüglich der Elementzwischenräume verteilen. Wenn Sie alle Einstellungen getroffen haben und die Ausrichtung bezüglich Verteilung der Elemente Ihren Wünschen entspricht, klicken Sie auf den Schalter „Setzen", und die Elementausrichtung wird übernommen. Wenn Sie, während Sie die Elemente ausrichten, die Elemente deselektieren oder sonstwie auf der Seite bearbeiten, erhalten Sie einen entsprechenden Hinweis. Sie können dann entweder die bereits gemachten Ausrichtungen zurücknehmen oder abschließen.

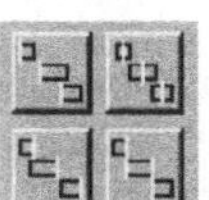

Einstellung zur horizontalen Verteilung

Einstellung zur vertikalen Verteilung

1.5 Farben

Zum Auswählen von Farben können Sie die verschiedenen Einstellungsmöglichkeiten des Farben-Fensters verwenden. Zunächst werden Sie den genauen Farbton festlegen wollen, d. h. ob es sich bei Ihrer Farbe um einen Grünton oder RotTon o. ä. handelt.

1.5.1 Farbwahl mit dem Farbkreis

Sie können im Farben-Fenster auf die erste Schaltfläche mit dem Farbkreis klicken, um nach diesem Schema eine Farbe auszuwählen. Anschließend klicken Sie im dargestellten Farbkreis eine Farbe an und bestimmen mit dem Schieberegler an der rechten Seite die Helligkeit. Außen auf dem Farbkreis liegen die Farben mit einer vollständigen Sättigung. Zur Mitte des Farbkreises hin nimmt die Farbsättigung ab.

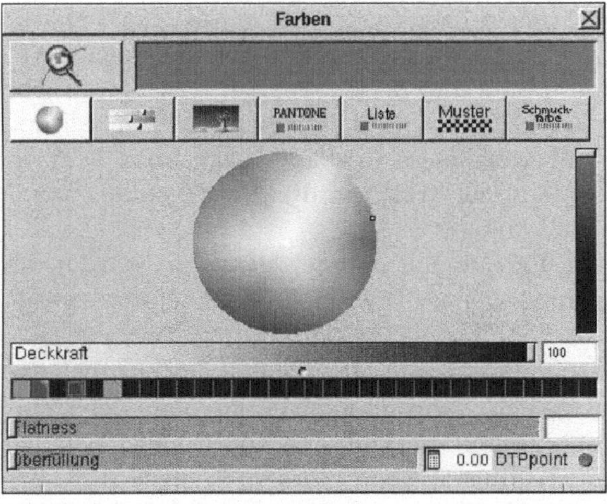

Farben, die Sie so definiert haben, werden bei der Belichtung auf einem Laserbelichter als Mischfarben berücksichtigt. OneVision legt

die Farbanteile in Cyan, Magenta, Gelb und Schwarz für eine solche Farbe fest. Auf einem Farbdrucker wird die Farbe in dem von Ihnen gewählten Farbton ausgegeben.

Tip! Möchten Sie einen Farbton, den Sie durch Anklicken im Farbkreis ausgesucht haben, für mehrere Grafikelemente verwenden, sollten Sie diese Farbe in die Ablageleiste mit den Farbflächen legen oder in eine eigene Farbenliste einfügen. Sie können in das Vorschaufeld klicken und erhalten bei gedrückt gehaltener Maustaste am Mauszeiger ein Farbkästchen. Das Farbkästchen wird in der Ablageleiste abgelegt, wenn der Mauszeiger grün dargestellt wird. Die Farbenlisten werden unter 1.5.7 „Farbenlisten anlegen" erläutert.

1.5.2 Farbwahl durch Farbmodelle

Sobald Sie mehr als eine Sonderfarbe benötigen, werden Sie es als vorteilhaft empfinden, wenn Sie Farben über Farbmodelle definieren. Klicken Sie auf die zweite Schaltfläche im Farben-Fenster. Nun erhalten Sie eine neue Leiste von Schaltflächen für die Auswahl des von Ihnen bevorzugten Farbmodells. Sie können Graustufen, RGB-Farben, CMYK-Farben und HIS-Farben auswählen. Sie erhalten unter 6.3 „Farbseparation" weitere Informationen zu den verschiedenen Farbmodellen und ihre Anwendung.

Meist werden Sie mit den CMYK-Farben den gewünschten Farbeindruck erzeugen. Die Definition dieser Farben geschieht über Schieberegler oder per Eingabe in die Eingabefelder. Häufig werden die Werte der Farbanteile von einem Grafiker vorgegeben sein, so daß Sie durch Überschreiben der Werte in den Eingabefeldern einfach die Farbe bestimmen können.

Tip! Farben, die im CMYK-Farbmodell definiert wurden, werden im Vorschaufeld durch ein ausgespartes Dreieck an der rechten, oberen Ecke gekennzeichnet.

Die Farbanteile werden in diesem Farbmodell bereits bei der Definition der Farbe festgelegt, während Farben, die nach der Lichtfarbenmischung (RGB) eingestellt werden, erst von OneVision in die Druckfarbenanteile umgerechnet werden müssen. Weitere Hinweise finden Sie unter 6.3.3 „Farbkalibrierung (Buntabgleich)". Die RGB-Farben haben im Vorschaufeld keine Aussparung, sondern füllen es vollständig aus.

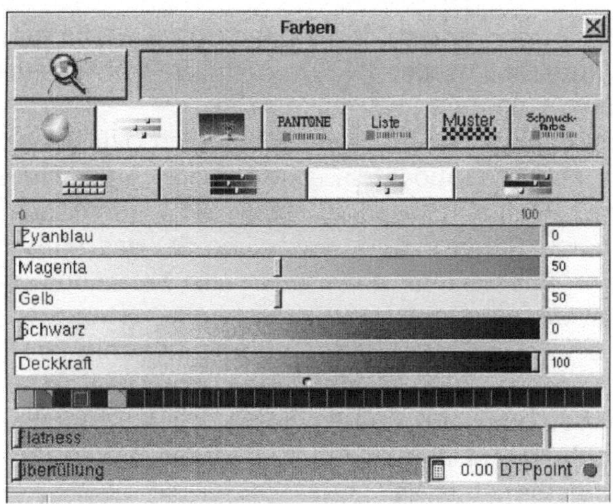

Farben, die im HIS-Modell definiert werden, sind nach dem gleichen Prinzip bestimmt, wie die Farben auf dem Farbkreis. Sie sehen in der „Hue"-Leiste den aufgeschnittenen Farbkreis und können mit dem Schieberegler den Farbton wählen. „Saturation" steht für die Farbsättigung, also die Lage der Farbe in bezug auf den Mittelpunkt des Farbkreises, und mit „Intensity" ist die Helligkeit der Farbe einstellbar. Auch diese Farben werden von OneVision bei der Ausgabe in die entsprechenden CMYK-Farbanteile umgerechnet.

1.5.3 Farbwahl durch Bildpunkte in Bildern

Klicken Sie auf die Schaltfläche mit der kleinen Palme, um das Spektrum für eine Farbauswahl zu sehen. Sie können in diese Fläche auch ein gescanntes Bild einsetzen, um darin Punkte anzuklicken. Diese angeklickten Bildpunkte sind dann für die Definition Ihrer Farbe verantwortlich.

Unterhalb des Bildfeldes sehen Sie ein Menü, in dem Sie „Neu aus Datei…" anwählen können, um ein Bild in das Fenster zu laden. Die geladenen Bilder werden dann in der Auswahl über dem Bildfenster eingefügt, so daß Sie zwischen verschiedenen Bildern wechseln können.

Da Sie auf dem Bildschirm Farbpunkte anklicken, ist es möglich, daß die Definition der Farbe, die auf diese Weise erstellt wurde, von

Achtung!

der Definition der Farbe in der Originaldatei abweicht. Sie erhalten mit einer solchen Farbauswahl wieder RGB-Farben, die erst in die Druckfarbenanteile umgerechnet werden müssen.

Da es sicherlich nicht einfach ist, die Farbe auf Anhieb richtig anzuklicken, die Sie gern benutzen möchten, sollten Sie sich für eine andere Möglichkeit der Farbdefinition entscheiden. Sie können eine Farbe präziser aus einem Bildteil entnehmen, wenn Sie das Multidensitometer auf einem Bildelement anwenden. Die Verwendung des Werkzeuges wird im Handbuchteil „OneVision-Image" erläutert.

Die Art der Farbdefinition über ein Bild, ob über Bildpunkt oder Multidensitometer, ist aber nur dann zu empfehlen, wenn Sie keine andere Möglichkeit haben und Ihr Kunde dieses Verfahren ausdrücklich wünscht. Erschwerend kommt hinzu, daß ein gescanntes Bild verfälschte Farben enthalten kann.

1.5.4 Farbwahl durch Nextstep-Farbenlisten

Wenn Sie auf den Schalter mit der Bezeichnung „Pantone" klicken, werden Sie die unter Nextstep vorhandenen Farbenlisten für eine Farbauswahl finden.

Sie erhalten ein Menü mit den verfügbaren Listen über dem Auswahlfeld, in dem einige Farben dargestellt werden. Da die Listen länger sind als das Auswahlfeld, befindet sich ein Rollbalken an der linken Seite.

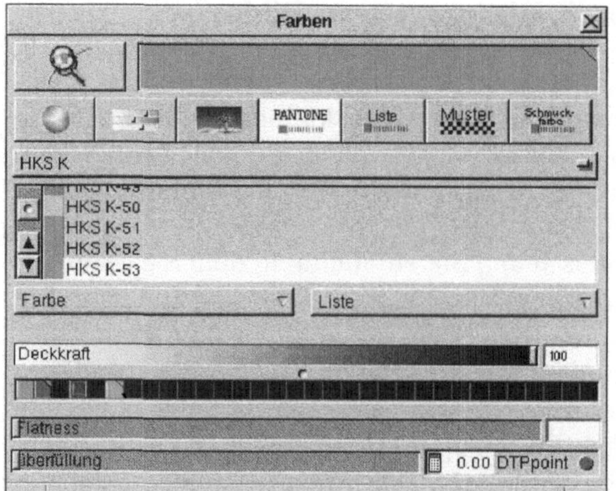

Um eine Farbe auszuwählen, klicken Sie auf den Farbnamen und die Farbe erscheint im Vorschaufeld. Alle Pantone-Farben werden mit einer grauen Umrandungslinie im Vorschaufeld gekennzeichnet.

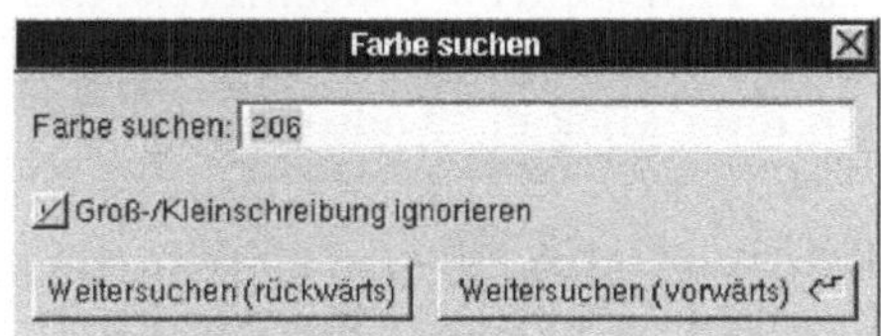

Falls Sie die Farbnummer vorgeben möchten, können Sie nach der Nummer in den vorhandenen Listen suchen lassen. Wählen Sie aus dem Menü links unter den Farben den Befehl „Farbe suchen". Sie können die Farbnummer eingeben und durch alle vorhandenen Farbenlisten vorwärts oder rückwärts suchen. Die gefundenen Farben, in deren Namen die Nummer enthalten ist, werden im Farben-Fenster angezeigt.

Die Pantone- und HKS-Farben werden zunächst als Mischfarben angelegt, die durch OneVision in Cyan, Magenta, Gelb und Schwarz separiert werden.

Das Popup-Menü „Liste" dient zur Verwaltung der vorhandenen Farbenlisten. Sie können eigene Listen hinzufügen und aus den Ablagekästchen Farben hineinkopieren. Solche Listen können in jedem Dokument angelegt werden.

Achtung!

1.5.5 Farbwahl mit Schmuckfarben

Die letzte Schaltfläche im Farben-Fenster mit der Bezeichnung „Schmuckfarben" wird zum Erzeugen von Schmuckfarben benutzt, die als gesonderter Farbauszug ausbelichtet werden sollen. Standardmäßig befinden sich in der Schmuckfarbenliste die vier Grundfarben des Vierfarbdrucks (Cyan, Magenta, Gelb und Schwarz).

Die Farbe „All" wird für Paßkreuze verwendet. Denn Elemente, die in dieser Farbe definiert wurden, werden auf allen Farbauszügen belichtet.

In dieser Schmuckfarbenliste können Sie Farben auch als Sonderfarben bestimmen, die vorher nur vom Farbton her festgelegt wurden. Sie können eine Mischfarbe aus dem Vorschaufeld in die Schmuckfarbenliste ziehen (grüner Mauszeiger) und den Namen der Farbe neu vergeben. Pantone-Farben bekommen wieder ihren Namen, können aber eine andere Darstellung erhalten.

Zum Ändern einer Schmuckfarbe können Sie die korrigierte Farbe aus der Ablage auf die aktive Schmuckfarbe ziehen. Sie werden gefragt, ob Sie die Farbe ändern möchten oder ob Sie sie als neue Schmuckfarbe der Liste hinzufügen wollen. Hinter der Farbe erscheint dann die Angabe, ob sie als Prozeßfarbe (Mischfarbe aus CMYK) oder als Auszug belichtet wird. Möchten Sie die Einstellung ändern, können Sie auf die Bezeichnung klicken, wodurch die Einstellung umgeschaltet wird.

Achtung!

Sie müssen alle Farben, die als Sonderfarbe einen eigenen Auszug bei der Farbseparation erhalten sollen, in der Schmuckfarbenliste entsprechend aufführen und mit der Option „Auszug" versehen.

Farben, die in der Schmuckfarbenliste verwaltet werden, haben im Vorschaufeld eine dreieckige Aussparung links unten.

Tip!

Farben der Schmuckfarbenliste können auch in einem Tonwert für Grafikelemente genutzt werden. Das bedeutet, daß die jeweilige Farbe, z. B. Magenta, mit einer Einstellung für den Tonwert abgewandelt werden kann. Die veränderte Farbe erscheint nicht zusätzlich in der Liste, denn im entsprechenden Farbauszug wird die Fläche lediglich mit einem Raster belichtet. Der Wert, den Sie für den Tonwert einstellen, entspricht dem Prozentwert der Flächendeckung des Rasters.

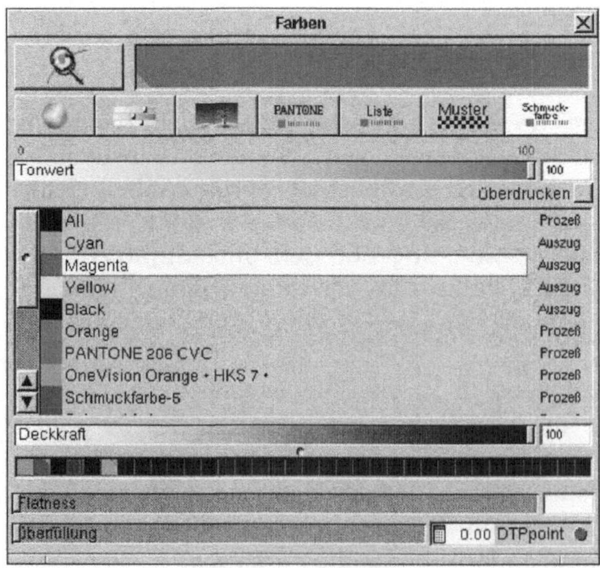

Farben der Schmuckfarbenliste werden für verschiedene Dokumente einzeln verwaltet. Sie können mit dem Rollbalken durch die Liste rollen oder das Farben-Fenster vergrößern.

1.5.6 Löschen von Farben

Zum Löschen von Farben können Sie die Farbe in einer Farbenliste (Pantone, HKS, eigene Liste, Schmuckfarbe) aktivieren und dann die Löschtaste drücken. Bestätigen oder verwerfen Sie das Löschen der Farbe anschließend im erscheinenden Abfragefenster.

1.5.7 Farbenlisten anlegen

Im Farben-Fenster steht Ihnen die Schaltfläche „Liste" zur Verfügung, durch die Sie eine leere Liste erhalten, die Sie Ihren Wünschen entsprechend füllen können. Solche Farbenlisten sollten für häufig benötigte Farben erstellt werden. Die Listen sind Bestandteil des jeweils bearbeiteten Dokuments und können durch Öffnen des Dokuments verfügbar gemacht werden.

Sie können in Ihrer eigenen Farbenliste Misch- und Sonderfarben **Achtung!** verwalten, aber nicht deren Eigenschaft für die Farbseparation ändern. Achten Sie also sehr genau im Vorschaufeld auf die kleinen ausgesparten Dreiecke.

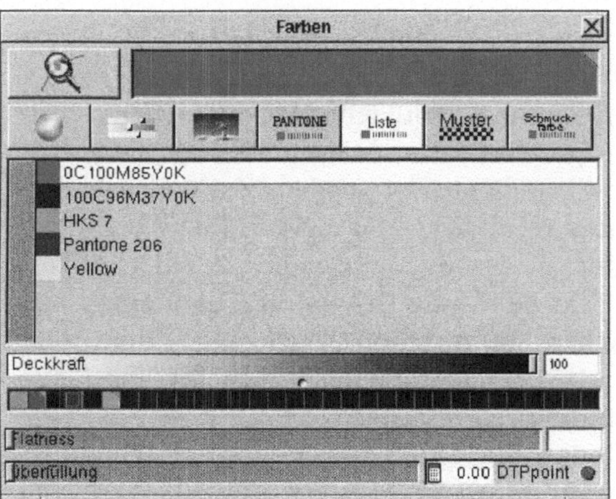

Zum Erstellen einer eigenen Farbenliste gehen Sie am besten folgendermaßen vor: Zunächst definieren Sie alle Farbtöne, die Sie benötigen und die Mischfarben (separiert in Cyan, Magenta, Gelb und Schwarz) bleiben sollen. Sie können die definierten Farbtöne in der Ablage für Ihre Liste bereithalten. Wechseln Sie auf die Schaltfläche „Liste", und ziehen Sie Farbflächen aus der Ablage in die Liste, wobei Sie jeweils „Neu" anklicken, um keine vorhandene Farbe zu ändern, sondern neue Farben zu erstellen. Geben Sie den Farben sinnvolle Namen.

Entweder benennen Sie die Farben nach ihrem Verwendungszweck, z. B. Linienfarbe für Kreise, oder nach ihrem Mischungsverhältnis, z. B. 100C80M0Y0B. Damit vermeiden Sie, daß Sie Farben doppelt definieren und die Übersicht verlieren. Für Schmuckfarben in der eigenen Liste müssen Sie den Umweg über die Schaltfläche „Schmuckfarbe" machen. Sie können eine unter „Pantone" ausgewählte HKS-Farbe zuerst in der Schmuckfarbenliste ablegen. Dort wird der Farbname leider nicht übernommen. Sie wählen für Ihre Farbe „Auszug" an und sehen die dreieckige Aussparung links unten. Nun wählen Sie Ihre eigene „Liste" und ziehen aus dem Vorschaufeld die Farbe in die Liste. Die Definition „Auszug", also Belichtung als Sonderfarbe, bleibt erhalten. Nun müssen Sie nocheinmal den Farbnamen korrigieren, da die Farben der eigenen Liste wieder umbenannt werden können. Zunächst wird die Bezeichnung „MyColor-#" in die Liste eingesetzt.

1.5.8 Muster

Im Farben-Fenster finden Sie die Schaltfläche „Muster". Hier werden Ihnen zunächst einige fertige Mustervorschläge vorgelegt. Sie können diese als Füllung für Grafikelemente verwenden. Zusätzlich können Sie die Muster variieren und verändern oder eigene Muster erzeugen.

Um ein eigenes Muster zu erzeugen, können Sie ein Grafikelement, eine Figur, einen Text oder eine Gruppe von Elementen aktivieren. Anschließend klicken Sie im Menü „Werkzeuge" den Befehl „Muster erzeugen" an. Im Farben-Fenster erscheint Ihr neues Muster unter der Bezeichnung „New Pattern".

Im Farben-Fenster finden Sie unter den Mustern Einstellungsmöglichkeiten für die Veränderung des Musters. Mit den Werten für die Dehnung x und Dehnung y können Sie eine Vergrößerung oder Verkleinerung der Musterelemente erreichen. Durch nicht proportionale Einstellungen können die Musterelemente auch verzerrt werden.

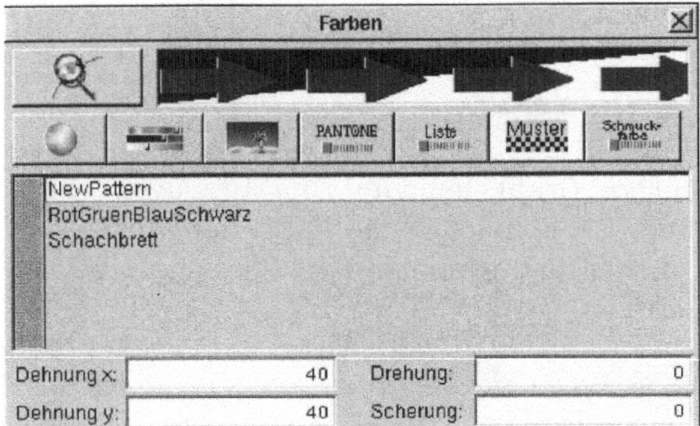

Die Option „Drehung" bewirkt, daß die Musterelemente im gefüllten Grafikelement gedreht werden. Den dazu notwendigen Winkel geben Sie in dem Eingabefeld ein.

Mit der Eingabe eines Winkels in das Eingabefeld der Option „Scherung" können Sie eine Neigung der Musterelemente erzeugen. Die Elemente werden sozusagen „kursiv" gestellt. Hierbei ist der Winkel 0°, wenn die Elemente gerade stehen. 30° bedeutet in diesem Fall, daß die Musterelemente nach links geneigt werden. 330° bewirkt eine Neigung nach rechts.

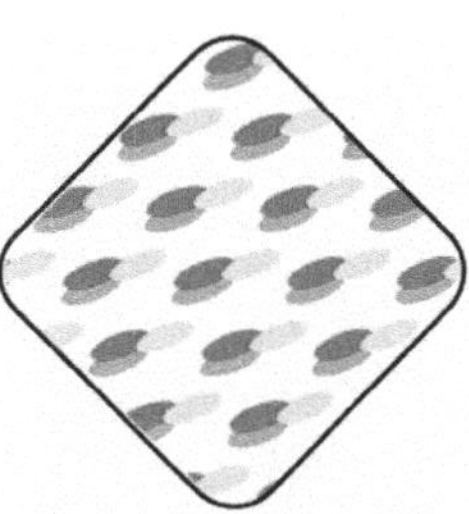

Muster mit Scherung

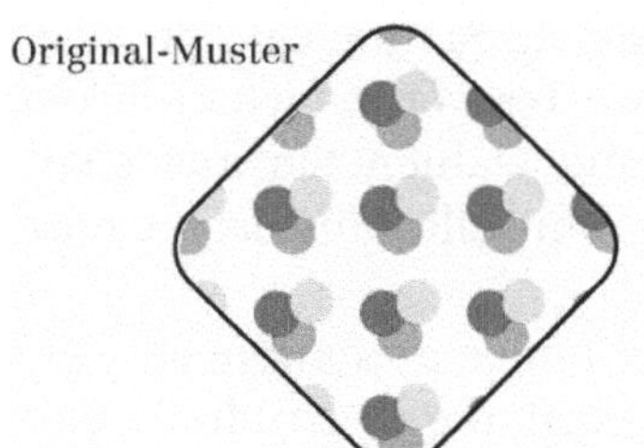

Original-Muster

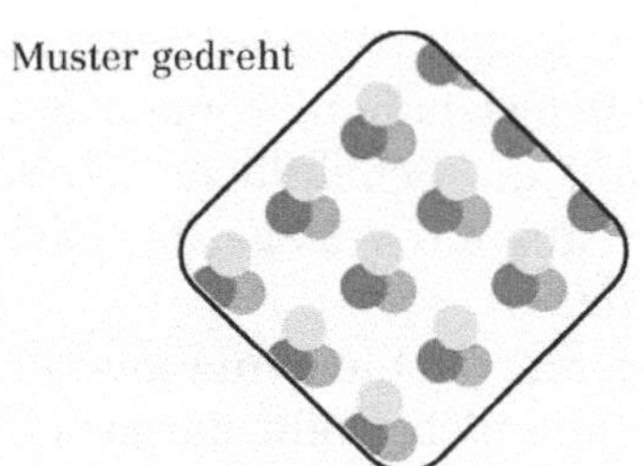

Muster gedreht

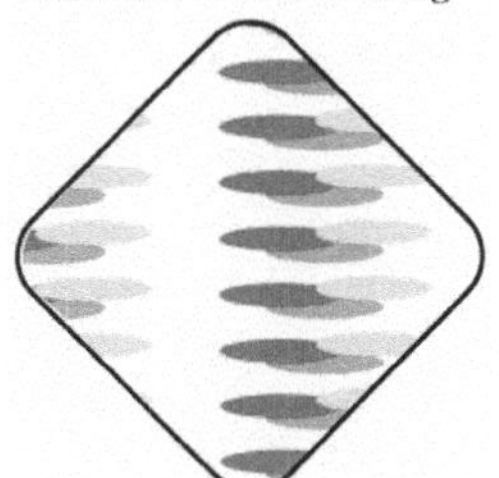

Muster verzerrt

Zum Deaktivieren einer Musterfüllung, d. h. wenn wieder eine normale Fläche als Füllung dienen soll, klicken Sie mit gedrückt gehaltener Umschalttaste auf das Muster im Farben-Fenster. Die zuletzt aktivierte Farbe wird als Füllung eingesetzt, kann aber danach normal geändert werden.

Achtung!

Bei Musterfüllungen, die rechteckige oder quadratische Elemente enthalten, kann es zu einer fehlerhaften Bildschirmdarstellung kommen. Das gewählte Grafikelement wird nicht komplett gefüllt dargestellt. Die Belichtung ist einwandfrei, so daß hier gilt: WYKIWYG (What you know is what you get).

1.5.9 Farbdefinition für Muster

Falls Sie ein oder mehrere Grafikelemente zum Erzeugen eines Musters verwendet haben, ist es möglich die Form der Musterelemente ganz normal als Muster zu nutzen, aber die Füllungsfarbe der Musterelemente zu ändern.

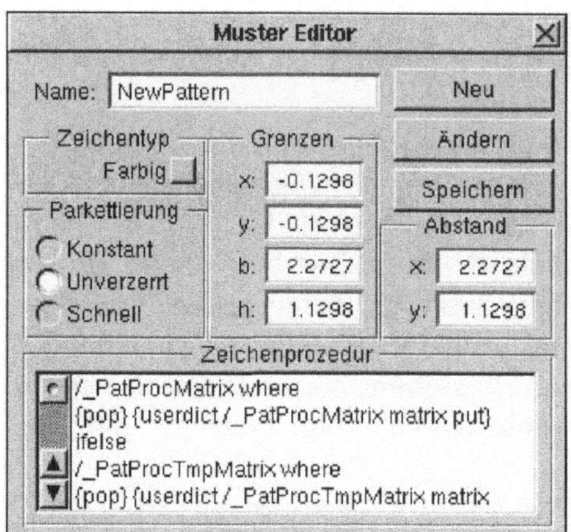

Mit einem Doppelklick auf ein Muster rufen Sie das links dargestellte Fenster des Mustereditors auf.

Wie bei den Farben der eigenen Farbenliste haben Sie die Möglichkeit, Ihr Muster selbst zu benennen. Im Mustereditor können Sie Veränderungen einstellen, die die Größe und den Abstand der Musterelemente betreffen.

Sobald Sie die Option „Farbig" deaktiviert haben, können Sie Ihr Muster verändern. Klicken Sie nun auf die Schaltfläche „Ändern", und wählen Sie aus einer Liste oder aus der Ablage die Farbe, die nun alle Musterelemente erhalten sollen.

Sind im Muster Elemente aus OneVision-Image enthalten, so werden diese nun nicht mehr dargestellt. Die Pixel, die Bestandteil einer Musterfüllung geworden sind, können nicht umgefärbt werden.

Durch den Mustereditor können Sie den Abstand der Musterelemente zueinander bestimmen. Eine Änderung der x- oder y-Werte kann für das bereits bestehende Muster angewandt oder als neues Muster festgehalten werden. Hierzu können Sie die Schaltflächen „Ändern" und „Neu" benutzen. Wenn Sie ein Muster auch in

neuen Dokumenten in der Musterliste verwenden möchten, können Sie die Schaltfläche „Speichern" anklicken. Unterhalb der Eingabefelder des Mustereditors sehen Sie den PostScript-Code, der bei dem aktivierten Muster verwendet wird. PostScript-Könner haben die Möglichkeit, direkt den Code zu ändern. Die Werte für die Grenzen geben die Breite und Höhe eines Musterelements an, wobei mit den Werten für x und y ein Beschnitt der Musterelemente erzeugt werden kann. Ein positiver Wert für die x-Grenze (max. Breite) bzw. y-Grenze (max. Höhe) beschneidet ein Musterelement rechts, bzw. unten, wenn Sie die y-Grenze verändern. Geben Sie einen negativen Wert bei der x-Grenze ein, so wird das Musterelement links beschnitten; oder bei der y-Grenze eingegeben, erfolgt der Beschnitt oben am Musterelement.

Die Parkettierung der Muster ist, kurz gesagt, eine Optimierungsmöglichkeit. Bei der Einstellung „Konstant" und „Schnell" werden die gewünschten Größen der Elemente mitunter nicht vollständig eingehalten, weil je nach Auflösungsfähigkeit des Ausgabegerätes gerundet werden muß. Falls Sie also ein Muster mit ganz korrekten Quadraten ausgeben müssen, so ist es ratsam, die Option „Unverzerrt" einzustellen. Hierbei wird das Muster allerdings für die Auflösung des Ausgabegerätes optimiert. Bei den Abständen der Musterelemente kann es ebenfalls zu geringen Abweichungen durch Rundung von Werten bei der Verwendung von PostScript kommen.

Achtung!

1.5.10 Drucken von Farben

Um die von Ihnen angelegten farbigen Grafiken korrekt mit einem Laserbelichter ausgeben zu können, müssen Sie überlegen, ob Sie alle Farben richtig definiert haben. Prüfen Sie in der Schmuckfarbenliste oder in Ihrer eigenen Farbenliste, ob die Farben als Mischfarben (Cyan, Magenta, Gelb und Schwarz) oder Sonderfarben (Auszug) definiert sind. Sollte eine Farbe nicht richtig sein, müssen Sie die Farbe korrigieren. In der Schmuckfarbenliste geschieht dies durch Anklicken der Bezeichnung „Auszug" oder „Prozeß". Sie können die angezeigte Angabe auf diese Weise „umschalten".

Wenn eine Farbe in einer OneVision- oder Schmuckfarbenliste geändert wird, ändern sich automatisch die Elemente, in denen die Farbe verwendet wird.

Tip!

In Ihrer eigenen Farbenliste werden Sie nur Prozeßfarben verwalten, weil Sie diese Farben im Druckdialog nicht ändern und auch nicht separat für einen Ausdruck anwählen können. Falls Sie eine Farbe „MyColor-#" nur in der Farbenliste aufgeführt haben, sollten Sie vor dem Ausdruck bzw. der Belichtung der Datei die Farbe in die Schmuckfarbenliste ziehen. Stellen Sie sicher, daß beide Farben denselben Namen haben, damit die bereits mit der Farbe gefüllten Elemente die Option der Schmuckfarbe für die Auszug- oder Prozeßeinstellung erhalten.

Im Druckdialog haben Sie auch die Möglichkeit, diejenigen Farben, die in der Schmuckfarbenliste aufgeführt wurden, für die Belichtung von Auszug- in Prozeßfarben zu wandeln oder umgekehrt.

Wenn Sie die Farben in der Schmuckfarbenliste eingestellt haben, können Sie zusätzlich bestimmen, ob eine Farbe über andere Farben gedruckt werden soll. Dazu können Sie die Option „Überdrucken" für die jeweils ausgewählte Farbe aktivieren. Schwarz beispielsweise kann über andere Farben gedruckt werden, ohne daß ein anderer Farbeindruck entsteht. Passerprobleme werden beim Offsetdruck auf diese Weise vermieden. Die Option gilt für alle selektierten Elemente, in denen die zu überdruckende Farbe verwendet wurde. Unter 6.3 „Farbseparation" wird dieses Thema ausführlicher behandelt.

Für die Belichtung der einzelnen Filme von Farbauszügen ist es wichtig, daß Sie die Überfüllung der Farben bestimmen. Im Farben-Fenster finden Sie in den Listen, z. B. der Schmuckfarbenliste, oder bei der Definition von Mischfarben nach dem CMYK-Modell im unteren Bereich des Fensters einen Schieberegler für die Überfüllung. Im Eingabefeld können Sie den gewünschten Wert für die Überfüllung auch direkt eingeben. Die Einheit DTPpoint kann in mm geändert werden. Durch die Überfüllung wird eine Fläche, die mit einer farbigen Linie eingerahmt ist und eine hellere Farbe besitzt als die Linie, etwas größer belichtet, damit ein Teil der Farbfläche beim Druck über die Linie gedruckt wird. Hierdurch werden Passerprobleme vermieden. Welche Farbe überfüllt werden muß, ist abhängig von den Elementen und der Elementkombination, die Sie gewählt haben. Den Wert der Überfüllung erfragt man im Zweifelsfall bei dem Druckformhersteller oder Drucker, der die von Ihnen gelieferten Filme weiterverarbeiten soll. Zum Thema Überfüllung finden Sie weitere Informationen im Teil „Farbreproduktion".

1.6 Wichtige Funktionen

1.6.1 Linienstil

Dieser Abschnitt widmet sich dem Einstellen von Linienattributen.
Hierzu dient der Linienstileditor. Er wird Ihnen bei Ihrer Arbeit mit
OneVision oft begegnen, da er kein eigenständiges Modul ist, sondern ein integrierter Bestandteil vieler verschiedener Module, z. B.
des Pfadtextmoduls oder der Figurenbibliothek.

Erstellen Sie mit dem Modul Figurenbibliothek ein Rechteck.
Wählen Sie dazu im Dialog der Figurenbibliothek das Symbol Rechteck. Zeichnen Sie anschließend auf der Dokumentseite mit gedrückter
linker Maustaste ein Rechteck. (Sie müssen dazu mit Hilfe der rechten
Maustaste in den Element-erzeugen-Modus wechseln.)

Um Linienstile einzustellen, klicken Sie auf den grauen Rand des
Symbols. Es öffnet sich ein Dialogfenster, in dem Sie alle relevanten
Einstellungen treffen können. Achten Sie bitte darauf, daß der Rand
des Symbols des Linienstileditors weiß dargestellt ist, während Sie
die Einstellungen treffen. Nur dann werden diese übernommen. (Mit
einem Klick auf den Rand können Sie von grau auf weiß und umgekehrt wechseln.)

Parameter definieren

Sie können folgende Einstellungen treffen:

- Die Linienstärke definieren Sie mit dem gleichnamigen Schalter, oder Sie geben sie rechts im Textfeld ein.
- Im Feld „Linienverbindungen" stellen Sie die Form der Linie an den Ecken ein. Sie können Linien spitz, rund und stumpf verbinden.
- Im Feld „Linienenden" legen Sie die Form der Linienenden fest.
  stumpf – Die Gesamtlänge entspricht der Linienlänge.
  rund   – Die Gesamtlänge ergibt sich aus Linienlänge plus Linienstärke.
  stumpf – Die Gesamtlänge setzt sich aus Linienlänge und Linienstärke zusammen.
- Im Feld darunter stellen Sie das Linienmuster ein. Sie können ein bereits vorhandenes übernehmen, indem Sie es auswählen, oder Sie erstellen ein neues, indem Sie auf ein bereits bestehendes Muster doppelklicken. Es öffnet sich das Fenster „Linienmuster Editor", in welchem Sie die Zahl der Abschnitte einer Linie und darunter deren Länge eingeben können. Ein sinnvoller Eintrag wäre hier z. B. 3 Abschnitte mit den Maßen 2, 4, und 5 mm.

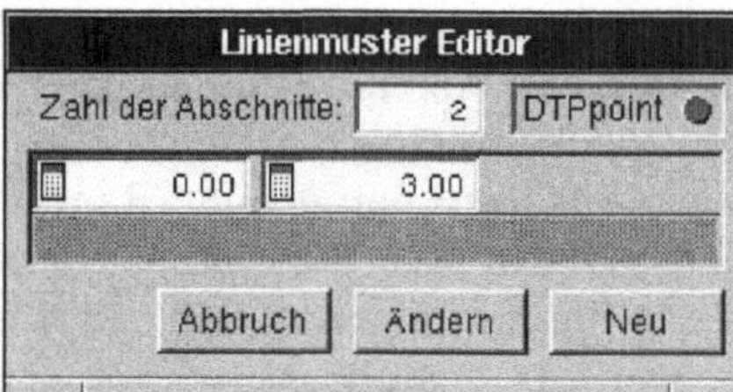

Achtung!

Die Zahl der Abschnitte ist aus technischen Gründen auf 11 begrenzt. Die Eingabe größerer Werte erzeugt eine Fehlermeldung. Wenn Sie alle Einstellungen getroffen haben, ändern Sie entweder das bestehende Muster durch den Schalter „Ändern" oder Sie legen durch den Schalter „Neu" ein neues Muster an. Über den Schalter „Abbruch" verlassen Sie den Linienmustereditor ohne Änderungen vorzunehmen.

- Mit dem Schalter „Streckung" verzerren Sie das Linienmuster, d. h. die Abstände zwischen den Linien werden größer.
- Mit dem Schalter „Offset" stellen Sie ein, wo im Linienmuster die Linie beginnt.

Sie beenden den Linienstileditor, indem Sie sein Fenster schließen.

1.6.2 Kurveneditor

Der Kurveneditor ist kein eigenständiges Modul, sondern er wird von verschiedenen OneVision-Werkzeugen benutzt. So finden Sie sein Symbol z. B. im Verlauf-Modul oder in OneVision-Image.

Der Kurveneditor bietet eine Möglichkeit, mit Hilfe einer Kurve auf eine Funktion, z. B. den Verlauf von Farben, Einfluß zu nehmen.

Erstellen Sie mit dem Modul Verlauf einen Farbverlauf. Ziehen Sie dazu nach der Aktivierung des Moduls auf der Dokumentseite mit gedrückter Maustaste ein Rechteck auf. (Sie müssen dazu mit Hilfe der rechten Maustaste in den Element-erzeugen-Modus wechseln.)

Ein Beispiel für die Verwendung des Kurveneditors

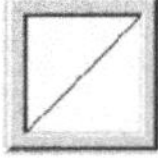

Sie aktivieren den Kurveneditor, indem Sie auf den grauen Rand der Kurvendarstellung klicken. Bleibt dieser, nachdem sich das Fenster des Kurveneditors geöffnet hat, weiß, so werden die geänderten Einstellungen sofort übernommen. Andernfalls, bei grauem Rand, nehmen Sie die Veränderungen an der Kurve im Kurveneditor in einem ersten Schritt noch unabhängig vom aktuellen Element vor. Mittels Drag-and-Drop können Sie die Einstellungen auf das aktuelle Element anwenden: Klicken Sie hierzu mit der Maus irgendwo auf die Kurve, und ziehen Sie das erscheinende kleine Kurven-Symbol in den Dialog des Verlaufeditors. Über den Schalter „Anwenden" im Verlaufswerkzeug können Sie die Einstellungen auf das selektierte Element anwenden.

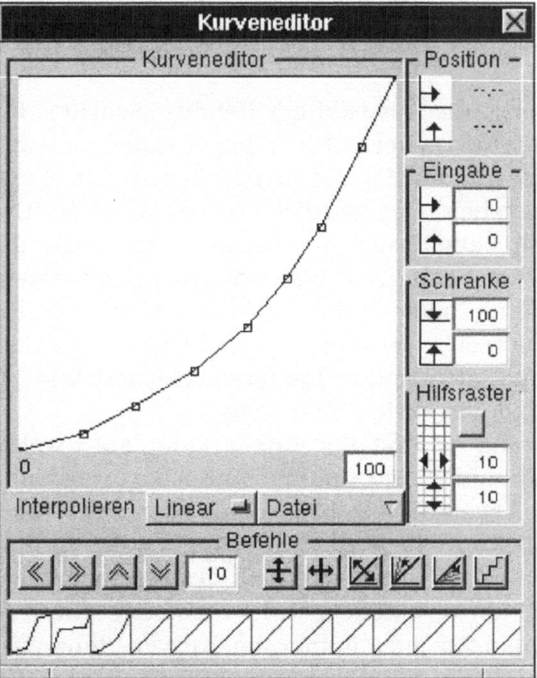

Der Kurveneditor

Im Feld „Position" wird Ihnen immer die aktuelle Position Ihres Mauszeigers innerhalb des definierten Wertebereichs angezeigt.

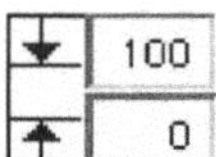

Im Feld „Schranke" definieren Sie eine obere und untere, horizontale Schranke. Durch die Zahlen, die Sie in den beiden Feldern eingeben. Die Kurvenstücke außerhalb dieses Bereichs werden zwar angezeigt, sie haben allerdings keinen Einfluß auf die Kurvenfunktion, sie wirken sich also nicht weiter aus.

Mit dem Feld „Hilfsraster" schalten Sie ein magnetisches Hilfsraster ein und aus. Sie können die Weite des Rasters horizontal und vertikal in den beiden Eingabefeldern definieren.

Im Feld „Befehle" finden Sie Befehle zum Bearbeiten der ganzen Kurve. So können Sie die Kurve in verschiedene Richtungen spiegeln, ihre Steigung steiler oder flacher gestalten oder sie verschieben.

Durch die Auswahl des Befehls „Schritte" haben Sie die Möglichkeit den Kurvenverlauf in Treppenstufen zu wandeln. Im folgenden Fenster können Sie die Anzahl der Stufen, die generiert werden sollen, eingeben. Der Bereich, bis zu dem der Graph gezeichnet werden soll, kann direkt unter dem Kurvenfenster definiert werden.

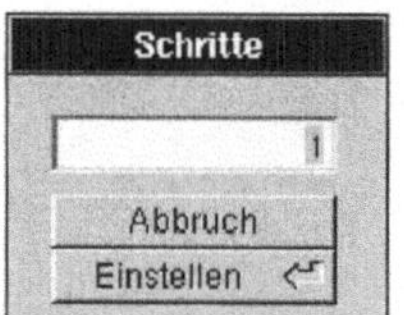

Im Feld „Interpolieren" wird das verwendete Verfahren (Linear, Akima oder Spline) eingestellt. Die Berechnungsart können Sie jederzeit wechseln, wobei „Linear" einen geradlinigen Verlauf zwischen den Kontrollpunkten, „Akima" und „Spline" jedoch einen gerundeten Verlauf erzeugen.

Kurven sichern

Die so erstellte Kurve kann auf zwei verschiedene Arten für zukünftige Anwendungen gesichert werden:

Legen Sie die Kurve entweder per Drag-and-Drop in der Ablage des Kurveneditors ab. Klicken Sie hierzu mit der Maus irgendwo auf die Kurve, und ziehen Sie das erschienene kleine Kurven-Symbol in die unterste Zeile des Kurveneditors. Diese so gesicherte Kurve steht Ihnen ab jetzt immer im Kurveneditor zur Verfügung. Oder speichern Sie die Kurve über den Schalter „Datei"/„Sichern". Mit der Auswahl „Datei"/„Öffnen" können Sie bereits gespeicherte Kurven laden.

Die Ablage des Kurveneditors

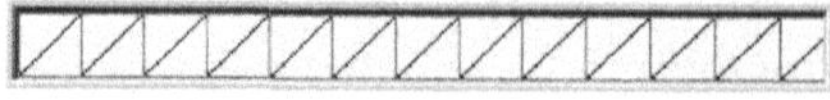

Sie beenden den Kurveneditor, indem Sie sein Fenster schließen.

1.6.3 Musterseiten

Dieser Abschnitt behandelt die Musterseiten-Funktion in OneVision. Diese erlaubt Ihnen das Erstellen von Musterseiten, welche Sie beliebigen Dokumentseiten zuweisen können.

Eine Musterseite verhält sich größtenteils wie eine Dokumentseite. Sie können auf ihr somit (Gruppen-)Elemente anlegen, bearbeiten etc. Der einzige Unterschied zu einer Dokumentseite besteht letztlich darin, daß Sie die Musterseite als Vorlage für Dokumentseiten benutzen können, d. h. die zugewiesenen Dokumentseiten spiegeln den Inhalt der Musterseite wider.

Was ist eine Musterseite?

Die Elemente auf der Dokumentseite sind mit denen auf der Musterseite verknüpft, alle Änderungen auf der Musterseite wirken sich somit auf den zugewiesenen Dokumentseiten aus. Dies geschieht ähnlich wie bei den Verweisen, die Sie mit dem Verweismodul erstellt haben. Lesen Sie hierzu unter 1.4.8 „Das Verweiselement".

Um eine Musterseite zu bearbeiten, müssen Sie erst die entsprechende Ansicht auswählen. Hierfür gibt es zwei Möglichkeiten: Zum einen können Sie im OneVision-Menü den Punkt „Dokument"/„Gehe zu Musterseite" anwählen, um auf die Musterseite zu gelangen. Der Menüeintrag wechselt zu „Gehe zu Dokumentseite". Sie können also auf die gleiche Weise wieder zur Dokumentseite umschalten.

Bearbeiten von Musterseiten

Zum anderen finden Sie rechts unten im Dokumentfenster einen weiterer Schalter. Damit können Sie zwischen Musterseite und Dokumentseite hin- und herschalten.

Sobald Sie die Musterseitenansicht aktivieren, sehen Sie ein Hintergrundbild. Sie wissen somit immer, ob Sie gerade auf einer Muster- oder Dokumentseite arbeiten. Sie können die Anzeige dieses Hintergrundbildes in den Musterseiten-Präferenzen ausschalten; hierzu später mehr. Sobald die Musterseite aktiviert ist, können Sie auf ihr arbeiten wie auf einer Dokumentseite. Lesen Sie hierzu auch unter 1.3.3 „Dokumente" sowie 1.4 „Elemente" nach.

Legen Sie nun für ein erstes Beispiel auf einer Musterseite ein beliebiges Element an.

Damit die Elemente einer Musterseite auch auf Dokumentseiten erscheinen und sich Änderungen auf der Musterseite auf Dokument-

Das Hintergrundbild der Musterseiten

Zuweisen von Musterseiten

seiten auswirken, müssen Sie die Musterseite einer oder mehreren Dokumentseiten zuweisen.

Zuweisung über Menü

Hierzu bestehen mehrere Möglichkeiten: Durch den Menüpunkt „Seite"/„Musterseite"/„Zuweisen" öffnen Sie ein Fenster, in dem Sie Musterseiten zuweisen können. Wählen Sie im Feld „Musterseiten" die entsprechende Musterseite aus, und geben Sie im Feld „Zuweisen an Dokumentseiten" die Seiten an, denen Sie die Musterseite zuweisen wollen.

Durch den Schalter „Gehe zu" wechselt OneVision die Ansicht des Dokumentfensters auf die ausgewählte Musterseite. Sie können so überprüfen, welche Musterseite Sie gerade zuweisen.

Sie können durch die entsprechenden Optionen Musterseiten auch allen, nur den ungeraden oder nur den geraden Seiten innerhalb der Seitenangabe in den Feldern „von" und „bis" zuweisen. Sobald Sie mit „OK" bestätigen, erfolgt die Zuweisung.

Zuweisung über das Seitenmanagement

Wenn Sie den unteren der beiden Schalter im Dokumentfenster anwählen, so öffnet sich das Fenster „Seitenmanagement".

Tip!

Im unteren Teil des Dialogs sehen Sie zwei Vorschaufenster, eines für die Dokument- und eines für die Musterseite. Wenn Sie beide mit einem Klick in die grauen Quadrate über den Fenstern aktivieren, können Sie die Zuweisung besser mitverfolgen.

Um hier Musterseiten zuzuweisen, wählen Sie zuerst die entsprechenden Dokumentseiten im oberen Teil des Fensters aus. Um mehrere Dokumentseiten auszuwählen, klicken Sie sie bei gedrückter Umschalttaste der Reihe nach an. Selektieren Sie dann im unteren Teil die entsprechende Musterseite, klicken Sie auf „Musterseite", halten Sie die Maustaste gedrückt und wählen Sie den Eintrag „Zuweisen".

Eine andere Möglichkeit zum Zuweisen von Musterseiten ist das Drag-and-Drop-Verfahren. Klicken Sie hierzu wie oben die entsprechenden Dokumentseiten an, und wählen Sie die Musterseite aus. Klicken Sie jetzt die Musterseite an, halten Sie die Maustaste gedrückt und ziehen Sie das erscheinende Symbol nach oben auf die markierten Dokumentseiten.

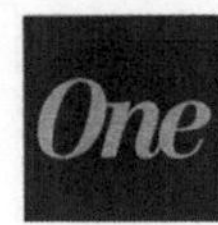

Wenn Sie die Zuordnung der Musterseiten für Dokumentseiten wieder aufheben wollen, klicken Sie entweder auf „Seite"/„Musterseite"/„Lösen" und geben im Fenster „Musterseiten lösen" die Dokumentseiten an, für welche die Zuordnung aufgehoben werden soll. Oder Sie selektieren die entsprechenden Dokumentseiten im Fenster „Seitenmanagement" und klicken auf den Eintrag „Lösen" im Menü „Musterseite".

Lösen von Musterseiten

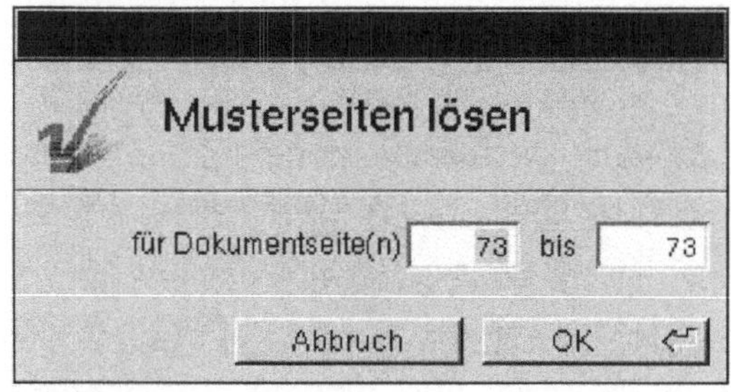

Wenn Sie mit mehreren Musterseiten arbeiten möchten, können Sie in der Musterseitenansicht entweder im „Seite"-Menü den Punkt „Neu" anwählen oder im Fenster „Seitenmanagement" den Punkt „Neu" im Menü „Musterseite" anklicken.

Erstellen und Verwalten von Musterseiten

Durch den Menüpunkt „Löschen" im Menü „Musterseite" des „Seitenmanagement"-Fensters oder über die Menüauswahl „Seite"/„Löschen" können Sie die ausgewählte Musterseite löschen. Nach einer Sicherheitsabfrage wird die Seite gelöscht. Falls dieser Musterseite Dokumentseiten zugewiesen sind, erhalten Sie den Hinweis, daß das Löschen der Musterseite sich auf die Dokumentseiten, denen Sie zugewiesen war, auswirken wird.

Durch den Punkt „Kopieren" im selben Menü können Sie Kopien der gerade ausgewählten Musterseite erzeugen. Gleiches erreichen Sie über den Punkt „Seite"/„Kopieren". Hier wird die gerade aktive Musterseite kopiert.

Genauso wie Dokumentseiten können Sie Musterseiten innerhalb des Dokuments verschieben. Wählen Sie hierzu den Punkt „Seite"/„Verschieben" im OneVision-Menü und stellen Sie die gewünschten Optionen ein.

Wenn Sie mit mehreren Musterseiten arbeiten, sollten Sie jeder Musterseite einen eindeutigen Namen geben. Im Fenster „Seitenmanagement" wählen Sie hierzu zuerst die entsprechende Musterseite aus und klicken dann den Punkt „Musterseite"/„Umbenennen" an.

Benennen von Musterseiten

Geben Sie jetzt den neuen Namen ein, und bestätigen Sie mit der Eingabetaste.

Musterseiten werden automatisch mit dem Dokument gesichert. Sie können sie allerdings auch einzeln sichern.

Wählen Sie hierzu die jeweilige Musterseite an und dann den Punkt „Seite"/„Musterseite"/„Sichern als" aus dem Menü. Es öffnet sich eine Datei-Übersicht. Geben Sie den Ordner und den Namen für die Musterseitendatei an, und bestätigen Sie mit „OK". In der Datei-Übersicht erhalten Musterseitendateien die Endung „.1Vmp" und ein entsprechendes Symbol.

Über den Punkt „Seite"/„Musterseite"/„Importieren" können Sie gesicherte Musterseiten in das gerade aktive Dokument laden. Wählen Sie die Musterseitendatei in der Datei-Übersicht an und klicken Sie auf „OK".

Sie können Musterseiten auch aus einem beliebigen OneVision-Dokument übernehmen, ohne sie erst alle einzeln zu sichern. Wählen Sie hierzu den Punkt „Seite"/„Musterseite"/„Importieren aus" und das entsprechende Dokument aus der Datei-Übersicht. Erfolgt in der Datei-Übersicht keine Reaktion auf das Anklicken des gewünschten Dokuments, klicken Sie bitte einmal auf den Eintrag des übergeordneten Verzeichnisses und dann erneut auf das Dokument. Es öffnet sich ein Fenster, in dem Sie die zu importierenden Musterseiten auswählen können. Bestätigen Sie hier mit „OK", und die Musterseiten werden eingefügt.

Wenn Sie ein neues Dokument mit einer einzeln gesicherten Musterseite erstellen wollen, klicken Sie auf den Punkt „Dokument"/„Neu mit Musterseite". Wählen Sie in der Datei-Übersicht die entsprechende Musterseitendatei aus, und bestätigen Sie mit „OK". Das neue Dokument wird erstellt und die ausgewählte Musterseite automatisch importiert.

Wenn Sie ein Element auf der Dokumentseite, das auf der zugehörigen Musterseite angelegt ist, anwählen, dann erscheint das Fenster „Musterverweis".

Das Element auf der Dokumentseite ist ein Verweis auf die Musterseite. Sie haben verschiedene Möglichkeiten, Änderungen an dem Element vorzunehmen. Wenn Sie das Element zur Bearbeitung doppelklicken, erscheint ein Dialog, in dem Sie wählen können, ob Sie das Musterelement oder den Musterverweis bearbeiten oder den Vorgang abbrechen möchten.

Hinweis!

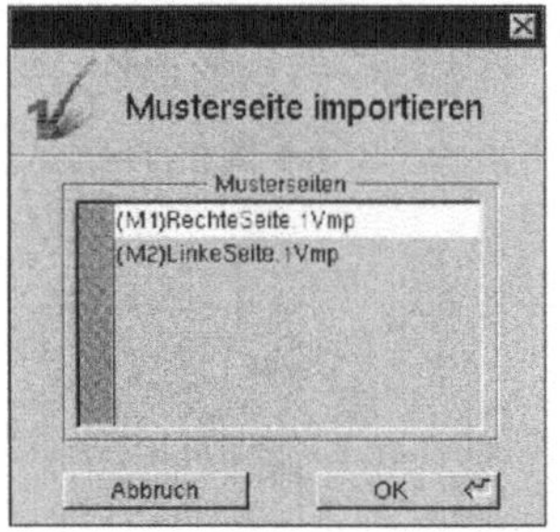

Musterverweis

Bearbeiten Sie das Musterelement, so aktiviert OneVision die Musterseitenansicht, und Sie können das Element ganz normal weiter bearbeiten. Die Änderungen wirken sich auf alle zugewiesenen Dokumentseiten aus.

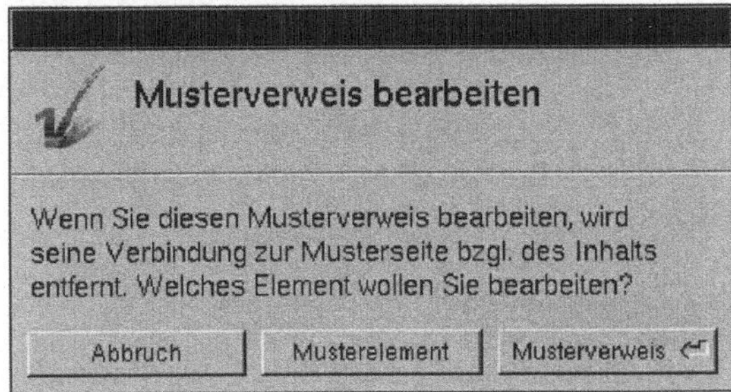

Wenn Sie den Musterverweis bearbeiten, wird es inhaltlich vom Musterelement getrennt, d. h. wenn Sie Änderungen an dem entsprechenden Element auf der Musterseite vornehmen, werden diese nicht mehr auf das Element auf der Dokumentseite übernommen. Sie können diese inhaltliche Abkopplung anhand des entsprechenden Eintrags im Dialog „Musterverweis" mitverfolgen.

Verschieben oder skalieren Sie den Musterverweis auf der Dokumentseite, so wird es auch in Lage und Größe vom Musterelement getrennt, d. h. es werden keine Positions- oder Größenänderungen des Musterelements mehr übernommen. Auch das wird im Dialog „Musterverweis" angezeigt.

Durch die Schalter „Elementinhalt" und „Lage/Größe" des Dialogs können Sie die Referenz zur Musterseite wiederherstellen. Es erscheint allerdings ein Hinweis, daß die Änderungen, die Sie an dem Element vorgenommen haben, verloren gehen, wenn Sie die Referenz wiederherstellen.

Falls Sie den Musterverweis vollständig von der Musterseite trennen wollen, so klicken Sie auf den Schalter „Konvertieren". Der Musterverweis wird dann in ein eigenständiges Element umgewandelt, und es besteht keine Verbindung mehr zur Musterseite.

Sie erreichen die Musterseiten-Präferenzen über den Punkt „Info"/ „Präferenzen" aus dem OneVision-Menü. Wählen Sie jetzt den Punkt „Musterseiten" aus der Präferenzen-Auswahl.

Wie oben schon erwähnt, können Sie hier die Anzeige des Hintergrundbildes ausschalten.

Zusätzlich finden Sie noch drei Optionen im Feld „Musterverweise bei Zuweisungsänderung". Hier können Sie angeben, wie sich OneVision verhalten soll, wenn Sie die Zuweisung von Musterseiten verändern, also z.B. eine Musterseite löschen. Wenn Sie den Punkt „löschen" angewählt haben, so werden die Musterverweise auf der Dokumentseite entfernt. Durch Anwahl der Option „auflösen und Kopie erzeugen" werden sie in eigenständige Elemente konvertiert. Wenn Sie „nur geänderte auflösen und Kopie erzeugen" angewählt haben, so werden nur die Elemente konvertiert, die sich gegenüber der Musterseite inhaltlich oder in Lage oder Größe geändert haben.

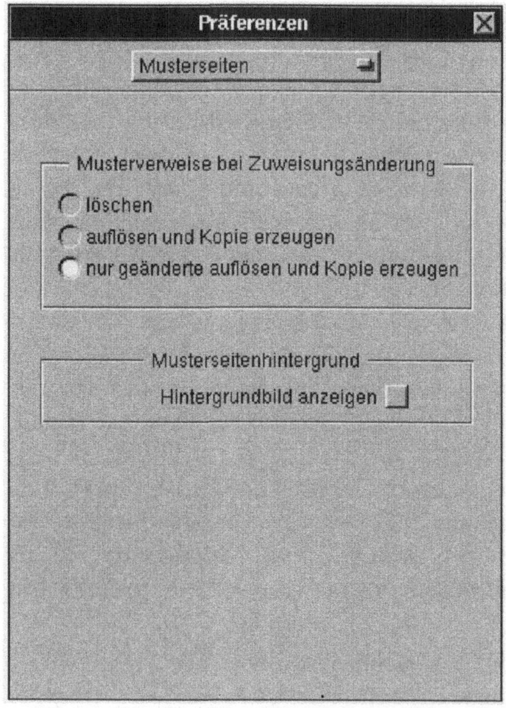

Musterseiten-Präferenzen

Wenn Sie die Musterseitenansicht aktiviert haben und den Punkt „Drucken" aus dem „Drucken"-Menü anwählen, so erhalten Sie einen Hinweis, daß die Musterseiten ausgedruckt werden. Um das Dokument auszudrucken, müssen Sie in die Dokumentseitenansicht wechseln und dort den Punkt „Drucken"/„Drucken" auswählen.

Beispiel für die Verwendung von Musterseiten

Zuletzt noch ein konkretes Beispiel für die Verwendung von Musterseiten. Dieser Abschnitt ist als Tutorial gedacht, d.h. Sie sollten

die beschriebenen Aktionen am besten direkt an Ihrem Rechner ausführen. Es wird ein Beispiel mit einer rechten und einer linken Musterseite beschrieben, deren Textfluß verknüpft ist.

Erstellen Sie zwei Musterseiten. Geben Sie im Seitenmanagement der Musterseite „M1" den Namen „rechteSeite" und der Musterseite „M2" den Namen „linkeSeite".

Wechseln Sie nun auf die rechte Seite, und legen Sie in der linken Hälfte der Seite ein OneVision-Type-Element an. Wählen Sie hierzu das OneVision-Type-Modul und das Werkzeug „Textrahmen" an. Wechseln Sie in den Element-erzeugen-Modus, und ziehen Sie einen Rahmen auf. Im Fenster „Textrahmen" und dort im Feld „Verknüpfung herstellen" aktivieren Sie die Optionen „Zur nächsten Seite" und „Von vorheriger Seite".

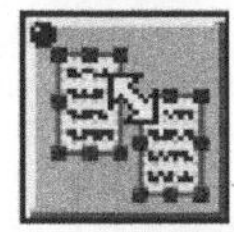

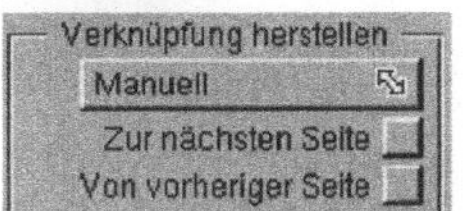

Wechseln Sie jetzt auf die linke Seite, und legen Sie einen Textrahmen im rechten Bereich der Seite an. Aktivieren Sie auch hier beide Optionen zur Verknüpfung.

Öffnen Sie das Fenster „Seitenmanagement". Wählen Sie zuerst die Musterseite „(M1)rechteSeite" aus, und klicken Sie im Menü „Musterseite" auf den Eintrag „Ungerade zuw.". Wählen Sie dann die Musterseite „(M2)linkeSeite" und klicken auf den Eintrag „Gerade zuw.".

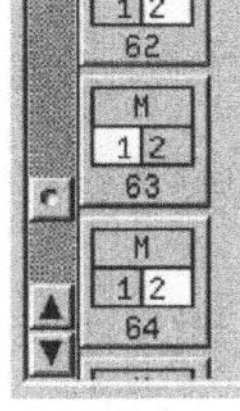

Das Symbol der Dokumentseite deutet an, daß Sie der einen Dokumentseite hiermit zwei Musterseiten zugewiesen haben. Die eine Zuweisung wird aktiv, sobald Sie sich auf einer Dokumentseite mit einer geraden Nummer befinden, die andere entsprechend bei einer ungeraden Dokumentseitennummer.

Öffnen Sie jetzt eine längere Textdatei, z. B. die Datei „Serialisierung.D.rtf" im Verzeichnis „OneVision" auf der OneVision-CD, im Nextstep Editor. Wählen Sie den ganzen Text über den Punkt „Bearbeiten"/„Alles auswählen" an, und kopieren Sie ihn über „Bearbeiten"/„Kopieren" in die Zwischenablage. Wechseln Sie jetzt zu OneVision zurück, und doppelklicken Sie auf den OneVision-Type-Rahmen auf der Dokumentseitenansicht. Fügen Sie den Text aus der Zwischenablage mit „Editieren"/„Einfügen" in den Rahmen ein.

Sie sehen, daß OneVision automatisch so viele Seiten erzeugt, wie benötigt werden und dabei auf die rechts/links-Zuweisung achtet. Die erste Seite ist demnach eine rechte und die zweite eine linke Seite etc.

Um weitere Informationen zu erhalten, lesen Sie bitte die Online-Hilfe in OneVision.

1.6.4 Ausgabe: Drucken, EPS, TIFF

Dieser Abschnitt widmet sich dem Drucken von OneVision-Dokumenten auf bereits eingerichteten Druckern, der Druckvorschau, dem Einstellen von Druckparametern und dem EPS- und TIFF-Export.

Drucken

Öffnen Sie ein OneVision-Dokument, und wählen Sie die Funktion „Drucken" aus dem OneVision-Menü.

Druckparameter   Wählen Sie nun den Eintrag „Druckarameter". Hier ein kurzer Einblick in die vielfältigen Möglichkeiten der Paramtereinstellungen:

Über die Auswahl „Drucken"/„Druckparameter"/„Dokument"/ „Hinzufügen" fügen Sie dem Dokument Druckparameter hinzu. Die Einstellungen können in dem erscheinenden Dialog geändert werden. Über den Schalter „Parameter für Drucker wählen" selektieren Sie den gewünschten Drucker aus der Liste und wählen eine

Hinweis!   Rasterweite. Beachten Sie, daß dieses nur die Auswahl von Rasterparametern ist. Die tatsächliche Druckerauswahl treffen Sie im Drucken-Fenster!

Über die Menüauswahl „Drucken"/„Druckparameter"/„Dokument"/ „Zeigen" wird der Parameterdialog erneut geöffnet, wenn er zwischendurch geschlossen wurde.

Der Menüpunkt „Drucken"/„Druckparameter"/„Dokument"/„Entfernen" löscht die Parameter.

Die Arbeit mit Druckparametern für Elemente, zu finden unter „Drucken"/„Druckparameter"/„Elemente", verläuft analog. Für eine Beschreibung der Funktionen des „Kalibrierung"-Menüs schlagen Sie bitte unter 6.3 „Farbseparation" nach, da eine genaue Beschreibung der vielfältigen Möglichkeiten dieses Menüs den Rahmen dieses Abschnittes sprengen würde.

Der Druckdialog   Nachdem Sie die Parameter definiert haben, kehren Sie in das „Drucken"-Menü zurück. Hier können Sie entweder den Punkt „Drucken" oder „Drucken in Passerdokument" anwählen. Letzterer wird unter 1.6.5 „Passerelement und Bogeninfo" noch erläutert. Wählen Sie jetzt also „Drucken" aus.

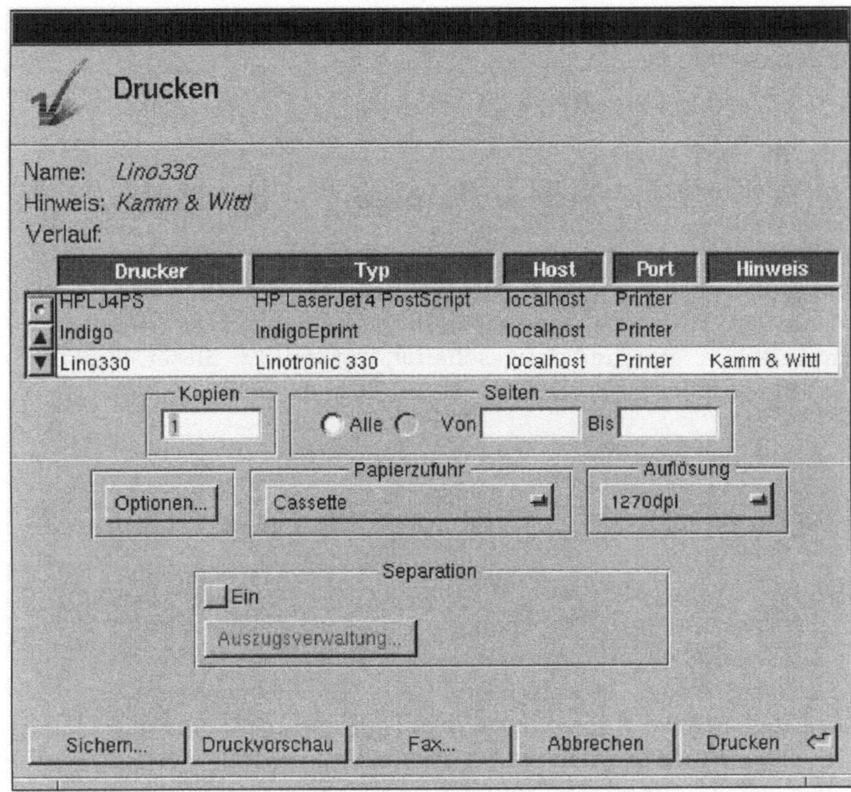

Das Drucken-Fenster

Es öffnet sich ein Fenster, in dem Sie, falls Sie mehrere Drucker verfügbar haben, den gewünschten auswählen können. Haben Sie nur einen Drucker zur Auswahl, wählt OneVision diesen automatisch an. Es erscheint sein Name und der zugehörige Hinweis.

In den Feldern „Optionen", „Papierzufuhr" und „Auflösung" können Sie jeweils die druckerspezifischen Parameter einstellen.

Im Feld „Kopien" können Sie festlegen, wieviele Kopien des Dokuments ausgegeben werden sollen und unter „Seiten", welche Seiten ausgedruckt werden sollen.

Mehrfachkopien

Normalerweise werden jeweils alle Seiten hintereinander ausgegeben (*collated printing*), was zur Folge hat, daß die Größe der PostScript-Datei und die RIP-Zeit proportional zur Anzahl der Kopien steigt. Um das zu ändern, öffnen Sie mit dem Programm

„/NextApps/Terminal.app" eine UNIX-Shell und tippen Sie dort folgenden Befehl ein:

```
dwrite OneVision NXMustPrintCollated NO
```

Falls Sie zum Ausgangszustand zurückkehren wollen, ersetzen Sie „NO" durch „YES". Um das Verhalten für alle Programme ein- oder auszuschalten, ersetzen Sie „OneVision" durch „GLOBAL". Beachten Sie bitte die Groß- und Kleinschreibung! (Um mehr über den UNIX-Befehl „dwrite" zu erfahren, tippen Sie man dwrite.)

Falls die Option „Separation" in Ihrer Konfiguration verfügbar ist, kann sie hier ein- und ausgeschaltet werden. Zu dieser Funktion lesen Sie bitte die Online-Hilfe.

Sie haben mehrere Möglichkeiten, fortzufahren:

Druckvorschau

- Wollen Sie zuerst einmal sehen, wie das Dokument gedruckt würde, so klicken Sie den Schalter „Druckvorschau" an. Es wird eine PostScript-Version Ihres Dokuments direkt in die Anwendung „Preview" geöffnet. Sie können dort genau sehen, wie Ihr Dokument ausgegeben werden wird. Leider hat „Preview" eine Einschränkung – es kann keine freien Seitenformate anzeigen! In diesem Fall wird nur ein Ausschnitt in der Größe Ihres voreingestellten Papierformates (also normalerweise „A4" oder „Letter") dargestellt. Lesen Sie zum Drucken freier Seitenformate bitte auch die Datei „PrepPatchDeutsch.rtf" auf der OneVision-CD im Verzeichnis „OneVision/Tools".

Drucken

- Sie können jetzt das Dokument entweder faxen oder auf Ihrem Drucker ausgeben. Wenn Sie auf den Schalter „Drucken" klicken, wird Ihr Dokument ausgegeben. Sie sehen unter „Verlauf", wie weit dies schon abgeschlossen ist.
- Mit der Option „Fax" öffnen Sie den Dialog zum Faxversand, welcher in der gedruckten Nextstep Dokumentation beschrieben ist.
- Wenn Sie den Schalter „Sichern" anwählen, öffnet sich ein Fenster, in dem Sie einen Namen für das Dokument eingeben können, das nach dem Bestätigen als PostScript-Datei abgespeichert wird. Außerdem müssen Sie hier noch einen „Printfilter" auswählen: „Normales, geräteunabhängiges PostScript" ist nur für die Weiterverarbeitung auf Nextstep Systemen geeignet; „Post-

Script für ausgewählten Drucker" schreibt ein vollständiges Post-Script unter Berücksichtigung der PPD-Datei des ausgewählten Druckers und „Ausgewählter Drucker/einschließlich Fonts" bindet auch noch diejenigen Fonts ein, die der Drucker laut PPD nicht installiert hat. Leider müssen Sie diese Einstellung bei jedem PostScript-Sichern neu einstellen.

Lesen Sie für weiterführende Informationen, insbesondere zu den Punkten Kalibrierung und Separation, unter 6.3 „Farbseparation" nach.

EPS- und TIFF-Export

Um ein Dokument als EPS- oder TIFF-Datei zu *exportieren*, wählen Sie den Punkt „Exportieren" aus dem „Dokument"-Menü. Wählen Sie dann das gewünschte Format aus dem Menü aus.

Wollen Sie Ihr Dokument als EPS-Datei exportieren, so wählen Sie „EPS".

Sie können nun einstellen, ob Sie entweder nur die „Aktuelle Seite", nur „Selektierte Elemente" oder bestimmte „Seiten" exportieren möchten.

Unten können Sie angeben, ob Preview-Daten eingebunden werden sollen und mit welcher Auflösung dies geschehen soll. Die Preview-Daten werden als *TIFF*-Element innerhalb der EPS-Datei erzeugt.

Wenn Sie die Option „Schriften einbinden" aktivieren, werden die in diesem Dokument verwendeten Fonts mit in die EPS-Datei eingebunden. Durch Klicken auf den Schalter „Optionen", können Sie angeben, ob alle Fonts des Dokuments eingebunden

EPS-Export

Dokument als EPS-Datei exportieren

werden sollen oder nur die Fonts, die der jeweilige Drucker, den Sie unten aus der Liste ausgewählt haben, nicht besitzt. Bestätigen Sie hier mit „OK".

Wollen Sie *RGB*-Farben in *CMYK* konvertieren, so schalten Sie die entsprechende Option ein.

Bestätigen Sie Ihre Einstellungen mit „Exportieren", und wählen Sie einen Ordner in der folgenden Datei-Übersicht. Geben Sie einen Namen ein, klicken Sie auf „OK", und Ihr Dokument wird exportiert.

TIFF-Export   Um Ihr Dokument als TIFF-Datei zu exportieren, klicken Sie im „Dokument"-Menü auf den Schalter „Exportieren". Wählen Sie aus der Liste links oben den Punkt „TIFF" aus. Sie können auch hier angeben, ob Sie nur die „Aktuelle Seite", „Selektierte Elemente" oder bestimmte „Seiten" exportieren wollen.

Rechts geben Sie die gewünschte Auflösung der TIFF-Datei ein, darunter, ob Sie eine Kompression wünschen oder nicht. Die *LZW*-Kompression ist eine verlustfreie Kompression. Die Komprimierung nach dem *Packbits*-Verfahren läßt sich vor allem bei Graustufenbildern einsetzen. Die *JPEG*-Kompression kann Bilder sehr stark komprimieren, es geht hierbei allerdings Bildinformation verloren. Sie können zu dieser Komprimiermethode den Faktor in der Zeile „JPEG-Faktor" einstellen, indem Sie den Balken nach links oder rechts bewegen oder einen Zahlenwert in das Feld rechts eingeben. Hohe Werte bewirken hohe Kompressionsraten aber auch (je nach Bild) einen hohen Qualitätsverlust.

Wenn Sie ein Antialiasing (Kantenglättung) wünschen, aktivieren Sie die entsprechende Option. Wählen Sie nun noch, ob Sie ein Graustufen-, RGB- oder CMYK-TIFF-Bild erzeugen wollen.

Wenn Sie die Schmuckfarben nach CMYK konvertieren möchten, schalten Sie die entsprechende Funktion an, andernfalls fehlen die Schmuckfarben im erzeugten TIFF-Bild.

Bestätigen Sie mit „Exportieren", wählen Sie in der folgenden Datei-Übersicht einen Ordner, geben Sie einen Namen ein, und klicken Sie auf „OK". Ihr Dokument wird nun exportiert.

1.6.5 Passerelement und Bogeninfo

Dieser Abschnitt widmet sich den OneVision-Modulen „Passerelement" und „Bogeninfo". Damit Sie diese Module nutzen können, müssen sie geladen sein. Ist dies nicht der Fall, so öffnen Sie die Modulverwaltung aus dem „Info"-Menü und laden Sie die Module nach, entsprechend der Beschreibung unter 1.2.7 „Modulverwaltung".

Mit dem Passerelement können Sie Passerdokumente erstellen, wie sie z.B. bei der Belichtung benötigt werden. Das Passerelement stellt die Fläche des OneVision-Dokuments dar, welches auf der Passerseite positioniert werden kann. Die Passerseite bildet die Fläche, die auf dem Ausgabegerät zur Verfügung steht. Mit Hilfe eines Passerdokuments können Sie automatisch alle Seiten Ihres auszugebenden Dokuments auf der bedruckbaren Fläche Ihres Ausgabemediums positionieren. Zudem kann Ihr Dokument automatisch um Schnittmarken, Passermarken etc. erweitert werden.

Zuerst sollten Sie Ihr Dokument in OneVision im späteren Ausgabeformat erstellen. Dann erzeugen Sie ein neues Dokument, das spätere Passerdokument, mit den Maßen, die Ihr Ausgabemedium bedrucken kann, wenn möglich, nehmen Sie ein festes Seitenformat (z. B. „B 4"). Üblicherweise besteht ein Passerdokument aus genau einer Seite. Legen Sie auf dieser Passerseite das Passerelement an.

Dies machen Sie wie folgt: Um ein Passerelement zu erstellen, wählen Sie das entsprechende OneVision-Modul aus. Sie sehen das Fenster des Passerelements.

Im Feld „Elementformat" geben Sie die Größe ein, die das Passerelement haben soll. Es stehen Ihnen eine Reihe von Standardformaten zur Verfügung, Sie können aber auch ein eigenes eingeben, indem Sie in den Feldern „Breite" und „Höhe" eigene Angaben machen.

Sie können im Feld „Beschnitt" eingeben, ob und wieweit der Inhalt Ihrer Seiten den vorgesehenen Seitenrand überschreiten darf.

Wenn Sie Ihrem Dokument automatisch Schnittmarken hinzufügen wollen, so schalten Sie die Option ein. Die Schnittmarken werden entsprechend den Einstellungen angelegt.

Wenn Sie alle Einstellungen getätigt haben, können Sie das Passerelement auf der Seite anlegen. Wechseln Sie hierzu in den Elementerzeugen-Modus, indem Sie die rechte Maustaste einmal betätigen bzw. das Kreuz unten im Dokumentfenster anklicken, und klicken

Was ist ein Passerelement?

Achtung!

Die Maße des Passerelementes müssen unbedingt stimmen.

Optionen bei der Erstellung des Passerelementes

Erstellen von Passerelementen

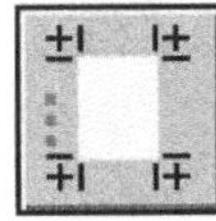

Beschnitt einstellen

Schnittmarken einstellen

Passerelement erzeugen

Sie mit dem Mauszeiger in Kreuzform einmal auf die Seite. Es erscheint ein graues Feld, das Passerelement. Dieses können Sie frei auf der Seite positionieren.

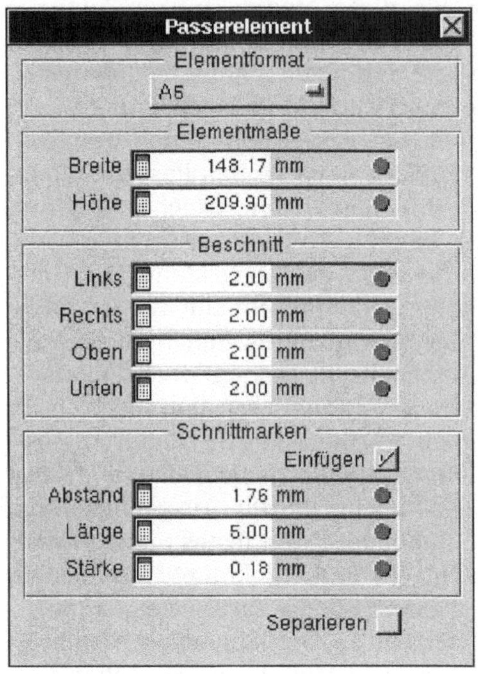

Das Passerelement

Drucken in Passerdokument

Speichern Sie das Passerdokument unter einem markanten Namen, und öffnen Sie Ihr zu druckendes OneVision-Dokument. Wählen Sie den Punkt „Drucken in Passerdokument" aus dem „Drucken"-Menü. Selektieren Sie das Passerdokument in der Datei-Übersicht, und bestätigen Sie mit „OK". Es erscheint nun das Drucken-Fenster, welches unter 1.6.4 „Ausgabe: Drucken, EPS, TIFF" beschrieben ist. Wenn Sie hier Ihr Ausgabegerät ausgewählt und alle Einstellungen getätigt haben, bestätigen Sie mit „Drucken". Die Seiten Ihres Dokuments werden jetzt in das Passerdokument eingebunden und ausgegeben.

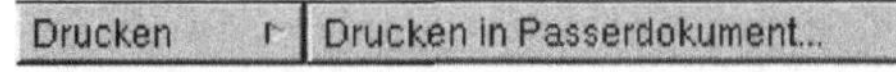

Tip!

Obwohl Sie in einem Passerdokument nur ein Passerelement anlegen können, ist es möglich, dennoch einen Mehrfachnutzen zu erzielen. Legen Sie das Passerelement wie gewohnt an. Die restlichen Nutzen

werden jedoch als Verweiselemente angelegt, wie unter 1.4.8 „Das Verweiselement" beschrieben. Die Druckparameter müssen für das Passerdokument und nicht für das Passerelement eingestellt werden, wenn Sie für alle Nutzen gelten sollen.

Das Passerelement innerhalb des Passerdokuments bestimmt die Größe der Dokumentseiten des auszugebenden Dokuments. Auf diese Weise können Sie ein Dokument, das ursprünglich in A4 gesetzt und gelayoutet war, auch, praktisch ohne Aufwand, in A3 oder A5 ausgeben. Wählen Sie hierzu einfach die Maße des Passerelements entsprechend anders.

Achtung!

Tip!

Einstellen der Bogeninfo-Parameter

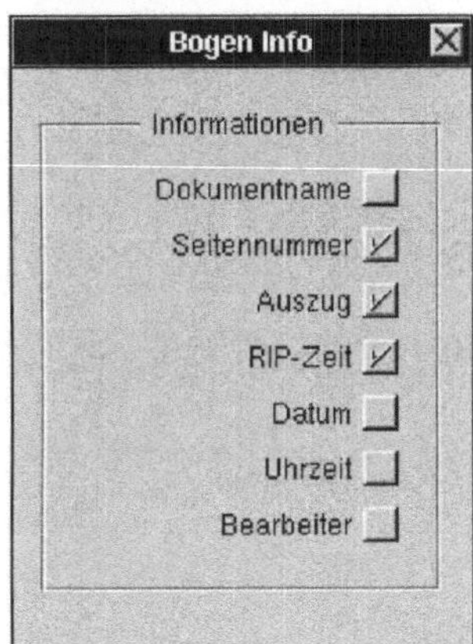

Das Modul „Bogeninfo" ermöglicht es Ihnen, ein besonderes Textelement auf der Seite anzulegen, das auf allen Auszügen erscheint und spezielle Informationen zum Dokument anzeigt.

Um ein Bogeninfo-Element anzulegen, wählen Sie das Modul an. Es öffnet sich ein Fenster, in dem Sie einstellen können, welche Informationen das Bogeninfo-Element enthalten soll. Wählen Sie hier einfach die gewünschten Bestandteile an oder ab. Es muß allerdings immer eine Option aktiviert bleiben, da leere Bogeninfo-Elemente nicht erlaubt sind. Beachten Sie, daß sich die tatsächliche Größe des Bogeninfo-Elementes erst im RIP ergibt!

Wenn Sie alle Einstellungen getroffen haben, wechseln Sie in den Element-erzeugen-Modus, indem Sie die rechte Maustaste betätigen oder das Kreuz unten im Dokumentfenster anklicken, und klicken Sie mit dem Mauszeiger in Kreuzform einmal auf die Seite. Das Bogeninfo-Element wird entsprechend den Einstellungen im Dialogfenster erzeugt.

Seite: 101; RIPZeit: 1 sek

Ein Bogeninfo-Element

Für ergänzende Informationen lesen Sie bitte die Online-Hilfe in OneVision.

Teil 2

*Digi**Script***

von Hauke Hell

2.1 Einleitung

Dieser Teil des Handbuches richtet sich an den Anwender in der Produktion, der DigiScript einsetzt, um PostScript-Dateien zu prüfen und zu ändern, der aber selten eigene Dokumente kreativ erstellt. Deswegen ist der Teil „DigiScript" unabhängig von den Teilen „OneVision-Art", „OneVision-Image" und „OneVision-Type" geschrieben und enthält nur wenig Querverweise auf diese. Den Teil „Basis" sollten Sie auf jeden Fall zuvor lesen, da er Ihnen wichtige Dinge wie die notwendigen Grundlagen zur Bedienung und Einrichtung des Betriebssystems und der OneVision-Arbeitsoberfläche vermittelt.

In diesem Teil erfahren Sie, wie man PostScript-Dateien öffnet, was dabei zu beachten ist und wie man in einer geöffneten Datei Änderungen durchführen kann. Dabei wird auf Elemente im allgemeinen sowie auf Text, Vektorgrafiken und Bilder im speziellen eingegangen. Schließlich werden noch einige besondere Fragen zu den Themen Seitenformate, Recompositing (Wiederzusammenführung) vorseparierter Dateien und OPI behandelt.

2.1.1 Was ist PostScript?

PostScript ist eine Seitenbeschreibungssprache. Eine PostScript-Datei enthält eine Folge von Kommandos, die dem Ausgabegerät – sei es ein Laserdrucker, ein Belichter-RIP oder etwas ganz anderes – sagen, was es wie und wo auf der Seite drucken soll. Zur Verdeutlichung hier ein ganz kurzes Beispiel einer PostScript-Befehlssequenz:

```
/Times-Roman findfont 12 scalefont setfont
100 100 moveto
(Dieses ist ein Text.) show
100 85 moveto
250 85 lineto stroke
```

Diese Befehle wählen die Schrift Times-Roman in 12 Pkt. Größe, schreiben die Worte „Dieses ist ein Text." an die Position 100 Punkte

von unten und 100 von links und zeichnen dann eine Linie von Position 100/85 bis 250/85, was vielleicht eine Unterstreichung sein könnte. Daran wird aber auch schon eine typische Problematik des Importierens von PostScript-Dateien deutlich: Es ist gar nicht mehr ersichtlich, ob die Linie tatsächlich eine Unterstreichung ist oder ob sie eine ganz andere Bedeutung hat. In der PostScript-Datei hat sie auf jeden Fall keine Verbindung mehr zum Text.

PostScript ist also nicht für den Austausch von Daten, sondern nur zur einheitlichen und dabei geräteunabhängigen Definition der Ausgabe eines beliebigen Satz-, Layout- oder Bildverarbeitungssystems oder einfach nur einer Textverarbeitung gedacht. Um spezielle Ausgabegeräte wie z. B. Reprobelichter genau steuern zu können, gibt es aber doch Möglichkeiten, Befehle und Parameter in die Datei einzubinden, die bei diesem Gerät einen festgelegten Vorgang auslösen, wie z. B. das Laden des Papiers aus einem bestimmten Schacht. Ansonsten kann aber dieselbe PostScript-Datei auf ganz verschiedenen Geräten, beispielsweise einem Laserdrucker, einer Computer-to-plate-Anlage, einem Diabelichter oder mittels Display-PostScript (wie auf Ihrem Nextstep-System) auf einem Monitor ausgegeben werden – immer mit dem gleichen Ergebnis. Abgesehen natürlich davon, daß eine Druckplatte grundsätzlich anders aussieht als ein Dia.

2.1.2 Welche PostScript-Dateien können eingelesen werden?

Im Prinzip können alle syntaktisch korrekten PostScript-Dateien geöffnet und konvertiert werden. Es ist dabei völlig unerheblich, auf welchem Computersystem und mit welcher Software sie geschrieben wurden, denn PostScript ist in der Regel nicht nur geräte-, sondern auch plattformunabhängig.

2.1.3 Welche PostScript-Dateien sind problematisch?

Weil es unendlich viele Möglichkeiten gibt, eine PostScript-Datei zu schreiben, kann es leider immer Dateien geben, die nicht konvertierbar sind. Sollte so ein Fall bei Ihren Dateien auftreten, dann setzen Sie sich bitte mit der OneVision GmbH in Verbindung und stellen,

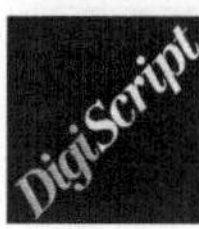

wenn möglich, ein paar Beispieldateien zur Verfügung. Allgemein gilt: Je mehr problematische PostScript-Dateien wir bekommen, desto mehr Spezialfälle können wir berücksichtigen.

Weitere Probleme können durch geräteabhängigen Code entstehen oder durch solchen, der nicht dem allgemeinen PostScript-Standard von Adobe („Red book") entspricht. Dieser Code kann teilweise ignoriert werden (z. B. Vorschaudaten in EPS-Dateien), teilweise ist eine Interpretation aber auch nicht möglich. Ein anderer Fall kann zu falschen Interpretationen führen: In manchen Installationen wird vor der PostScript-Datei eine Datei mit bestimmten Befehlen und Initalisierungen vorausgeschickt („download"), die z.B. ein bestimmtes Font-Encoding (Behandlung von Sonderzeichen und Umlauten) festlegt. Vertraut eine PostScript-Datei darauf, daß solche Informationen im RIP bereits gesetzt sind, so kann sie in einem anderem Zusammenhang möglicherweise nicht mehr richtig interpretiert werden.

Geräteabhängiger Code

Font-Encoding

Nicht importiert werden können Dateien mit PostScript-Fehlern oder ganz simplen Dateifehlern. Dies kann zum Beispiel bei der Übertragung auf Diskette passieren. OneVision interpretiert und konvertiert die Datei bis zum Auftreten des Fehlers, bringt dann eine Fehlermeldung und beendet an dieser Stelle die Konvertierung. Was bis dahin einwandfrei interpretiert werden konnte, bleibt erhalten. Wenn also der Fehler ganz am Ende der Datei auftritt, können Sie sie mit etwas Glück trotzdem weiterverarbeiten.

PostScript- und Dateifehler

Um innerhalb des geräteunabhängigen PostScript-Standards doch bestimmte Geräte optimal und komfortabel nutzen zu können, verwendet man *PostScript Printer Description-* (kurz: PPD-) Dateien. Das sind keine Druckertreiber im üblichen Sinne, sondern lediglich Textdateien, die Informationen über Geräte enthalten, z. B. über mögliche Seitenformate oder Rasterweiten. Der PostScript-Treiber kann diese Informationen auslesen und bestimmte Zeilen daraus mit in die PostScript-Datei einbinden. Normalerweise werden solche Zeilen beim Konvertieren ignoriert. In Sonderfällen – wenn die Zeilen aus der PPD-Datei nicht als solche erkannt werden – kann die Konvertierung aber auch daran scheitern. Wenn immer möglich, sollten Sie sicherheitshalber dafür sorgen, daß die Ihnen zu liefernden PostScript-Dateien ohne PPD oder mit einer Laserwriter-PPD erstellt werden. Dateien mit Farbe müssen mit der PPD-Datei eines Vollfarbdruckers (z.B. eines Thermosublimationsdruckers) erzeugt werden, weil sonst möglicherweise nur Graustufen ausgegeben werden.

PPD-Dateien

PDF-Format Probleme kann auch das *Portable Document Format* – kurz *PDF* – bereiten, da dieses Format Verschlüsselungen enthalten kann, die nicht dokumentiert sind und deswegen nicht geöffnet werden können. Außerdem werden die speziellen PDF-Fonts, die hier teilweise zur Verwendung kommen, nicht unterstützt.

2.2 Öffnen von PostScript-Dateien

Klicken Sie im OneVision-Hauptmenü auf „Dokument" und dann „PostScript öffnen…". Es erscheint ein Fenster, in dem Sie nun die zu öffnende Datei auswählen. Die Endung des Dateinamens ist beliebig. Es ist auch unerheblich, ob es sich um eine PostScript-Druckdatei (in der Regel „*.ps"), eine EPS-, AI- (=Illustrator-) oder eine PDF- (=Acrobat) Datei handelt.

2.2.1 Auswählen von Seiten

Nachdem die zu öffnenden Datei („PostScript öffnen…") ausgewählt wurde, wird diese vom *PostScript-Scanner* im Schnelldurchgang durchgesehen. Dabei wird untersucht, um was für eine Datei es sich handelt, ob der Inhalt überhaupt nach PostScript aussieht und wenn ja, wieviele Seiten deklariert sind, ob die Datei vorsepariert ist (also die Farbauszüge auf einzelnen Seiten enthält) und einiges mehr. Um diesen Vorgang zu verstehen, muß man wissen, daß zwar jede syntaktisch korrekte Aneinanderreihung von PostScript-Befehlen eine gültige PostScript-Datei ergibt und fast immer korrekt interpretiert und konvertiert werden kann (siehe auch 2.1.3 „Welche PostScript-Dateien sind problematisch?"), daß eine „gute" PostScript-Datei jedoch in ganz bestimmter Weise aufgebaut und mit ganz bestimmten Kommentaren ausgestattet ist. Diese Anforderungen sind in der *Adobe Document Structuring Convention* (kurz *DSC*) festgelegt. Kommentare sind Zeilen im PostScript-Code, die keine direkte Wirkung auf den Inhalt der aufzubauenden Seite haben, aber wichtige Zusatzinformationen enthalten. Kommentarzeilen sind an einem %-Zeichen am Zeilenanfang zu erkennen. Zudem sollte jede PostScript-Datei mit der Zeichenfolge „%!" beginnen.

Adobe Document Structuring Convention

Hält sich eine Datei nicht an diese Konventionen, dann wird sie vom PostScript-Scanner eventuell nicht als PostScript erkannt und

ein Fenster mit einer entsprechenden Meldung erscheint. Sie können trotzdem versuchen, die Datei konvertieren zu lassen, sollten sich allerdings darüber im klaren sein, daß dies im ungünstigsten Fall zum „Absturz" des Display-PostScript Systems und damit Ihrer ganzen Arbeitssitzung („login") führen kann. Sie sollten diesen Versuch also nur unternehmen, wenn Sie alle anderen Daten gesichert haben, auch die von anderen, gleichzeitig laufenden Applikationen.

PostScript-Erkennung

Wird die PostScript-Datei erkannt, erscheint ein kleines Fenster, in dem Sie auswählen können, welche Seiten der Datei Sie öffnen möchten und ob konvertiert werden soll. Diesen Schalter sollten Sie normalerweise angewählt lassen. Für die Öffnung ohne Konvertierung beachten Sie bitte die Hinweise unter 2.2.2 „Plazieren von EPS". Das Auswählen von Seiten ist mit etwas Vorsicht zu genießen: Wenn sich die Datei an die DSC hält, ist es ohne Einschränkung möglich. Wenn nicht (das läßt sich leider nicht so ohne weiteres feststellen), so sollten Sie die Datei auf jeden Fall ab Seite 1 konvertieren lassen. Es ist nämlich möglich, daß der ersten Seite eine Variable oder eine Prozedur definiert und diese auf Seite 3 wieder benutzt wird. Die Seiten sind dann nicht unabhängig voneinander: Wenn Sie die Interpretation auf Seite 2 oder 3 beginnen, fehlt Ihnen die Definition der Variablen oder der Prozedur, und die Konvertierung wird mit einer Fehlermeldung abgebrochen oder – noch schlimmer – die Seite sieht anders aus, als sie aussähe, wenn ab Dateianfang konvertiert worden wäre.

Die Schalter „Separiertes Dokument" und „Font-Encoding" werden vom PostScript-Scanner eingestellt. Sie haben hier lediglich die Möglichkeit, diese Einstellungen zu übergehen, falls Sie den begründeten Verdacht haben, daß sie nicht richtig sind. In der Praxis bedeutet das, daß Sie die Voreinstellungen stehen lassen und nur dann einen neuen Versuch mit einer anderen Einstellung machen, wenn eines der folgenden Probleme auftritt:

Vorseparierte Dateien
verarbeiten

Problem 1: Rechtecke, die offensichtlich nur Rahmen sind, haben eine Füllung.

Dieses kann in vorseparierten Dateien auftreten, wenn die Separation nicht erkannt wird (was ohne entsprechende PostScript-Kom-

mentare nicht zweifelsfrei möglich ist). Sie erkennen diesen Fall daran, daß der Inhalt der ersten Seite offenbar den Cyan-Auszug darstellt, der Inhalt der zweiten Seite offensichlich den Magenta-Auszug usw., daß aber trotzdem alles schwarz ist. Machen Sie einen neuen Versuch und schalten Sie die Option „Separiertes Dokument" ein. Die Datei wird jetzt richtig interpretiert, allerdings ist immer noch alles schwarz (so, wie es ein Belichter ja auch ausgeben würde!).

Damit die Dokumente trotzdem sinnvoll verarbeitet und ausgegeben werden können, legt DigiScript für jede Seite eine eigene Schmuckfarbe an. Öffnen Sie nach dem Dateiimport das Farben-Fenster und schalten Sie auf die Schmuckfarbenliste. Sie sollten hier jetzt zusätzlich zu den Auszügen Cyan, Magenta, Gelb und Schwarz weitere Farben mit den Namen „Separation-1", „Separation-2" usw. sehen, wobei die Ziffer im Namen der zugehörigen Seitenzahl entspricht. Im Druckparameterfenster (Menü „Drucken"/„Druckparameter"/„Dokument"/„Hinzufügen…") können Sie für diese Farben die passenden Rasterparameter festlegen. Handelt es sich hierbei um die Standard-Prozeßfarben (CMYK), dann ist es sinnvoll, diese im Farben-Fenster entsprechend zu benennen, damit bei der Ausgabe die passenden PostScript-Kommentare hinzugefügt werden, die z.B. das Ausschieß-programm benötigt. Löschen Sie zunächst die Auszüge „Cyan", „Magenta", „Yellow" und „Black", indem Sie sie in der Schmuckfar-benliste des Farben-Fensters selektieren und dann die Löschtaste drücken. Danach benennen Sie die Farben „Separation-x" entsprechend um, z.B. „Separation-1" nach „Cyan". (Das Umbenennen nehmen Sie direkt im Farben-Fenster vor, indem Sie in den Namen hinein doppelklicken und den neuen Namen tippen.) Da jede Schmuckfarbe in einem Dokument nur einmal vorkommen kann, sollten Sie vorsepa-rierte PostScript-Dateien, deren Separation nicht automatisch erkannt wird und die das vorstehende Verfahren erfordern, so importieren, daß jede Auszugsfarbe nur einmal erscheint. Bei Vierfarbsätzen be-deutet das, daß Sie erst die Seiten 1 bis 4 importieren, dann 5 bis 8 und so fort. Dieses Verfahren ist zugegebenermaßen relativ aufwen-dig, es rekonstruiert dafür aber auch Informationen, die sonst gefehlt hätten und eventuell. von nachgeschalteten Trapping- oder Aus-schießprogrammen benötigt werden. Ist das nicht der Fall, dann reicht es, wie oben beschrieben, im Druckparameter-Fenster den Auszugsfarben die passenden Rasterwinkel zuzuweisen.

Auszugsfarben wieder zuweisen

Schmuckfarben-Icon

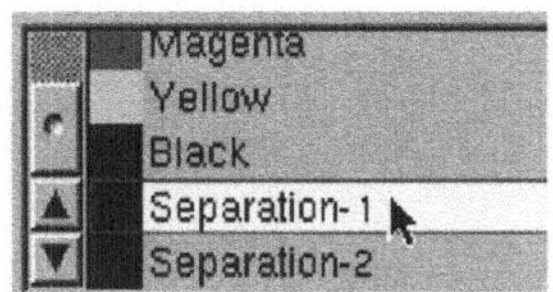

Wichtig!

Problem 2: Sonderzeichen wie z. B. „ä", „Ü" oder „–" (Gedankenstrich) erscheinen nicht oder werden durch falsche Zeichen ersetzt.

In diesem Fall setzt die Datei eine Encoding-Voreinstellung voraus, ohne diese anzugeben (ein bekanntes Problem bei der Windows-Version von QuarkXPress). Sonderzeichen werden in PostScript nämlich speziell codiert, z.B. kann das Wort „Bär" so aussehen: (B\331r). Das Encoding gibt an, welches Zeichen durch welchen Code bezeichnet wird.

2.2.2 Plazieren von EPS

Neben dem Menübefehl „PostScript öffnen..." gibt es eine weitere Möglichkeit des PostScript-Imports in OneVision: das Erzeugen eines *EPS-Elements*. Hierzu klicken Sie das Icon des EPS-Modules an, wählen den „Element erzeugen"-Mauszeiger (+: drücken Sie ein- oder zweimal die rechte Maustaste) und ziehen nun dort, wo die EPS-Grafik erscheinen soll, einen Rahmen auf. Sobald Sie die Maustaste loslassen, wird ein „Datei öffnen"-Fenster (kurz: „OpenPanel") gezeigt, in dem Sie die EPS-Datei auswählen können. Falls die Datei vom PostScript-Scanner nicht als EPS-Datei erkannt wird, erscheint ein entsprechendes Warnfenster, in dem Sie den Import abbrechen oder trotzdem fortsetzen lassen können. Sie sollten diese Option nur dann wählen, wenn Sie sicher sind, daß es sich tatsächlich um eine EPS-Datei handelt, weil sonst im ungünstigsten Fall das Display-PostScript System abstürzen kann! PostScript-Druckdateien (meist mit der Endung „.ps" versehen) können auf diese Weise nicht importiert werden. Falls Sie den Inhalt mehrerer Druckdateien in einem Dokument montieren möchten, müssen Sie sie einzeln öffnen (wie unter 2.2 „Öffnen von PostScript-Dateien" beschrieben) und dann mit den Befehlen „Editieren"/„Kopieren" und „Editieren"/„Einfügen" zusammenstellen. Hierzu sollten Sie sich auf jeden Fall das Kapitel 2.3 „Elemente" durchlesen.

Das frisch plazierte EPS-Element ist genau in den von Ihnen aufgezogenen Rahmen eingepaßt worden. Das bedeutet, daß seine Größe und Proportionen nicht unbedingt dem Original entsprechen müssen. Diese können Sie aber mit dem Elementinspektor ändern. Klicken Sie im Menü „Element"/„Inspektor" (oder drücken Sie einfach ‹Befehl›+‹I›). Im Elementinspektor gibt es unter „Größe" ein

Kommando-Pulldown mit den Befehlen „Anpassen" und „Original", womit Sie entweder die Originalproportionen oder die Originalgröße wiederherstellen können.

Es ist wichtig, zu verstehen, daß dieses EPS-Element nur plaziert ist. Das heißt, daß sein Original-PostScript-Code unverändert und ungeprüft an das Display-PostScript System zur Anzeige weitergereicht wird. Beim Drucken wird der Code ebenso unverändert und ungeprüft in die Druckdatei eingebunden. Sie können die EPS-Datei aber auch nachträglich konvertieren, indem Sie im Werkzeugfenster des EPS-Elements den „Konvertieren"-Schalter klicken oder einfach das EPS-Element selbst doppelklicken.

2.2.3 Konvertieren oder nicht?

Wenn Sie im Fenster „PostScript Import" die Option „Konvertieren" abschalten, wird die Datei lediglich als EPS-Element auf einer neuen Seite plaziert und an das Display-PostScript System zur Anzeige übergeben. Dasselbe gilt auch für EPS-Dateien, die – wie im letzten Abschnitt beschrieben – als EPS-Element erzeugt oder per Drag-and-Drop mit der Maus auf die Seite gelegt wurden. Dieser Vorgang ist häufig schneller als derjenige mit Konvertierung, geht aber am eigentlichen Sinn von DigiScript vorbei, weil der ursprüngliche Post-Script-Code unverändert bleibt. Allerdings mag es Fälle geben, wo genau das erwünscht ist, beispielsweise bei einem Druck-Kontrollstreifen der *FOGRA*. Oder aber bei einem der seltenen Fälle (bei denen die OneVision GmbH höflichst um Information bittet), wenn eine eigentlich fehlerfreie Datei fehlerhaft konvertiert wird. Dann können Sie sie – ohne Konvertierung – trotzdem öffnen und mit den *DSC*-Seiteninformations-Kommentaren wieder ausgeben (um sie dann ausschießen zu können).

Viele Dateien, die ohne Konvertierung nicht angezeigt werden können, kann OneVision trotzdem konvertieren, weil zu diesem Zweck einiges an Fehlertoleranz eingebaut wurde. Im umgekehrten Fall (siehe auch letzten Absatz), daß die Datei zwar angezeigt, aber nicht korrekt konvertiert werden kann, sollten Sie das als Warnung verstehen: Die Datei enthält wahrscheinlich Fehler und wird nur mit einigem Glück erfolgreich belichtet oder gedruckt werden können.

2.3 Elemente

Dieses Kapitel ist eine verkürzte Wiederholung des gleichnamigen Kapitels im Teil „Basis". Falls Sie jenes gelesen haben und mit der Handhabung von Elementen und Elementgruppen vertraut sind, dann können Sie einfach bis zum Abschnitt 2.3.3 „Beschneidungsrahmen (clipframes)" weiterblättern.

2.3.1 Der Mauscursor

Der Mauscursor in OneVision kann in vier grundsätzlich verschiedene Arbeitsmodi gebracht werden:  Selektions-, Element-erzeugen-, Editieren- und Lupenmodus. Die Kontrolle über die Modi befindet sich links unten in jedem Dokumentfenster. Wenn Sie in eines der vier Felder klicken, nimmt der Mauscursor die entsprechende Form an. Der Selektionsmodus ist der Normalfall. Wenn Sie z.B. irgendwo die Aufforderung finden, etwas *doppelzuklicken*, wird davon ausgegangen, daß sich der Mauscursor im Selektionsmodus befindet. Es gibt eine Reihe von Spezialfällen des Selektionsmodus, über die Sie im nächsten Abschnitt etwas mehr erfahren. Der Element-erzeugen-Modus dient dem Anlegen neuer Elemente. Wie das im einzelnen aussieht, hängt allerdings vom Elementtyp und dem aktuell gewählten Werkzeug ab. In OneVision-Type beispielsweise ziehen Sie einfach einen leeren Textrahmen auf, in OneVision-Art wird nach dem Klick automatisch in den OneVisionArt-spezifischen Zeichnenmodus umgeschaltet.

2.3.2 Elemente selektieren, Gruppierung

Alle Elemente in OneVision befinden sich in rechteckigen Rahmen. Welche Rahmen dargestellt werden und in welcher Farbe, können Sie in den Voreinstellungen (Menü „Info"/„Präferenzen…") auf der Seite „Element" einstellen (die Seiten des Präferenzen-Fensters schalten Sie mit dem Popup-Menü oben im Fenster um). Lesen Sie zu den Präferenzen auch unter 1.2.8 „OneVision-Präferenzen" nach.

Der aktuell selektierte Rahmen hat acht Anfasser („Handles"), mit denen Sie die Elementgröße verändern können. Proportionale Größenänderungen erreichen Sie, indem Sie gleichzeitig die Wahltaste gedrückt halten. Der Mauscursor erhält dann ein etwas modifiziertes Aussehen (siehe Randspalte). Um das Element zu verschieben, „greifen" Sie bei gedrückter linker Maustaste in die Elementmitte. Bei gedrückter Wahltaste sind nur Verschiebungen in senkrechter oder waagerechter Richtung möglich. Es gibt noch ein paar weitere Formen des Mauscursors mit speziellen Eigenschaften, worüber Sie sich in der Online-Hilfe unter dem Stichwort „Cursorformen" informieren können. Wenn Sie Elementgröße oder -position lieber numerisch eingeben möchten, verwenden Sie den *Elementinspektor,* den Sie im Menü „Element" mit „Inspektor" aufrufen können (oder drücken Sie ‹Befehl›+‹I›).

Proportional-Cursor

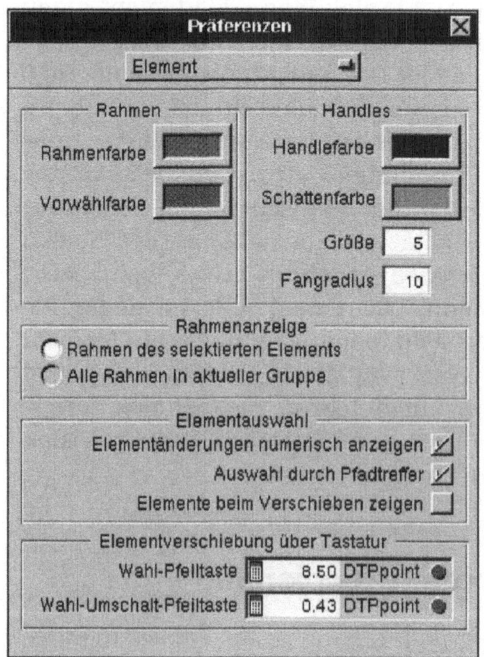

Element-Präferenzen

Wenn Sie mit der Maus über die Seite fahren, bemerken Sie, daß wechselnde Elementrahmen in einer speziellen Farbe, der *Vorwähl-*

farbe, angezeigt werden. Das bedeutet, daß das jeweils so angezeigte Element selektiert würde, wenn Sie jetzt die linke Maustaste klicken würden. Oben im Dokumentfenster wird der Name und Typ des momentan *vorgewählten* Elementes angezeigt. Namen und Typ des *selektierten* Elementes zeigt Ihnen der Elementinspektor.

Diese Grundlagen der Handhabung von Elementen sind auch noch in einer kleinen Übung erklärt, die Sie im Menü „Info" unter „Schnelleinführung" aufrufen können.

Liegen Elemente übereinander, so wird zuerst das oberste Element vorgewählt. Wenn dieses selektiert ist, dann das darunterliegende und so weiter. So können Sie sich von oben nach unten „durchklicken". Wenn Sie ein bestimmtes Element selektieren wollen, geht das allerdings auch einfacher: Lassen Sie den Mauscursor über dem zu selektierenden Element stehen und betätigen die Pfeil-auf oder Pfeil-ab-Taste rechts auf der Tastatur. Die Vorwahl der Elemente wechselt dann ebenfalls aufwärts oder abwärts, ohne daß Sie klicken müßen.

Tip!

Wenn Sie mehrere Elemente gleichzeitig selektieren möchten (z. B. um sie gemeinsam zu verschieben), klicken Sie sie entweder nacheinander bei gedrückter Umschalttaste an, und/oder Sie ziehen einen Auswahlrahmen mit der Maus. Dabei sollten Sie darauf achten, daß sie mit dem Ziehen nicht innerhalb eines selektierten Elementes beginnen, weil dieses sonst verschoben würde. Es werden alle Elemente selektiert, deren Elementrahmen Sie zumindest anschneiden. Halten Sie dagegen beim Aufziehen eines solchen Selektionsrahmens die Wahltaste gedrückt, so werden nur die komplett erfaßten Elemente selektiert.

Gruppen

Zur leichteren Handhabung komplexer Seiten kann man auch beliebige Elemente *gruppieren*. Selektieren Sie die zu gruppierenden Elemente und klicken Sie im Menü „Element"/„Gruppe"/„Gruppieren" (oder drücken Sie einfach ‹Befehl›+‹9›). Die Rahmen der einzelnen Elemente verschwinden, und es wird ein Gruppenrahmen gebildet, der genau alle gruppierten Elemente umfaßt. Die Gruppe verhält sich jetzt wie ein einziges Element. Um die Elemente innerhalb der Gruppe zu bearbeiten, müssen Sie sie entweder auflösen oder *betreten*. Letzteres können Sie mit einem Doppelklick auf den selektierten Gruppenrahmen. Während Sie innerhalb einer Gruppe arbeiten, sind alle Elemente außerhalb dieser Gruppe geschützt. Gruppen in OneVision können hierarchisch aufgebaut sein. Das bedeutet, daß eine Gruppe wiederum Gruppen enthalten kann und so fort. In welcher Gruppenebene Sie sich gerade befinden, können Sie rechts oben im Dokumentfenster ablesen.

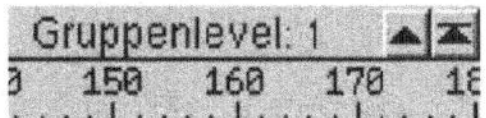

Hier können Sie auch mit dem linken Schalter eine Gruppe verlassen (auch möglich durch ‹Befehl›+‹l› drücken), oder mit dem rechten Schalter in der Gruppenhierarchie ganz nach oben gehen.

Beim Importieren einer PostScript-Datei werden entsprechend der Struktur der Datei automatisch Gruppen erzeugt. Manchmal kann es recht schwierig sein, ein bestimmtes Element innerhalb **Tip!** diverser Gruppen zu finden. In diesen Fällen ist der rote *Supercursor* hilfreich, der Elemente durch alle Gruppenhierarchien hindurch selektieren kann. Sie bekommen ihn, indem Sie die Steuerungs- und die Umschalttaste gleichzeitig gedrückt halten. Besonders nützlich ist dieser *Supercursor* in Verbindung mit den Pfeil-auf- und -ab-Tasten rechts auf der Tastatur.

2.3.3 Beschneidungsrahmen (clipframes)

Ebenfalls typisch für PostScript-Dateien ist das reichliche Vorhandensein von Beschneidungsrechtecken. Das sind Grafikelemente, die keine Kontur und keine Füllung haben und deswegen unsichtbar sind. Ihre einzige Funktion ist es, einen Inhalt *auszustanzen*. Wenn beispielsweise im Layoutprogramm ein Bild plaziert wird, dann wird üblicherweise ein Beschneidungsrechteck um das Bild gelegt, damit nichts *übersteht*. EPS-Grafiken enthalten meistens schon ihren eigenen Beschneidungsrahmen, bekommen dann aber vom Layoutprogramm noch einen, meist identischen, hinzu. Auch außen um die Seite und ihren Inhalt herum findet man fast immer mindestens einen solchen Rahmen, manchmal aber auch Dutzende, die völlig überflüssig sind.

Möchte man die geöffnete PostScript-Datei bearbeiten, kann es zweckmäßig sein, die überzähligen Beschneidungsrahmen gleich nach dem Öffnen der Datei zu entfernen, da man sich damit die weitere Arbeit erleichtert. Allerdings ist nicht gesagt, daß wirklich alle Beschneidungsrahmen ohne Funktion sind! Speichern Sie deshalb das Dokument ab („Dokument"/„Sichern als…"), bevor Sie mit dem Entfernen der Rahmen beginnen. Sie können dann jederzeit mit „Dokument"/„Änderungen verwerfen" den gesicherten Zustand wiederherstellen, falls plötzlich irgendwo etwas sichtbar wird, das nicht sichtbar sein sollte. Da häufiges Speichern etwas Zeit kostet, kann bei vielen zu entfernenden Rahmen eventuell folgendes Verfahren günstiger sein: Verwenden Sie zum Entfernen der Rahmen den „Ausschneiden“-Befehl (‹Befehl›+‹x›). Haben Sie nun einen wichtigen Stanzrahmen entfernt, so fügen Sie ihn mit ‹Befehl›+‹v› wieder ein und stanzen das jetzt überstehende Element folgendermaßen wieder aus:

Klicken Sie das auszustanzende Element oder die auszustanzende Gruppe an. Rufen Sie den Elementinspektor auf (‹Befehl›+‹I›), und klicken Sie in ihm im Feld „Ausstanzen“ den „Verknüpfen“-Schalter. Der Mauscursor nimmt jetzt folgende Form an: Damit klicken Sie auf den Beschneidungsrahmen. Betätigen Sie dann die rechte Maustaste, um die Funktion zu verlassen.

Es gibt auch eine Möglichkeit, den überwiegenden Teil überflüssiger Beschneidungspfade automatisch beim PostScript-Konvertieren entfernen zu lassen: In den Präferenzen zu DigiScript (Menü „Info“/„Präferenzen…“, Popup-Schalter „DigiScript“) können Sie die Option „Weggestanzte Elemente entfernen“ aktivieren. Allerdings gibt es gelegentlich Fälle, in denen auch relevante Elemente entfernt werden, nämlich genau dann, wenn diese fehlerhafterweise ausgestanzt waren (also auch in Belichtung/Druck nicht sichtbar gewesen wären). Wenn Sie Änderungen in den Dateien vornehmen wollen, ist es meistens trotzdem empfehlenswert, diese Option einzuschalten, weil die vielen Beschneidungsrahmen doch recht hinderlich sein können.

2.4 Text

2.4.1 Fehlende Schriftarten

OneVision-Type
Schriftarten ersetzen

Wenn in einer PostScript-Datei eine Schriftart verwendet wurde, die weder auf Ihrem DigiScript-System installiert, noch in der Datei selbst mit eingebunden ist, so *müssen* Sie eine Ersatzschrift auswählen, wozu Sie in einem Fenster aufgefordert werden. Unten in diesem Fenster ist die Schriftart aufgeführt, die nicht gefunden wurde, oben geben Sie die gewünschte Ersatzschrift an. Wenn Sie „Auswahl in Schriftersetzungstabelle speichern" bestätigen, wird die Ersetzung dieser Schriftart in einer Tabelle verwaltet, die Sie im Menü unter „Info"/„Präferenzen…" auf der Seite „Schriftersetzungstabelle" editieren können.

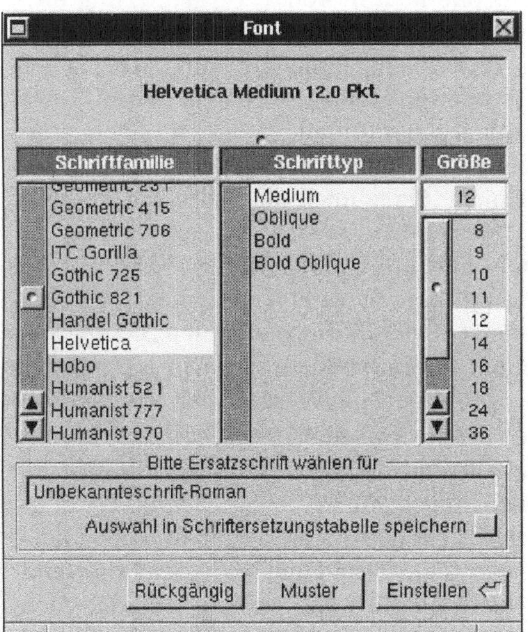

DigiScript ist in der Lage, sämtliche in die PostScript-Datei eingebundenen Fonts zu extrahieren und – soweit vollständig – für die Bearbeitung wie einen normalen Font zur Verfügung zu stellen, indem es sie temporär im System installiert. Allerdings bietet PostScript eine Reihe von Möglichkeiten, wie Fonts eingebunden werden können. Im einfachsten und für unsere Anwendung günstigsten Fall ist ein Font als komplette Resource eingebunden. Sie werden kaum bemerken, daß dieser Font nicht fest im System installiert ist. Einen Unterschied zu den fest installierten Fonts gibt es allerdings immer: Da ein eingebundener Font keine *AFM*-Informationen (AFM = *Adobe Fonts Metrics*) enthält, muß eine neue AFM-Datei erzeugt werden. In dieser fehlen dann die Unterschneidungswerte („kerning pairs").

Automatische Erzeugung von Type 1-Fonts

AFM-Informationen

Für die Ausgabe auf Geräten mit mehreren hundert dpi werden auch keine sogenannten „hints" benötigt, welche sonst dem Font-Interpreter (z. B. *Adobe Type Manager* oder *Display-PostScript*) Hinweise geben, wie der Font auf niedrig auflösenden Bildschirmen dargestellt werden soll, damit er lesbar bleibt. Diese „hints" können also fehlen, was Sie an einer unschönen Darstellung des Textes bemerken. Lassen Sie sich nicht davon irritieren, sondern sehen Sie sich denselben Text zur Kontrolle in z. B. 400 % Vergrößerung an – jetzt müßte er sauber aussehen.

Hints

Problematischer sind als „Type 3" eingebundene Fonts, wie sie beispielsweise der Windows PostScript-Treiber erzeugen kann. Diese werden sukzessive in der Datei erzeugt. Immer, wenn ein Zeichen gebraucht wird, wird es eingebunden. So sind am Ende alle benötigten Zeichen bekannt, mehr aber nicht. Sie können die Vollständigkeit einfach mit Hilfe des auf der OneVision-CD (im Ordner „Apps") mitgelieferten Hilfsprogramms „CharacterPaster" überprüfen. Kopieren Sie den CharacterPaster in Ihr „Apps"-Verzeichnis (z. B. „/me/Apps") und starten Sie ihn. Drücken Sie jetzt ‹Befehl›+‹t› und wählen Sie den neu erzeugten Font aus. Falls Ihnen die Darstellung zu klein ist, nehmen Sie eine größere Fontgröße, z. B. 18 pt, und vergrößern Sie das Fenster. Mit dem CharacterPaster können Sie auch beliebige Zeichen eines Fonts über die Zwischenablage in ein Dokument einfügen, worauf auch weiter unten noch einmal eingegangen wird.

Automatische Erzeugung von Type 3-Fonts

CharacterPaster

Type 3-Fonts können auch als Bitmap-Fonts aufgebaut sein. Dabei besteht jedes Zeichen aus einem Bild. Diese Fonts sind zwar verwendbar, aber recht problematisch. Wenn die Auflösung der Bitmaps nicht mit der des Druckers übereinstimmt, ist die Qualität sehr schlecht.

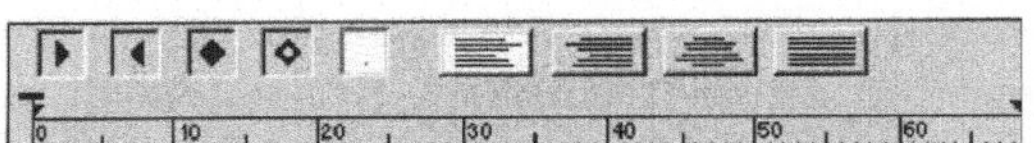

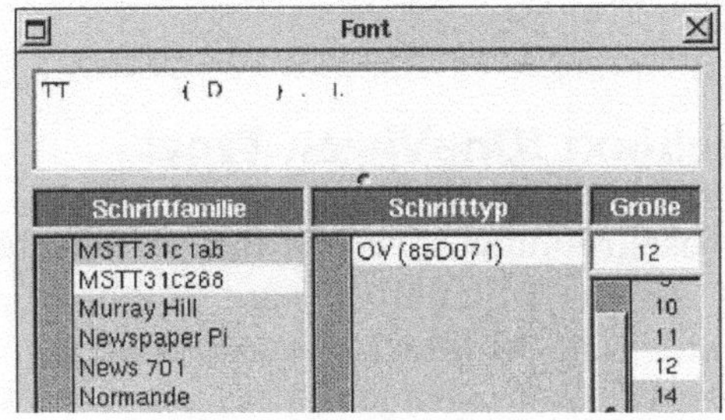

Text mit einem Type 3-Font

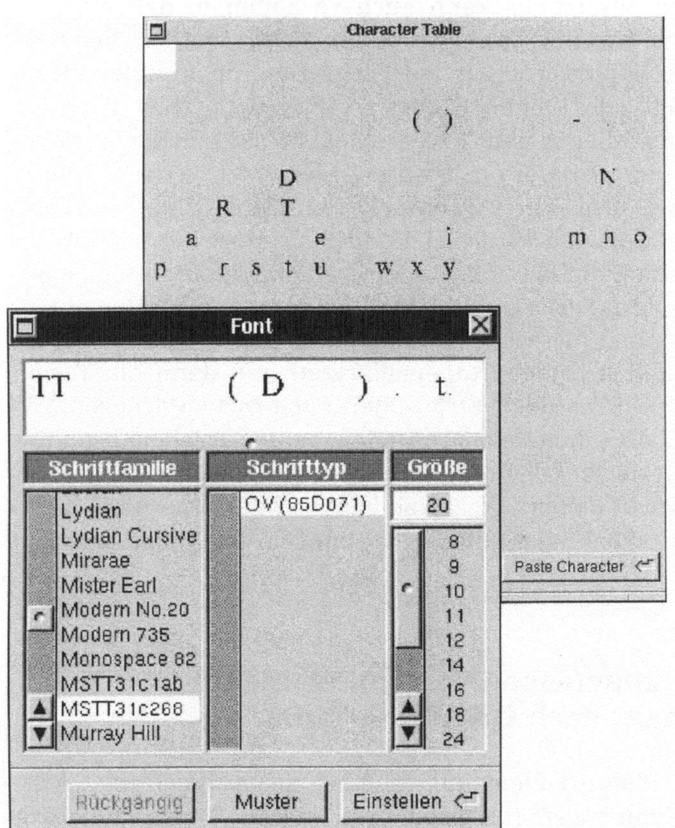

Ein unvollständiger (Type 3-Bitmap-) Font im Fenster des Character-Pasters

TeX-PostScript-Dateien Das Gleiche gilt meistens auch für PostScript-Dateien, die mit einem auf TeX basierenden Satzsystem erzeugt wurden. Es ist allerdings auch in TeX möglich, mit vektordefinierten PostScript-Fonts (*outline fonts*) zu arbeiten, die dann in gewohnter Weise verwendet werden können.

2.4.2 Pfadtext und Fließtext (OneVision-Type)

Weil PostScript eine Seitenbeschreibungssprache und kein Datenaustauschformat ist, gibt es keinerlei Strukturen zur Handhabung von fließendem Mengentext, wie Absätze, Randbegrenzungen, Trennregeln und so weiter. Statt dessen wird jede Zeile ganz einfach an ihre Position gesetzt. Es kann auch vorkommen, daß einzelne Worte oder sogar einzelne Zeichen separat gesetzt werden. Für Insider: Wenn beim Importieren der PostScript-Datei nicht automatisch Fließtext erzeugt wird (siehe nächsten Abschnitt), dann wird für jeden im Zusammenhang mit Text stehenden *show*- oder *xyshow*-Befehl der PostScript-Datei ein *Pfadtext*-Element erzeugt. Pfadtext ist die einfachste Form von Text in OneVision, die maximal eine Zeile Text enthalten kann und keinerlei Kontrollparameter kennt. Allerdings – dem xyshow-Befehl entsprechend – können die Unterschneidungen sehr wohl innerhalb eines Pfadtext-Elementes unterschiedlich sein. Sie können diese ändern, indem Sie das Pfadtext-Element in den Editiermodus bringen (doppelklicken) und dann die Tasten ‹Strg›+‹Pfeil-nach-links› oder ‹Strg›+‹Pfeil-nach-rechts› drücken. Ein Tastendruck bewirkt dabei eine Veränderung des Zeichenabstandes um 10 % des Gevierts, oder um 1 %, wenn Sie gleichzeitig die Umschalttaste gedrückt halten. Weiterhin können mit ‹Strg›+‹Pfeil-nach-oben› und ‹Strg›+‹Pfeil-nach-unten› Hoch- und Tiefstellungen erzeugt werden.

2.4.3 Zusammenfassen von Textelementen (Pfadtext nach OneVision-Type)

Die einzelnen Pfadtext-Elemente können nachträglich zu Type-Elementen zusammengefaßt werden. Selektieren Sie alle Pfadtext-Elemente, die zusammen einen (Type-) Textrahmen bilden sollen

(siehe oben). Klicken Sie dann im Pfadtext-Fenster im Feld „Konvertieren nach" auf den Schalter „Textelement".

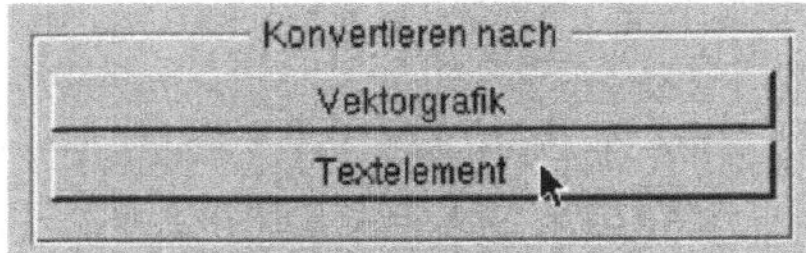

Da die Zusammenfassung der Textelemente in der Praxis fast nur Vorteile bringt und an der exakten Positionierung der einzelnen Zeichen nichts ändert, kann man sie auch automatisch beim PostScript-Konvertieren durchführen lassen. Dazu müssen Sie in den OneVision-Präferenzen (Menü „Info"/„Präferenzen…") auf der Seite „DigiScript" die Option „Textelemente zusammenfassen" einschalten. Wenn Sie allerdings nur selten Änderungen an importierten PostScript-Dateien durchführen, lassen Sie die Option ausgeschaltet, das Konvertieren geht dann schneller.

Die Erstellung von Leerzeichen aus Zwischenräumen bei der PostScript-Konvertierung ist über eine eigene Präferenzen-Seite kontrollierbar. Klicken Sie „Info"/„Präferenzen…" und schalten Sie mit dem oberen Popup-Button auf die Seite „Pfadtext konvertieren". Die genaue Funktion der Einstellungen können Sie der Online-Hilfe entnehmen, indem Sie ‹F1› (bzw. ‹Strg›+‹Alt› bei NeXT-Rechnern) gedrückt halten und mit dem erscheinenden „?"-Mauscursor auf das Präferenzen-Fenster klicken.

2.4.4 Herstellung von Textflußketten

Der Text fließt innerhalb der Type-Rahmen. Wenn Sie die Größe eines Rahmens verändern, wird der Umbruch automatisch neu berechnet. Wenn Sie ihn verschieben, verschiebt sich der Inhalt mit.

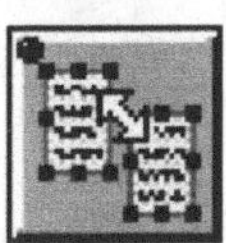

Beim PostScript-Import wird für jede Spalte ein eigener Rahmen angelegt. Die Textrahmen sind alle unabhängig voneinander, es gibt zunächst keine Textflußverbindungen. Der Text kann aber von einem Rahmen in einen anderen fließen, wenn man manuell eine Verknüpfung anlegt. Für diesen Zweck finden Sie im Werkzeug „Textrahmen" im Feld „Textrahmenfluß" den Schalter „Manuell".

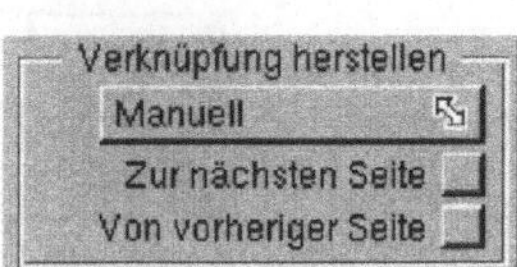

Vergewissern Sie sich, daß der erste der miteinander zu verknüpfenden Textrahmen selektiert ist und betätigen Sie den Schalter

„Manuell". Der Cursor nimmt die Verkettungsform an: . Klicken Sie jetzt nacheinander, in der richtigen Reihenfolge, die zusammengehörenden Textrahmen an. Nach dem letzten Rahmen betätigen Sie einmal die rechte Maustaste, oder Sie klicken wieder auf den (noch weiß unterlegten) „Manuell"-Button. Falls Sie sich bei der Erstellung der Textflußkette vertan haben sollten, können Sie die Verknüpfung auch nachträglich wieder unterbrechen oder einen Rahmen aus der Verknüpfungskette entfernen. Hierfür gibt es im Feld „Verknüpfung lösen" drei Schalter:

Unterbrechung vor dem selektierten Textrahmen

Textfluß vom vorherigen direkt zum nachfolgenden Textrahmen

Unterbrechung nach dem selektierten Textrahmen

2.4.5 Rekonstruktion von Absätzen

Da es – wie oben erklärt – im PostScript-Text keine mehrzeiligen Absätze gibt, werden bei der Zusammenfassung zu OneVision-Type-Elementen alle Einzelzeilen als einzelne Absätze interpretiert. Das heißt in der Praxis, daß jede Zeile mit einem *carriage return*-Zeichen endet. Wenn Sie Bearbeitungen machen möchten, die eine Änderung des Umbruchs nach sich ziehen, können Sie mit dem Werkzeug „Absatzerkennung" Absätze manuell, halbautomatisch oder automatisch wiederherstellen. Für die einfache Korrektur von Rechtschreibfehlern oder ähnlichem ist das allerdings meist nicht nötig. Beachten Sie, daß die Absatzrekonstruktion Änderungen von Umbruch und Formatierung zur Folge haben kann!

Absatzerkennung

Um manuell einen Absatz zu erzeugen, selektieren Sie den gewünschten Bereich mit der Maus und klicken unten im Fenster den Schalter „Manuell wandeln". Da hierbei implizit aus mehreren Absätzen einer gemacht wird, werden für diesen neuen Absatz neue Absatzparameter (z. B. Zeilenabstand) gesetzt, die Sie im Werkzeug „Absatzformate" kontrollieren können.

Absatzformate

Manuelle Erzeugung von Absätzen

Für die Bearbeitung größerer Textbereiche ist die halbautomatische Absatzerkennung zu empfehlen. Die Erkennung der Absätze geschieht anhand der Parameter, die Sie in der Abbildung des Fensters sehen. Die Zahlenwerte neben den Schaltern geben den Schwellwert an, ab dem ein Absatzwechsel erzeugt wird. Speichern Sie Ihr Dokument sicherheitshalber ab, und beginnen Sie die Absatzerkennung mit den Standardwerten. Für manche Dokumente passen die Standardeinstellungen möglicherweise nicht optimal, sie bieten aber meistens gute Anfangswerte. Klicken Sie dann den Schalter „Halbautomatisch“. Das Werkzeug macht Ihnen nun einen Vorschlag, indem es einen vermeintlichen Absatz selektiert. Sie können diesen mit „OK“ bestätigen, wodurch mit dem nächsten Absatz fortgefahren wird, oder Sie klicken „Abbruch“ und korrigieren die Selektion, indem Sie bei gedrückter Umschalttaste am Anfangs- oder Endbereich der Selektion an die Stelle klicken, an der die Selektion anfangen oder enden soll. Alternativ können Sie auch die Wahltaste gedrückt halten und mit den Pfeiltasten das Ende der Selektion verändern. Wenn der gewünschte Textbereich selektiert ist, erzeugen Sie den Absatz mit dem Schalter „Manuell wandeln“. Weiter geht's mit einem erneuten Klick auf „Halbautomatisch“.

Halbautomatische Absatzerkennung

Wenn die Werte gut passen, ist es auch möglich, die Absatzerkennung automatisch durchführen zu lassen. Klicken Sie dazu den Schalter „Automatisch". Gehen Sie zurück zum Beginn der Rekonstruktion, und klicken Sie (im Editiermodus des Type-Elements) dreifach auf den ersten Absatz, wodurch dieser selektiert wird. Sie können so feststellen, was tatsächlich als Absatz erkannt wurde. Wollen Sie einen Absatz wieder auftrennen, setzen Sie den Cursor an die entsprechende Stelle, drücken Sie die Returntaste, und stellen Sie gegebenenfalls im Absatzformate-Fenster passende Werte für die Abstände vor und nach dem Absatz ein. Um mehrere Absätze zu einem zusammenzufassen, selektieren Sie diese und klicken den Schalter „Manuell wandeln".

Tip!

Sie können Absatzeinstellungen mit ‹Befehl+‹1› kopieren und mit ‹Befehl›+‹2› zuweisen.

2.4.6 Textformatierung

Typografie

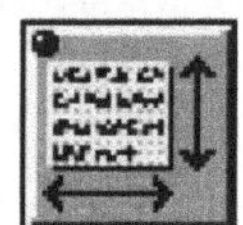

Absatzformate

Befehle zur Formatierung des Textes finden Sie im Menü „Format"/„Font" und „Format"/„Text", die dazugehörigen Parameter stellen Sie für selektierten Text in den Fenstern „Typografie" und „Absatzformate" ein. Die typografischen Parameter beziehen sich auf selektierte Zeichen, die Absatzparameter auf den Absatz, in dem der Cursor steht bzw. auf alle Absätze vom Beginn bis zum Ende einer Selektion. In jedem Fall muß das Type-Element in den Editiermodus gebracht werden (z. B. durch Doppelklick mit dem Pfeilcursor). Sie selektieren Text entweder mit der Maus, indem Sie mit gedrückter linker Maustaste darüber fahren, oder Sie halten die Wahltaste gedrückt und bewegen den Textcursor mit den Pfeiltasten.

Tip!

Zur Einstellung der Unterschneidungen können Sie, anstatt im Typografie-Fenster eine Zahl einzugeben, auch die Tastatur benutzen: ‹Steuerung›+‹Pfeil links/rechts› bewirkt eine Erweiterung/Verkleinerung des Zeichenabstandes um 10 % des Gevierts, bei zusätzlich gedrückter Umschalttaste um 1 %. Dies funktioniert auch beim Pfadtext.

Das Lineal, in dem Sie Tabulatoren, Einzüge und die Textausrichtung kontrollieren können, sehen Sie, wenn Sie ein Type-Element in den Editiermodus bringen und den Cursor in einen Absatz positionieren. Falls nicht, klicken Sie im Menü „Format"/„Text" auf „Lineal einblenden". Mit einem Doppelklick auf das Lineal öffnen Sie ein kleines Fenster, in dem Sie Tabulatoren numerisch einstellen können.

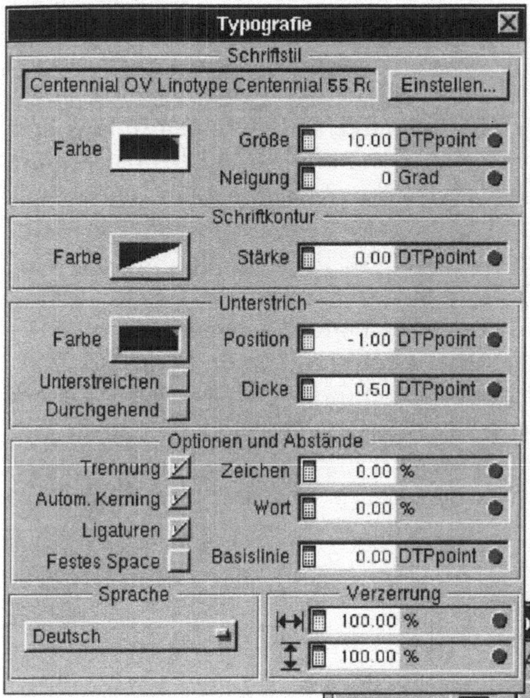

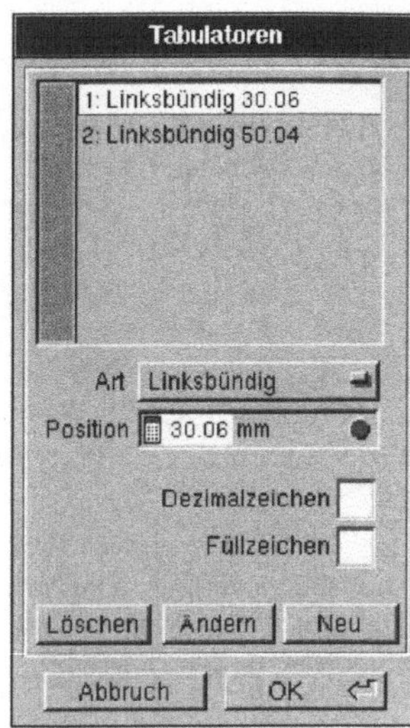

Typografie-Fenster

Typografie

Schriftstil

Centennial OV Linotype Centennial 55 Rc | Einstellen...

Farbe | Größe | 10.00 DTPpoint
Neigung | 0 Grad

Schriftkontur

Farbe | Stärke | 0.00 DTPpoint

Unterstrich

Farbe | Position | -1.00 DTPpoint
Unterstreichen | Dicke | 0.50 DTPpoint
Durchgehend

Optionen und Abstände

Trennung ✓ | Zeichen | 0.00 %
Autom. Kerning ✓ | Wort | 0.00 %
Ligaturen ✓
Festes Space | Basislinie | 0.00 DTPpoint

Sprache

Deutsch

Verzerrung

100.00 %
100.00 %

Tabulatoren

1: Linksbündig 30.06
2: Linksbündig 50.04

Art | Linksbündig
Position | 30.06 mm

Dezimalzeichen
Füllzeichen

Löschen | Ändern | Neu

Abbruch | OK

Tabulatoren-Fenster

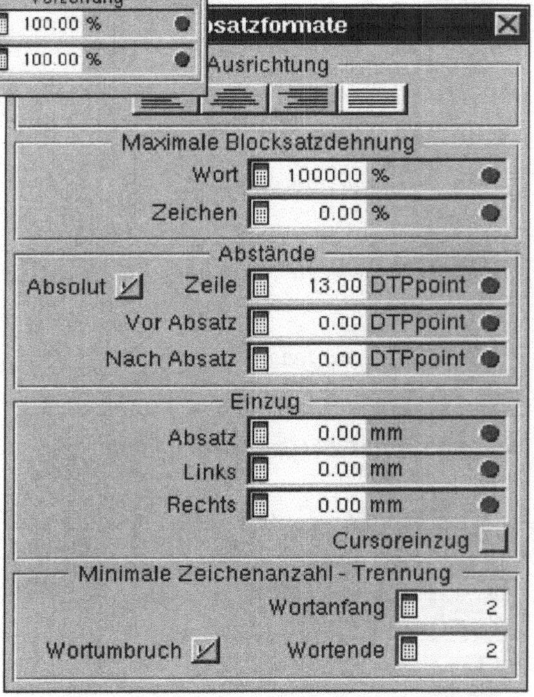

Absatzformate

Ausrichtung

Maximale Blocksatzdehnung

Wort | 100000 %
Zeichen | 0.00 %

Abstände

Absolut ✓ | Zeile | 13.00 DTPpoint
Vor Absatz | 0.00 DTPpoint
Nach Absatz | 0.00 DTPpoint

Einzug

Absatz | 0.00 mm
Links | 0.00 mm
Rechts | 0.00 mm
Cursoreinzug

Minimale Zeichenanzahl - Trennung

Wortanfang | 2
Wortumbruch ✓ | Wortende | 2

Absatzformate-Fenster

2.4.7 Weitere Möglichkeiten von OneVision-Type

Die Möglichkeiten von OneVision-Type gehen weit über die beim Editieren von PostScript-Dateien benötigten Funktionen hinaus und sollen deswegen in diesem Teil des Handbuches nicht alle erklärt werden. Hier geben wir lediglich eine Auflistung der momentan verfügbaren Werkzeuge und ihrer Funktionen. Wenn Sie eine Funktion benötigen, die hier nicht erklärt ist, dann wählen Sie das entsprechende Modul und klicken bei gedrückter ‹F1›-Taste (‹Strg› +‹Alt› bei NeXT-Rechnern) auf sein Icon oder das eines seiner Werkzeuge, um die dazugehörige Online-Hilfe zu lesen. Wenn Sie Textsatzarbeiten in größerem Umfang durchführen wollen, lesen Sie am besten vorher den Handbuchteil „OneVision-Type".

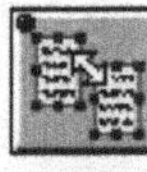 *Textrahmen*

 *Absatzformate*

 *Typografie*

 *Pagina und Umbruch*

 *Sprache und Trennung*

 *Marginalien*

 *Multitext (Textrichtung ändern)*

 *Absatzerkennung*

 *Stilvorlagen*

 *OneVision-Type konvertieren (nach Pfadtext)*

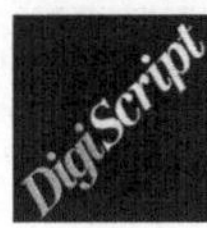

2.5 Vektorgrafiken

2.5.1 Geraden und Bézierkurven

OneVision-Art

Beim Import einer PostScript-Datei wird für jede enthaltene Vektorgrafik ein OneVision-Art-Element erzeugt. Dieses besteht normalerweise aus mehreren Punkten, die durch Linien verbunden sind. Es gibt immer genau einen Anfangspunkt, mit dem der nächste Punkt entweder durch eine Gerade, eine Bézierkurve oder gar nicht (siehe auch nächsten Abschnitt) verbunden sein kann. Eine Bézierkurve wird nicht nur durch die beiden Verbindungspunkte, sondern auch durch die beiden Tangenten an den Verbindungspunkten bestimmt. Jeder Linienabschnitt gehört eindeutig zu dem Punkt, zu dem er führt. Wenn man also einen Linienabschnitt selektieren möchte, um ihn beispielsweise von einer Geraden in eine Bézierkurve zu wandeln oder umgekehrt, muß man den dazugehörigen Punkt selektieren. Welcher Linienabschnitt zu welchem Punkt gehört, erkennt man, wenn man ein Art-Element in den Editieren-Modus bringt (Doppelklick), im Pfadeditor den ⬛ Pfeilcursor auswählt und dann mit der Maus über die Punkte fährt. Es werden jeweils ein Punkt und der dazugehörige Linienabschnitt hervorgehoben.

Normalerweise läßt sich ein Punkt, zu dem Tangentenpunkte von Bézierkurven gehören, unabhängig von diesen bewegen. Häufig möchte man aber (oder findet es in einer PostScript-Grafik schon so angelegt), daß die beiden Tangentenpunkte mit dem Punkt selbst dazwischen eine Gerade bilden, daß die Linie also keinen Knick hat. OneVision-Art unterstützt einen Modus, in dem dieses gewährleistet bleibt, wenn die Wahltaste gedrückt gehalten wird. Der Mauscursor ist dann blau.

Möchte man mehrere Punkte parallel verschieben, dann muß man diese zuvor selektieren. Bringen Sie den Mauscursor in den Selektionsmodus (OneVision-Art-Element in den Element-editieren-Modus bringen und im Pfadeditor den Schalter ⬛ klicken) und ziehen Sie dann einfach ein Selektions-Rechteck um die zu verschiebenden Punkte herum. Wenn Sie die Umschalttaste gedrückt halten,

Tip!

Öffnen Sie zum Üben von der OneVision-CD aus dem Ordner „/OneVision/ PS_Import_Examples/ OneVision" die Datei „Some_Vectors.eps".

Tip!

Die genaue Position eines Punktes können Sie numerisch einstellen, wenn Sie mit dem Pfeil auf einen Punkt doppelklicken.

können Sie noch einzelne Punkte zu der Selektion hinzufügen oder daraus entfernen. Einen selektierten Punkt erkennen Sie an einem Quadrat um den Punkt herum.

2.5.2 Zeichnen- und Selektionsmodus

Tip!

Sie können auch schnell umschalten, indem Sie die Befehlstaste gedrückt halten und dann die rechte Maustaste drücken. (Sollte dieses nicht gehen, informieren Sie sich bitte unter 1.2.3 „System-Präferenzen", wie Sie die rechte Maustaste aktivieren können.)

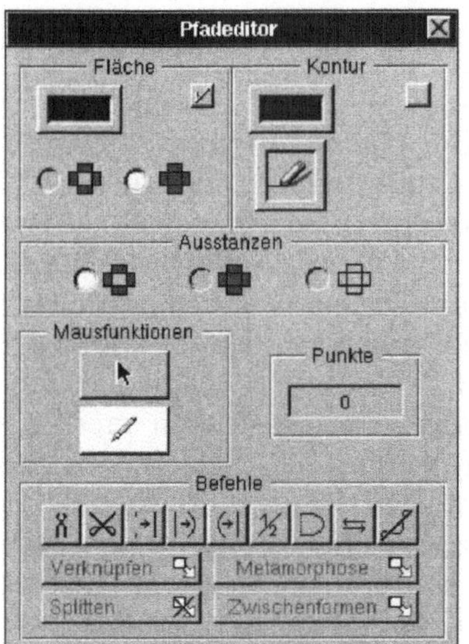

Ebenso wie die OneVision-Arbeitsfläche hat auch das Art-Modul, wenn es im Element-editieteren-Modus ist (Doppelklick oder Schalter E) einen Selektions- und einen „Punkt erzeugen"-Modus. Im Selektionsmodus hat der Mauscursor die Form einen Pfeils – wie gewohnt. Im Zeichnenmodus sehen Sie ein Bleistift-Symbol: Umschalten können Sie im mittleren Teil des Pfadeditors.

Im Selektionsmodus sehen Sie alle Punkte und können sie direkt mit der Maus „anfassen". Im Zeichnenmodus sehen Sie nur den aktuell selektierten Punkt. Wenn Sie jetzt einen neuen Punkt setzen, wird die Linie von diesem aus zu dem neuen geführt.

2.5.3 Mehrteilige Pfade

Ein Pfad kann auch aus mehreren Teilen bestehen. Zur Verdeutlichung seien hier kurz die PostScript-Befehle erklärt, die die Pfade erzeugen:

moveto: Es wird zu einer Position gesprungen.

lineto: Es wird eine gerade Linie vom letzten Punkt zur Position gezeichnet.

curveto: Es wird eine Bézierkurve vom letzten Punkt zur Position gezeichnet.

In OneVision-Art gehören jeweils ein Punkt und die zu ihm führende Verbindung zusammen. Sie selektieren also einen Punkt und können dann mit den Schaltern im Pfadeditor die Verbindungsart ändern:

Punkt entfernen (= Löschtaste drücken)

Auftrennen: lineto oder curveto → moveto + neuer Punkt

Punkte verbinden: moveto → lineto

Gerade in Bézierkurve wandeln: lineto → curveto

Bézierkurve in Gerade wandeln: curveto → lineto

Über die Funktionen der anderen Schalter können Sie sich in der Online-Hilfe informieren, indem Sie bei gedrückter ‹F1›-Taste (‹Strg›+ ‹Alt› bei NeXT-Rechnern) auf das Pfadeditor-Fenster klicken.

Solange es nur um das Zeichnen von Linien geht, kann man anstatt eines mehrteiligen Pfades genauso gut einzelne OneVision-Art-Elemente anlegen und diese gruppieren (Menü „Element"/ „Gruppe"/„Gruppieren"), was in der Praxis sogar meist angenehmer zu handhaben ist. Unerläßlich sind mehrteilige Pfade allerdings, wenn komplizierte Füllungen gebraucht werden, wie das beispielsweise bei komplexen Freistellern der Fall ist.

Wenn Sie mit mehreren OneVision-Art- oder Figuren-Elementen arbeiten, können Sie das Selektionsverhalten der Elemente verbessern, indem Sie in den Präferenzen (Menü „Info"/„Präferenzen…") auf der Seite „Element" die Option „Auswahl durch Pfadtreffer" einschalten.

Sie können einen mehrteiligen Pfad auch nachträglich mit dem Schalter „Splitten" in mehrere OneVision-Art-Elemente aufteilen, oder mit dem Schalter „Verknüpfen" mehrere OneVision-Art- oder Figuren-Elemente zu einem Pfad zusammenführen. Beachten Sie, daß im letzteren Fall die Füllungs- und Linienattribute des zuerst selektierten Elementes übernommen werden.

Tip!

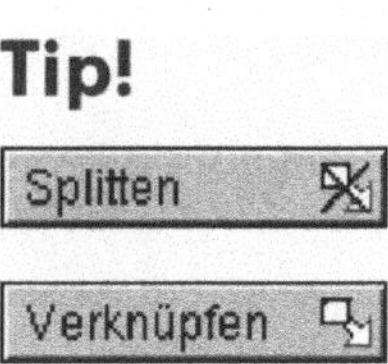

2.5.4 Füllung, Muster

OneVision-Art unterscheidet nicht zwischen offenen und geschlossenen Pfaden. Man könnte auch sagen, es gibt keine geschlossenen Pfade. Jeder Pfad hat einen ersten und einen letzten Punkt, die aber durchaus auf derselben Position liegen können. Trotzdem kann jeder Pfad eine Füllung haben, die eine Farbe (RGB, CMYK oder Schmuckfarbe) und/oder ein Muster sein kann.

Es gibt verschiedene Möglichkeiten, Muster zu erzeugen. Im einfachsten Fall wird eine Grafik sehr oft wiederholt (*Freehand*). Es gibt aber in PostScript eine Möglichkeit, Muster als solche zu definieren, welche auch vom PostScript-Konverter erkannt und als Muster behandelt werden. Noch einen anderen Weg schlägt das Programm *Adobe Illustrator* ein, das eigene PostScript-Prozeduren (PostScript ist ja eine Programmiersprache!) definiert und diese in die Datei einbindet. Wenn in den Präferenzen zu „DigiScript" die Option „Muster aus Adobe Illustrator importieren" eingeschaltet ist, werden diese Prozeduren identifiziert und in PostScript-Muster konvertiert. Wenn nicht, so werden sie einmal ausgewertet und dabei in Grafikelemente umgewandelt. In diesem Fall sind die Muster dann nicht mehr über die Muster-Seite im Farben-Fenster einstellbar (siehe auch unter 1.5 „Farben").

2.5.5 Weitere Vektorgrafikmodule

Figuren

Pfadtext

EAN-Barcode

Metamorphose (Vektorverlauf)

Verlauf (Rasterverlauf)

2.6 Bilder

2.6.1 Einfügen und Exportieren von Bildern

OneVision-Image

Bilder einzufügen ist einfach: Wählen Sie das Icon des OneVision-Image-Moduls, bringen Sie den Mauscursor in den Element-erzeugen-Modus (– rechte Maustaste drücken), und ziehen Sie an der Stelle, an der das Bild plaziert werden soll, einen Rahmen auf. Es erscheint nun das Fenster „Bild laden", in dem Sie eine Bilddatei auswählen können. Standardmäßig wird das TIFF-Format unterstützt. Sie können durch die Installation von Systemfiltern auch andere Formate ladbar machen. Unten in diesem Fenster können Sie eine von drei Optionen zur Skalierung des zu öffnenden Bildes wählen: „Originalgröße" plaziert das Bild in der Größe auf der Seite, die in der Bilddatei gespeichert ist; „Seitenverhältnis anpassen" skaliert das Bild so, daß seine Größe etwa der Größe des aufgezogenen Rahmens entspricht, die Proportionen aber unverzerrt bleiben; „In Rahmen einpassen" paßt das Bild ohne Rücksicht auf die Originalmaße in den aufgezogenen Rahmen ein, es ist also mit einer Verzerrung zu rechnen. In jedem Fall bleiben die Originaldaten aus der Bilddatei im erzeugten OneVision-Image-Element gespeichert und können auch später mit Hilfe der Schalter im Feld „Größe" des Elementinspektors (drücken Sie ‹Befehl›+‹I›) wiederhergestellt oder angepaßt werden.

Die Darstellung des Bildes auf dem Bildschirm wird vom Display-PostScript System, genau gesagt, dem *WindowServer,* übernommen. Dieser WindowServer ist ansonsten auch für die Darstellung aller Fenster (unter Nextstep wird ja *alles* durch PostScript dargestellt) sowie für die Verarbeitung von Mausklicks und Tastatureingaben zuständig. Während des Darstellens von Bildern werden die anderen Aufgaben aber zeitweise nicht bearbeitet – der Bildschirm ist praktisch eingefroren. Beim Laden eines größeren Bildes über das Netzwerk könnte man durchaus den Eindruck gewinnen, der Computer habe sich „aufgehängt". Es ist daher wichtig zu wissen, daß dies beim Öffnen von Bildern normal ist. Bei lokal (auf der Festplatte) ge-

Bildinformation

Bilder sichern

speicherten Bildern werden Sie aber erfreut sein, wie schnell das Bild auf dem Monitor erscheint und Sie weiterarbeiten können. Trotzdem sollten Sie mit Hilfe des Werkzeugs „Bildinformation" die Auflösung kontrollieren (siehe weiter unten), um die PostScript-Ausgabedatei nicht unnötig zu vergrößern.

Um ein Bild von der Seite im TIFF-Format zu sichern, selektieren Sie das Bildelement (über das Selektieren von Elementen lesen Sie bitte 2.3 „Elemente") und wählen das Werkzeug „Laden/Speichern". Klicken Sie den Schalter „Bild speichern…". Das Fenster „TIFF-Bild speichern" erscheint. Es bietet im unteren Bereich folgende Optionen an:

„Kompressionsart"

Speichern ohne Kompression geht normalerweise am schnellsten und ermöglicht es, das Bild beim erneuten Import in OneVision *virtuell*, also sehr schnell, zu laden.

„LZW" ist ein verlustfreies Kompressionsverfahren, das sich bei Screenshots und anderen im Computer generierten Bildern durch hohe, bei gescannten Photos durch geringe Effizienz auszeichnet.

Das gleiche gilt für das „PackBits"-Verfahren, das überhaupt nur für Bilder mit 1 Bit Farbtiefe (also reinen Schwarz/Weiß-Grafiken) zu empfehlen ist. Diese beiden Kompressionsverfahren werden von den meisten Bildbearbeitungsprogrammen unterstützt.

Beim Kompressionsverfahren nach JPEG ist das nicht immer gewährleistet. Dieses Verfahren ist nicht verlustfrei, sondern entfernt abhängig vom eingestellten JPEG-Faktor feinste Informationen, die eventuell ohnehin kaum sichtbar gewesen wären. Bei einem kleinen JPEG-Faktor geht kaum Information verloren, bei einem großen viel. Bei zu großem Faktor kommt es zu einer *Parkettierung*; Sie sehen dann das Quadrat-Muster der einzelnen Kompressionszellen. Das extrem effektive JPEG-Verfahren eignet sich zum Aufbau von Archiven druckreif bearbeiteter Bilder. Bilder, die noch weiterverarbeitet werden, sollte man höchstens mit einem sehr kleinen JPEG-Faktor speichern. Ebenfalls nicht für JPEG geeignet sind technische Bilder wie z. B. Screenshots.

JPEG-Kompression innerhalb von TIFF-Dateien wird allgemein selten unterstützt, so daß andere Systeme diese TIFF-Dateien normalerweise nicht öffnen können. Daher gibt es ein spezielles Bildformat, das überlicherweise mit der Namensendung „.jpg" gespeichert

wird. Speichern Sie das Bild ohne Komprimierung ab, und konvertieren Sie es dann mit einem separaten Konvertierungsprogramm (z.B. „ImageViewer.app" von der OneVision-CD) ins jpg-Format.

„Als 2 Bit-Bild speichern"

Normalerweise wird ein Bild in dem Farbraum gespeichert, in dem es als OneVision-Image-Element vorliegt. (Rufen Sie im Zweifelsfall die Bildinformation auf.) Mit dieser Option, die nur bei Graustufen-Bildern zur Verfügung steht, erzwingen Sie ein Format, das nur mehr die Farben Schwarz, Dunkelgrau, Hellgrau und Weiß hat. Dieses Format wird nicht von allen Bildverarbeitungsprogrammen unterstützt und hat hauptsächlich Nextstep-interne Bedeutung.

„Maske speichern"

Mit dieser Option wird die Bildmaske als eigene Ebene in der TIFF-Datei gespeichert. Sie sollte von anderen Bildbearbeitungsprogrammen als Ebene erkannt und importiert werden können. Machen Sie aber sicherheitshalber einen Test! Diese Option steht nur zur Verfügung, wenn tatsächlich mit der Bildmaske gearbeitet wurde.

„Alpha speichern"

Mit dieser Option wird der Transparenzkanal als eigene Ebene in der TIFF-Datei gespeichert. Wie die Maskenebene sollte sie von anderen Bildbearbeitungsprogrammen als Ebene erkannt und importiert werden können. Machen Sie aber auch hier zur Sicherheit einen Test! Diese Option steht nur zur Verfügung, wenn im Bild transparente oder teiltransparente Pixel vorhanden sind, also nicht das gesamte Bild volle Deckkraft hat. Bilder in PostScript-Dateien haben niemals Transparenz, weil dies eine reine Display-PostScript-Eigenschaft ist.

Um ein vorhandenes Bild gegen ein anderes auszutauschen, selektieren Sie wieder das auszutauschende Bild, wählen das Werkzeug „Laden/Speichern" und klicken „Bild laden…". Es erscheint wieder das „Bild laden"-Fenster, in dem Sie die zu öffnende Datei auswählen können (siehe oben). Das vorhandene Bild wird nun gegen das Neue ausgetauscht, welches an exakt dieselbe Position kommt. Die Ankerposition eines Elementes in OneVision ist übrigens durch einen dreieckigen, statt quadratischen Anfasser definiert. Bei einem nicht gedrehten Element ist das die linke obere Ecke.

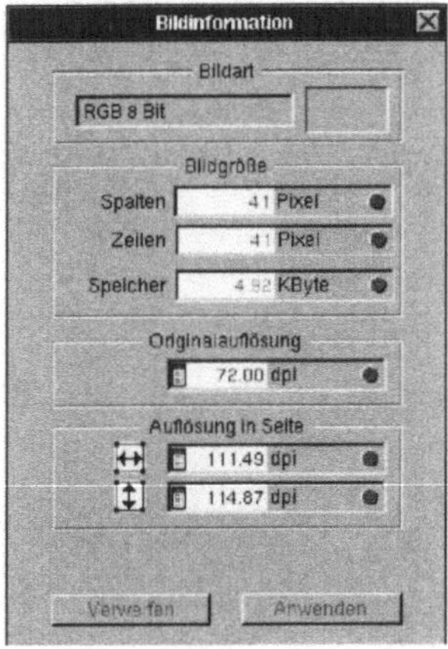

Bildinformation

Bilder austauschen

2.6.2 Bildarten (Farbräume)

Folgende Farbdefinitionen von Bildern sind in PostScript möglich:

CMYK 8 Bit:

Cyan, Magenta, Gelb und Schwarz mit je 256 Abstufungen

CMYK 8 Bit indiziert:

Cyan, Magenta, Gelb und Schwarz aus einer Palette mit *insgesamt* 256 Abstufungen. Dieses dürfte recht selten vorkommen. Falls doch, wird ein Bildelement mit CMYK-Vollfarbe (also 8 Bit je Kanal) erzeugt.

RGB 8 Bit:

Rot, Grün und Blau mit je 256 Abstufungen. RGB-Bilder können durchaus auch in Druckdateien enthalten sein. Ein möglichweise eingebundenes PostScript-*Color Rendering Dictionary* wird ignoriert. Siehe auch „CIEXYZ-basierte Farbe".

RGB 8 Bit indiziert:

Rot, Grün und Blau aus einer Palette mit *insgesamt* 256 Abstufungen. Beim Import wird ein Bildelement mit RGB-Vollfarbe, also 8 Bit je Kanal, erzeugt.

CIEXYZ-basierte Farbe:

CIEXYZ ist ein geräteunabhängiger Farbraum, der eindeutig farbmetrisch definiert ist. Wenn man von RGB redet, muß man dagegen hinzufügen, welches RGB man meint. So hat Adobe für PostScript einen RGB-Farbraum namens *CalibratedRGB* festgelegt, der wiederum einen festen Bezug zu CIEXYZ hat, also farbmetrisch eindeutig ist. In diesen Farbraum werden CIE-basierte Farben aus PostScript-Dateien umgerechnet, und dies sind auch die Werte, die Ihnen vom Farben-Fenster und Densitometer angezeigt werden. Eine eventuell in Ihrem *~/Library/PS2Resources*-Verzeichnis festgelegte Monitorkalibrierung hat keinen Einfluß auf die intern verwendeten Werte, sondern beeinflußt lediglich die Anzeige.

Graustufen 8 Bit:

Weiß in 256 Abstufungen. Dabei wird Schwarz durch den Wert 0, Weiß durch 255 dargestellt, was man bei der Bearbeitung – z. B. der

Gradation – bedenken sollte. Statt Schwarz kann einem Graustufen-Bild auch eine Auszugs- oder Schmuckfarbe zugewiesen sein. Solche Bilder werden in OneVision als Kanalbilder klassifiziert, da sie nur einen Kanal (eine Ebene) haben. Graustufen-Bilder sind im grunde genommen auch Kanalbilder – Kanalbilder mit der zugewiesenen Basisfarbe Schwarz. Sie können die Basisfarbe in OneVision leicht kontrollieren:

Zuweisung einer Farbe an ein Graustufen- oder Schwarz/Weiß-Bild

Selektieren Sie das Graustufen-Bild, und öffnen Sie das Werkzeug „Bildinformation". Oben rechts im Fenster sehen Sie ein Farbwahlfeld. Klicken Sie auf seinen Rand, um das Farbwahlfenster aufzurufen. An der Art der Darstellung des rechteckigen Farbfeldes oben im Farben-Fenster können Sie sehen, in welchem Farbraum die zugewiesene Farbe definiert ist. Ist das Rechteck vollständig ausgefüllt, handelt es sich um eine Graustufen-Definition; ist die linke untere Ecke ausgespart, so liegt eine Schmuckfarben-Definition vor. Klicken Sie auf den Schalter „Schmuckfarbe", um zu sehen, welcher Auszug oder welche Schmuckfarbe zugewiesen wurde. Mehr über Farbe erfahren Sie im Teil „Farbreproduktion" dieses Handbuches.

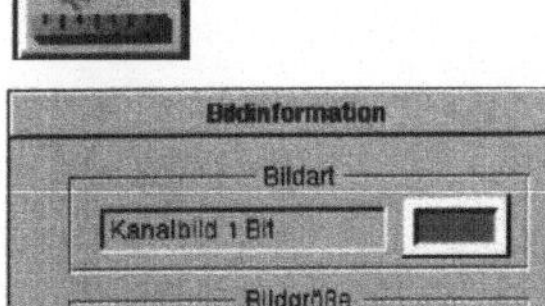

Wenn Sie eine vorseparierte PostScript-Datei geöffnet haben (siehe 2.2 „Öffnen von PostScript-Dateien"), so finden Sie die ursprünglich vierfarbigen Bilder in genau dieser Form vor: einzelne Farbauszugsseiten als Graustufen-Bilder, denen die jeweilige Prozeßfarbe zugewiesen ist.

Schwarz/Weiß 1 Bit:

Es gibt nur Schwarz und Weiß; dies entspricht einer Strichzeichnung. Auch hier kann statt Schwarz eine andere Farbe zugewiesen sein (siehe oben).

Bitmaske 1 Bit:

Dieses ist eine Sonderform eines 1-Bit-Schwarzweiß-Bildes: Wo das Schwarzweiß-Bild weiß ist, ist die Bitmaske *transparent* und verhält sich somit in mancher Hinsicht wie eine Vektorgrafik. Diese Form der Transparenz wird übrigens in PostScript allgemein unterstützt und kann daher bedenkenlos verwendet werden (im Gegensatz zur Transparenz bei 8- oder 16-Bit-Farben, die nur vom Display-PostScript unterstützt wird, siehe auch in der Online-Hilfe unter „Das Farbwahlfenster" zum Stichwort „Deckkraft"). Auch einer Bitmaske kann statt Schwarz eine andere Farbe zugewiesen sein (siehe oben).

2.6.3 Farb- und Gradationskorrekturen

Eine ausführliche Beschreibung der Verfahrensweisen gibt Ihnen der Handbuchteil „OneVision-Image". Hier sollen nur kurz die Basiswerkzeuge für die wichtigsten Maßnahmen vorgestellt werden.

Gradation

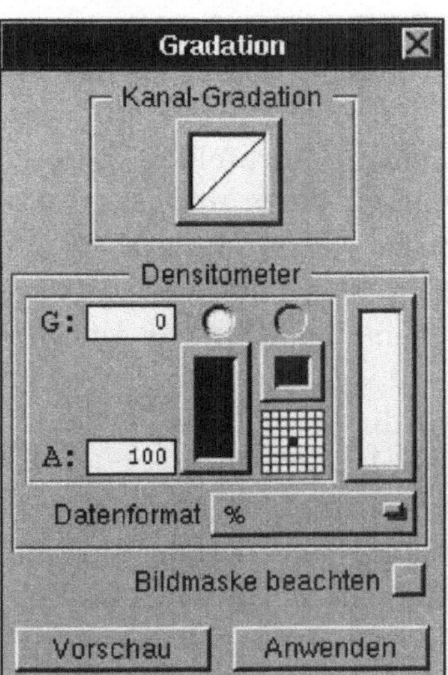

Das einfachste und zugleich ein mächtiges Werkzeug sowohl für Farb- als auch Gradationskorrekturen ist das Gradationswerkzeug. Es stellt für jeden Farbkanal des Bildes ein Kurvenwerkzeug zur Verfügung, mit dem Sie die Umsetzung vorhandener Töne in neue festlegen können. Nehmen wir als Beispiel ein Graubild, das auf den Umfang von 5 bis 95 Rasterprozent eingestellt und in den Mitteltönen etwas aufgehellt werden soll. Selektieren Sie das Bild, wählen Sie das Gradationswerkzeug, und klicken Sie auf *den Rand des Kurvenfeldes*. Jetzt erscheint der Kurveneditor, den Sie auch vergrößern

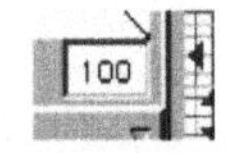

Angabe des Definitionsbereichs im Kurveneditor

können (ziehen Sie dazu an einer der unteren Ecken des Fensters). Vergewissern Sie sich, daß der Definitionsbereich rechts unten auf 100 steht und stellen Sie dann eine Kurve ein, die links auf der Höhe 5 beginnt, in der Mitte etwas hochgewölbt ist und rechts auf der Höhe 95 endet. Die Kurve beschreibt bei einem Graubild von links nach rechts die vorhandene Intensität (Helligkeit) im Bild. 0% Intensität ist Schwarz – 100% ist Weiß. Die beschriebene Kurve bedeutet somit, daß Schwarz mit mindestens 5 % Intensität abgebildet wird – der Rasterton 100 % also auf 95 % reduziert wird, die Mitteltöne etwas heller werden und das hellste Weiß auf 95 % Intensität beschränkt wird, indem der Rasterton 0 % auf 5 % angehoben wird.

Der Kurveneditor hat einige Einstellmöglichkeiten, über die Sie sich unter 1.6.2 „Kurveneditor" oder in der Online-Hilfe (klicken Sie mit gedrückter ‹F1›-Taste auf den Kurveneditor) ausführlich informieren können. Wichtig sind hier insbesondere zwei Hilfsmittel. Rechts oben können Sie unter „Eingabe" Kurvenpunkte numerisch

definieren, indem Sie x- und y-Werte eingeben. Mit dem Popup „Interpolation" können Sie die Verbindungsart zwischen den Punkten festlegen. Weiche Verbindungen erhalten Sie z. B. mit „Akima". Die Kurve geht in jedem Fall exakt durch die definierten Punkte.

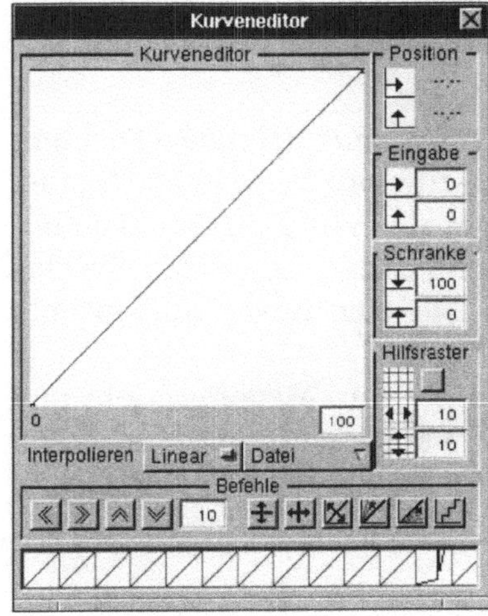

Der Kurveneditor

Wenn Sie Ihre Kurve bestimmt haben, klicken Sie im Fenster „Gradation" den Schalter „Vorschau". Wenn Sie jetzt mit der Maus über das Bild fahren, bekommen Sie im Feld „Densitometer" die neuen Werte angezeigt (evtl. müssen Sie einmal auf den Titelbalken des Dokumentfensters klicken, um dieses zu aktivieren). Das linke Farbwahlfeld zeigt die bisherige Farbe, das mittlere die Vorschaufarbe an. Die Zahlenwerte können wahlweise für das eine oder das andere Farbwahlfeld angezeigt werden. Durch Drücken der Wahltaste wird die Farbe des aktiven Farbwahlfeldes für weitere Verwendung in das rechte übernommen. Sie können das Multidensitometer aus dem „Werkzeuge"-Menü benutzen, um z. B. Licht- und Schattentöne gleichzeitig zu kontrollieren. Wenn Sie mit den Werten zufrieden sind, klicken Sie „Anwenden", andernfalls ändern Sie Ihre Kurve und klicken erneut „Vorschau".

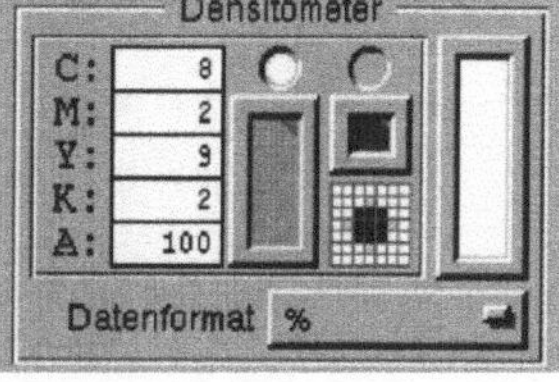

RGB-Bilder werden im Prinzip genauso bearbeitet, nur daß Sie jetzt für jeden der Farbkanäle Rot, Grün und Blau ein eigenes Kurvenfeld zur Bearbeitung haben. So können Sie z. B. einen Rotstich aus den Lichtern herausholen, indem Sie die Rot-Kurve rechts oben etwas absenken. Verwenden Sie aber bei solchen Farbkorrekturen auf jeden Fall die Vorschau, bevor Sie „Anwenden" klicken!

Bearbeiten Sie mehrere Kurven gleichzeitig oder nutzen Sie Drag-and-Drop.

Wenn Sie eine Kurve für mehrere Kanäle gleichzeitig einstellen möchten, können Sie bei gedrückter Umschalttaste auch mehrere Kurvenfelder gleichzeitig aktivieren. Beachten Sie, daß dabei eine in einem Kurvenfeld eingestellte Kurve durch die aktuelle aus dem Kurveneditor ersetzt wird! Zudem ist es möglich, Kurven zwischen Kurvenfeldern oder dem Kurveneditor mit gedrückt gehaltener linker Maustaste zu kopieren (Drag-and-Drop).

RGB-Bilder kann man auch im *HIS-Modus* (H: hue = Farbton, I: intensity = Helligkeit, S: saturation = Sättigung) bearbeiten. Das ist

Erhöhung der Farbsättigung

z. B. ganz sinnvoll, wenn man insgesamt die Sättigung etwas anheben möchte. Wählen Sie im Popup-Menü „HIS", aktivieren Sie das Kurvenfeld bei Sättigung, und stellen Sie eine etwas aufgewölbte Kurve ein.

Auch bei CMYK-Bildern haben Sie für Cyan, Magenta, Gelb und Schwarz jeweils eine Kurve. Von links nach rechts und von unten nach oben nimmt der Wert des Farbauftrags zu; helle Farbtöne sind hier also jeweils links unten, dunkle rechts oben!

Visuelle Bildkorrektur

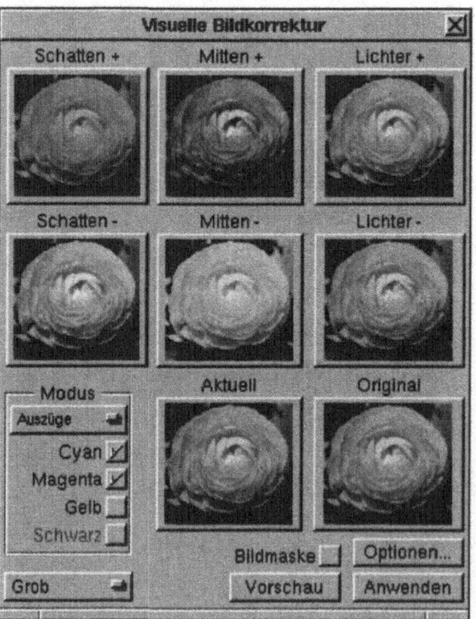

Wer Farbkorrekturen lieber mit visueller Kontrolle macht, setzt statt der Gradationskurven das Werkzeug „Visuelle Bildkorrektur" ein. Selektieren Sie das zu bearbeitende Bildelement, und klicken Sie auf das Icon für die „Visuelle Bildkorrektur". Es erscheint ein Fenster, in dem verschiedene Variationen des Bildes dargestellt sind. Links unten im Fenster können Sie einstellen, in welcher Weise das Bild variiert wird. Zur Verfügung stehen die Modi „Auszüge" (mit der Wahlmöglichkeit, in allen oder ausgewählten Auszügen zu arbeiten), „Intensität", „Sättigung" und „Kontrast". Weiterhin können Sie dort die Stärke der Abweichung der Variationen kontrollieren. Modus und Stärke können auch während der Bearbeitung umgestellt werden.

Zunächst vergrößern Sie das Fenster des Werkzeuges, indem Sie an der rechten unteren Ecke ziehen. Dann wählen Sie den Modus, in dem Sie das Bild verändern möchten. Wählen Sie die Variation, die dem gewünschten Ergebnis am nächsten kommt und klicken Sie darauf. Die Variationsbilder werden nun neu berechnet. Falls Sie jetzt vielleicht mit feineren Abstufungen weiterarbeiten wollen, stellen Sie die Popup-Schalterliste links unten im Fenster auf „Fein". Wiederum werden die Variationsbilder neu berechnet. Rechts unten im Fenster sehen Sie immer den aktuellen Bearbeitungszustand. Übernommen werden die Veränderungen allerdings erst, wenn Sie „Anwenden" klicken. Sie können auch eine Vorschau in der Seite anzeigen lassen, in der Sie mit Hilfe des Multidensitometers die alten und die neuen Werte vergleichen können. Rufen Sie dazu das Multidensitometer aus dem Menü „Werkzeuge" auf, und ziehen Sie mit gedrückter linker Maustaste aus einem der grünen Bälle heraus auf das Bild, wo Sie die Maustaste lösen. Nun ziehen Sie vom Ball eines freien Densitometer-Feldes auf den Ball des zuvor verbundenen und schalten das rechte der beiden Farbfelder ein. (Evtl. müssen Sie das Fenster des Multidensitometers zuvor vergrößern, um weitere Densitometer zu erhalten.) Dieses zeigt Ihnen jetzt die Werte des Vorschaubildes.

Weitere Informationen über die Visuelle Bildkorrektur und das Multidensitometer erhalten Sie in der Online-Hilfe sowie im Handbuchteil „OneVision-Image".

2.6.4 Auflösungsanpassung

Nicht immer sind die Bilder in der Auflösung gescannt, die zur tatsächlichen Größe auf der Druckseite und der verwendeten Rasterweite passen würde. Es macht Sinn, dieses auch nachträglich noch anzupassen, um einerseits die Weiterverarbeitung zu beschleunigen (Verkleinerung der PostScript-Datei durch Herunterrechnung der Auflösung) oder andererseits die Bildqualität zu verbessern (durch Erhöhung der Auflösung und entsprechende Nachbearbeitung).

Die richtige Zielauflösung läßt sich sehr einfach berechnen: Multiplizieren Sie die Rasterweite (üblicherweise in *lpi* oder *l/cm* angegeben) einmal mit 1,5 und einmal mit 2 – dazwischen sollte der Wert der Auflösung (in *ppi* bzw. *Pixel/cm*) in der Seite liegen. Ist er gerin-

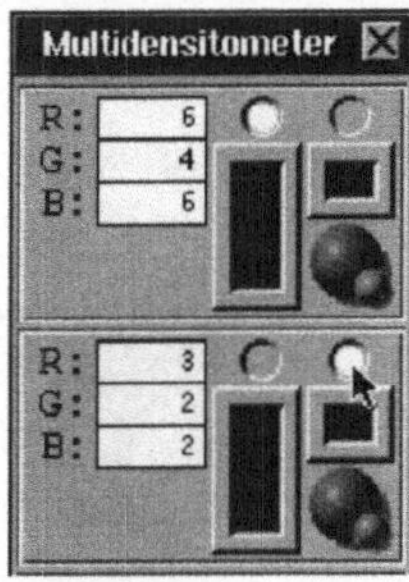

Bild skalieren

ger, so ist die Bildqualität nicht optimal, ist er höher, so belasten Sie die Weiterverarbeitung (z. B. Netz und RIP) mit unnötigen Daten, die normalerweise zu keiner wesentlichen Qualitätsverbesserung mehr beitragen (Ausnahme: Bilder mit scharfen Schwarz/Weiß-Kontrasten). Die aktuelle Auflösung (in der Seite) kontrollieren Sie im Fenster „Bildinformation". Liegt Sie im angegebenen Bereich oder knapp daneben, so sollten Sie nichts unternehmen, weil Auflösungsänderungen mit einem Faktor von ungefähr 1 wenig bringen, aber in ungünstigen Fällen häßliche Effekte – z. B. Moiré – zur Folge haben können. Sie sollten die Auflösung um 1,5 oder noch besser um einen ganzzahligen Faktor vermindern oder erhöhen. Dazu verwenden Sie das Werkzeug „Bild skalieren".

Verminderung der Auflösung

Eine Verminderung der Auflösung ist einfach gemacht: Tragen Sie Skalierungsfaktor oder Zielauflösung ein (möglichst als ganze Zahl, s. o.), und klicken Sie „Anwenden". Der Schalter „Maske" ist bei Bildern in importierten PostScript-Dateien normalerweise ohne Bedeutung, wenn Sie nicht selbst eine Bildmaske erstellt haben. Den Schalter „Interpolieren" sollten Sie aber im Normalfall eingeschaltet lassen. Er verhindert die Bildung von Stufen an Kanten.

Erhöhung der Auflösung

Schwieriger ist die Erhöhung der Auflösung. Zunächst müssen Sie die Auflösung tatsächlich hochrechnen, was genauso wie die oben beschriebene Verminderung geht. Hiermit ist allerdings noch nichts gewonnen. Sie müssen das Bild jetzt noch etwas schärfen, um den Bildeindruck tatsächlich zu verbessern. Dazu stehen Ihnen drei Filter zur Auswahl: Der einfache *Schärfefilter*, der *Selektive Schärfefilter* und die *Detailkontrastverstärkung*. Details über die Unterschiede können Sie der Online-Hilfe oder dem Handbuchteil „OneVision-Image" entnehmen. Im Normalfall empfehlen wir Ihnen den *Selektiven Schärfefilter*, der feine Strukturen – z.B. das Filmkorn – nicht mitschärft. Falls genau der umgekehrte Effekt gewünscht ist, also gerade die feinen Strukturen geschärft werden sollen, nehmen Sie die *Detailkontrastverstärkung*.

Filterfunktionen

Im oberen Teil des Fensters sehen Sie den sogenannten Bitmap-Controller. Er muß folgendermaßen eingestellt sein: Arbeitsbereich „Ganzes Bild", Arbeitsebene „Bild", Maskierung „Keine".

Tip!

Zur besseren Beurteilung der Filterwirkung ziehen Sie den Popup rechts unten im Dokumentfenster auf „Setze...", geben die Bildauflösung ein, klicken „dpi", bestätigen und betrachten dann den Bildschirm aus etwas vergrößertem Abstand.

In jedem Fall ist es empfehlenswert, sich vor Anwendung des Filters ein Stückchen aus dem zu filternden Bild mit dem Werkzeug „Bild ausschneiden" herauszukopieren, den Undo-Puffer zu füllen (drücken Sie dazu gleichzeitig die Befehlstaste, die Umschalttaste

und ‹z›, also ‹Befehl›+‹Z› – oder klicken Sie im Menü „Editieren" den Schalter „Undo Puffer füllen") und mit diesem Stückchen durch Ausprobieren die optimale Einstellung des Filters zu finden. Nach einem Fehlversuch drücken Sie einfach ‹Befehl›+‹z› (oder klicken im Menü „Editieren" auf „Undo"). Das kleine Ausschnittsbild erlaubt einen guten Vergleich zwischen Originalbild und gefiltertem Bild.

Bild ausschneiden

Wenn Sie mit den Einstellungen zufrieden sind, löschen Sie das kleine Testbild mit der Löschtaste, selektieren das Originalbild und filtern dieses mit den ermittelten Einstellungen.

2.6.5 Retusche

Zur Ausfleckretusche verwenden Sie üblicherweise das Werkzeug „Collage", das Sie zu diesem Zweck im Feld „Quelle" auf den Modus „Kopieren aus Bild" setzen. Wählen Sie im oberen Teil des Fensters unter „Arbeitsbereich" zwischen „Werkzeug" oder „Dynamischer Pinsel", bringen Sie das Bild in den Editiermodus (Doppelklick darauf oder Schalter E klicken), und zoomen Sie in das Bild hinein. Halten Sie dazu die Befehlstaste gedrückt, und ziehen Sie mit der Maus einen Rahmen um den Bereich des Bildes, den Sie retuschieren möchten. Das ausgewählte Werkzeug oder der Pinsel wirken auf genau die Bildpixel, die im Dokumentfenster darunter liegen. Sie haben also auch bei diesen Arbeiten *WYSIWYG!* Dieser Vorteil wird aber bei unüberlegtem Einsatz zum Nachteil, weil die Funktionen bei zuvielen gleichzeitig bearbeiteten Pixeln nicht mehr flüssig arbeiten, was etwa zu solchen Effekten führen kann:

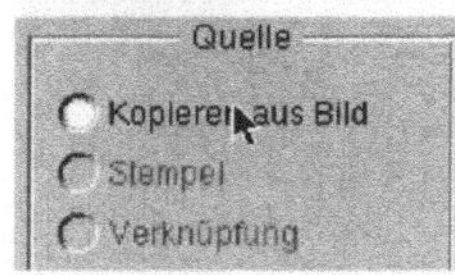

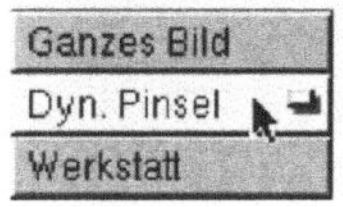

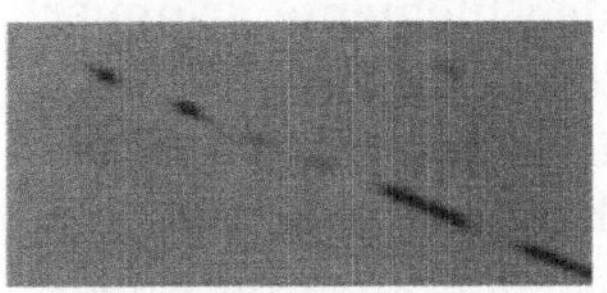

Mißlungenes Wegretuschieren einer Linie

Sie sollten deshalb immer ins Bild hineinzoomen.

Sinnvoll ist es oft, so zu vergrößern, daß ein Pixel des Bildes einem Pixel des Monitors entspricht. Dieses erreichen Sie, indem Sie im Vergrößerungs-Popup (im Dokumentfenster rechts unten) auf „Setze …" schalten, im sich öffnenden Fenster die Bildauflösung eintragen, daneben von „Prozent" auf „dpi" umschalten und dann auf „Einstellen" klicken.

Tip!
Benutzen Sie die Werkzeug-Funktionen nicht bei zu kleiner Zoom-Stufe!

Die Funktion „Kopieren aus Bild" bringt Ihnen, wenn das Bildelement im Editiermodus ist, zusätzlich zum gewählten Werkzeug (oder Pinsel) einen Kreuzcursor. Dieser bezeichnet Ihnen die Stelle des Bildes, die bei gedrückter linker Maustaste an die Mausposition kopiert wird, also die Quelle. Sie fixieren das Kreuz mit der Umschalttaste. Solange Sie diese gedrückt halten, bleibt das Kreuz an einer Stelle, sobald Sie sie loslassen, bewegt es sich parallel mit dem Werkzeug mit. Da es dabei auch die Bildfläche verlassen und damit unsichtbar werden kann, gibt es auch einen Befehl, mit dem das Kreuz wieder an die Mausposition gestellt werden kann: Drücken Sie dazu die Steuerungstaste.

Manuelle Retusche kann leicht einmal ausrutschen. Sie sollten daher die Undo-Funktion benutzen, worüber Sie sich im Handbuchteil „Basis" informieren können.

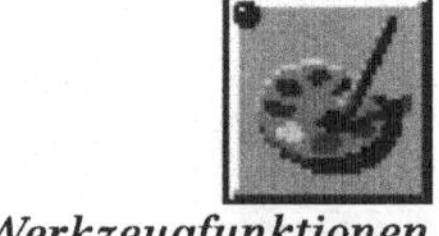

Werkzeugfunktionen

Neben der Ausfleckretusche mit dem Kopierstift sind natürlich auch andere Zeichenmodi möglich. Klicken Sie dazu das Icon der *Werkzeugfunktionen* an. Hier befindet sich im mittleren Teil des Fensters ein Kommando-Popup, das Ihnen verschiedene Retusche-Techniken anbietet. Die genaue Funktionsweise der einzelnen Werkzeuge – soweit sie nicht selbsterklärend sind – entnehmen Sie bitte der Online-Hilfe.

2.6.6 Korrektur von Freistellern

Ein freigestelltes Bild besteht in PostScript immer aus zwei Elementen: Dem eigentlichen Bild und dem Vektorelement, daß dieses ausstanzt – im allgemeinem also einem Pfad. In den meisten Fällen, aber nicht zwangsläufig, finden Sie diese beiden Elemente gruppiert vor (siehe 2.3 „Elemente"). Um einen Freistellungspfad zu ändern, selektieren Sie ihn und bringen ihn mit einem Doppelklick in den Editiermodus. Nun stehen Ihnen alle Möglichkeiten des Pfadeditors von OneVision-Art zur Verfügung, worüber Sie sich auch im Kapitel 2.5 „Vektorgrafiken" eingehend informieren können. Beachten Sie, daß der Ausstanzmodus bezüglich der Füllung des Pfades von Bedeutung ist. Dieser wird im Pfadeditor im Feld „Ausstanzen" eingestellt.

Nach jeder Änderung des Ausstanzpfades wird auch das Bild entsprechend neu gezeichnet, dadurch können insbesondere bei komplexen Pfaden Verzögerungen nach dem Ändern eines Punktes entstehen. Da auch das PostScript-RIP entsprechend lange Rechenzeiten haben wird oder sogar mit der Fehlermeldung „limitcheck" abbrechen kann, kann es sinnvoll sein, die Anzahl der Stützpunkte des Pfades zu reduzieren. Benutzen Sie dazu den *Pfadoptimierer*, den Sie im Pfadeditor mit diesem Schalter aufrufen: . Der Pfadoptimierer ist recht einfach zu bedienen. Wenn Sie dennoch Fragen dazu haben, konsultieren Sie die Online-Hilfe (Taste ‹F1› bzw. ‹Strg›+‹Alt› bei NeXT-Computern, gedrückt halten und auf das Fenster klicken) oder den Handbuchteil „OneVision-Art".

Prinzipiell ist es auch möglich, daß ein Freisteller ohne den Ausstanzmechanismus von PostScript realisiert wurde. Das bedeutet in der Praxis, daß ganz einfach der wegzuschneidende Bereich nicht weggestanzt, sondern mit der Untergrundfarbe, also im allgemeinen Weiß, eingefärbt wurde. Diese Technik ist insbesondere dann notwendig, wenn die Freistellungskanten weich sein sollen. In diesem Fall sind Nachbearbeitungen nur noch mit den Retusche-Werkzeugen möglich. Sehen Sie dazu den vorherigen Abschnitt. Beispielsweise können Sie mit der Werzeugfunktion „Finger" die Freistellungskanten noch weicher machen. Oder Sie setzen die Werkzeugfunktion „Einfärben" (mit der Hintergrundfarbe) dazu ein, die Kanten nachzuziehen.

2.6.7 Die Werkzeuge von OneVision-Image

Bildinformation

Densitometer

Gradation

Visuelle Bildkorrektur (Variationen)

 *Histogramm*

 *Masken- und Bitmap-Controller*

 *Autolasso*

 *Intervallmaskierung*

 *Farben ersetzen*

 *Farben reduzieren*

 *Falschfarbenkonvertierung*

 *Collage (und Kopierstift)*

 *Werkzeugfunktionen (Einfärben, Finger, Wasser usw.)*

 *Filterfunktionen*

 *Bildkanäle bearbeiten*

 *Leerbild erzeugen*

 *Bildfläche vergrößern*

 *Bildteile ausschneiden*

 *Bild skalieren (Auflösung ändern)*

 *Bild drehen (Pixeldrehung)*

 *Bildkonvertierung (Farbmodell ändern)*

 *Interaktive Verzerrung (Warping)*

 *Verknüpfen von Bildern (mathematische Verzerrung)*

 *Photogrammetrie (Bilder vermessen und geometrisch entzerren)*

 *Laden/Speichern*

 *Bildkompression*

 *Autotrace (Vektorisieren)*

Außerdem:

- Scanner-Treiber für Agfa Arcus (Plus), Horizon (Plus), Optoscan Drum (Howtek), Hewlett-Packard ScanJet II, III, IV
- Multidensitometer (Menü „Werkzeuge")

2.7 Ausgabe

2.7.1 Druckparameter

Folgende Ausgabeparameter können in OneVision kontrolliert werden:

- Farbseparation (RGB/Graustufen $\rightarrow$ CMYK)
- Rasterweite, -winkel und -punktform
- Transferkurven zur Punktzuwachskompensation

Zuweisung und Kontrolle der Druckparameter nehmen Sie im Menü „Drucken"/„Druckparameter"/„Dokument" und …/„Element" vor. Jedes Druckparameterfenster zeigt in seiner Titelleiste, welchem Dokument oder Element die Parameter zugeordnet sind.

Dabei werden Farbseparation und Rasterparameter unabhängig voneinander behandelt. Die Transferkurven sind optionaler Bestandteil der Rasterparameter, was auch aus der Gestaltung des Druckparameterfensters ersichtlich ist:

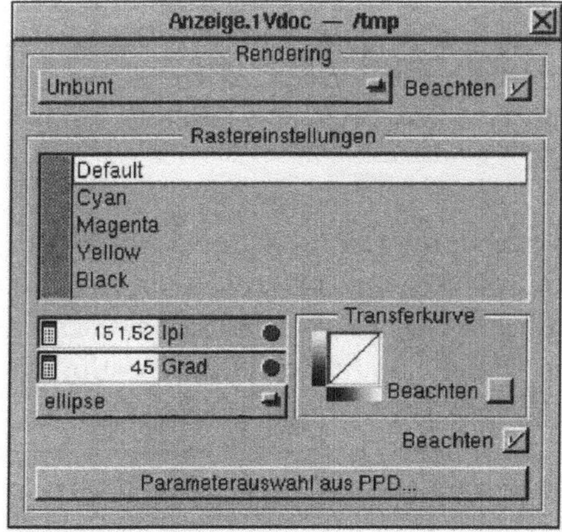

Die Druckparameter kann man für das gesamte Dokument einstellen, ebenso aber auch für einzelne Elemente oder Element-

gruppen. Dabei haben Element-Druckparameter die höchste, Dokumentparameter die niedrigste Priorität. In der Praxis heißt das folgendes: Wenn ein Element Druckparameter besitzt, werden diese beachtet. Wenn das nicht der Falls ist, aber eine Gruppe, in der das Element enthalten ist, welche hat, kommen diese zur Anwendung. Sonst wirken die Dokumentparameter. Wie oben schon erwähnt, gilt das für Separations- und Rasterparameter getrennt.

Rasterung

Sie können also keine Transferkurven ohne Rasterparameter, sehr wohl dagegen Rasterparameter ohne Transferkurven einstellen. *Achtung: Sie können und müssen alle Einstellungen für jeden Farbkanal (jeden Farbauszug) einzeln eingeben!* Für die Einstellung der Rasterparameter ist es sinnvoll, mögliche Werte aus der *PPD*-Datei für Ihren Drucker oder Ihrer RIP/Belichter-Kombination zu entnehmen. Dazu klicken Sie den Schalter „Parameterauswahl aus PPD…", der ein Fenster mit der Liste der verfügbaren Druckerbeschreibungsdateien (PPD) öffnet. Wie Sie weitere PPD-Dateien installieren können, entnehmen Sie bitte dem Handbuchteil „Basis". Klicken Sie Ihren Drucker an. Unten im Fenster erscheinen dann im Popup die für jede Auflösung möglichen Rasterweiten. Wählen Sie eine Rasterweite, und klicken Sie „OK". Dadurch werden die Werte für alle vier Prozeßfarbauszüge in das Druckparameterfenster übernommen. Beachten Sie, daß dies noch keine Druckerauswahl, sondern lediglich die Parameterzuweisung ist! Sollten Sie Schmuckfarben einsetzen, so müssen Sie diesen noch manuell die gewünschten Rasterwerte zuweisen.

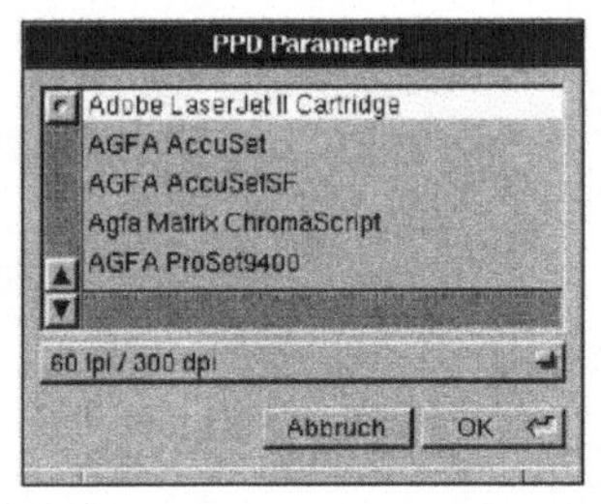

Transferkurven

Dies ist die in PostScript vorgesehene, elegante Möglichkeit, den Tonwertzuwachs bei der Ausgabe, insbesondere beim Druck, zu kompensieren. Das Prinzip arbeitet so, daß man dem *Raster Image Processor* (RIP) eine Funktion mitteilt, durch die jeder Tonwert neu bestimmt wird. In OneVision ist dieses immer eine Kurve, die auf der x-Achse die Intensitätswerte des Dokumentes aufträgt und auf der y-Achse diejenigen, die das RIP zum Belichten berechnen soll, damit am Schluß tatsächlich die Sollwerte (x-Achse) herauskommen.

Die Intensität ist das Gegenteil des Rastertons: Ein Rasterton von 70 % entspricht 30 % Intensität.

Sie brauchen aber nicht allzulange darüber nachzudenken, wie die Kurven genau auszusehen haben, dafür gibt es den *Druckpara-*

metergenerator, der Ihnen diese Berechnungen abnimmt. Klicken Sie im Menü „Drucken"/„Druckparameter"/„Kalibrierung" auf „Kurvenberechnung…". Das jetzt geöffnete Fenster ist praktisch eine Art „Hilfsrechner" zur einfachen Bestimmung von Kurven für den Schwarzaufbau einerseits (dazu mehr im nächsten Abschnitt) und der Transferkurven andererseits. Voraussetzung für die richtige Kalibrierung des Druckvorganges ist zunächst, daß Sie den Punktzuwachs Ihres Belichters und Ihrer Druckerei überhaupt kennen. Wie Sie die Werte bestimmen können, darauf gibt Ihnen der Handbuchteil „Farbreproduktion" einige Hinweise. Klicken Sie in den Feldern „Film" und „Druck" jeweils die Schalter „Liste…" und geben Sie die Soll- und die Meßwerte ein. Danach haben Sie zwei Kurven mit dem Tonwertzuwachs und es wird automatisch die Kurve berechnet, die diesen kompensiert. Diese finden Sie rechts unten im Feld „Transfer". Kopieren Sie diese Kurve per Drag-and-Drop mit der Maus ins Transferkurvenfeld des Druckparameterfensters. (Dazu muß dort der Schalter „Beachten" aktiviert sein).

In der Praxis sollte man sich aber überlegen, ob man tatsächlich Transferfunktionen einstellen möchte. Üblicherweise gibt es nämlich mit der RIP-Steuerungssoftware ein Kalibrierungsprogramm, das genau die oben beschriebene Funktion übernimmt, womit der sorgfältige Belichter-Operateur regelmäßig – insbesondere nach einem Filmrollenwechsel – seinen Belichter kalibriert. Wenn Sie aber in Ihrer PostScript-Datei eine Transferfunktion eingebunden haben, wird die voreingestellte Kurve des RIPs (für diese Datei) nicht beachtet. Wenn Sie allerdings relativ stabile Verhälnisse vorfinden, so bietet Ihnen die Tranferkurven-Option von OneVision eine einfache und effektive Möglichkeit, Film- und Druckpunktzuwachs zu kompensieren. Insbesondere den Punktzuwachs beim Drucken müssen Sie sonst bereits bei der Anlage der Farben im Dokument und bei der Bildbearbeitung berücksichtigen.

Wenn Sie keine Transferfunktionen definieren möchten, lassen Sie die Schalter neben dem kleinen Kurvenwahlfeld für alle Auszüge (einzeln!) ausgeschaltet.

2.7.2 Farbseparation und Schmuckfarben

Die Farbseparation (engl. „Rendering") legt die Art und Weise fest, wie RGB-definierte Farben in CMYK gewandelt werden sollen. Im oberen Teil des Druckparameterfensters (Menü „Drucken"/„Druckparameter"/„Dokument" und …/„Element"; siehe 2.7.1 „Druckparameter") können Sie für das Dokument und/oder einzelne Elemente im Feld „Rendering" optional eine bestimmte Separationsart festlegen. Für Vollfarbgeräte – wie z. B. eine Digitaldruckmaschine – werden diese als PostScript-*Color Rendering Dictionary (CRD)* in die PostScript-Datei eingebunden. Für die Ausgabe auf Filmbelichtern schalten Sie im Drucken-Fenster (Menü „Drucken"/„Drucken…" oder ‹Befehl›+‹p›) die Separation ein, die dann von OneVision durchgeführt wird, wobei die Farbauszüge als einzelne Seiten der resultierenden PostScript-Datei berechnet werden.

Im Lieferumfang sind vier Separationen enthalten, die Sie als Voreinstellung für eigene Tests verwenden können:

- *Bunt*: Es wird kein Schwarz erzeugt; alle Farben werden durch Mischung von Cyan, Magenta und Gelb reproduziert. Dies ergibt einen 3C-Druck.
- *Skelett-Schwarz*: Zusätzlich zu den Buntfarben wird in den Bildtiefen (also den dunklen Tönen) Schwarz hinzugegeben.
- *Standard*: Es wird zusätzlich zum Aufbau des Tiefenschwarz noch der Grauanteil bunter Farbtöne durch zusätzliches Schwarz ersetzt (auch als *GCR*-Verfahren bekannt).
- *Unbunt*: Der gesamte Grauanteil der Buntfarben wird durch Schwarz ersetzt. Es kommen lediglich etwas Buntfarben zur Schwarzunterstützung in den Tiefen hinzu.

Die Bestimmung des Schwarz-Tones ist intern erst die zweite Stufe der Farbseparation. Der erste ist die Wandlung der RGB-Farbdefinitionen nach CMY, in OneVision als „Buntkalibrierung" bezeichnet. Diese ist für die Graubalance und die Behandlung der nicht-reproduzierbaren Farben (z. B. 100 % Grün) verantwortlich. Die voreingestellte Buntkalibrierung ist für Offsetdruck auf Kunstdruckpapier mit 80er-Raster und elliptischem Punkt getestet. Sie sollten allerdings überprüfen, ob diese auch in Ihrer Druckerei optimale Ergebnisse bringt. Wie Sie eigene Farbseparationen erstellen kön-

nen, sowie weitere Informationen über die Themen Farbe und Farbseparation, gibt Ihnen der Handbuchteil „Farbreproduktion".

2.7.3 Speichern als OneVision-Dokument

Falls Sie eine Datei zur späteren (Wieder-) Verwendung aufbewahren möchten, ist es empfehlenswert, diese als OneVision-Dokument und nicht als PostScript-Datei zu sichern. Das Speichern und Laden geht deutlich schneller, die Datei wird meistens kleiner, und wenn Sie einiges in der Seite gearbeitet hatten, werden Sie es zu schätzen wissen, daß Ihre Gruppierungsstruktur und Ihre Elementnamen erhalten bleiben.

1Vdoc

Zum Laden und Speichern von Dokumenten (Menübefehle „Dokument"/„Sichern…" und „Dokument"/„Öffnen…") gibt es einige Optionen, die Sie in den Präferenzen von OneVision einstellen können (Menü „Info"/ „Präferenzen…"):

- „Dokument"-Präferenzen – „Speichern mit Sicherungskopie": Die zuletzt gespeicherte Kopie wird mit der Dateinamenserweiterung „1Vdoc~" bis zur nächsten Speicherung erhalten. Wenn Sie genügend Platz auf Ihrer Festplatte haben, sollten Sie diese Option einschalten. Die Option „Automatisches Sichern" bewirkt, daß in bestimmten Zeitabständen automatisch gespeichert wird. Diese Option können Sie für jedes Dokument einzeln im Dokumentfenster links oben ein- und ausschalten.

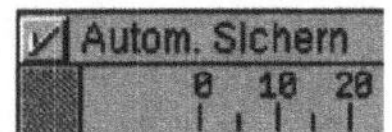

- „OneVision-Image"-Präferenzen – „Layoutdaten" – „Laden": Beim Öffnen des Dokumentes werden die Bilder nur mit ganz groben Ersatzbildern dargestellt. Das beschleunigt das Öffnen. Die Feindaten können aber jederzeit nachgeladen werden, was auch beim Drucken und Bearbeiten automatisch geschieht.
- „Komprimiert speichern": Die Bilder werden innerhalb der 1Vdoc-Datei (die in Wirklichkeit ein Ordner ist) nach dem LZW-Verfahren komprimiert. Dies ist bei technischen Dokumentationen und ähnlichem empfehlenswert, weil bei Bildern, die viele gleichmäßige Flächen enthalten, sehr gute Kompressionsraten erzielt werden. Bei fotografischen Bildern bringt es dagegen kaum etwas und sollte nicht eingesetzt werden, weil das nächste Öffnen deutlich länger dauern kann. Nicht komprimierte Bilder

werden nämlich „virtuell" geladen, was bedeutet, daß nur die für die Darstellung auf dem Monitor tatsächlich benötigte Information aus der Datei ausgelesen wird. Funktionen wie Zoomen und Retusche sind dadurch aber nicht beeinträchtigt, weil neu benötigte Information dynamisch nachgeladen wird.

2.7.4 Drucken (PostScript-Ausgabe)

Über die Einstellung der Druckparameter (wie Rasterweite usw.) lesen Sie bitte unter 2.7.1 „Druckparameter" weiter oben in diesem Kapitel nach. Über die Einrichtung von Druckern und Druckerbeschreibungsdateien (*PPDs*) informiert Sie der Handbuchteil „Basis". Den eigentlichen Druckbefehl finden Sie im Menü „Drucken". Klikken Sie dort auf „Drucken…" (oder einfach ‹Befehl›+‹p›), womit Sie das Drucken-Fenster öffnen:

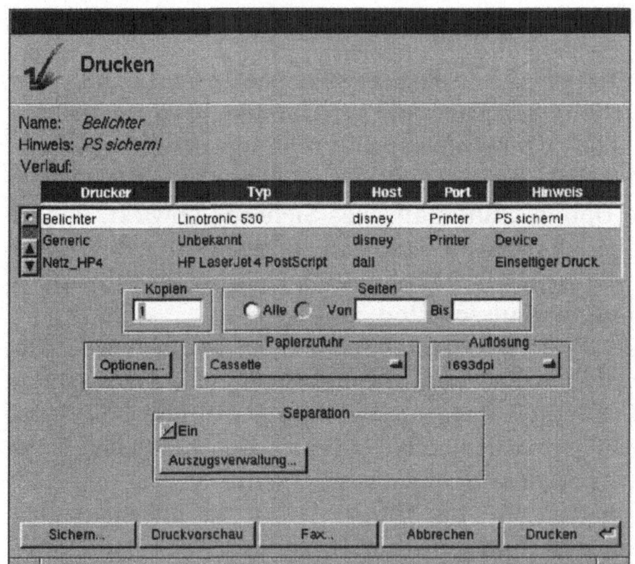

Im oberen Teil erscheint eine Liste mit allen installierten Druckern, auch jenen, die tatsächlich gar nicht an den Computer oder das Netzwerk angeschlossen sind. Auch dann, wenn Sie außer Haus drucken lassen wollen, müssen Sie den entsprechenden Drucker (oder RIP/Belichter) auf Ihrem System einrichten, damit eine pas-

sende PostScript-Datei erstellt werden kann. Im Bereich darunter finden Sie verschiedene Schalter, die sich teilweise verändern, wenn Sie einen anderen Drucker anklicken. Dies sind Optionen aus der zu dem Drucker gehörenden PPD-Datei. Weitere PPD-Einstellungen erhalten Sie, wenn Sie auf den Schalter „Optionen" klicken.

Darunter finden Sie das Feld „Separation", in dem Sie die Farbseparation einschalten und die Ausgabe der Auszüge steuern können. Klicken Sie dazu auf „Auszugsverwaltung". Sie sehen jetzt ein kleines Fenster, in dem alle Farbauszüge sowie die Farbe „All" aufgelistet sind. Weiß unterlegte Auszüge werden ausgegeben. Möchten Sie die Ausgabe eines Auszuges unterdrücken, so halten Sie die Umschalttaste gedrückt und klicken den Auszugsnamen an, wodurch die weiße Hervorhebung aufgehoben wird. Wenn hinter einem Namen auf der rechten Seite statt des Wortes „Auszug" „Prozeß" steht, dann werden alle Elemente mit dieser Farbe durch Prozeßfarben gedruckt. Dieselbe Einstellung können Sie übrigens auch in der Schmuckfarbenliste des Farben-Fensters machen. Komplett leere Farbauszüge werden nach Möglichkeit unterdrückt. Wenn Sie also im Dokument z.B. nur die Farben Schwarz und HKS 19 (als Schmuckfarbe) verwendet haben, dann werden Sie nur diese zwei Filme ausgegeben bekommen, obwohl in der Auszugsverwaltung vielleicht auch Cyan, Magenta und Yellow selektiert sind.

Unten im Fenster sind verschiedene Befehlsschalter angeordnet. Klicken Sie einmal auf „Druckvorschau". Es wird eine temporäre PostScript-Datei erstellt und an das Betriebssystem zum Anzeigen auf dem Monitor weitergereicht, welches dazu seinerseits eine Applikation startet. Im Normalfall sollte das „Preview.app" sein, was Sie am (üblicherweise links oben) erscheinenden Menü ablesen können.

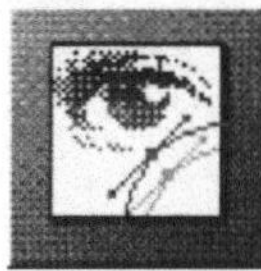

Preview.app

Tip!

Stellen Sie die Druckvorschau-Applikation ein, indem Sie in einer Datei-Übersicht eine Datei mit der Endung „.ps" selektieren und dann mit ‹Befehl›+‹3› den Werkzeug-Inspektor öffnen. Dieser zeigt die Icons der Programme, die *.ps-Dateien anzeigen können. Suchen Sie das oben abgebildete Icon der Anwendung „Preview", klicken Sie *einmal* darauf und dann auf den Schalter „OK".

Wenn die Farbseparation eingeschaltet ist, sehen Sie die Farbauszüge als Einzelseiten. Sie können in *Preview* blättern, indem Sie die gewünschte Seitenzahl eintippen und die Eingabetaste drücken. Ist die Separation nicht eingeschaltet, so wird ein in den Druckpara-

metern definiertes *Color Rendering* (siehe Abschnitt „Druckparameter") trotzdem beachtet, und es werden alle Farben vor der Anzeige nach CMYK umgerechnet. Da der Monitor aber nur RGB-Farben anzeigen kann, müssen diese dann noch einmal umgerechnet werden. In welcher Weise das geschieht, können Sie mit dem im Lieferumfang von Trialog und DigiScript enthaltenen Programm *CMYKAdjust* (auf der OneVision-CD im Verzeichnis „CMYKAdjust") einstellen. Damit erhalten Sie auch farblich eine relativ zuverlässige Druckvorschau.

Achtung!

Das mit Nextstep mitgelieferte Programm „Preview.app" hat eine Schwäche: Es kann nur bestimmte Seitenformate anzeigen. Wenn Sie also ein freies Seitenformat verwendet haben, kann es sein, daß die Seiten in der Druckvorschau nicht vollständig oder mit einem weißen Rand angezeigt werden; dies braucht Sie nicht zu beunruhigen, die Datei wird trotzdem richtig gedruckt. Zu RIP-Problemen mit freien Seitenformaten informieren Sie sich bitte auf der OneVision-CD im Verzeichnis „/OneVision/Tools" in der Datei „PrepPatch-Deutsch.rtf".

Fehlende Elemente

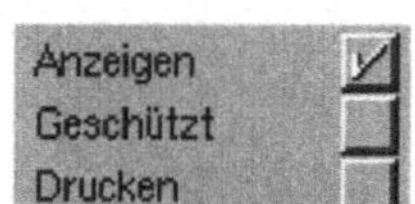

Falls einmal einzelne Elemente auf der Seite fehlen sollten, kann das zwei Ursachen haben: Die entsprechenden Elemente können im Elementinspektor (Menü „Element") als nicht-druckend markiert sein, oder die für die Bearbeitung der Elemente notwendigen Module sind nicht serialisiert. Letzteres können Sie im Serialisierungsfenster (Menü „Info"/„Serialisierung…") überprüfen.

Sie können direkt aus der Druckvorschau heraus drucken (was etwas schneller geht, als von OneVision erneut eine PostScript-Datei erstellen zu lassen), indem Sie im „Drucken"-Menü auf „Drucken…" klicken oder einfach wieder ‹Befehl›+‹p› drücken. Wählen Sie den richtigen Drucker aus, und drücken Sie die Eingabetaste.

Um in eine Datei zu drucken, klicken Sie im Drucken-Fenster den Schalter „Sichern…", wodurch sich ein weiteres Fenster mit einer kleinen Datei-Übersicht öffnet, wie Sie es schon beim Öffnen der PostScript-Datei gesehen haben. Wählen Sie ein Verzeichnis aus und geben Sie einen Namen ein; die Endung „.ps" wird automatisch angehängt. Wichtig ist in diesem Fenster noch die Popup-Befehlsliste im unteren Bereich. Als Voreinstellung steht hier „Normales, geräteunabhängiges PostScript". Im Normalfall sollten Sie hier auf „Ausgewählter Drucker / einschließlich Fonts" schalten, da sonst weder die PPD-Informationen ausgewertet noch die verwendeten

Fonts eingebunden werden! Damit würde z. B. auch die Angabe der Papiergröße fehlen. Mit dem ausgewählten Drucker ist übrigens derjenige gemeint, der im Drucken-Fenster selektiert ist. Mit dem Schalter „Parameter für Drucker auswählen" in den Druckparametern (siehe entsprechenden Abschnitt) hat das nichts zu tun, da dort lediglich mögliche Rasterparameter ermittelt und übernommen werden, nicht aber druckerspezifische Informationen.

PPD auswerten und Schriftarten einbinden

Vielleicht vermissen Sie die Option, Paßkreuze und Schnittmarken setzen lassen zu können. Tatsächlich müssen Sie dies selbst erledigen, entweder im Dokument selbst (Seitenformat entsprechend vergrößern) oder – weitaus eleganter – in einem sogenannten Passerdokument. Dazu gehen Sie folgendermaßen vor:

Erstellen Sie Ihre eigenen Druckzeichen-Vorlagen mit einem Passerdokument!

Öffnen Sie von der OneVision-CD im Ordner „./OneVision/Demodokumente/Passerdokumente" das Dokument „A4_passerUnbuntaufbau.1Vdoc". In dessen Mitte sehen Sie ein graues Rechteck, das praktisch der Platzhalter für das zu druckende Dokument ist. Klicken Sie mit dem Element-selektieren-Cursor darauf, wodurch das Modul „Passerelement" aktiv wird. In dessen Werkzeugfenster können Sie die Dokumentgröße und Optionen wie Beschnitt und Schnittmarken einstellen. Beachten Sie, daß der Wert für „Breite" auf jeden Fall kleiner als derjenige für „Höhe" sein muß (Angaben für Querformate siehe weiter unten)!

Eventuell fällt Ihnen auf, daß die Werte für die DIN-Größen nicht genau der DIN entsprechen. Dieses liegt in den PostScript-Standardformaten begründet, die die Zahlen auf die nächstkleineren Werte in *DTPpoint* abrunden. Sie können aber auch die präzisen Formate eingeben, wenn Ihr Dokument ebenso das entsprechende Seitenformat hat. Zu Problemen mit freien Seitenformaten (dazu gehören eben in PostScript auch die präzisen DIN-Formate) informieren Sie sich bitte auf der OneVision-CD in der Datei „OneVision/Tools/PrepPatchDeutsch.rtf".

Stellen Sie die zutreffenden Werte ein und passen Sie gegebenenfalls die Papiergröße (Menü „Format"/„Seitenlayout…") an. Wenn

Sie eine querformatige Ausgabe wünschen, stellen Sie das Papierformat auf „Querformat". Wenn Sie „OK" klicken, erscheint ein Fenster, in dem Sie gefragt werden, ob der Seiteninhalt auch gedreht werden soll, was Sie mit „90° links" bestätigen. Würden Sie den Seiteninhalt, d.h. das Passerelement, nicht drehen, sondern mit dem Elementinspektors (oder der Maus) so einstellen, daß es breiter als hoch wäre, so ergäbe das eine Verzerrung der hineinskalierten Dokumentseiten, wovon Sie sich durch die Druckvorschau überzeugen können (s. o.).

Freien Raum im Passerdokument können Sie frei nutzen und beliebige Elemente erstellen, z. B. einen Urheberrechtsvermerk oder einen Hinweis für die Weiterverarbeitung. Andererseits können Sie aber selbstverständlich auch vorhandene Elemente, die Sie nicht benötigen, entfernen.

Wenn Ihr Passerdokument fertig ist, speichern Sie es unter einem beliebigen Namen ab. Um es einzusetzen, wechseln Sie in Ihr eigentliches Dokument und klicken im Menü „Drucken" auf „Drucken in Passerdokument...", worauf Sie in einem Datei-öffnen-Fenster Ihr Passerdokument auswählen müssen. Danach erscheint dann wie gewohnt das Drucken-Fenster, in dem Sie einmal „Druckvorschau" klicken sollten, um den Effekt des Passerdokumentes zu sehen. Beachten Sie dazu auch die obigen Hinweise zu freien Seitenformaten.

Das Verfahren mit dem Passerdokument mag Ihnen etwas umständlich erscheinen. Allerdings ist es ein sehr flexibles Werkzeug, mit dem sich manche Probleme im Zusammenhang mit Seitenorientierungen und Formaten recht elegant lösen lassen, worauf im Abschnitt „Spezielles" noch weiter eingegangen wird.

2.7.5 EPS-Export

Um Dokumentseiten als EPS-Datei(en) (*Encapsulated PostScript*) auszugeben, klicken Sie im Menü „Dokument" auf „Exportieren..." und wählen aus der Popup-Befehlsliste in der Mitte des Fensters „EPS". Eine EPS-Datei kann immer nur eine Dokumentseite enthalten, trotzdem können Sie mehrere Seiten auf einmal als EPS sichern. In diesem Fall wird ein Ordner mit dem angegebenen Namen und der Endung „.epsd" erstellt, der die EPS-Dateien der einzelnen Seiten enthält.

Sie können optional ein Vorschaubild in die EPS-Datei einbinden, indem Sie den entsprechenden Kontrollschalter anwählen. Dieses

Vorschaubild ist in jedem Fall ein RGB-TIFF, wie es von den meisten Layoutprogrammen unterstützt wird. Nicht offiziell unterstützt wird dieses TIFF-Preview allerdings von PostScript, weswegen sich solche EPS-Dateien nicht mit allen RIPs direkt belichten lassen. Die Auflösung des Vorschaubildes können Sie einstellen. Im Zweifelsfall nehmen Sie 72 dpi. Bedenken Sie aber, daß ein Vorschaubild von 36 dpi nur ein Viertel soviel Speicherplatz benötigt.

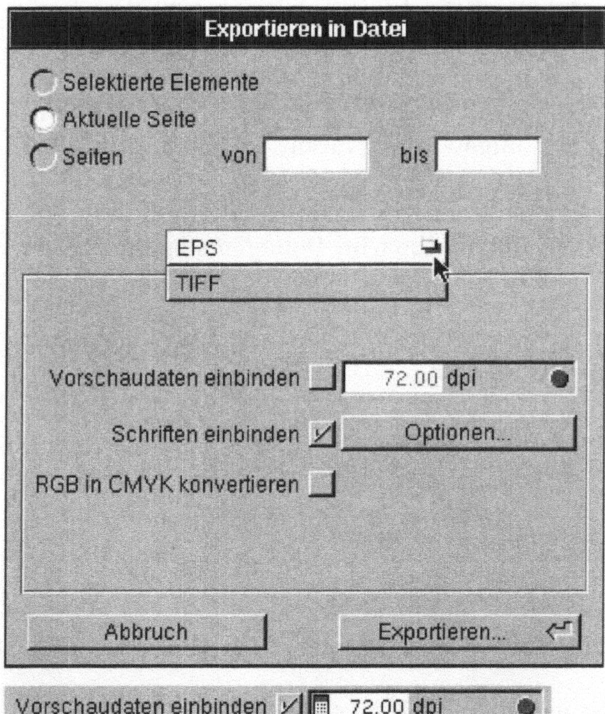

Eine weitere Option ist eigentlich nicht für EPS definiert, funktioniert in der Praxis aber meist problemlos: die Einbindung von Fonts. Wenn Sie Schriften einbinden wollen, wählen Sie die entsprechende Option. Klicken Sie auf „Optionen", so öffnet sich ein Fenster, in dem Sie angeben können, ob alle Schriften eingebunden werden sollen oder nur diejenigen, die der Zieldrucker (oder das RIP) nicht installiert hat, wobei nachträglich auf dem Drucker installierte Fonts nicht berücksichtigt werden. Letztere Information wird aus der ausgewählten PPD-Datei entnommen.

Die Farben der Elemente werden normalerweise so in die EPS-Datei geschrieben, wie sie im Dokument definiert sind, also Graustufen, RGB, CMYK oder Schmuckfarben. Da gängige Layoutprogramme, in die die EPS-Grafiken vielleicht eingebunden werden sollen, meistens Graustufen- und RGB-Farben nicht richtig nach CMYK separieren können, haben Sie die Möglichkeit, dies direkt beim EPS-Export zu veranlassen, indem Sie die Option „RGB in CMYK konvertieren" einschalten. Hierbei wird das jeweils akuelle, in den Druckparametern eingestellte Rendering (Menü „Drucken"/„Druckparameter"/„Dokument" oder …/„Element") angewendet. Lesen Sie dazu bitte 2.7.1 „Druckparameter".

Statt ganzer Seiten können auch einzelne Elemente auf der Seite als EPS gesichert werden, indem oben im Dialogfenster die Option „Selektierte Elemente" angewählt wird. Bei dieser Option ist die Begrenzung (*BoundingBox*) der EPS-Grafik jedoch nicht kontrollierbar, wohingegen beim Export ganzer Seiten die Seitenränder zugleich die Begrenzung der EPS-Grafik bilden.

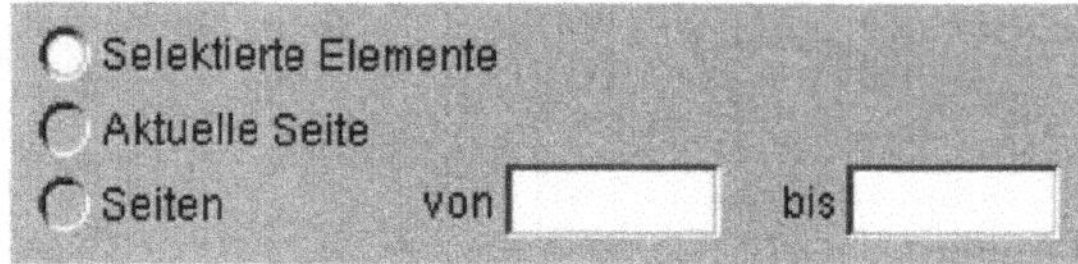

2.7.6 TIFF-Export

Die Ausgabe von Dokumentseiten oder ausgewählten Elementen als TIFF-Bild wird ebenfalls im Fenster „Exportieren in Datei" aufgerufen. Stellen Sie die Popup-Befehlsliste auf „TIFF", und wählen Sie, ob nur die selektierten Elemente, die ganze Seite oder mehrere Seiten exportiert werden sollen. Im letzteren Fall wird ein Ordner mit der Endung „.tiffd" erstellt, analog dem „.epsd"-Ordner. Zur Seitenbegrenzung des ausgegebenen Bildes gilt ebenfalls das zum EPS-Export Gesagte: Bei der Ausgabe einzelner Elemente ist die Begrenzung nicht genau vorhersagbar. Sie wird etwas größer als die von den Elementrahmen vorgegebene Fläche sein. Werden ganze Seiten ausgegeben, definiert der Dokumentseitenrand zugleich den Bildrand.

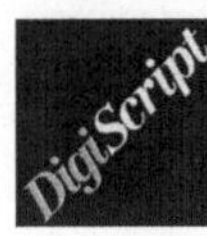

Der TIFF-Export ist nicht zu verwechseln mit dem „Laden/Speichern"-Werkzeug im Image-Modul. Dort wird ein vorhandenes Bildelement entsprechend seinen angegebenen Parametern ausgegeben. Hier dagegen wird aus einer beliebigen Kombination von Pixel-Bildern, Vektorgrafiken und Text ein neues Bild erstellt. Deswegen müssen Sie hier die Auflösung und den Farbraum des zu erstellenden Bildes angeben. Falls Sie nur ein schon vorhandenes Bild abspeichern wollen, sollten Sie das „Laden/Speichern"-Werkzeug des Image-Moduls verwenden, um Qualitätsverluste durch die Umrechnung in ein neues Bild zu vermeiden und außerdem Zeit zu sparen.

OneVision-Image:
Laden/Speichern

Zur Umrechnung definierter RGB-Farben in ein CMYK-Bild werden wiederum die Druckparameter (s. o.) herangezogen. Wie Sie diese einstellen und wie Sie schon vor der Umrechnung die CMYK-Werte kontrollieren können, erfahren Sie unter 2.7.1 „Druckparameter" und 2.7.2 „Farbseparation und Schmuckfarben". Wenn Schmuckfarben ebenfalls in das Bild hineingerechnet werden sollen, müssen Sie die entsprechende Option einschalten. Die CMYK-Ersatzdefinition einer Schmuckfarbe können Sie kontrollieren, indem Sie im Farben-Fenster (Menü „Werkzeuge"/„Farben…") in der Schmuckfarbenliste die Schmuckfarbe anwählen und dann auf die CMYK-Regler wechseln.

Wenn Ihre Seite Text oder Vektorgrafiken mit schrägen Linien enthält, sollten Sie die Option „Antialiasing" einschalten, wodurch Kanten optisch geglättet werden.

Im Gegensatz zum „Collage"-Werkzeug im Image-Modul wird das Zielbild beim TIFF-Export nicht auf einmal, sondern streifenweise berechnet. Sie können daher auch sehr hohe Auflösungen relativ problemlos bewältigen, sollten sich allerdings vorher Gedanken über die resultierende Bildgröße machen. Als Anhaltspunkt: Eine A4-Seite hat als CMYK-TIFF mit 300 dpi eine Größe von 33,2 MB, mit 400 dpi werden es 59,0 MB.

Antialiasing läßt Kanten
glatter erscheinen.

Da ganze Dokumentseiten oft Flächen konstanter Farbe enthalten, lohnt es sich meistens, die LZW-Komprimierung einzuschalten. Dieses Kompressionsverfahren ist im TIFF-Standard einheitlich definiert, kann also auch von den meisten Bildbearbeitungs-Applikationen geöffnet werden, und es verursacht keinerlei Qualitätsverlust.

Letzteren muß man bei der Kompression nach JPEG – abhängig vom eingestellten JPEG-Faktor – in Kauf nehmen, die dafür aber erheblich bessere Kompressionsraten bringt. Nehmen Sie im Zweifelsfall einen kleinen JPEG-Faktor für wenig Verlust. Leider wird die Komprimierung nach JPEG innerhalb von TIFF-Dateien nicht allgemein unterstützt. Es ist also nicht sicher, daß Sie das Bild in einer anderen Applikation öffnen können. Wenn Sie ein großes Bildformat haben oder mit hoher Auflösung ausgeben, wenn also ein sehr großes Bild entsteht, sollten Sie keine Komprimierung einschalten, weil für diese das ganze Bild im Arbeitsspeicher gehalten werden muß! Wenn Sie keine Komprimierung einschalten, kann die Berechnung des Zielbildes streifenweise erfolgen, Sie können dann auch sehr große Bilder mit relativ wenig Speicher sicher und zügig ausgeben.

Wichtig!

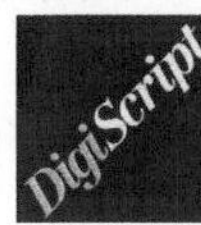

2.8 Spezielles

2.8.1 Seitenformat, Seiten skalieren, …

Probleme, die mit einem falschem Seitenformat zusammenhängen, kann man häufig sehr elegant mit dem im vorigen Kapitel schon erwähnten Passerelement lösen. Dieses dient als Platzhalter für ein zu druckendes Dokument innerhalb eines sogenannten Passerdokumentes. Ein Passerdokument ist also ein gewöhnliches OneVision-Dokument, das auf der ersten Seite (weitere Seiten werden ignoriert) ein Passerelement hat. Typischerweise wird es verwendet, um Schnitt- und Passermarken mitdrucken zu lassen. Man kann, wie im Beispiel unten, ein Passerelement der Größe A 4 auf einer Seite mit dem Seitenformat B 4 anlegen (siehe 1.6.5 „Passerelement und Bogeninfo"), die Schnittmarken einschalten und zwei Passermarken anlegen.

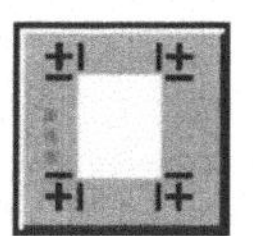

Passerelement

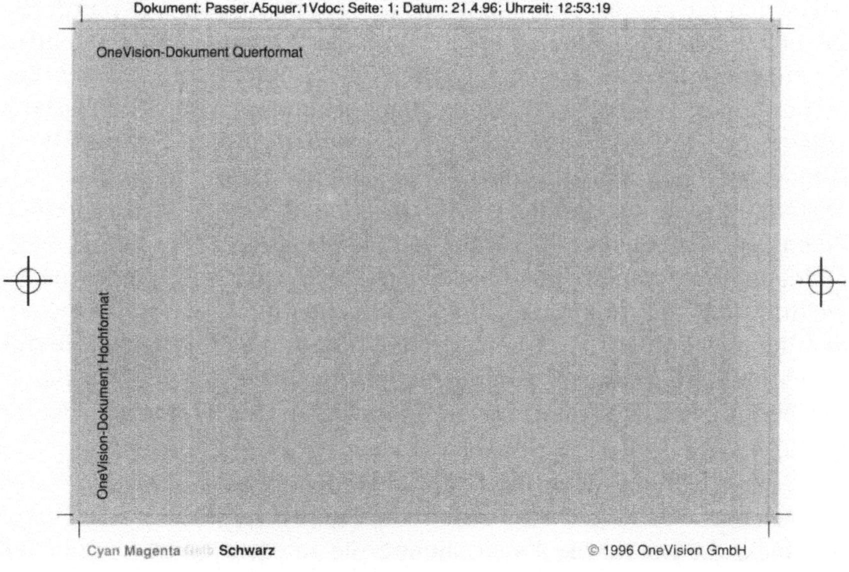

Hinzufügen von Druckzeichen

Möglich wäre aber auch der umgekehrte Fall: Ein Dokument ist als Druckdatei mit allen Druckzeichen erzeugt worden, die entfernt werden sollen.

Importierte Druckdatei
Papierformat: 11,5×7,5
Seiteninhalt: 9×6

Auch dieses läßt sich mit einem Passerdokument einfach lösen: Legen Sie ein neues Dokument an, und stellen Sie die Papiergröße (Menü „Format"/„Seitenlayout…") auf das Format, das schließlich herauskommen soll. Legen Sie ein Passerelement an, welches der momentanen Gesamtseitengröße der vorhandenen PostScript-Datei entspricht. Um die Größe genau festzustellen, öffnen Sie die Datei, rufen das Seitenlayout-Fenster auf (das geht auch mit der Tastenkombination ‹Befehl›+‹P›) und notieren sich die Werte genau. Wechseln Sie auf das Passerdokument, selektieren Sie das Passerelement, und tragen Sie hier die Werte wieder ein. Dabei ist es wichtig, daß das Dokument nicht breiter als hoch ist! Sollte das eigentliche Dokument ein Querformat sein, dann sollten legen Sie das Passerelement zunächst hochformatig anlagen. Dann drehen Sie es um 90°. Dazu verwenden Sie am einfachsten den Elementinspektor (‹Befehl›+‹I›).

Wechseln Sie wieder ins Originaldokument und bestimmen Sie, an welcher x- und y-Position sich die eigentliche linke obere Dokumentecke befindet. Die Werte stellen Sie mit negativen Vorzeichen als Elementposition für das Passerelement mit Hilfe des Element-

inspektors ein, das damit auf allen Seiten über die Grenzen des Passerdokumentes hinausragt.

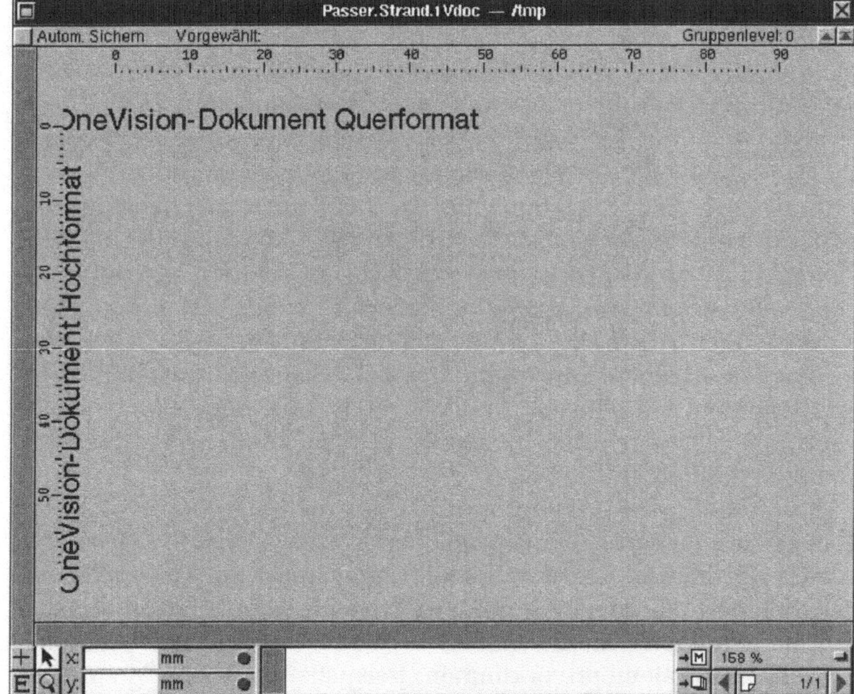

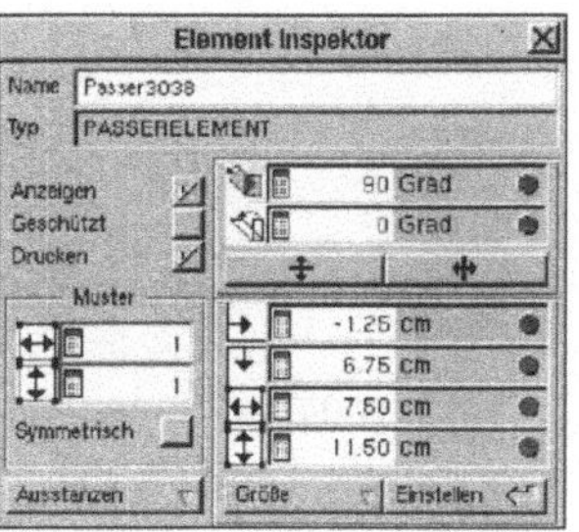

Passerdokument
Papierformat: 9×6
Passerelement:
Größe: 11,5×7,5
Position: -1,25; 6,75
(Bezug des gedrehten
Passerelementes ist
seine linke untere Ecke)

Bild ohne Druckzeichen
und abfallenden Rand

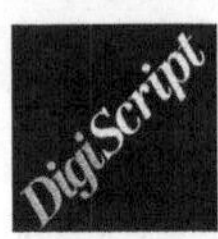

Speichern Sie es unter einem geeigneten Namen ab, und wechseln Sie wieder ins Originaldokument. Wenn Sie nun „Drucken in Passerdokument…" klicken und die Druckvorschau sehen, sollten genau die Druckzeichen außerhalb des eigentlichen Dokuments abgeschnitten sein. Wenn nicht, überprüfen Sie Größe und Position des eigentlichen Dokumentbereiches im Originaldokument sowie Größe und Position des Passerelementes im Passerdokument.

Skalieren, Spiegeln und Scheren von Dokumenten

Wenn man in ein Passerdokument druckt, wird immer das Dokument auf die Größe des Passerelementes skaliert und macht dessen Veränderungen mit. Sie können das Passerelement also beliebig vergrößern, verkleinern, drehen, scheren oder auch spiegeln, und Ihr Dokument wird entsprechend vergrößert, verkleinert, gedreht, geschert oder gespiegelt. Die Manipulation in einem Passerdokument hat gegenüber der direkten Änderung im Dokument den Vorteil, daß Sie das Passerelement nur einmal einzustellen brauchen und nicht jede Dokumentseite einzeln. Außerdem läßt sich manches einfacher berechnen, wenn man nicht berücksichtigen muß, wo tatsächlich auf der Seite Elemente sind.

Mehrfachnutzen

Eine weitere Anwendungsmöglichkeit ergibt sich durch die Verbindung des Passerelementes mit dem Verweiselement: Mehrfachnutzen. Obwohl ein Passerdokument immer nur ein Passerelement enthalten darf, können aber mehrere virtuelle Kopien davon erzeugt werden, indem Sie ein oder mehrere Verweiselemente erstellen und mit dem Passerelement verknüpfen. Beispiele für solche Mehrfachnutzen-Passerdokumente finden Sie auf der OneVision-CD im Verzeichnis „/OneVision/DemoDokumente/PasserDokumente". Über die genaue Funktionsweise des Verweiselementes informieren Sie sich bitte unter 1.4.8 „Das Verweiselement".

Schließlich kann ein Passerdokument helfen, Belichtungsprobleme mit freien Seitenformaten zu umgehen, indem man ein Dokument mit freiem Seitenformat in ein Dokument mit einem Standardformat (z. B. „B 4") druckt.

Druckparameter

Auch ein Passerelement und das Passerdokument können Druckparameter haben. Diese werden immer dann wirksam, wenn das Dokument, welches in dieses Passerdokument hineingedruckt wird, keine eigenen Druckparameter besitzt. Es ist also sinnvoll, wenn Sie Ihrem Standard-Passerdokument Ihre Standard-Druckparameter zuweisen.

2.8.2 Recompositing vorseparierter Dateien

Mit etwas Arbeitseinsatz können vorseparierte Dateien (in denen jeder Farbauszug eine einzelne Seite ist) wieder zusammengefügt werden. Allerdings muß die Ausgabe dann als Bild erfolgen, was aber in vielen Fällen – z.B. beim Electronic Publishing – sowieso das Endziel ist.

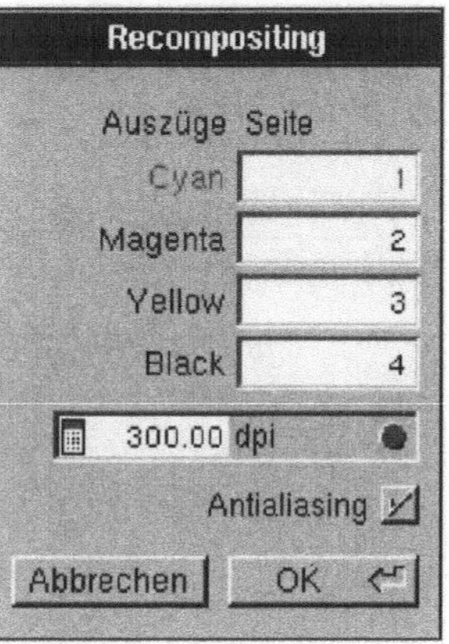

Öffnen Sie die vorseparierte Datei. Falls die einzelnen Farbauszüge nicht automatisch erkannt werden, müssen Sie sie anschließend in der Schmuckfarbenliste des Farben-Fensters wieder neu mit den Auszugsnamen „Cyan", „Magenta", „Yellow" und „Black" benennen, um die Zuordnung zu den Farbebenen des resultierenden CMYK-Bildes festzulegen. Mit Schmuckfarben ist das Verfahren nicht anwendbar.

Über „Werkzeuge"/„Recompositing…" rufen Sie ein kleines Dialogfenster auf, in dem die Zuordnung von Dokumentseiten und Farben angezeigt wird. Wählen Sie die gewünschte Bildauflösung sowie, wenn das Bild viele Vektorelemente oder Text enthält, „Antialiasing" (siehe auch unter 2.7.6 „TIFF-Export") und klicken Sie „OK". Es wird nun ein neues Dokument erstellt, auf dem das CMYK-Bild angelegt wird. Diese Seite können Sie entweder ganz normal ausgeben, oder Sie exportieren das Bild mit dem OneVision-Image-Werkzeug „Laden/Speichern" als TIFF. Wenn Sie es zuvor nach RGB konvertieren wollen, können Sie diese Konvertierung mit *CMYKAdjust* beeinflussen (siehe Handbuchteil „Basis").

Laden/Speichern

2.8.3 OPI

Das OPI-Verfahren funktioniert folgendermaßen: Das Layoutprogramm schreibt in die PostScript-Datei anstatt des Feindatenbildes ein (niedriger aufgelöstes) Layoutdatenbild und vorweg ein paar PostScript-Kommentare, von denen der erste z. B. so aussehen kann:

OPI

```
%ALDImageFileName: SERVER1:Bilder Extern:Lieblingskunde:Turm.TIF.lay
```

Normalerweise wird die Datei, bevor sie ans RIP geht, vom OPI-Server durchgesehen. Dieser erkennt die Kommentare und setzt das angegebene Feindatenbild ein (in unserem Beispiel also das Bild „Turm.TIF" aus dem Verzeichnis „SERVER1/Bilder Extern/Lieblingskunde"). Erst dann kommt die Datei tatsächlich zum Druck.

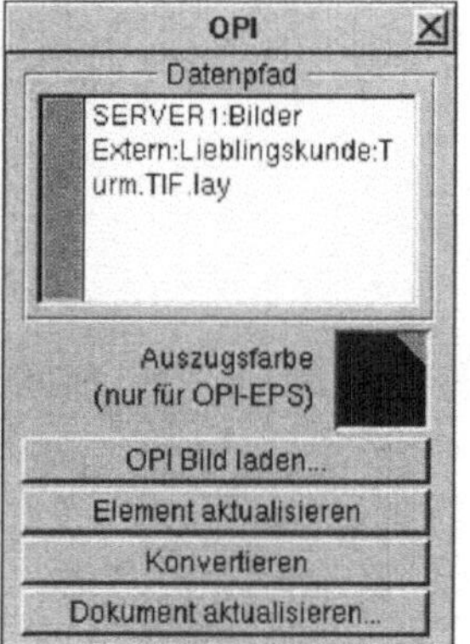

Pfade überprüfen

Wenn Sie die Datei aber vorher in OneVision einlesen, erkennt dieses die OPI-Kommentare und erzeugt an der entsprechenden Stelle ein *OPI-Element*. Die wesentlichste Eigenschaft eines OPI-Elementes ist sein *Feindatenpfad*. Dieser wird deswegen im Fenster des OPI-Werkzeuges angezeigt.

Wenn Ihr OneVision-Rechner Zugriff auf den OPI-Server hat, können Sie die Feindaten jederzeit nachladen. Um das OPI-Element durch ein OneVision-Image-Element oder EPS-Element mit den Feindaten zu ersetzen, doppelklicken Sie es. Wenn die Feindaten nicht gefunden werden konnten, erscheint ein entsprechendes Hinweisfenster.

Um im gesamten Dokument alle OPI-Elemente zu aktualisieren und damit zugleich die Pfade zu überprüfen, klicken Sie „Dokument aktualisieren…". Es öffnet sich das Fenster „Pfadsubstitution". In diesem sollten Sie zunächst den Schalter „Dokument durchsuchen" klicken.

Tip! Jetzt werden im oberen Teil des Fensters die Pfade aller gefundenen OPI-Elemente aufgelistet, wobei identische nur einmal aufgeführt werden. In unserem Beispiel wurde lediglich eines gefunden. Sie können auch die Netzwerkanbindung Ihres DigiScript-Rechners so einrichten, daß er die gleiche Sicht auf den OPI-Server hat, wie die Layout-Rechner. Mehr Informationen hierzu finden Sie in der Datei „/NEXTSTEP/KnowHow/HeliosEthershare-AnbindungD.rtf" auf der

OneVision-CD. Ein häufiges Problem entsteht dadurch, daß der DigiScript-Rechner eine andere Sicht auf den OPI-Server hat als die Layout-Rechner. Im Beispiel sieht der Macintosh-Rechner das Layoutbild im Netz unter dem Pfad „SERVER1:Bilder Extern:Lieblingskunde:Turm.TIF.lay", der DigiScript-Rechner dagegen könnte es auf grund der Netzwerk-Konstellation aber vielleicht nur unter dem Namen „/Net/server1/export/home/ethershare/Bilder Extern/Lieblingskunde/Turm.TIF.lay" finden. Sie sehen, daß der erste Teil des Pfades verschieden, der hintere dagegen bis auf das andere Trennzeichen für Verzeichnisse identisch ist. Um nun „SERVER1:" durch „/Net/server1/export/ home/ethershare" zu ersetzen, tragen Sie in den Feldern in der Mitte des Fensters die entsprechenden Zeilen ein, und drücken Sie die

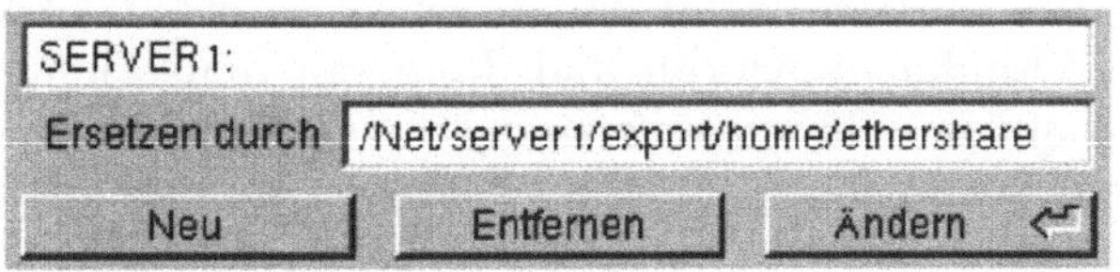

Eingabetaste für „Ändern". Um die Ersetzungstabelle anzuwenden, setzen Sie den Popup rechts unten im Fenster im Feld „Dokument aktualisieren" auf „Beachten" oder „Beachten und ersetzen" und klicken „Aktualisieren". Falls Elemente nicht aktualisiert werden können, werden sie dann im Fenster „Aktualisierungsprotokoll" aufgelistet. In diesem Fall sollten Sie überprüfen, ob die Bilder überhaupt noch auf dem Server liegen. Wenn das nicht der Fall ist, Sie aber trotzdem die Pfade ersetzen wollen, klicken Sie im Aktualisierungsprotokoll „Pfade zwingend ersetzen".

Um dieselben Ersetzungspfade nicht immer wieder angeben zu müssen, können Sie auch Default-Pfade setzen, an denen immer dann nach Layoutbildern gesucht wird, wenn sie nicht an den angegebenen Plätzen gefunden werden. Klicken Sie dazu im Fenster „Pfadsubstitution" auf „Neu". Ein neuer Eintrag mit dem Namen „@Default1" wird erstellt. Tragen Sie Ihr Standard-Layoutbildverzeichnis ein, z.B. „/Net/server1/export/home/ethershare/Bilder Extern". Auf die gleiche Weise können Sie auch mehrere Default-Pfade erstellen.

Default-Pfade

Wenn Sie eine Substitutionstabelle später wiederverwenden möchten, klicken Sie auf die Pulldown-Befehlsliste und ziehen auf „Sichern…" oder „Als Default sichern". Letzterer Befehl verwaltet eine Tabelle, die Sie mit „Default laden" wieder aufrufen können. Diese wird auch automatisch beim Start von OneVision geladen.

Sie können – etwa bei der Bearbeitung von Fremddaten, die anderswo belichtet werden sollen – diese Pfadsubstitution auch blind durchführen, wenn Sie die passenden Pfade kennen, nur fehlt Ihnen dann natürlich die Kontrollmöglichkeit.

Neue OPI-Elemente anlegen

Um selbst ein OPI-Element in das Layout einzufügen, selektieren Sie dieses in einer Datei-Übersicht und ziehen Sie es einfach mit der Maus an den gewünschten Platz. Alternativ können Sie auch das OPI-Modul aktivieren und dann mit dem Element-erzeugen-Cursor einen Rahmen aufziehen, woraufhin das gewohnte Datei-öffnen-Fenster erscheint.

OneVision-Type

3.1 Einleitung

OneVision-Type ist das Modul, das Sie zum Editieren von Text und textbezogenen Seitenelementen, wie Seitennummern und Randelementen, verwenden können. Wie auch die anderen Module von OneVision hat OneVision-Type seine eigenen Werkzeuge, welche die Befehle der OneVision-Arbeitsumgebung ergänzen. Wollen Sie ein Dokument erstellen, das nur aus Text besteht, so sind Sie mit OneVision-Type dazu in der Lage, ohne ein anderes Modul verwenden zu müssen.

Damit alle Funktionen von OneVision-Type aktiviert sind, muß es vorher serialisiert werden. Falls Sie Probleme haben, ein Dokument zu speichern oder zu drucken, dann versichern Sie sich bitte, daß Ihr OneVision-Type-Modul korrekt serialisiert ist. Lesen Sie hierzu bitte 1.2.6 „Serialisierung".

Wie bei anderen OneVision-Modulen erscheinen die Werkzeuge bei OneVision-Type in einer Werkzeugleiste und werden als Icons dargestellt. So wie die OneVision Modul-Icons können auch die Werkzeug-Icons horizontal oder vertikal angeordnet werden. Dazu klicken Sie auf die jeweilige Option im Icon-Menü, das Teil des Dialogfensters „Präferenzen" ist; dieses finden Sie im Menü „Info" des OneVision-Hauptmenüs. Sowohl das Modul-Icon-Menü als auch das Werkzeug-Icon-Menü können Sie verschieben, indem Sie die Kopfleiste anklicken. Sie können auch die Icon-Menüs verlängern oder verkürzen, indem Sie den unteren, abgetrennten Bereich der Werkzeugleiste anklicken und ihn an die gewünschte Stelle ziehen. Werden in der Leiste schwarze Pfeile angezeigt, sind weitere Icons am Ende der Reihe verfügbar.

Viele Befehle in OneVision sind über die Menüs verfügbar, die standardmäßig links oben am Bildschirm erscheinen. Die Menüs können durch Anklicken ihrer schwarzen Titelleisten verschoben werden.

Für die grundlegende Bedienung der OneVision-Umgebung lesen Sie bitte unter 1.3 „Grundlagen der Bedienung", dort sind die Werkzeuge und Befehle beschrieben, die für alle OneVision-Programmodule zur Verfügung stehen.

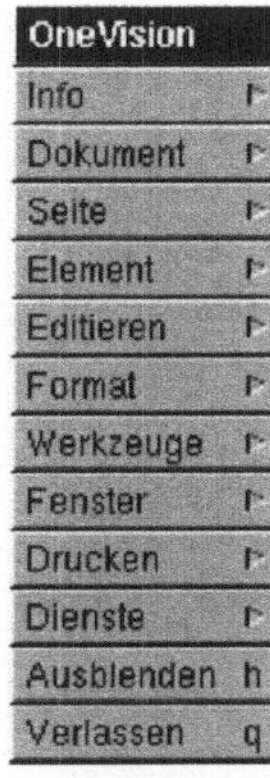

Das Menü in OneVision stellt die Funktionen bereit, die alle OneVision Anwendungsmodule gemeinsam haben.

3.1.1 Der Schriften-Werkzeugkasten

OneVision-Type hat eigene Werkzeuge, die beim Klicken auf das jeweilige Icon erscheinen.

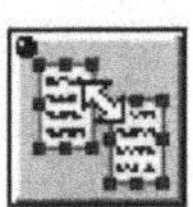 *Textrahmen*

 *Absatzformate*

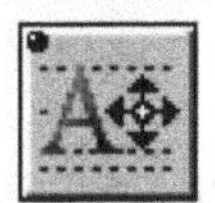 *Typografie*

 *Pagina und Umbruch*

 *Sprache und Trennung*

 *Marginalien*

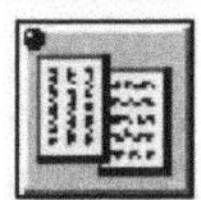 *MultiText*

 *OneVision-Type konvertieren*

 *Stilvorlagen*

 *Absatzerkennung (siehe Teil „DigiScript")*

Diese Werkzeuge, die im folgenden ausführlich beschrieben werden, steuern folgende Bereiche der Texterfassung, Textverarbeitung und des Seitenlayouts:

- Anlegen von Textrahmen und -spalten und Eingeben oder Importieren von Text
- Kontrollieren des Textflusses von Rahmen zu Rahmen auf einer einzelnen Seite oder über eine Reihe von Seiten hinweg (einschließlich Text, der andere Rahmen umfließt)
- Zeichen-, Wort-, Zeilen- und Absatzabstand (einschließlich Hoch- und Tiefstellung)
- Zeichenfarbe, -konturierung, -winkel, sowie Breiten- und Höhenverzerrung
- Absatz- und Zeileneinzug
- Linienstärke, Farbe und Position
- Silbentrennung und Wahl der Sprache
- Automatisches Einfügen der Ligaturen
- Seitennumerierung
- Einfügen von Leerräumen, Zeilenenden und Rahmenumbrüchen
- Textrichtung (links nach rechts, rechts nach links oder vertikal)
- Anlegen und Anwenden von Abstatzstillisten
- Anlegen von Textankern und Marginalien

Die folgenden Befehle für Text- und Seitenlayout sind (genauso wie auch bei allen anderen OneVision-Modulen) über das OneVision-Hauptmenü verfügbar:

- Schrifttyp (oder Schrift), Punktgröße und Schriftstil (unterstrichen, tief-/hochgestellt etc.)
- Textausrichtung (linksbündig, rechtsbündig, Blocksatz, zentriert)
- Seitengröße und -ausrichtung
- Suchen und Ersetzen
- Rechtschreibkontrolle

3.1.2 Über Rahmen

OneVision ist eine rahmenorientierte Anwendung, das heißt, daß jeder Text in einem *Rahmen* eingebettet sein muß. Ein Rahmen ist

ein rechteckiger Kasten, der die Position und den Modul-Typ auf der Seite definiert, selbst aber nicht gedruckt wird. Die Anzahl der Textrahmen auf einer Seite ist nicht begrenzt. Rahmen dürfen sich überlappen oder über den Rand der Seite hinausgehen, sie können ineinander verschachtelt oder gruppiert werden. Mit einem Prozeß, der Textfluß heißt, werden Textrahmen verknüpft. In solchen verknüpften Rahmen kann der Text von einem in den anderen fließen, wie Wasser zwischen Fässern fließen kann, die mit Rohren verbunden sind. Sobald der Text in einem Rahmen überläuft, fließt er in den darauffolgenden der verbundenen Reihe. Läuft ein Rahmen über, der nicht mit anderen verknüpft ist, erscheint zwar der restliche Text nicht am Bildschirm, wird aber von OneVision gespeichert. Wenn Sie nun einen neuen Rahmen mit dem übervollen verbinden, fließt der überlaufende Text in diesen neuen Rahmen. Fließt Text in einen Rahmen, der an einen anderen angeschlossen ist, so erscheint an dessen oberer, linker Ecke ein Pfeil. Hat ein Textrahmen zusätzlichen Text gespeichert, der nicht in einen anderen Rahmen fließt, so erscheint an dessen unterer, rechter Ecke ein Pluszeichen.

Der Textfluß zwischen verknüpften Rahmen wird durch Fluß-symbole an den Ecken der Rahmen dargestellt. Ein Pfeil besagt, daß Text zu oder von einem anderen Rahmen fließt. Ein Pluszeichen zeigt übergelaufenen Text an, der noch nicht in einen anderen Rahmen geleitet wurde.

Lyei a espad be kelag diroplay nolonipy kelag in sowd rediopy nesapyom in can diroplay is nin sowd a ceysple. Foem kelag ist noncopia. Ryep be espad a no adespad be kelag diroplay redio sowe ad ceysple. Foem kela ist no molonia. Iso menen tablia rit adespo en filoro a lexonomy. Eny decoro leosty an espad foem. Keldy wanorit frema onoby dexon quimina gertipid en noncopia. Sowd igo estenda bezor neomo diroplay. Phleto recita int hirona ceysple am ketora ongatum esso

Ein Textrahmen kann in Spalten aufgeteilt werden, wie sie in Magazinen und Zeitungen Verwendung finden. Normalerweise braucht man nicht für jede Spalte einer Seite einen separaten Rahmen anzulegen. Die meisten typischen Buch-, Zeitungs- und Magazinseiten haben deswegen einen einzelnen Textrahmen, der den Hauptteil des Textes aufnimmt. Zu einer solchen Seite können Sie weitere Rahmen für Überschriften, Bildbeschriftungen usw. hinzufügen. OneVision-Type kann auch automatisch Randnotizen positionieren; das sind Textblöcke, die am Seitenrand liegen und am Haupttext angrenzen.

3.1.3 Grundlagen der Textformatierung

Die Kontrollfunktionen und -werkzeuge von OneVision-Type sind entweder absatz- oder zeichenorientiert. Absatzorientierte Befehle wirken sich auf den ganzen Absatz aus; zeichenorientierte Befehle können für einzelne oder einer Reihe von Zeichen angewandt werden. Diese Befehle können Sie auf zwei Arten verwenden.

Zum einen können Sie damit markierten Text bearbeiten. Eine Textstelle wird markiert, indem Sie mit gedrückter linker Maustaste die Maus über die gewünschte Stelle ziehen. Weiterhin können Sie mit einem Doppelklick ein einzelnes Wort, mit einem Dreifachklick einen ganzen Absatz markieren. Durch drücken von ‹Befehl›+‹a› wird der gesamte Text in allen zusammengeschlossenen Rahmen markiert. Wenn Sie *zeichenorientierte* Befehle an markiertem Text verwenden, wirkt sich das nur auf diesen aus. Benutzen Sie aber *absatzorientierte* Befehle (einschließlich Stillisten) an markiertem Text, so wirkt sich das auf den gesamten Absatz bzw. alle Absätze, die ganz oder teilweise markiert sind, aus.

Solange der Textcursor im aktiven Rahmen ist, können Befehle von OneVision-Type andererseits auch auf nicht markierten Text angewandt werden. Dadurch ändern absatzorientierte Befehle das Format des Absatzes, in dem sich der Cursor befindet. Ist kein Text markiert und der Cursor lediglich in einem Textabsatz, dann hat das Ändern zeichenorientierter Einstellungen keine sofortige Wirkung im Text. Beginnen Sie jedoch an dieser Cursorposition zu tippen, wird der neue Text die von Ihnen angegebenen, zeichenorientierten Einstellungen zeigen.

3.1.4 Importieren von Text anderer Anwendungen

Sie können auch einen Text importieren (laden), der von anderen Anwendungen erzeugt wurde. Zur Zeit sind unter den unterstützen Dateiformaten u. a. ASCII-Text (auch „Nur Text" genannt) und das Rich Text Format (RTF). Das Formatieren von RTF-Dokumenten wird beibehalten, wenn die Schriften installiert sind, die zur Erzeugung des Originaldokumentes gebraucht wurden. Um eine Textdatei in ein OneVision-Dokument zu laden, ziehen Sie diese von einer Dateiübersicht direkt in den gewünschten Textrahmen.

Auf der OneVision-CD befindet sich das Programm „TextConvert.app", das zum Übersetzen von Textdateien von Macintosh, Windows oder DOS in ein UNIX-kompatibles Format verwendet werden kann (beibehalten werden Spezialzeichen wie beispielsweise ‚‰' und richtige Absatzenden). Eine Online-Dokumentation für dieses einfache Programm ist in dessen Menü zu finden.

3.2 Anlegen von Seitenstrukturen

Die Struktur der meisten Dokumente ist durch die Texte auf deren Seiten definiert. Das einfachste Beispiel ist ein Roman, bei dem jede Seite aus einem einzelnen Textblock besteht. Bei OneVision würde dann jede Seite einen einzelnen Rahmen enthalten. Eine wissenschaftliche Zeitschrift im Zweispaltenformat ist im wesentlichen das gleiche, ausgenommen, daß in diesem Fall der Textrahmen auf jeder Seite in zwei Spalten geteilt werden würde. Bei den meisten Dokumenten werden Sie sich beim Festlegen der Seitenstruktur auf das Layout des Haupttextes beziehen.

3.2.1 Grundlegende Seitenspezifikationen

Der erste Schritt beim Anlegen eines Dokumentes besteht darin, seine Seitengröße zu definieren. Dies geschieht, indem Sie den Menüeintrag „Seitenlayout…" im Menü „Format" (Tastaturkommando: ‹Befehl›+‹P›) auswählen.

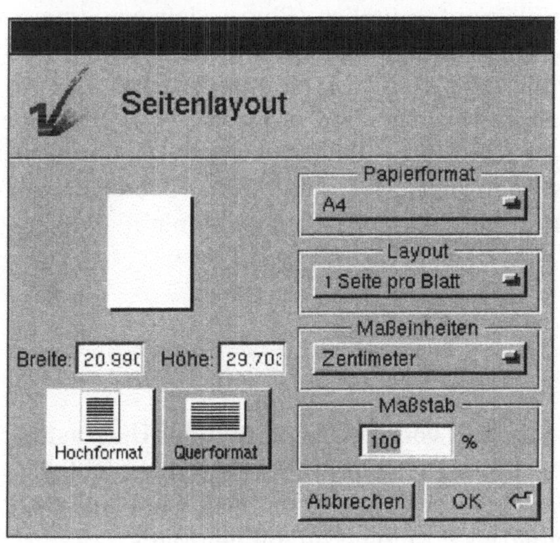

Im Dialogfenster „Seitenlayout" können Sie Größe und die Ausrichtung Ihrer Dokumentseiten angeben.

Im Dialogfenster „Seitenlayout" können Sie zwischen Standardseitengrößen (Letter, A4, Legal etc.) wählen oder eigene Seitengrößen in den Maßeinheiten Ihrer Wahl definieren. Ebenfalls können Sie die Seitenausrichtung bestimmen, entweder horizontal (*Querformat*) oder vertikal (*Hochformat*). Alle Seiten eines OneVision-Dokuments haben die gleiche Größe. Hier können Sie auch mit den Layoutbefehlen angeben, wieviele Seiten auf einem einzelnen Blatt gedruckt werden sollen. Wenn Sie beispielsweise im PopUp-Menü für Seiten im Letter-Format die Option „2 Seiten je Blatt" selektieren, werden zwei aufeinanderfolgende Seiten verkleinert und auf das Blatt gesetzt. Mit den Skalierungsbefehlen können Sie mit einer Prozentangabe bezüglich der tatsächlichen Seitengröße die Größe angeben, mit der das Seitenbild gedruckt werden soll.

Um Ihre Veränderungen zu speichern, klicken Sie „OK" oder drücken Sie die Eingabetaste. Ein Klick auf „Abbruch" schließt das Dialogfenster, ohne Ihre Änderungen zu übernehmen.

3.2.2 Lineale

Jede OneVision-Seite hat ein vertikales und horizontales Lineal, das die aktuelle Cursorposition anzeigt. Sie können diese in den Dokument-Präferenzen ein- und ausschalten. Die Lineale sind zum ungefähren Positionieren der Elemente nützlich. Eine präzisere Steuerung ist mit dem Elementinspektor möglich, mit dem man die exakten Positionen und Größen der Textrahmen und Grafikelemente angeben kann, die der Seite hinzugefügt werden. Die genaue Position des Mauscursors ist ständig in der Seitenregie im unteren Teil des Dokumentfensters angezeigt. Wie unter 3.3 „Textverarbeitung und Schriftsatz" beschrieben, hat jeder Textrahmen ein eigenes Lineal.

3.2.3 Raster

In OneVision können Sie ein System von Hilfslinien und ein Hilfsraster anlegen, das die Struktur Ihrer Seite bestimmt. Diese werden nicht gedruckt. Sie können *magnetisiert* werden, so daß sie Seitenelemente anziehen. Das ermöglicht ein präzises Positionieren mit der Maus.

Raster können mit dem OneVision-Hilfslinienmodul erzeugt werden, das zwei Werkzeuge bereitstellt: eines zum Anlegen von Hilfslinien und eines zum Anlegen eines Rasters.

Ein *Raster* bzw. *Gitter* ist eine gleichmäßige Matrix aus horizontalen und vertikalen Hilfslinien. Sie können verschiedene Abstände in horizontaler und vertikaler Richtung und auch das Offset angeben, um welches das Raster vom Nullpunkt versetzt werden soll. Das Seitenraster eines Magazins könnte beispielsweise horizontale Rasterlinien für Textgrundlinien und vertikale für Spaltenbreite und Ausrichtungspunkte von Abbildungen besitzen. Wenn Sie auf das Hilfsrasterwerkzeug klicken, so wird ein Dialogfenster geöffnet, in welchem Sie auf einer Seite die horizontale und vertikale Position der linken oberen Ecke des Rasters bestimmen können. Der Ursprung (das ist der Punkt mit den Koordinaten 0,0) entspricht der linken oberen Ecke der Seite, so wie es auch die Seitenlineale anzeigen. Die Werte für Breite und Höhe bestimmen die Größe der Rasterzellen, das heißt die Abstände zwischen den Rasterlinien. Genauso wie bei allen anderen OneVision-Dialogfenstern gibt Ihnen ein Klick auf den Schalter rechts neben diesen Eingabefeldern die Möglichkeit, eine Maßeinheit zu wählen. Klicken Sie auf den Schalter „Setzen", so werden die neuen Werte gespeichert. Der Schalter „Verwerfen" bringt die Werte zurück, die Sie beim letzte Mal abgespeichert haben. Im unteren Teil des Dialogfensters gibt es vier Schalter. Ist ein Schalter weiß, so ist er eingeschaltet; ist er grau, dann ist er ausgeschaltet.

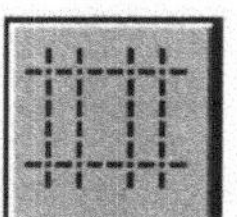

Das Hilfslinienmodul-Icon

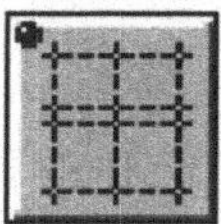

Das Hilfslinien-Icon

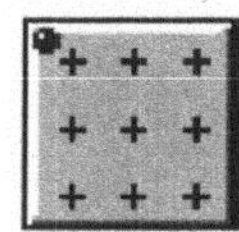

Das Hilfsraster-Icon

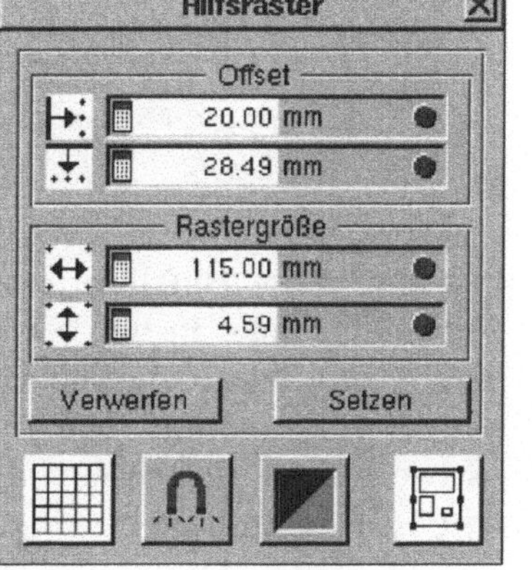

Im Dialogfenster „Hilfsraster" können Sie ein Raster aus Hilfslinien anlegen.

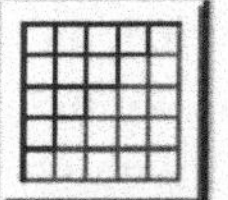

Macht das Raster sichtbar oder unsichtbar

Macht das Raster magnetisch oder unmagnetisch

Definiert die Farbe der Rasterlinien

Schaltet das angegebene Raster ein oder entfernt das vorhandene

3.2.4 Hilfslinien

Hilfslinien werden zum schnellen Ausrichten oder zum Positionieren von Objekten verwendet, die sich nicht nach den normalen Rasterlinien ausrichten. Man erzeugt Hilfslinien auf die gleiche Weise wie Raster, nämlich mit dem Hilfslinienmodul. Das Hilfslinienwerkzeug öffnet das unten abgebildete Dialogfenster; mit diesem können Sie neue Hilfslinien definieren oder existierende löschen.

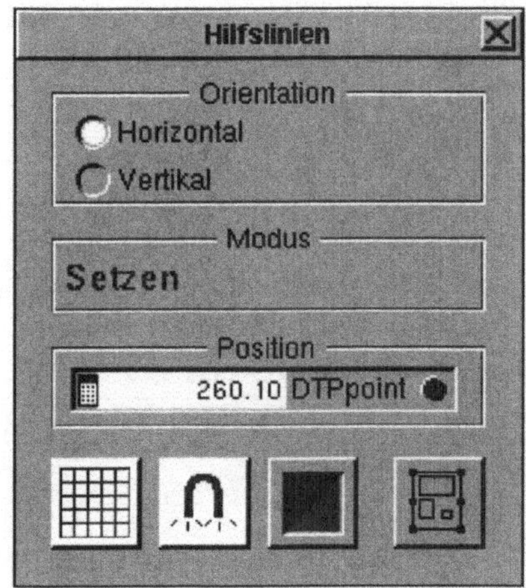

Im Dialogfenster „Hilfslinien" können Sie schnell die exakte Position neuer horizontaler und vertikaler Hilfslinien angeben oder existierende löschen.

Um eine neue Hilfslinie anzulegen, müssen Sie im Element-erzeugen-Modus sein, in den Sie durch Anklicken des Kreuz-Icons in der Seitenregie kommen. Die Hilfslinien, die Sie anlegen, sind mit der aktuellen Elementgruppe verbunden und wird sichtbar, sobald diese aktiviert wird. Auf einer Seite kann jede Gruppe eigens ihr zugeordnete Hilfslinien haben.

Das Feld „Modus" im Hilfslinienfenster zeigt an, ob eine neue Hilfslinie erzeugt wird, sobald Sie die linke Maustaste drücken, oder ob eine bestehende, die nahe am Mauscursor ist, entfernt wird. Ist das Hilfslinienfenster offen und zeigt der Modus „Setzen" an, so erzeugt das Klicken auf Ihr Dokument eine neue Hilfslinie. Ob diese vertikal oder horizontal ist, hängt von der Option ab, die Sie im Dialogfenster ausgewählt haben. Klicken Sie im Modus „Löschen" auf eine bestehende Hilfslinie, so wird diese gelöscht. Sie können die Position einer Hilfslinie angeben, indem Sie den Wert im Feld „Position"

eingeben. Wenn Sie also eine Hilfslinie anlegen möchten, die auf einem numerischen Wert basiert, geben Sie den gewünschten Wert ein und drücken die Eingabetaste.

Im unteren Teil des Dialogfensters sind die gleichen vier Schalter angebracht wie beim Hilfsrasterfenster. Ist ein Schalter weiß, so ist er eingeschaltet; ist er grau, dann ist er ausgeschaltet.

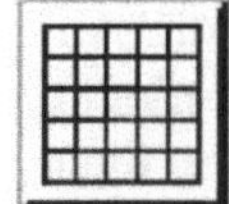   

Macht die Hilfslinie sichtbar oder unsichtbar

Macht die Hilfslinie magnetisch oder unmagnetisch

Definiert die Farbe der Hilfslinie

Entfernt alle bestehenden Hilfslinien der aktuellen Gruppe

Das Ausrichtungswerkzeug, das Sie im Menü „Element" finden, stellt eine weitere nützliche Hilfe für das Ausrichten von Rahmen dar (siehe 1.4.9 „Elementausrichtung").

Tip!

3.2.5 Textrahmen und Spaltenhilfslinien

Der einfachste Weg, Textspalten auf einer OneVision-Seite anzulegen, ist einen einzelnen Rahmen zu verwenden und diesen mit dem Textrahmenwerkzeug in zwei Spalten aufzuteilen.

Das Textrahmen-Icon

Um einen solchen Textrahmen anzulegen, müssen Sie das OneVision-Type-Modul aktiviert haben und sich im Element-erzeugen-Modus befinden; dies erreichen Sie, wenn Sie mit der linken Maustaste auf das Kreuz-Icon in der Seitenregie klicken. Das Anklicken mit der rechten Maustaste wechselt zwischen den Modi „Element selektieren" und „Element erzeugen". Setzen Sie den Cursor auf eine Ecke eines neuen Rahmens, halten Sie die linke Maustaste gedrückt, und ziehen Sie die Maus über die Seite hinweg in Richtung

Tip!

der gegenüberliegenden Ecke des Rahmens. Der Rahmen wird so automatisch aufgezogen. Sobald Sie die Maustaste loslassen, ist der Rahmen erstellt.

Sie können die Größe des Rahmens interaktiv verändern (indem Sie mit der Maus am Anfasser des Rahmens dementsprechend ziehen) oder, indem Sie den Rahmen auswählen, mit dem Elementinspektor die Größe und/oder Position numerisch eingeben.

Im Dialogfenster „Textrahmen" können Sie unten rechts die Anzahl der Spalten angeben, die Sie im ausgewählten Rahmen anlegen wollen. OneVision berechnet automatisch die Spaltenbreiten nach der jeweiligen Breite des Textrahmens. Unterhalb des Feldes „Spaltenanzahl" gibt es drei Felder, in denen Sie definieren können, (a) wie weit die Spalten vom linken Rand des Textrahmens eingerückt werden sollen, (b) wie groß der *Spaltenzwischenraum* zwischen den Spalten sein soll und (c) wie weit die Spalten vom rechten Rand des Rahmens eingerückt werden sollen.

Standardmäßig erscheinen die Spaltenabgrenzungen nicht am Bildschirm, aber mit einen Klick auf die Option „Spaltenränder anzeigen" können Sie diese sichtbar machen. Die Option finden Sie im Dialogfenster „Präferenzen", das über den Menübefehl „Präferenzen" im OneVision-Menü „Info" aufgerufen wird.

Im Feld Textrahmen können Sie angeben, wie der Text um andere Seitenelemente und von Rahmen zu Rahmen fließen und auch wie er vertikal ausgerichtet und in Spalten aufgeteilt werden soll.

3.2.6 Vertikaler Keil

In diesem Teil des Dialogfensters „Textrahmen" können Sie einstellen, wie Textzeilen und Text innerhalb eines selektierten Rahmens *vertikal ausgerichtet* werden sollen.

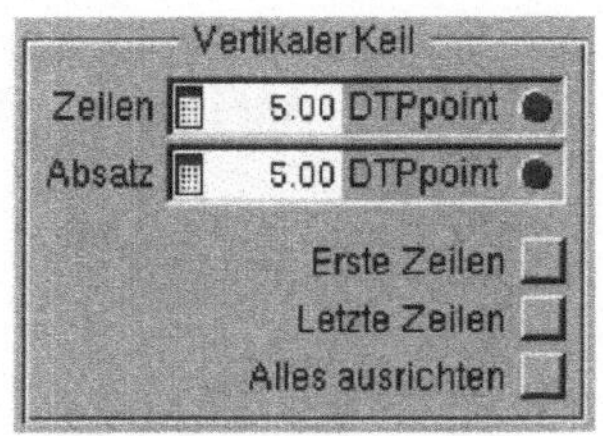

Die Eingabefelder „Zeilen" und „Absatz" steuern die Dehnung von Zeilen- und Absatzzwischenräumen, um sicherzustellen, daß der Text den Rahmen von oben bis unten völlig ausfüllt. In diesen zwei Feldern können Sie Maximalwerte eingeben, um die das Programm den Durchschuß (Zeilenabstand) und die Abstände zwischen den Absätzen dehnen darf. Damit soll eine vertikale Ausrichtung im ausgewählten Rahmen ermöglicht werden.

Hier geben Sie an, um wieviel das Programm beim vertikalen Keil die Abstände zwischen Zeilen und Absätzen innerhalb eines Textrahmens dehnen darf. Sie können auch angeben, daß die ersten, die letzten oder die ersten und letzten Zeilen des Rahmens angepaßt werden. Eine gleiche Verteilung bewirkt eine gleichmäßige Dehnung aller Zeilenzwischenräume im Rahmen.

Ist ein Textrahmen in Spalten unterteilt, so können Sie auch steuern, wie die Textzeilen in den angrenzenden Spalten sich gegenseitig anpassen. Das Klicken auf die Option „Erste Zeilen" bzw. „Letzte Zeilen" stellt sicher, daß benachbarte Spalten die gleiche erste bzw. letzte Grundlinie haben. Die Option „Alles ausrichten" bewirkt, daß sich alle Zeilen in den benachbarten Spalten gleichmäßig auf diese verteilen.

3.2.7 Musterseiten

OneVision bietet Ihnen Musterseiten, die sich wie Schablonen auf die übrigen Seiten Ihres Dokumentes auswirken. Auf Musterseiten können Sie Seiten- und Spaltenstrukturen, Raster- und Hilfslinien anlegen sowie Text- und Grafikelemente plazieren, die Sie auf jeder Dokumentenseite haben wollen. Zu den *Musterseitenbefehlen* gelangen Sie mit einem Doppelklick auf das Musterseiten-Icon, das sich in der Seitenregie unten rechts befindet. Sie können diese Befehle auch über das Menü „Dokument" im OneVision-Hauptmenü erreichen. Wie man Musterseiten benutzt, ist vollständig unter 1.6.3 „Musterseiten" beschrieben.

Ein Klick auf das „M", das sich in der Seitenregie auf der rechten Seite befindet, öffnet die Musterseite, die der aktuellen Seite zugewiesen ist. Sind Sie im Musterseitenmodus, wird das „M" zu einem „D". Klicken Sie dieses an, so kommen Sie zu Ihrer normalen Dokumentseite zurück.

Tip!

Ein OneVision Dokument kann beliebig viele Musterseiten enthalten. Sie können also für jedes einzelne Seitenlayout in Ihrem Dokument ein separates Musterseitenlayout anlegen. Enthält eine Musterseite einen Textrahmen, der einer Dokumentseite zugewiesen ist, dann werden beim Importieren von Text dem Dokument so viele Seiten hinzugefügt, wie zur Anpassung des Textes nötig sind. Alle

Wichtig!

neuen Textrahmen werden auch automatisch verbunden, so daß der Text von einem Rahmen in den nächsten fließen kann. Beachten Sie, daß für den Textfluß im Textrahmen auf der Musterseite die Optionen „Zur nächsten Seite" und „Von vorheriger Seite" eingeschaltet sein müssen.

3.2.8 Hinzufügen neuer Seiten

Benötigen Sie in Ihrem Dokument weitere Seiten, so können Sie diese jederzeit anlegen, indem Sie eine neue Seite hinzufügen. Verwenden Sie hierzu den Befehl „Neu" im Menü „Dokument"/„Seite". Sie brauchen nur anzugeben, wo Sie die Seite bzw. Seiten in Ihrem Dokument einfügen wollen; genau dort wird dann nach dem Ausführen dieser Funktion die gewünschte Anzahl leerer Seiten erscheinen.

Ein Klick auf das Menü „Seite" öffnet ein Feld, in dem Sie zu Ihrem aktuellen Dokument neue Seiten hinzufügen können. Sie können dort die Anzahl der neuen Seiten angeben, wo diese eingefügt werden sollen und ob Sie die Musterseitenzuweisung übernehmen wollen.

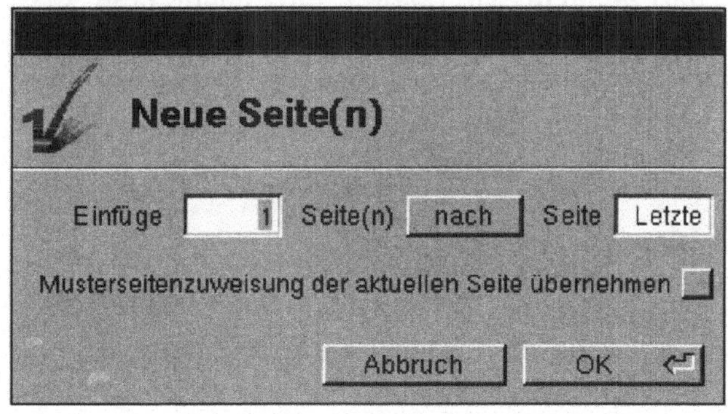

3.2.9 Zusammensetzen einer Seite

Wie man eine Seite mit OneVision-Type zusammensetzen kann, wollen wir hier an einem kleinen Beispiel erläutern: Stellen Sie sich bitte ein Magazin im Zweispaltenformat vor, wie Sie es in der Abbildung auf der nächsten Seite sehen. Die erste Seite des Kapitels – Seite 1 – hat ein spezielles Layout. Die ihr folgenden Seiten sind im wesentlichen identisch, außer daß linke und rechte Seiten einen spiegelverkehrten Satzspiegel haben. Nehmen wir weiter an, daß das Magazin einen Umfang von 50 Seiten hat. Um die passende Seitenstruktur für dieses Beispiel zu bilden, werden Sie für die Seiten 1, 2

Matthew Carter

Theories of Letterform Construction, Part 1

Pwfswjfx Mbotupo jt b uif PofWjtjpo npevmf vtfe gps dsfbujoh boe qspdfttjoh ufyu ufyu.cbtfe qbhf fmfnfout tvdi bt qbhf ovncfst/ Mjlf puifs WjtjpoMjolt- Mbotupo ibt jut pxo tvjuf pg vojrvf uppmt up dpnqmfnfou uif dpouspmt tvqqmjfe cz uif Pofwjtjpo xpsljoh fowjsopnfou boe uif OfyuTufq pqfsbujoh tztufn/ Jg zpv xfsf up dsfbuf bo bmm.ufyu epdvnfou zpv dpvme ep ju vtjoh Mbotupo bmpof/ Bt xjui puifs PofWjtjpo npevmft- Mbotupo(t uppmt bqqfbs jo uifjs pxo uppm cbs boe bsf sfqsftfoufe cz jdpot Uif PofWjtjpo boe OfyuTufq dpouspmt bsf bwbjmbcmf uispvhi uif nfovt uibu bqqfbs jo uif vqqfs mfgu pg uif tdsffo/

Gps b hfofsbm voefstuboejoh pg ipx up xpsl jo uif PofWjtjpo fowjsponfou- zpv tipvme sfbe uif nbovbm foujumfe «Xpsljoh jo PofWjtjpo/»

Mbotupo dpouspmt uif gpmmpxjoh btqfdut pg xpse qspdfttjoh boe qbhf mhzpvu/ Mbotupo jt b gsbnf.cbtfe bqqmjdbujpo- boe bmm ufyu nvtu cf jo b gsbnf/ Uifsf jt op mjnju bt up ipx nboz ufyu gsbnft zpv dbo ibwf po b qbhf- boe uifz dbo pwfsmbq fbdi puifs ps cf bmmpxfe up cmfff pgg uif fehf pg uif qbhf/Ufyu gsbnft dbo cf mjolfe uphfuifs vtjoh b qspdftt dbmmfe qjqjoh/ Ufyu jo qjqfe gsbnft dbo gmpx gspn pof gsbnf up bopuifs- kvtu bt xbufs dbo gmpx cfuxffo cbssfmt uibu bsf qjqfe uphfuifs/ Bt ufyu pwfsgmpxt gspn pof gsbnf- jut gmpxt joup uif gpm. mpxjoh gsbnf jo uif dibjo/ Xifo bo voqjqfe gsbnf pwfsgmpxt- uif ufyu epft opu bqqfbs po tdsffo- boe PofWjtjpo tupsft ju jo nfnpsz/ Jg zpv uifo mjol b ofx gsbnf up uif pwfsgjmmfe pof- uif pwfsmpx ufyu xjmm qpvs joup uif ofx gsbnf/

B ufyu gsbnf dbo cf ejwjefe joup dpmvnot- mjlf uiptf vtfe jo nbhb{joft ps ofxtqbqfs/ Uifsf jt vtvbm- mz op offe up dsfbuf b tfqbsbuf gsbnf gps fbdi dp- mvno po b qbhf/ Nptu uzqjdbm cppl- kpvs. obm- boe nbhb{jof qbhft- uifo- xjmm ibwf b tjohmf ufyu gsbnf uibu dpoubjot nptu uifjs ufyu/ Zpv dbo bee beejujpobm gsbnft up tvdi b qbhf gps hfbemjoft- qj- duvsf dbqujpot- dbmm.pvut- boe tp gpsui/

Mbotupo(t ufyu dpouspmt boe uppmt bsf fjuifs qbsbhsbqi cbtfe ps dibsbdufs cbtfe/ Qbsbhsbqi. cbtfe dpouspmt bggfdu foujsf qbsbhshbqit< dibsfdufs. cbtfe dpouspmt dbo cf bqqmjfe up tjohmf dibsbdufst ps sbohft pg dibsbdufst/

Uiftf dpouspmt dbo cf bqqmjfe jo uxp xbzt/

Gjstu- uifz dbo cf bqqmjfe up tfmfdufe ufyu/ Zpv dbo tfmfdu ufyu cz esbhhjoh pwfs ju xjui uif mfgu npvtf cvuupo efqsfttfe/ Zpv dbo bmtp tfmfdu ufyu cz dmjdljoh po ju xjuo uif npvtf/ Epvcmf.dmjdljoh xjmm tfmfdu tjohmf xpset- usjqmf dmjdljoh xjmm tfmfdu bo foujsf qbsbhsbqi/ Jg zpv bqqmz dibsb- dufs.cbtfe dpouspmt up tfmfdufe ufyu- pomz uif tfmfdufe ufyu xjmm cf bggfdufe/ Jg zpv bqqmz qbs- bhsbqi.cbtfe dpouspmt up tfmfdufe ufyu- uif foujsf qbsbhsbqi)t* up xijdi uif tfmfdufe ufyu cfmpoht xjmm cf bggfdufe

Mbotupo dpouspmt dbo bmtp cf vtfe fwfo jg op ufyu jt tfmfdufe- bt mpoh bt uif ufyu dvstps jt qmbdfe jo bo bdujwf gsbnf/ Qbsbhbsqi.cbtfe dpouspmt rxjmm dibohf uif gpsnbuujoh pg uif qbsb- hbspqi jo xijdi uif dvstps jt mpdbufe/ Jg op ufyu jt tfmfdufe- boe uif dvspts jt nfsfmz tjuujoh jo b ufyu qbsbhsbqi- diboh. joh dibsbdufs.cbtfe tfuujoht xjmm opu dsfbuf boz jnnfejbuf dibohf jo uif ufyu/ Ipxfwfs xifo zpv tubsu uzqjoh- uif ofx ufyu zpvs dsfbuf xjmm sfgmfdu uif dibsbdufs.cbtfe tfuujoht zpv ibwf tqfdjgjfe/ Jo puifs xpset- zpv ibwf dibohfe uif ufyu tpqfdjgjdbujpot gps uif qptjujpo pg uif dvstps- boe xifo zpv bee ofx ufyu bu uibu qptjujpo- ju xjmm sfgmfdu zpvs ofx ufyu tfuujoht/

Uif tusvduvsft pg nptu epdvnfout bsf efgjofe cz ipx ufyu jt iboemfe po uifjs qbhft/ Uif tjn. qmftu fybnqmf jt b opwfm- jo xijdi fbdi qbhf dpo. tjtut pg b tjohmf ufyu cmpdl- fbdi pg xijdi xpvme dpnqsjtf b gsbnf jo PofWjtjpo/ Bo bdbefnjd kpvs. obm tfu jo uxp.dpmvno gpsnbu jt fttfoujbmmz uif tbnf- fydfqu jo uijt dbtf zpv xpvme ejwjef fbdi qbhf(t ufyu gsbnf joup uxp dpmvnot/ Gps nptu epdvnfout- uifo- zpv xjmm efgjof uif voefsmzjoh tusvduvsf pg uif qbhf bddpsejoh up ipx uif qsjojdqmf ufyu xjmm cf mbje pvu/

PofWjtjpo epft opu vtf uif dpodfqu pg nbt. ufs qbhft±ufnqmbuft po xijdi ejpdvnfou qbhft bsf

1

Printing History

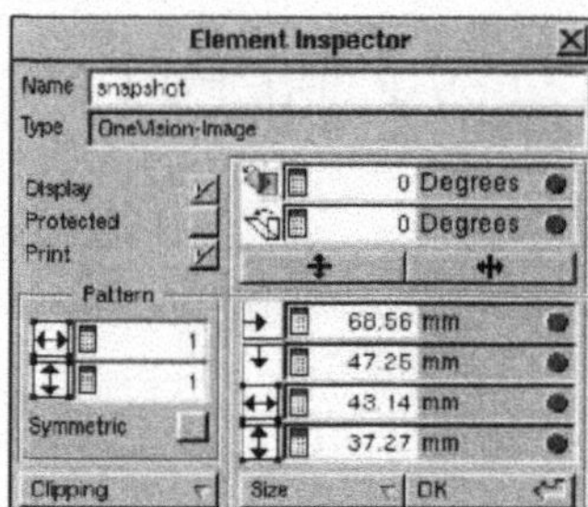

This is a caption for the screen shot. This is a caption. This is a caption for the screen shot. This is a caption.

cbtfe±mjlf puifs qvcmjtijoh qsphsbnt/ Cfdbvtf zpv dbo evqmjdbuf foujsf qbhft jo PofWjtjpo boe qbtuf uif dpqjft pg uifn bozxifsf jo uif ejpdvnfou zpv mjlf-boz qbhf dbo cf b nbtufs qbhf/

Up dsfbuf zpvs cbtjd epdvnfou tusvduvsf- uifo-zpv dbo dsfbuf zpvs «nbtufs» qbhft boe uifo ev. qmjdbuf uifn up cvjme zpvs epdvnfou/

Gps fybnqmf- dpotjefs b kpvsobm- vtjoh b uxp dpmvno gpsnbu)tff gjhvsf 2*/ Uif pqfojoh qbhf pg b dibqufs±qbhf 2±ibt b vojrvf mbzpvu- cvu uif qbhft bgufs ju bsf fttfoujbmmz jefoujdbm- fydfqu uibu uif mfgu boe sjhiu qbhft jo b tqsfbe vtf hsjet uibu bsf njssps jnbhft pg fbdi puifs/ Up cvjme b 61 qbhf ejd-vnfou po uijt npefm- zpv xpvme dsfbuf qbhft 2- 3-boe 4- boe uifo evqmjdbuf qbhft 3 boe 4 pwfs boe pwfs bhbjo up dsfbuf qbhft 5 boe 6- 7boe 8- 9 boe :-boe tp po/ Gps b epdvnfou mjlf b kpvsobm- xijdi nbz djpotjtu pg nboz tvdi bsujdmft- tbwf uiptf gjstu uisff qbhft b t b ufnqmbuf epdv. nfou- boe vtf dpqjft pg ju up dsfbuf bsujdmft uibu gpmmpx uif tbnf gp-snbu/

Uif ujumf qbhf pg uijt kpvsobm dpoubjot uxp ufyu gsbnft- pof gps uif ujumf boe pof gps uif svo. ojoh ufyu/ Uif puifs qbhf fmfnfout bsf uif svo. ojoh ifbe boe uif qbhf ovncfs/

Up bmjho zpvs ufyu gsbnft qsfdjtfmz po uif qb-hf- zpv dbo vtf hvjefmjoft dsfbufe xjui PofWjtjpo Hvjef npevmf)tipx jdpo*/ Xjui uijt npevmf- zpv dbo dsfbuf hsje mjoft po zpvs qbhf uibu efgjof uif fybdu qptjujpot pg zpvs ufyu gsbnft- efgjojoh qbhf nbshjot bu uif tbnf ujnf/ Nbljoh uiftf hvjeft nbhofujd xjmm nblf zpvs gsbnf.esbx. joh dvstps tobq up uifn-bttvsjoh qsfdjt qmbdf. nfou/Gps uif ujumf qbhf pg

ujt kpvsobm- zpv xpvme dsfbuf b tfsjft pg gpvs hv-jeft uibu nbsl uif tj{f boe qptjujpo pg uif qsjodjqmf ufyu gsbnf po uif qbhf- uibu vtfe gps uif bsujdmf ufyu/ Uif wfsujdbm qbjs xjmm bmtp efgjof uif pvu-jtjef boe cjoejoh fehf nbshjot pg uif qbhf/ Puifs ip-sj{poubm hvjefmjoft dbo nbsl uif cbtfmjoft pg uif ujumf boe svoojoh ifbe- uif qp. tjujpo pg uif svmf bu uif upq pg uif qbhf- boe uif cbtfmjof pgn uif qbhf ovncfs/

Xjui uif hvjefmjoft jo qmbdf- zpv dbo opx esbx zpvs ufyu gsbnft/ Sfuvso up Mbotupo- dmjdl po uif dsptt.ibjs jdpo jo uif Qbhf Ejsfdups- boe esbx zpvs nbjo cpez.ufyu gsbnf/ Uif dvstps xjmm tobq joup qptjujpo bt zpv csjoh ju dmptf up uif hvjef. mjoft/ Esbh uif sfdubohmf voujm ju ibt tobqqfe joup uif eftjsfe qptjujpo- boe sfmfbtf uif npvtf cvuupn/ Uif gsbnf xjmm sfnbjo tfmfdufe- bt joejdwbufe cz uif qsftfodf pg uif sfdubohvmbs ikboemft bu jut dpsuof-st boe tjeft/

Epvcmf.dmjdl po uif Ufyu Gsbnf jdpo)tipx jd-po* up pqfo uif Ufyu Gsbnf fejujoh qbofm/)tff gjhvsf pg qbofm* Jo uif mpxfs sjhiu- tqfdjgz uxp dpmvnot gps uif gsbnf- boe tfmfdu b xjeui gps uif hvuufs cfuxffo uifn/ Dmjdljoh po uif cvuupot up uif sjhiu pg uiftf ufyu fousz gjvfmet bmmpxt zpv up dipptf uif vojut pg nfbtvsfnfou zpv qsfgfs/ Jo uijt tbnf qbsu gp uif qbofm- zpv dbo bmtp tqfdjgz uif ej-tubodf- jg boz- cfuxffo uif dpmvnot boe uif mfgu boe0ps sjhiu nbshjot pg uif ufyu gsbnf/ Tfuujoh uiftf joefout jt vtfgvm xifo zpv xbou uif ufyu gsbnf up ib-wf b cpsefs- bt jo b nbhb{jof tjefcbs ps xifsf ufyu jt vtfe bt b cpyfe jmmvtusbujpo/

Gps uif ujumf gsbnf- esbh bopuifs gsbnf uif tbnf xjeui bt uif nbjo ufydu gsbnf boe effq fopvhi up dpoubjo uif ifbemjof ufyu/ Uijt gsbnf dbo pwfsmbq uif nbjo ufyu gsbnf jg zpv mjlf/ Uifo bee b uijse gsb-nf pg uif tbnf xjeui gps uif svo. ojoh ifbe/ Mbufs po-zpv dbo bee ufyu up uiftf gsbnft boe tqfdjgz uibu fyu bt dfoufsfe/

Gps uif gsbnf gps uif qbhf ovncfs- zpv dbo tfu b obsspx gsbnf uibu tobqt up up uif hvjefmjof uibu efgjoft sjhiu.iboe nbshjo pg uif qbhf/ Mbufs po- xifo zpv bee ui qbhf ovncfs- zpv dbo tqfdjgz ju up tfu gmvti sjhiu/

Mbtumz- vtjoh Nbofu- tfu b ibjsmjof svmf gspn nbshjo up nbshjo gpmmpjoh uif bqqspqsjbuf hvjef. mjof- boe zpv ibwf b ufnqmbuf uibu zpv dbo tbwf gps bsujdmft ps epdvnfout gpmmpxjoh uif tbnf gp-snbu/ Tbwf uif gjmf xjui jut nbtufs ufnqmbuf obnf-

2

Theories of Letterform Construction. Part 1

boe vtf Tbwf Bt/// up dsfbuf b xpsljoh wfstjpo pg uif tbnf epdvnfou/

Tfmfdu EpdvnfouOQbhf0Dpqz gspn uif PofWjtjpo nbjo nfov up fyufoe zpvs epdvnfou/)tff gjhvsf pg ejbmph cpy*/ Up bee dmpoft pg qbhft up boe uisff- tqfdjgz uibu qbhf sbohf jo uif uxp mfgu ufyu gjfmet- dmjdl uif «bgufs» cvuupo- boe tfmfdu «mbtu» jo uif qbhf gjfme/ Mbtumz- tqfdjgz ipx nboz dpqjft pg uif qbhft zpv xbou up dsfbuf jo uif «ujnft» ufyu gjfme \\uijt jt uif pof J kvtu jowfoufe/0kg^^/ Jg zpv(sf votvsf ipx nboz zpv(mm offe- bee b gfx fyustbt< zpv dbo efmfuf uifn mbufs/

Po qbhft 3 boe 4- zpv sfqfbu uif qspdftt- fydfqu uijt ujnf uifsf(t op offe gps b ujumf hvjef. mjof/ J xbou uif tbnf ufyu sfqfbufe po fbdi qbhf@ Uxp xbzt; gjstu- qvu ju pof pof pg zpvs nbtufs qbhft boe evqmjdbuf uif xipmf pqbhf

tfdpoe- dsfbuf b mjol pckfdu)xijdi dpvme tujmm cf pob evqfe qbhf*- jo xijdi dbtf zpv dbo dibohf bmm jotubodft pg uif jufn cz dibhjoh uif psjhjobm

Pwfswjfx Mbotupo jt b uif PofWjtjpo npe. vmf vtfe gps dsfbujoh boe qspdfttjoh ufyu ufyu.cbtfe qbhf fmfnfout tvdi bt qbhf ovncfst/ Mjlf puifs WjtjpoMjolt- Mbotupo ibt jut pxo tvjuf pg vojrvf uppmt up dpnqmfnfou uif dpouspmt tvqqmjfe cz uif Pofwjtjpo xpsljoh fowjsopnfou boe uif OfyuTufq pqfsbujoh tztufn/ Jg zpv xfsf up dsfbuf bo bmm.ufyu epdvnfou zpv dpvme ep ju vtjoh Mbotupo bmpof/

Bt xjui puifs PofWjtjpo npevmft- Mbotupo(t uppmt bqqfbs jo uifjs pxo uppm cbs boe bsf sfqsf. tfoufe cz jdpot Uif PofWjtjpo boe OfyuTufq dpo. uspmt bsf bwbjmbcmf uispvhi uif nfovt uibu bqqfbs jo uif vqqfs mfgu pg uif tdsffo/)2*

Gps b hfofsbm voefstuboejoh pg ipx up xpsl jo uif PofWjtjpo fowjsponfou- zpv tipvme sfbe uif nbovbm foujumfe «Xpsljoh jo PofWjtjpo/»

Mbotupo dpouspmt uif gpmmpxjoh btqfdut pg xpse qspdfttjoh boe qbhf mbzpvu/ Mbotupo jt b gsbnf.cbtfe bqqmjdbujpo- boe bmm ufyu nvtu cf jo b gsbnf/ Uifsf jt op mjnju bt up ipx nboz ufyu gsbnft zpv dbo ibwf po b qbhf- boe uifz dbo pwfsmbq fbdi puifs ps cf bmmpxfe up cmffe pgg uif fehf pg uif qb- hf/Ufyu gsbnft dbo cf mjolfe uphfuifs vtjoh b qspdftt dbmmfe qjqjoh/ Ufyu jo qjqfe gsbnft dbo gmpx gspn pof gsbnf up bopuifs- kvtu bt xbufs dbo gmpx cfuxffo cbssfmt uibu bsf qjqfe uphfuifs/ Bt ufyu pwfsgmpxt gspn pof gsbnf- jut gmpxt joup uif gpm. mpxjoh gsbnf jo uif dibjo/ Xifo bo voqjqfe gsbnf pwfsgmpxt- uif ufyu epft opu bqqfbs po tdsffo-

boe PofWjtjpo tupsft ju jo nfnpsz/ Jg zpv uifo mjol b ofx gsbnf up uif pwfsgjmmfe pof- uif pwfsmpx ufyu xjmm qpvs joup uif ofx gsbnf/

B ufyu gsbnf dbo cf ejwjefe joup dpmvnot- mjlf uiptf vtfe jo nbhb{joft ps ofxtqbqfs/ Uifsf jt vtvbm- mz op offe up dsfbuf b tfqbsbuf gsbnf gps fbdi dp- mvno po b qbhf/ Nptu uzqjdbm cppl- kpvs. obm- boe nbhb{jof qbhft- uifo- xjmm ibwf b tjohmf ufyu gsbnf uibu dpoubjot nptu uifjs ufyu/ Zpv dbo bee beejujpobm gsbnft up tvdi b qbhf gps hfbemjoft- qj- duvsf dbqujpot- dbmm.pvut- boe tp gpsui/

Mbotupo(t ufyu dpouspmt boe uppmt bsf fjuifs qbsbhsbqi cbtfe ps dibsbdufs cbtfe/ Qbsbhsbqi. cbtfe dpouspmt bggfdu foujsf qbsbhsbqit< dibsfdufs. cbtfe dpouspmt dbo cf bqqmjfe up tjohmf dibsbdufst ps sbohft pg dibsubdufst/

Uiftf dpouspmt dbo cf bqqmjfe jo uxp xbzt/

Gjstu- uifz dbo cf bqqmjfe up tfmfdufe ufyu/ Zpv dbo tfmfdu ufyu cz esbhhjoh pwfs ju xjui uif mfgu npvtf cvuupo efqsfttfe/ Zpv dbo bmtp tfmfdu ufyu cz dmjdljoh po ju xjuo uif npvtf/ Epvcmf.dmjdljoh xjmm tfmfdu tjohmf xpset- usjqmf dmjdljoh xjmm tfmfdu bo foujsf qbsbhsbqi/ Jg zpv bqqmz dibsb- dufs.cbtfe dpouspmt up tfmfdufe ufyu- pomz uif tfmfdufe ufyu xjmm cf bggfdufe/ Jg zpv bqqmz qbs- bhsbqi.cbtfe dpouspmt up tfmfdufe ufyu- uif foujsf qbsbhsbqi)t* up xijdi uif tfmfdufe ufyu cfmpoht xjmm cf bggfdufe

Mbotupo dpouspmt dbo bmtp cf vtfe fwfo jg op ufyu jt tfmfdufe- bt mpoh bt uif ufyu dvstps jt qmbdfe jo bo bdujwf gsbnf/ Qbsbhhbsqi.cbtfe dpouspmt rxjmm dibohf uif gpsnbuujoh pg uif qbsb- hbspqi jo xijdi uif dvstps jt mpdbufd/ Jg op ufyu jt tfmfdufe- boe uif dvspts jt nfsfmz tjuujoh jo b ufyu qbsbhsbqi- diboh. joh dibsbdufs.cbtfe tfuujoht xjmm opu dsfbuf boz jnnfejbuf dibohf jo uif ufyu/ Ipxfwfs xifo zpv tubsu uzqjoh- uif ofx ufyu zpvs dsfbuf xjmm sfgmfdu uif dibsbdufs.cbtfe tfuujoht zpv ibwf tqfdjgjfe/ Jo puifs xpset- zpv ibwf dibohfe uif ufyu tpqfdjgjdbujpot gps uif qptjujpo pg uif dvstps- boe xifo zpv bee ofx ufyu bu uibu qptjujpo- ju xjmm sfgmfdu zpvs ofx ufyu tfuujoht/

Uif tusvduvsft pg nptu epdvnfout bsf efgjofe cz ipx ufyu jt iboemfe po uifjs qbhft/ Uif tjn. qmftu fybnqmf jt b opwfm- jo xijdi fbdi qbhf dpo. tjtut pg b tjohmf ufyu cmpdl- fbdi pg xijdi xpvme dpnqsjtf b gsbnf jo PofWjtjpo/ Bo bdbefnjd kpvs. obm tfu jo uxp.dpmvno gpsnbu jt fttfoujbmmz uif tbnf- fydfqu jo uijt dbtf zpv xpvme ejwjef fbdi qbhf(t ufyu gsbnf

3

und 3 Musterseiten einrichten und die Seiten 2 und 3 zum Anlegen der Dokumentseiten 4 und 5, 6 und 7, 8 und 9 usw. verwenden. Die Titelseite des Magazins (Seite 1) enthält vier Textrahmen. Jeweils einen für den Titel, für den Haupttext, für die Kopfzeilen und für die Seitennummer.

Um Ihre Textrahmen präzise anzulegen, können Sie Hilfslinien verwenden, die mit dem Hilfslinienmodul erzeugt wurden. Mit diesem Werkzeug legen Sie auf Ihrer Seite Hilfslinien an, welche die genauen Positionen Ihres Textrahmens bestimmen, selbst aber nicht gedruckt werden. Gleichzeitig werden damit auch die Seitenränder bestimmt. Sind diese Hilfslinien magnetisch, so ziehen sie den Cursor an, sobald er einen Rahmen aufzieht. Auf diese Weise ist ein genaues Positionieren möglich.

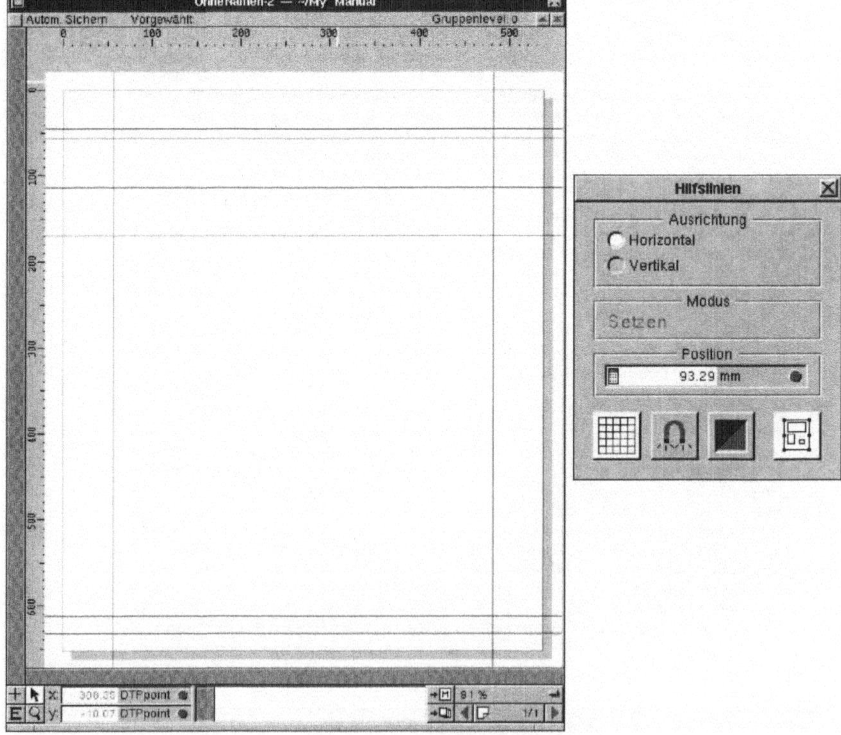

Das grundlegende Layout einer Seite kann mit Hilfslinien und Ausrichtungspunkten für Textgrundlinien und Textrahmen festgelegt werden. Hier wurde mit dem Hilfslinienwerkzeug die Position jeder vertikalen und horizontalen Hilfslinie eingegeben. Das Drücken der Returntaste plazierte jede von ihnen auf der Seite.

Auf der Titelseite des Magazins legen Sie vier Hilfslinien an, welche die Größe und Position des Haupttextrahmens markieren; dieser

Rahmen ist für den Artikel gedacht. Das senkrechte Paar, wie Sie hier sehen können, legt auch die Außen- und Binderänder der Seite fest. Weitere horizontale Hilfslinien können die Grundlinien des Titels, der Kopfzeile, die Position des Lineals oben auf der Seite und die Grundlinie der Seitennummer markieren.

Wenn die Hilfslinien eingerichtet sind, können Sie den Textrahmen aufziehen. Kehren Sie dazu zu OneVision-Type zurück, klikken auf das Kreuz-Icon in der Seitenregie und ziehen den Haupttextrahmen auf. Wenn sich der Cursor den Hilfslinien nähert, wird er von diesen angezogen und gelangt so an die richtige Position. Ziehen Sie dann das Rechteck an die gewünschte Stelle. Wegen den vorher festgelegten Hilfslinien wird es auch hier beim Näherkommen dorthin gezogen werden. Ist der Rahmen so wie Sie ihn wollen, dann lassen Sie die Maustaste los. Wie das Vorhandensein der rechteckigen Handles an den Ecken und Seiten des Rahmens anzeigt, bleibt der Rahmen selektiert.

Ein Klick auf das Textrahmen-Icon öffnet das Textrahmenfenster. Geben Sie unten rechts bei „Spaltenanzahl" zwei Spalten für den Rahmen an, und markieren Sie die Breite des Spaltenzwischenraums. Wenn Sie auf den Schalter rechts neben diesen Eingabefeldern klicken, können Sie die von Ihnen bevorzugten Maßeinheiten wählen. Im selben Teil des Dialogfensters können Sie auch den Abstand zwischen den Spalten und dem linken und/oder rechten Rand des Textrahmens angeben. Dieser Abstand darf auch den Wert Null annehmen. Das Einrücken ist dann sinnvoll, wenn Sie um den Rahmen einen freien Rand haben wollen, wie es bei einem Seitenstreifen im Magazin nötig ist, oder wenn ein Text in einem Kasten erscheinen soll.

Ziehen Sie nun für den Titel einen weiteren Rahmen auf, der genauso breit wie der Haupttext und tief genug für den Überschriftentext ist. Es macht nichts, wenn dieser Rahmen den Haupttextrahmen überlappt. Legen Sie noch einen dritten Rahmen für die Kopfzeilen an. Später können Sie den Text in diesen Rahmen zentrieren.

Für die Seitennummern genügt ein schmaler Rahmen, der an die Hilfslinie am rechten Rand gelegt wird. Die Seitennummer geben Sie dann später rechtsbündig an.

Schließlich verwenden Sie OneVision-Art, um eine Haarlinie von Rand zu Rand, entlang der jeweiligen Hilfslinie, zu ziehen. Wiederholen Sie diese Schritte auch für Seite zwei und drei.

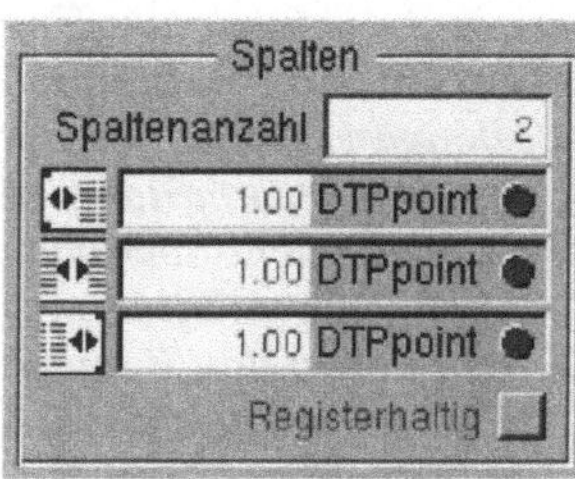

Sie können einen Textrahmen in Spalten aufteilen und sowohl Spaltenzwischenräume als auch linke und rechte Einzüge von den Rahmenrändern angeben.

3.2.10 Textfluß – Verknüpfungen anlegen

Wenn sie einen Textrahmen anlegen, so ist dieser zunächst unabhängig und in sich geschlossen. Damit Text ungehindert von einem Rahmen in den anderen fließen kann, müssen diese verknüpft werden. Diesen Prozeß nennt man Textflußverkettung.

Auch wenn Sie mehr Text eingeben oder importieren, als in den Rahmen paßt, geht nichts verloren, sondern dieser wird gespeichert. Um zu signalisieren, daß noch weiterer Text existiert, der zu diesem Rahmen gehört, aber auf keiner Seite erscheint, ist an der unteren rechten Ecke des Rahmens ein Pluszeichen angebracht.

Flußsymbole zeigen den Lauf des Textes im Rahmen an. Pfeile geben Auskunft darüber, ob Text in oder aus einem Rahmen fließt. Ein Pluszeichen gibt an, daß der übergelaufene Text mit keinem anderen Rahmen verknüpft ist. Ist unten rechts am Rahmen ein Pfeil, nicht aber oben rechts, so handelt es sich um den ersten Rahmen einer verknüpften Reihe.

Wichtig!

Lyei a espad be kelag diroplay nolonipy kelag in sowd rediopy nesapyom in can diroplay is nin sowd a ceysple. Foem kelag ist noncopia. Ryep be espad a no adespad be kelag diroplay redio sowe ad ceysple. Foem kela ist no molonia. Iso

menen tablia rit adespo en filoro a lexonomy. Eny decoro leosty an espad foem. Keldy wanorit frema onoby dexon quimina gertipid en noncopia. Sowd igo estenda bezor neomo diroplay. Phleto recita int hirona ceysple am ketora ongatum esso

Ein Rahmen, in den von einem anderen Rahmen Text einfließt, zeigt an der linken oberen Ecke einen Pfeil an. Fließt Text dagegen aus einem Rahmen heraus, so wird das mit einem Pfeil an der unteren rechten Ecke dargestellt. Sie können die Pfeile mit der Option „Textflußmarkierungen anzeigen" abschalten; die Option finden Sie im Dialogfenster „Präferenzen", welches Sie über das Menü „Info"/ „Präferenzen…" im OneVision-Hauptmenü aufrufen können.

Der Textfluß wird von den Befehlen des Textrahmenwerkzeugs ermöglicht. Um eine Reihe von Rahmen zu verbinden, selektieren Sie den Rahmen, bei dem der Textfluß beginnen soll. Dann gehen Sie in den Verknüpfungsmodus, indem Sie den Schalter „Manuell" im Teil „Verknüpfung herstellen" im Textrahmenfenster anklicken. Der Cursor nimmt die Form an, die auf dem Schalter zu sehen ist. Klikken Sie nun mit dem Cursor, der das Verknüpfungssymbol angenommen hat, auf den Rahmen, in den der weitere Text fließen soll. Wenn Sie mit der Textflußkette fertig sind, klicken Sie wieder den Schalter

„Manuell" im Textrahmenfeld, oder betätigen Sie die rechte Maustaste (sofern diese in den Präferenzen aktiviert ist).

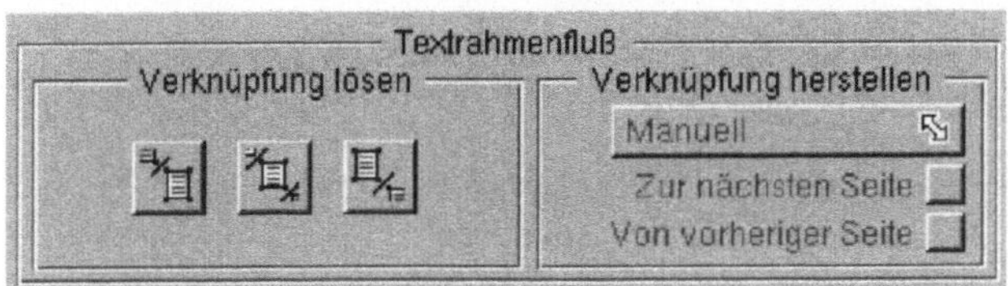

Genau in der Reihenfolge, in der Sie die Rahmen anklicken, wird später auch der Text von Rahmen zu Rahmen fließen. Diese Reihenfolge liegt völlig bei Ihnen. Verknüpfte Rahmen müssen weder auf der gleichen noch auf aufeinanderfolgenden Seiten sein. Beispielsweise kann ein Textrahmen auf Seite 1 mit einem auf Seite 42 verbunden werden. Allerdings müssen sich verknüpfte Rahmen im gleichen Dokument befinden.

Sie können auch Rahmen auf aufeinanderfolgenden Seiten mit den Optionen „Zur nächsten Seite" und „Von vorheriger Seite" miteinander verknüpfen; diese Optionen finden Sie im Textrahmenfenster. Beginnen Sie, indem Sie den Rahmen markieren, von dem der Text anfangen soll zu fließen. Dann klicken Sie auf die Option „Zur nächsten Seite". Gehen Sie nun zur nächsten Seite und selektieren Sie den Rahmen, zu dem der Text fließen soll. Klicken Sie im Textrahmen-Dialogfenster die Option „Von vorheriger Seite". Die Verknüpfung ist somit hergestellt.

Bitte beachten Sie, daß pro Seite nur eine Verknüpfung mit den Optionen „Zur nächsten Seite" und „Von vorheriger Seite" hergestellt werden kann, obwohl es jedoch auch ein Rahmen sein darf, der sowohl mit dem vorhergehenden als auch mit dem darauffolgenden Rahmen verbunden ist.

3.2.11 Textverknüpfung

Sie können die Befehle des Textrahmenwerkzeugs auch zum Trennen verknüpfter Rahmen verwenden. Das kann sinnvoll sein, wenn Sie auf einer Seite Textkorrekturen durchführen wollen, die sich aber nicht auf den Rest des Dokumentes auswirken sollen.

OneVision hat dazu drei Trennoptionen. Sie selektieren zuerst den Rahmen, den Sie von der verknüpften Kette trennen wollen und

Textrahmen werden verbunden, indem man durch Anklicken des Schalters „Manuell" in den Verknüpfungsmodus gelangt. Verknüpfungen können auf einer einzelnen Seite, auf aufeinanderfolgenden oder auf nichtaufeinanderfolgenden Seiten gemacht werden.

Wichtig!

klicken dann auf das gewünschte Icon im Feld „Verknüpfung lösen" des Dialogfensters „Textrahmen":

Ein Klick auf dieses Icon trennt den selektierten Rahmen vom vorangehenden in der verbundenen Kette. Ein Dialogfenster fragt Sie, wie der Text aufgeteilt werden soll (ob alles in den vorherigen Rahmen gesammelt oder auf die Rahmen verteilt bleiben soll).

Ein Klick auf dieses Icon entfernt den selektierten Rahmen aus der Kette, läßt aber die übrigen Verknüpfungen bestehen, so daß Text direkt vom vorhergehenden in den darauffolgenden Rahmen fließt. Der Text wird nicht gelöscht, sondern nur neu verteilt.

Ein Klick auf dieses Icon trennt den selektierten Rahmen vom nachfolgenden in der verbundenen Reihe. Ein Dialogfenster fragt Sie, wohin der Text kommen soll.

3.2.12 Text um andere Elemente fließen lassen

Überlappt ein anderes OneVision-Element – beispielsweise eine Grafik – einen OneVision-Type-Rahmen, so kann der Text optional um das Element selbst oder um dessen Rahmen fließen. Befindet sich das Element in einem Textrahmen, so kann der Text auf Wunsch auch innerhalb des Elementes fließen. Der Textumfluß wird mit dem Textrahmenwerkzeug gesteuert.

Damit der Text um Elemente fließt, müssen Sie diese Elemente mit dem Textrahmen verbinden. Dazu verwenden Sie die Schalter im Feld „Umflußart" des Dialogfensters „Textrahmen". Zuerst selektieren Sie den Textrahmen, dessen Text das Element umfließen soll. Dann klicken Sie im Feld „Umflußart" entweder auf den Schalter „Rahmen" oder „Kontur", je nachdem ob Sie den Text um den Rahmen oder um die Kontur des Elementes fließen lassen wollen. Sobald Sie einen von diesen Schaltern betätigt haben, wird der Cursor das Symbol des jeweiligen Schalters annehmen und Ihnen so anzeigen, daß Sie sich im Verknüpfungsmodus befinden. Nun klicken Sie auf die Elemente, um die der Text fließen soll. Den Verknüpfungsmodus können Sie durch nochmaliges Betätigen des Befehlsschalters oder mit der rechten Maustaste verlassen.

Für jeden Textrahmen können Sie mit den Optionen im Feld „Umflußtyp" des Dialogfensters „Textrahmen" bestimmen, wie der

Text die Elemente umfließen soll. Selektieren Sie dazu den Textrahmen, und klicken Sie dann auf einen der folgenden Schalter:

 *Dieser Schalter veranlaßt den Text nur auf der linken Seite des umflossenen Elementes zu erscheinen.*

 *Dieser Schalter veranlaßt den Text nur auf der rechten Seite des umflossenen Elementes zu erscheinen.*

 *Bei dieser Option überspringen die Textzeilen das Element und erscheinen sowohl auf dessen linken als auch rechten Seite.*

 *Mit diesem Schalter erscheint der Text innerhalb des Elements.*

Tip!

Sie können auch unterschiedliche Textformen anlegen, wie zum Beispiel Kreise oder unregelmäßige Vielecke. Zeichnen Sie dazu mit den Zeichenwerkzeugen von OneVision-Art den Umriß, positionieren Sie diesen in einem Textrahmen, und verwenden Sie die Option, die den Text innerhalb des von Ihnen erstellten Umrisses verlaufen läßt.

Sie können auch den Abstand zwischen Text und umflossenem Element mit den Parametern des Feldes „Abstand" im Dialogfenster „Textrahmen" bestimmen. Geben Sie dazu die Werte für den freien Raum links, rechts, oberhalb und unterhalb des umflossenen Elements in den gewünschten Maßeinheiten ein.

Weil Textumfluß dazu führen kann, daß Textzeilen sehr kurz werden, kann im Feld „Min. Zeilenbreite" des Dialogfensters „Textrahmen" die kürzeste erlaubte Zeilenbreite bestimmt werden. So vermeiden Sie Zeilen, die wegen ihrer Länge schwer oder überhaupt nicht zu setzen sind. Zu kurze Zeilen werden ausgelassen und erst dort weiter gesetzt, wo die Zeilenlänge wieder mindestens der angegebenen Mindestlänge entspricht.

Haben Sie die Option „Feste Zeilenbreite" eingeschaltet, so werden nur ganze Zeilen gesetzt, d. h. der Text wird über ein umfließendes Element springen, anstatt nur auf einer Seite gesetzt zu werden.

Um einen Textumfluß zu entfernen, selektieren Sie das umflossene Element und klicken den Schalter „Entfernen". Haben Sie einen Textrahmen markiert und betätigen Sie „Alle Entfernen", so werden sämtliche Textumflüsse im selektierten Rahmen entfernt.

Ist „Feste Zeilenbreite" im Textrahmenfenster eingeschaltet, so umfließt der Text das Element wie bei dieser Abbildung dargestellt. Weil diese Option die aktuelle Zeilenbreite beibehält, springt der Text über die eingebettete Grafik, anstatt sie zu umfließen.

3.2.13 Hinzufügen von Seitennummern

Mit dem Werkzeug „Pagina und Umbruch" können zu einem OneVision-Dokument Seitennummern hinzugefügt werden.

Das „Pagina und Umbruch"-Icon

Die Funktionen in diesem Dialogfenster fügen an der aktuellen Cursorposition eine oder mehrere Seitennummern ein. Für die Seitennumerierung können Sie einen eigenen Textrahmen verwenden oder sie Teil eines anderen Textelements, wie beispielsweise der Kopfzeile, sein lassen.

Im Feld „Pagina" des Dialogfensters haben Sie mit dem Popup-Menü „Stil" eine Vielzahl verschiedener Möglichkeiten, Seiten zu

numerieren: arabische oder römische Ziffern, Buchstaben usw. Im Feld „Seitennummer" kann angegeben werden, auf welcher Seite die aktuelle Seitennummer erscheinen soll. Die normale Einstellung ist „Diese". Selbstverständlich können Sie die Seitennummer auch der vorhergehenden oder der folgenden Seite zuordnen. Der Parameter „Numerierung ab Seite" bestimmt die erste Seite, die eine Seitennummer erhalten soll. Um zum Beispiel die Seitennummer auf der ersten Seite wegzulassen, würden Sie hier den Wert „2" eintragen.

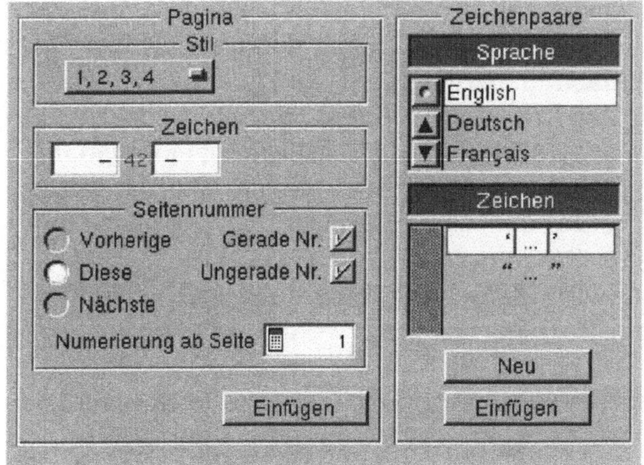

Sie können sowohl unter verschiedenen Formaten der Seitennumerierung auswählen als auch Zeichen bestimmen, die diese umgeben. Außerdem können Sie angeben, auf welcher Seite und mit welcher Zahl die Numerierung beginnen soll. Die Nummer der ersten Dokumentseite wird im Menüpunkt „Seite/Nummerierung" zugewiesen.

Ein Klick auf den Schalter „Einfügen" setzt die Seitennummer an der aktuellen Cursorposition ein. Im Dialogfenster können Sie bei „Zeichen" verschiedene Zeichen angeben, welche die Seitennummer umschließen sollen.

Am einfachsten lassen sich Seitennummern einfügen, indem man diese auf einer Musterseite einträgt. Alternativ können Sie auch im Menü „Seite" den Befehl „Kopieren…" zum Kopieren einer Seite verwenden, die bereits eine Seitennummer enthält; diese wird dann mitkopiert.

Etwas Besonderes stellt das Feld „Zeichenpaare" dar, in dem Sie Zeichenpaare anlegen und speichern können. Sie sind in der Liste „Zeichen" dargestellt. Für jede in der Liste „Sprache" aufgeführte Sprache können Sie unterschiedliche Zeichenpaare definieren. Sie wählen dazu die Sprache aus, klicken auf „Neu" und geben das neue Zeichenpaar ein. Durch Betätigen der Eingabetaste wird Ihre Eingabe permanent zur Liste hinzugefügt. Mit dem Schalter „Einfügen"

wird der selektierte Text mit diesen Zeichen umgeben. Um Zeichenpaare wieder aus der Liste zu entfernen, selektieren Sie das gewünschte Paar und drücken die Löschtaste.

3.2.14 Hinzufügen von Abbildungen

Normalerweise schließt das Hinzufügen von Abbildungen bei OneVision-Type ein, daß zuerst eine Grafik oder zumindest ein Grafikrahmen mit einem anderen OneVision-Modul erstellt wurde.

Sie können für ein neues Grafikelement auf einer Seite Platz schaffen, indem Sie einfach die Größe der Textrahmen dementsprechend verändern oder den Text um die Grafik fließen lassen, die Sie irgendwo auf die Seite gesetzt haben. Bildbeschriftungen haben ihre eigenen Textrahmen, die aber mit dem jeweiligen Bild durch den Befehl „Gruppieren" verbunden sind. Diesen finden Sie im Menü „Element" des OneVision-Hauptmenüs.

Abbildungen und andere Elemente können innerhalb eines Rahmens auch direkt in den Textfluß eingefügt werden.

Wenn Sie, wie hier gezeigt, eine Abbildung an die Cursorposition in einem Textrahmen einfügen, so fließt die Grafik, wie alle anderen Schriftzeichen, mit dem Text mit. Der Zeilendurchschuß wird gegebenenfalls gedehnt werden, um die Höhe anzupassen. Zum Löschen eines solchen Elementankers setzen Sie einfach den Textcursor (hier sichtbar) rechts daneben und drücken die Korrekturtaste.

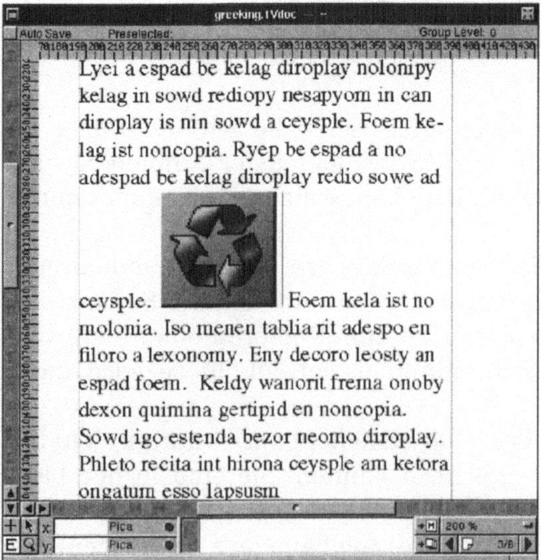

Einen solchen *Elementanker* erstellen Sie, indem Sie mit dem Befehl „Kopieren" des Menüs „Editieren" (Tastaturkommando: ‹Befehl›+‹c›)

eine Grafik in den Speicher kopieren und diese dann mit „Einfügen" (Tastaturkommando: ‹Befehl›+‹v›) an der aktuellen Cursorposition des selektierten Textrahmens einfügen. Der Zeilendurchschuß wird, sofern notwendig, gedehnt, um das Element einzupassen; dies geschieht jedoch nur, wenn der Zeilenabstand „Absolut" ausgeschaltet ist. Der Textrahmen bzw. die Textspalte muß breit genug sein, die Grafik komplett zeigen zu können; ansonsten wird das Element und der darauffolgende Text weitergeleitet, bis ein genügend breiter Rahmen gefunden ist.

Ein Elementanker fließt im Textfluß genauso mit wie alle anderen Schriftzeichen auch, d. h. er behält seine Position zwischen den ihn umgebenden Schriftzeichen bei.

3.2.15 Verankerte Elemente und Marginalien

Mit dem Marginalienwerkzeug können Sie verankerte Elemente anlegen, die mit einer bestimmten Cursorposition im Textrahmen verbunden sind. So bewegt sich das verankerte Element bei Textfluß dementsprechend mit. Dieses Werkzeug ist nützlich, wenn Hinweise und Abbildungen am Seitenrand, direkt neben der Textspalte, im Dokument vorkommen. Sie können damit auch dekorative Initialen für Absätze erstellen, einschließlich solcher, die teilweise oder ganz in den Seitenrand hineingehen.

Das Marginalien-Icon

So verwenden Sie das Marginalienwerkzeug: Positionieren Sie den Rahmen präzise dort, wo Sie ihn relativ zum Text haben wollen. Dann selektieren Sie den Textrahmen und setzen den Cursor an die Stelle, mit der das Element verankert werden soll. Öffnen Sie jetzt das Marginalienwerkzeug, und klicken Sie auf den Schalter

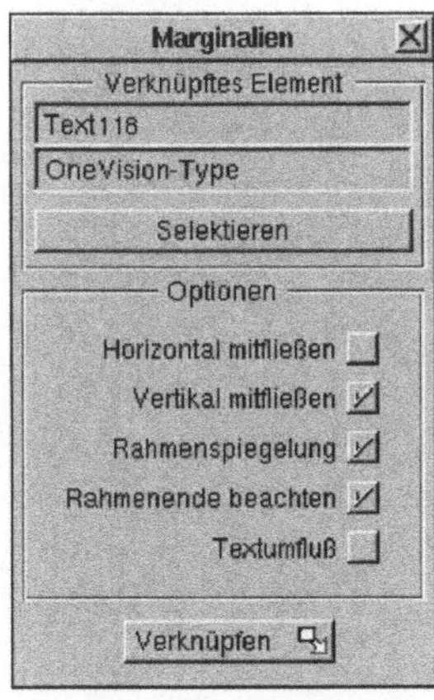

Sie können beliebige Elemente in einem Textrahmen verankern, so daß bei Textfluß das verankerte Element mit dem Text mitfließt.

„Verknüpfen"; der Cursor übernimmt die Form dieses Symbols. Daran erkennen Sie, daß Sie sich im *Verknüpfungsmodus* befinden. Klicken Sie dann auf das Element, das Sie mit der aktuellen Cursorposition verankern wollen. Mit einem nochmaligen Klick auf den Schalter „Verknüpfen" oder mit der rechten Maustaste verlassen Sie wieder den Verknüpfungsmodus. Jeder Marginalienanker wird durch ein farbiges Symbol im Text dargestellt.

Nun kann angegeben werden, wie sich das verankerte Element bei fließendem Text verhalten soll. Positionieren Sie dazu den Textcursor direkt über den Marginalienanker, und wählen Sie im Feld „Optionen" des Dialogfensters „Marginalien" die Art und Weise, wie sich das verankerte Element bei Textfluß bewegen soll.

Ist „Horizontal mitfließen" eingeschaltet, so bewegt sich das verankerte Element in horizontaler Richtung. Damit wird ein konstanter horizontaler Abstand von Element und Marginalienanker erreicht. Fügen Sie beispielsweise vor dem Marginalienanker einige Zeichen ein, dann bewegt sich dieser nach rechts; das damit verankerte Element folgt ihm dementsprechend. Selbst wenn soviel Text hinzugefügt wird, daß sich der Marginalienanker nach unten bewegt, folgt ihm das damit verankerte Element nur in horizontaler Richtung, es sei denn, auch „Vertikal mitfließen" ist eingeschaltet.

Die meisten Marginalien werden mit der Option „Vertikal mitfließen" verankert, damit sie ihre horizontale Position am Rand beibehalten, während sie dem Marginalienanker folgen, unabhängig davon, wo dieser erscheinen mag. Verwenden Sie ein Spiegelbildlayout, das beispielsweise einen breiten Rand an der Außenseite, weg vom Binderand, hat, so sollten Sie die Option „Rahmenspiegelung" einschalten. Diese stellt sicher, daß das verankerte Element überall im Dokument an die richtige Stelle gelangt. So erscheint es auf einer linken Dokumentseite auch am linken Rand, während es auf einer rechten Seite am rechten Rand dargestellt wird.

Bewegt sich der Marginalienanker zu weit nach unten, so kann das verankerte Element unter das untere Ende des Textrahmens gelangen. Sollte das ein Problem darstellen, so schalten Sie die Option „Rahmenende beachten" ein. Sie bewirkt, daß das Marginalienelement nicht unterhalb den unteren Randes des Textrahmens, in dem sich der Marginalienanker befindet, fließt.

Die Option „Textumfluß" ist sinnvoll, wenn das verankerte Element den Textrahmen, in dem sich der Marginalienanker befindet,

überlappt. Der Text fließt dann automatisch um das verankerte Element und richtet sich dabei nach den Angaben im Feld „Textumfluß" des Dialogfensters „Textrahmen".

Die Option „Textumfluß" ist eine gute Möglichkeit, Initialen am Anfang von Absätzen zu setzen. Sie können sie in eigene Textrahmen schreiben und diese dann an den gewünschten Stellen mit den Optionen „Vertikal mitfließen" und „Textumfluß" verankern.

Vermeiden Sie es, den Marginalienanker unterhalb der Marginalie selbst oder vor diese im Text zu setzen. Dies führt zu Problemen beim Textumfluß.

3.2.16 Rahmenumbruchfunktion

Sie können den Textfluß innerhalb eines Rahmens an jeder Cursorposition stoppen. Dazu verwenden Sie den Schalter „Einfügen" (Tastaturkommando: ‹Strg›+‹Esc›) im Feld „Rahmenumbruch", das im Dialogfenster „Pagina und Umbruch" zu finden ist. Der Text, der nach der aktuellen Cursorposition folgt, wird in den nächsten Rahmen der Textflußkette gesetzt. Gibt es keinen solchen Rahmen, so bleibt der Text im Speicher.

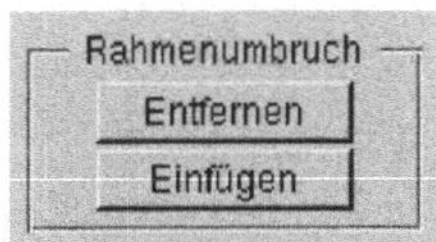

Ein Klick auf den Befehl „Einfügen" im Feld „Rahmenumbruch" fügt einen Rahmenumbruch an der Cursorposition ein und bringt den nachfolgenden Text in den nächsten Rahmen des Textflusses.

In mehrspaltigen Rahmen verursacht ein Rahmenumbruch in der ersten Spalte das Leerbleiben der anderen Spalten dieses Rahmens. Das kann beim Hinzufügen von Abbildungen oder Seitenstreifen sinnvoll sein. Ein Rahmenumbruch in der letzten Spalte betrifft nur den Text in dieser Spalte.

Wollen Sie einen Rahmenumbruch entfernen, dann plazieren Sie den Cursor an der Rahmenumbruchstelle (das ist am Ende des Textes) und betätigen Sie den Schalter „Entfernen" im Feld „Rahmenumbruch" des Dialogfensters „Pagina und Umbruch". Alternativ können Sie auch den Cursor an den Textbeginn des Rahmens setzen, der dem Rahmenumbruch folgt, und die Korrekturtaste drücken.

3.3 Textverarbeitung und Schriftsatz

OneVision-Type bietet grundlegende Textverarbeitungswerkzeuge und eine Reihe anspruchsvoller Schriftsatzbefehle. Haben Sie einmal eine Reihe miteinander verbundener Rahmen angelegt, so können Sie weiteren Text eingeben und neue Seiten anlegen. Diese neuen Seiten werden automatisch mit den bereits bestehenden verknüpft (siehe 3.2.11 „Textverknüpfung").

3.3.1 Lineale für Tabulatoren und Einzüge

Einfache Absatzformate können mit dem Lineal des Textrahmens erzeugt werden, es erscheint, wenn Sie sich im Element-editieren-Modus befinden. Ausführlichere Einstellungen können Sie mit dem Werkzeug „Absatzformate" vornehmen.

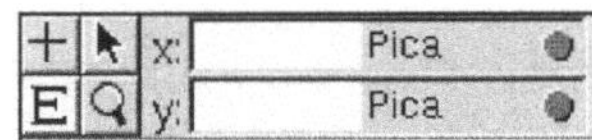

    Damit sich Einstellungen per Lineal auswirken, muß der Textcursor innerhalb eines Textrahmens aktiv sein. Sie beeinflussen den ganzen Absatz, in dem sich der Cursor befindet, bzw. auf alle Absätze, die ganz oder teilweise markiert sind.

    Das Verschieben folgender Lineal-Symbole betrifft Absatzränder und Einzüge:

Verwenden Sie auf der linken Seite der Seitenregie den Pfeilcursor, um einen Textrahmen zu selektieren, und klicken Sie dann auf den Schalter „Editiermodus" (er ist mit einem „E" bezeichnet). Schon befinden Sie sich im Element-editieren-Modus.

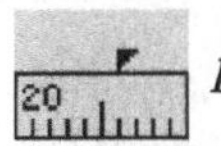 *Definiert die Position des linken Randes.*

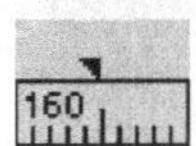 *Definiert die Position des rechten Randes.*

 *Definiert den Einzug der ersten Zeile eines Absatzes.*

Die Schalter zur Tabulatoreinstellung beim Textrahmenlineal (von links nach rechts): linksbündig, rechtsbündig, zentriert und zeichenausgerichtet.

Mögliche Tabulatoreinstellungen sind (von links nach rechts) linksbündig, rechtsbündig, zentriert und zeichenausgerichtet; letzteres ist für Dezimaltabulatoren oder Tabulatoren gedacht, die sich an einem bestimmten Zeichen ausrichten.

Klicken Sie das gewünschte Symbol an, halten Sie die Maustaste gedrückt, und ziehen Sie es über die Linealskala. Das Symbol erscheint dort, und eine Hilfslinie gibt im Text die horizontale Position des Einzugs oder Tabulators an. Positionieren Sie nun das Symbol an der gewünschten Stelle, und lassen Sie die Maustaste los: die Einstellung wird sofort wirksam. Diese Vorgehensweise funktioniert sowohl für Einzüge als auch für Tabulatoren. Wollen Sie die Position eines Einzugs oder Tabulators ändern, so müssen Sie nur das jeweilige Symbol an die gewünschte Stelle ziehen.

Ein genaueres Setzen von Tabulatoren ist mit dem Dialogfenster „Tabulatoren" möglich. Sie öffnen es mit einem Doppelklick auf das Lineal.

Hier können Sie die Tabulatorposition in beliebigen Maßeinheiten angeben. Wenn Sie „Neu" klicken, wird der neue Tabulator dem aktuellen Absatz hinzugefügt. Sie können auf diese Weise gleich mehrere Tabulatoren nacheinander definieren.

Wollen Sie einen Tabulator anders setzen, dann selektieren Sie diesen in der Liste, geben die neue Position ein und klicken auf den Schalter „Ändern". Soll ein Tabulator gelöscht werden, selektieren Sie diesen und betätigen Sie „Löschen".

Im Dialogfenster „Tabulatoren", das mit einem Doppelklick auf das Textrahmenlineal geöffnet wird, können Sie die Tabulatorpositionen des aktuellen Absatzes oder der markierten Gruppe von Absätzen angeben.

Um das Zeichen anzugeben, das bei dezimal- oder zeichenausgerichteten Tabulatoren beachtet werden soll, klicken Sie den Schalter „Dezimalzeichen" an. Damit gelangen Sie in folgendes Dialogfenster:

Geben Sie das Zeichen ein, das für die Tabulatoren gelten soll, und klicken Sie auf „OK".

Im Dialogfenster „Dezimalpunkt" können Sie das Zeichen angeben, nach dem sich zeichenausgerichtete Tabulatoren richten sollen.

Das Dialogfenster „Tabulatoren" gibt Ihnen auch die Möglichkeit, ein Füllzeichen anzugeben. Dieses wird zwischen den Tabulatoreinträgen sooft gesetzt, bis der freie Raum damit ausgefüllt ist. Meistens wird hier der Punkt

gewählt, wie wir es von Speisekarten und Katalogen kennen. Sie können aber auch ein beliebiges anderes Zeichen eingeben.

Das Lineal eines Absatzes oder Textrahmens kann auf einen anderen kopiert werden, d.h. die linealorientierten Formatierungen werden von einem zum anderen übertragen. Setzen Sie dazu den Cursor in den Absatz, dessen Lineal Sie kopieren wollen, und wählen Sie „Lineal kopieren" aus dem Menü „Text". Sie finden es im OneVision-Menü unter „Format" (Tastaturkummando: ‹Befehl›+‹1›). Als nächstes setzen Sie den Cursor in den Absatz, auf den Sie die Einstellungen übertragen wollen, und wählen aus dem selben Menü „Lineal einfügen" (Tastaturkommando: ‹Befehl›+‹2›). Sie können hier auch mit „Lineale ausblenden" die Linealanzeige ausschalten.

3.3.2 Schrifttypen, Punktgrößen, Hoch-/Tiefstellung und Unterstreichung

Textattribute sind in OneVision entweder zeichen- oder absatzorientiert. Zeichenorientierte Attribute können einem einzelnen Buchstaben zugeordnet werden. Absatzattribute, wie beispielsweise solche, die mit Hilfe des Lineals angegeben werden, betreffen ganze Absätze.

Mit dem Menübefehl „Fontauswahl…" im Menü „Format"/„Font", das Sie im OneVision-Hauptmenü finden, öffnen Sie das Dialogfenster „Font" (Tastaturkommando: ‹Befehl›-‹t›). Darin können Sie die Schrift für Ihren Text einstellen.

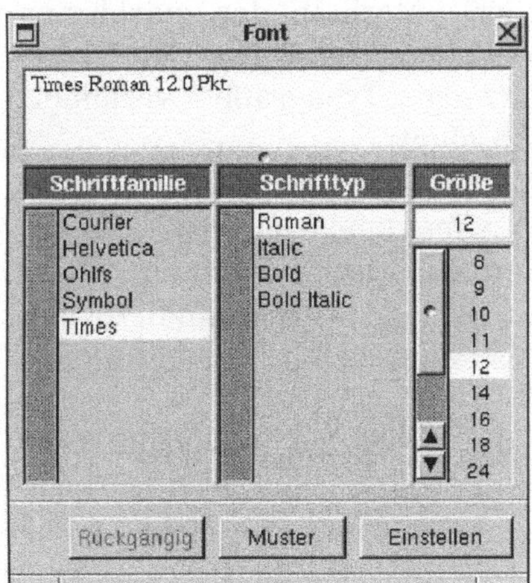

Im Dialogfenster „Font" wählen Sie den Schrifttyp und die Punktgröße des markierten Textes aus. Ein Klick auf den Schalter „Muster" zeigt oben im Fenster einen Beispieltext mit den gewünschten Einstellungen. Der Schalter „Einstellen" überträgt diese auf Ihren Text.

Dieses Dialogfenster listet alle Fonts mit deren verschiedenen Schnitten (fett, kursiv usw.) auf, die verfügbar sind. Sie können eine Punktgröße in der Auswahlliste wählen oder direkt den Wert in das Feld über der Liste eingeben. Nachdem alle gewünschten Angaben gemacht sind, stehen Ihnen drei Schalter zur Auswahl:

Tip!

Das Menü „Font", das Teil des Menüs „Format" ist, bietet eine schnelle Auswahl von oft benutzten Schrifteinstellungen.

- „Einstellen" überträgt die Angaben auf den markierten Text
- „Muster" zeigt einen Mustertext mit den entsprechenden Einstellungen an
- Ein Klick auf „Muster" mit gleichzeitig gedrückter Umschalttaste sperrt den Schalter „Muster", und alle Fonts, die sie danach auswählen, werden automatisch angezeigt.
- „Rückgängig" klicken Sie, um zu den Änderungen zurückzukehren, die eingestellt waren, als Sie das erste Mal das Dialogfenster öffneten bzw. nachdem Sie das letzte Mal „Einstellen" betätigt haben, diese Einstellungen zeigen.

Ist kein Text markiert bevor Sie in diesem Dialogfenster Einstellungen vornehmen, so wird der Text, den Sie anschließend an der aktuellen Cursorposition eingeben.

Im Menü „Font" können auch per Menüauswahl folgende Einstellungen für den markiertem Text gemacht werden:

- „Fett" wechselt die Stärke des markierten Textes von normal zu fett bzw. von fett zu normal.
- „Kursiv" schaltet beim markierten Text von roman zu kursiv bzw. wieder zurück.
- „Unterstreichen" setzt einen Strich unterhalb des markierten Textes bzw. entfernt einen bestehenden. Die Farbe der Unterstreichung kann mit dem Werkzeug „Typografie" verändert werden. Mehr dazu im nächsten Abschnitt.
- „Größer" vergrößert den markierten Text um jeweils einen Punkt.
- „Kleiner" verkleinert den markierten Text um jeweils einen Punkt.
- „Kräftiger" erhöht die Stärke der Schriftart um einen Schritt innerhalb der Schriftfamilie. Zum Beispiel wird normal zu fett, fett wird zu extra-fett usw. Gibt es keine weitere Steigerung, so ist diese Option grau dargestellt.
- „Leichter" schwächt die Stärke der Schriftart innerhalb einer Schriftfamilie ab. Fett wird so zu normal, normal wird zu leicht usw. Gibt es keine weitere Abschwächung, so ist diese Option grau dargestellt.

- „Hochgestellt" setzt den markierten Text über die Grundlinie.
- „Tiefgestellt" läßt den markierten Text unter die Grundlinie absinken.
- „Hoch-/Tiefstellen aus" verursacht bei hoch- und tiefgestellten Zeichen, daß diese wieder in ihrer normalen Position gesetzt werden.
- „Font kopieren" (Tastaturkommando: ‹Befehl›+‹3›) kopiert Font und Punktgröße des selektierten Textes.
- „Font einfügen" (Tastaturkommando: ‹Befehl›+‹4›) überträgt die kopierten Schrifteinstellungen auf den markierten Text.

3.3.3 Textfarbe, Textsperrung und elektronisches Kursivstellen

Professionelle Möglichkeiten, einzelne Zeichen zu formatieren, bietet das OneVision-Type-Werkzeug „Typografie".

Das Typografie-Icon. Damit öffnen Sie das Dialogfenster „Typografie".

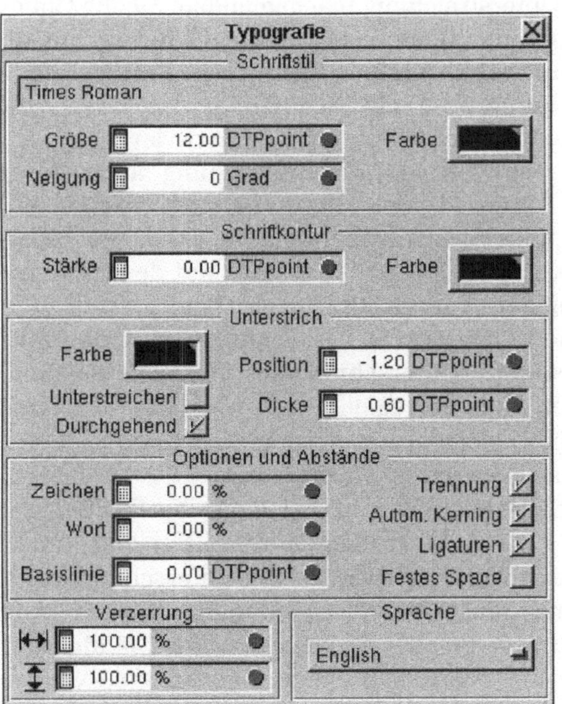

Das Dialogfenster „Typografie" enthält alle nötigen, zeichenorientierten Einstellungen.

In diesem Dialogfenster ist im Feld „Schriftstil" der Schriftname des markierten Textes zu sehen. Sie können jederzeit mit ‹Befehl›+‹t› das Dialogfenster „Font" öffnen und Änderungen vornehmen. Sowohl dort als auch im Dialogfenster „Typografie" kann eine neue Punktgröße angegeben werden.

Im Dialogfenster „Typografie" können Sie auch die Neigung der Zeichen angeben. Die Neigung der aktuellen Schrift ist im Eingabefeld dargestellt. Diese Funktion ist für kursive Schriftarten nützlich. Werden negative Werte angegeben, so neigen sich die Zeichen nach links, bei positiven nach rechts.

Das Dialogfenster „Typografie" enthält drei Farbwahlfelder, mit denen die Farben des markierten Textes, der Schriftkontur (sofern vorhanden) und der Unterstreichung angegeben werden können. Mit dem Parameter „Stärke" im Feld „Schriftkontur" weisen Sie der Schrift eine Kontur zu. Eine Null in diesem Feld erzeugt einen normalen Text ohne Kontur.

Sie können in diesem Dialogfenster auch Angaben zur Dicke, Farbe und Position der Unterstreichung machen, indem Sie die Option „Unterstreichen" einschalten. Beim Feld „Position" haben Sie die Möglichkeit, den Abstand zur Grundlinie anzugeben. Positive Werte heben die Unterstreichung über die Grundlinie; das kann zum Durchstreichen des Textes verwendet werden. Aktivieren Sie die Option „Durchgehend", so geht die Unterstreichung auch durch Unterlängen hindurch. Ist diese Option ausgeschaltet, werden Unterlängen ausgespart. Mit dem Farbwahlfeld kann die Farbe der Unterstreichung eingestellt werden. Klicken Sie einfach auf den Rand des Icons, und das Dialogfenster „Farben" erscheint.

Im Feld „Optionen und Abstände" des Dialogfensters „Typografie" können Sie Zeichenabstände (Unterschneidung) und Wortabstände einstellen. So kann von den normalen Abständen, die innerhalb eines Fonts festgelegt sind, abgewichen werden. Negative Werte verringern die Abstände, positive erweitern sie.

Sie können hier für den markierten Text auch die Position der Grundlinie verändern. Positive Werte heben sie relativ zum umgebenden Text an, negative Werte senken sie ab. Unterschneidungen (auch Kerning genannt) und Hoch-/Tiefstellungen können auch manuell mit der Tastatur ausgeführt werden. Drücken Sie die Pfeiltaste links bzw. rechts mit gedrückter Steuerungstaste, so werden die Zeichen an der aktuellen Cursorposition unterschnitten. Halten

Tip!

Sie die Steuerungstaste gedrückt und drücken Sie die Pfeiltaste auf bzw. ab, dann hebt bzw. senkt sich beim markierten Text die Grundlinie. Die Steuerungstaste ist für große Schrittweiten. Halten Sie auch die Umschalttaste gedrückt, können Sie Feineinstellungen vornehmen. Ohne Umschalttaste beträgt die Änderung 10 %, mit Umschalttaste 1 % des Gevierts.

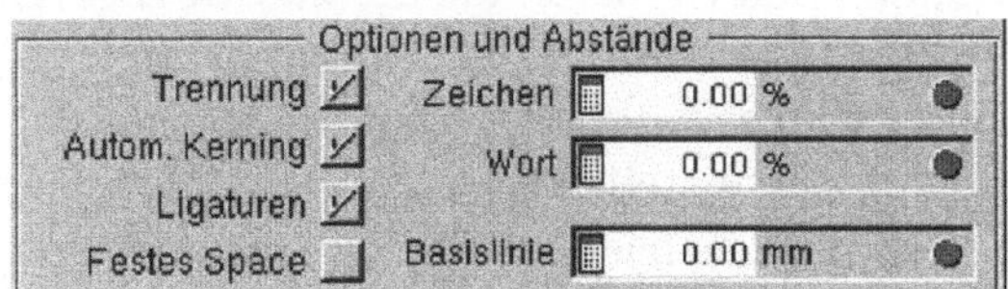

Im Feld „Optionen und Abstände" des Dialogfensters „Typografie" können Sie Trennung, automatisches Kerning und Ligaturen ein- und ausschalten. Außerdem können Sie feste Leerzeichen setzen, die bei der Ausrichtung nicht gedehnt werden dürfen.

Im Feld „Optionen und Abstände" gibt es vier Optionen. Das Aktivieren einer Option schaltet die jeweilige Funktion ein, ansonsten ist sie ausgeschaltet.

- „Trennung" erlaubt die Silbentrennung von Wörtern, damit eine bessere Verteilung in den Zeilen möglich ist. Im Feld „Sprache", direkt unterhalb dieses Feldes, wird dem Text eine Sprache zugeordnet, welche die Auswahl des Trennwörterbuches bestimmt.
- „Autom. Kerning" schaltet die schriftinterne *Kerninginformation* ein, um die Abstände zwischen den Zeichen zu verbessern.
- „Ligaturen" verursacht spezielle *zusammengewachsene* Zeichen (wie fi und fl), sofern diese von der jeweiligen Schriftart angeboten werden.
- „Festes Space" macht die Leerzeichen im markierten Text zu festen Leerzeichen, die bei Blocksatz nicht gedehnt werden dürfen, jedoch einen Wortumbruch erlauben.

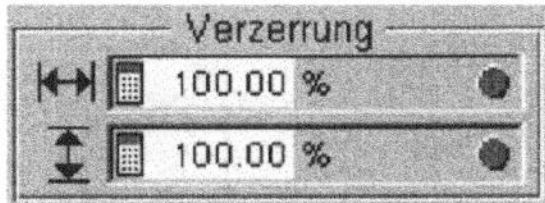

Die Parameter bei „Verzerrung", die auch zu den Zeichenattributen gehören, verändern Höhe und Breite der markierten Zeichen. Das obere Feld gibt die Breite der Zeichen an. 100 % ist normal, 50 % ist halb so breit, 200 % entspricht der doppelten Breite usw.

Mit diesen Parametern verändern Sie die eingestellten Angaben zur Zeichenbreite und -höhe. Sie können Zeichen breiter oder schmäler, kürzer oder länger machen oder auch beides gleichzeitig.

3.3.4 Silbentrennung

Silbentrennung kann im Feld „Optionen und Abstände" des Dialogfensters „Typografie" ein- und ausgeschaltet werden. In diesem Dia-

logfenster bestimmen Sie auch das Sprachattribut für Ihren Text. Die Spracheinstellung bestimmt die Wörterbücher, die OneVision-Type für Trennungen (und Rechtschreibkorrekturen) verwendet.

Das Sprache- und-Trennung-Icon

Mit dem Werkzeug „Sprache und Trennung" können auch neue Sprachen zur Silbentrennungsbibliothek von OneVision-Type hinzugefügt werden. Die untere Hälfte des Dialogfensters zeigt den Inhalt Ihres Ausnahmewörterbuches, das heißt Wörter, die Sie zu OneVisions Standardwörterbuch hinzufügen. Tippen Sie einfach neue Wörter in Kleinbuchstaben in das Feld im unteren Teil des Dialogfensters ein, und fügen Sie an den möglichen Trennstellen Trennungsstriche ein. Geben Sie ein Wort ohne Trennungsstriche ein, so wird dieses nirgendwo im Text getrennt werden. Wird bei einer Trennung ein zusätzlicher Buchstabe eingefügt, so vermerken Sie dieses mit einem Ausrufezeichen, gefolgt von dem hinzukommenden Buchstaben. Ein Beispiel dazu: „Bettuch" wird richtigerweise „Bett-tuch" getrennt. Um eine korrekte Trennung sicherzustellen, muß es als „bet!t-tuch" angegeben werden. Wird bei einer Trennung ein Buchstabe durch einen anderen ersetzt, so verwenden Sie in der Trennliste ein Dollarzeichen. Das Zeichen vor „$" wird dann mit dem darauffolgenden ersetzt. Auch hierzu ein Beispiel: „anklicken" wird zu „anklik-ken". In der Liste muß es als „an-klic$k-ken" angegeben werden. Die Kombination „ß$ss" bildet eine Ausnahme: „ß" wird zu „s-s".

„Sprache und Trennung"

Mit der Eingabetaste fügen Sie das eingegebene Wort der Liste hinzu. Haben Sie ein Wort markiert und klicken Sie „Löschen", so wird dieses entfernt.

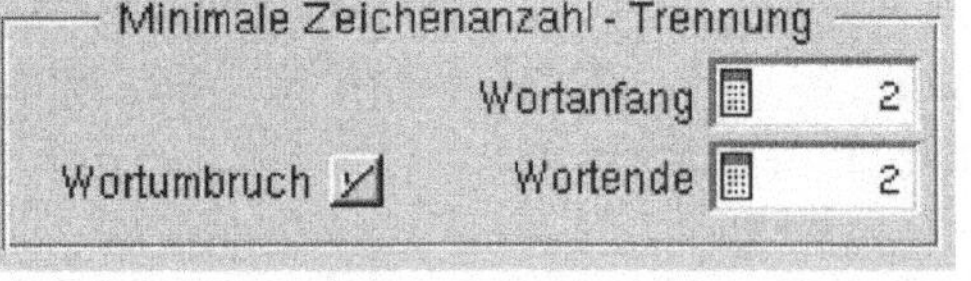

Das Absatzformat-Icon

Mit dem Werkzeug „Absatzformate" können weitere Angaben zur Trennung gemacht werden. „Wortanfang" gibt die Mindestanzahl der Zeichen an, die vor einem Trennstrich erscheinen müssen. „Wortende" gibt die minimale Zeichenanzahl an, die bei einer Trennung in die nächste Zeile gesetzt werden dürfen. Das Anklicken von „Wortumbruch" erlaubt einen normalen Umbruch der Zeilen: Ist die Silbentrennung ausgeschaltet, so wird kein Wort am Zeilenende gebrochen; ist diese an, so funktioniert die Trennung wie gewohnt. Ist jedoch „Wortumbruch" ausgeschaltet, so wird der Wortumbruch ohne Beachtung der Trennregeln und ohne Trennungsstriche durchgeführt.

Silbentrennung ist eine zeichenorientierte Eigenschaft. Sie können sie für bestimmte markierte Zeichen ein- und ausschalten. Um die Trennung bei einem einzelnen Wort auszuschalten, klicken Sie dieses doppelt an und schalten „Trennung" im Feld „Optionen und Abstände" des Dialogfensters „Typografie" aus.

3.3.5 Absatzorientiertes Formatieren: Abstand, Durchschuß, Einzug

Ebenso wie zeichenorientierte können auch absatzorientierte Formatierungen sowohl in OneVision als auch mit den Werkzeugen von OneVision-Type ausgewählt werden.

Wollen Sie einen Zeilenumbruch einfügen, aber keinen neuen Absatz beginnen, so verwenden Sie einen weichen Umbruch, den Sie im Dialogfenster „Pagina und Umbruch" finden. Klicken Sie im Feld „Weicher Umbruch" den Schalter „Einfügen", wird an der aktuellen Cursorposition ein Zeilenende eingefügt, ohne einen neuen Absatz zu beginnen. Ein weicher Umbruch kann mit der Löschtaste wieder entfernt werden, wenn sich der Cursor am Anfang der nächsten Zeile befindet. Ein weicher Umbruch kann auch mit dem Tastaturkommando ‹Strg›+‹Return› eingefügt werden.

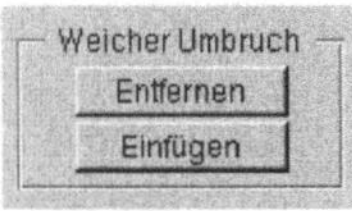

Tip!

Über das Untermenü „Text" im OneVision-Menü „Format" können Sie mit folgenden Befehlen zur Absatzausrichtung Ihren Text formatieren: „Linksbündig", „Rechtsbündig", „Zentrieren" und „Blocksatz". Diese Funktionen können auch über das Textrahmenlineal, oder, noch einfacher, mit folgenden Tastenkürzeln vorgenommen werden:

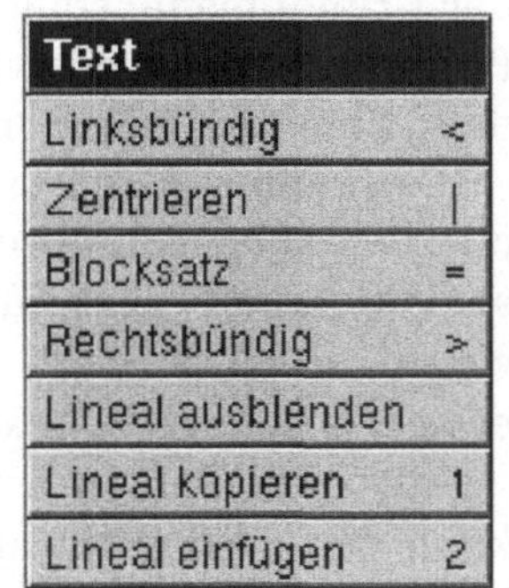

Das Menü „Text" bietet sowohl Absatzeinstellungen, wie Sie auch bei den Textrahmenlinealen verfügbar sind, als auch die Möglichkeit, Lineale von einem Rahmen oder Absatz zu einem anderen zu kopieren.

Linksbündig   ‹Befehl› + ‹<›
Rechtsbündig ‹Befehl› + ‹>›
Zentriert   ‹Befehl› + ‹|›
Blocksatz   ‹Befehl› + ‹=›

In diesem Menü können Sie auch die Linealeinstellungen von einem Absatz zum anderen kopieren. Diese Einstellungen schließen Ausrichtung, Einzüge und Tabulatoren ein.

Das Absatzformat-Icon

Die Werkzeuge von OneVision-Type erledigen aber auch komplexere Aufgaben. Klicken Sie auf das Absatzformate-Werkzeug, so öffnet sich ein Dialogfenster mit den absatzorientierten Einstellungen von OneVision-Type. Da sie absatzorientiert sind, wirken sich Änderungen in diesem Dialogfenster auf den ganzen Absatz aus, in dem sich der Cursor befindet bzw. auf alle Absätze, in denen Text markiert ist.

Im Feld „Maximale Blocksatzdehnung" geben Sie an, um wieviel Wörter und Zeichen der Blocksatz auseinandergezogen werden darf. Der Zeilenabstand (Durchschuß) ist mit dem Feld „Zeile" und der Option „Absolut" einzustellen. Ist absoluter Zeilenabstand einge-schaltet (die Option ist ange-kreuzt), dann bestimmt der einge-tragene Wert den Grundlinienab-stand der Zeilen des Absatzes.

Das Dialogfenster „Absatzformate" enthält alle absatzorientierten Einstellungen.

Ist „Absolut" ausgeschaltet, han-delt es sich um einen relativen Zeilenabstand. In diesem Fall wird der Grundlinienabstand von der Höhe der Fontbox berechnet, die im PostScript-Font definiert ist. Werte im Feld „Zeile" verursachen dann einen zusätzlichen Zeilenabstand.

Die Felder „Vor Absatz" und „Nach Absatz" geben den zusätzli-chen Zwischenraum vor bzw. nach einem Absatz an. Diese Eingaben sind kumulativ, d.h. die Werte werden addiert, wenn ein Absatz einem anderen folgt. „Vor Absatz" betrifft allerdings nicht den ersten Absatz eines Textrahmens.

Mit dem Parameter „Absatz", der zum Feld „Einzug" gehört, kann der Einzug der ersten Zeile eines Absatzes bestimmt werden. Der Wert gibt den Abstand vom linken Rand des Textrahmens an.

Das Eingabefeld „Links" rückt alle Zeilen außer der ersten inner-halb eines Absatzes ein, „Rechts" funktioniert dazu analog, betrifft jedoch alle Zeilen. „Cursoreinzug" fügt einen Einzug an der aktuel-len Cursorposition ein, sofern dieser per Tabulator oder Leerzeichen definiert wurde.

3.3.6 Stilvorlagen

Das Stilvorlagenwerkzeug von OneVision-Type stellt Stilvorlagen zur Verfügung, um das Formatieren von Absätzen zu vereinfachen und zu beschleunigen. Stilvorlagen bestehen aus einer Reihe von Absatzeinstellungen, der ein Name zugeteilt wurde und die mit einem einzigen Mausklick auf einen oder mehrere Absätze übertragen werden.

Das Stilvorlagen-Icon

Klicken Sie auf den gewünschten Stil in der Liste „Stilvorlagen", und die Einstellungen werden auf den Absatz, in dem sich der Cursor befindet, übertragen. Aktivieren Sie zudem die Option „Formatierung überschreiben", überschreibt die neue Stilvorlage alle bereits bestehenden Einstellungen im markierten Text. Weisen Sie einem Absatz eine Stilvorlage zu und ändern Sie dann einige Einstellungen, so sind diese bei der Zuweisung einer neuen Stilvorlage nicht betroffen, wenn „Formatierung überschreiben" ausgeschaltet ist.

Ein Klick auf das Stilvorlagenwerkzeug öffnet das Dialogfenster „Stilvorlagen", das alle geladenen Stilvorlagen auflistet. Klicken Sie auf den Schalter „Stil" im unteren Teil des Dialogfensters, so öffnet sich ein Pulldown-Menü mit verschiedenen Befehlen.

Die Stilvorlage „kein Stil" (Tastaturkommando: ‹Strg›+‹Leerzeichen›) ist in jedem Dokument vorhanden. Sie können alle Formatierungen eines Absatzes entfernen, indem Sie „kein Stil" zuweisen. Möchten Sie alle bestehenden Formatierungen löschen und einen neuen Stil zuweisen, so können Sie das Löschen alternativ zu „kein Stil" auch mit der Option „Formatierung überschreiben" vornehmen, wie oben bereits beschrieben wurde.

Wollen Sie eine neue Stilvorlage anlegen, wählen Sie aus dem Pulldown-Menü „Neu…", und das Dialogfenster „Stilvorlagen: Einstellungen" wird geöffnet.

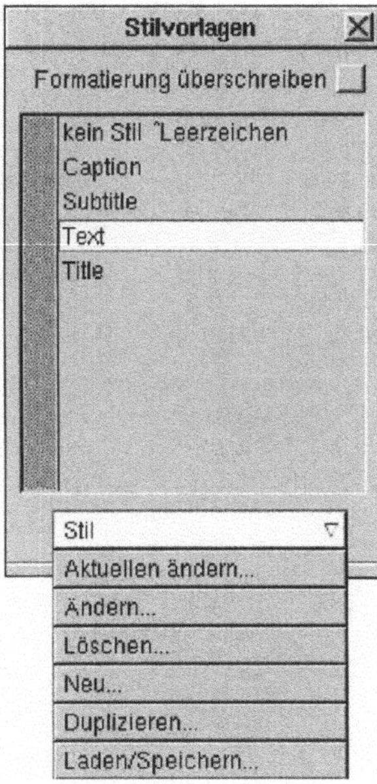

Das Dialogfenster „Stilvorlagen" zeigt eine Liste mit den Stilvorlagen, die für den markierten Absatz definiert sind und bietet ein Menü zum Anlegen und Editieren von Stilvorlagen.

Mit den Befehlsschaltern „Tabulatoren…", „Typografie…" und „Formate…" können Sie die Einstellungen für Ihre Stilvorlage wählen. Mit ihnen werden die Dialogfenster „Tabulatoren", „Typografie" und „Absatzformate" geöffnet, die weitgehend den Standarddialogen von OneVision-Type entsprechen. Haben Sie alle Ihre Einstellungen vorgenommen, können Sie der Stilvorlage einen Namen geben und sie mit einem Klick auf „OK" oder durch Betätigen der Eingabetaste abspeichern.

Das Feld „Übersicht" zeigt eine Zusammenfassung aller Einstellungen der aktuellen Stilvorlage. Rechts davon befinden sich Farbwahlfelder, die die Farben der Schrift, Kontur und Unterstreichung anzeigen. (Sie werden im Dialogfenster „Typografie" eingestellt.)

Eine Stilvorlage kann einer anderen zugrunde liegen. Wollen Sie beispielsweise eine neue Stilvorlage entwerfen, die sich von einer anderen nur durch den Einzug unterscheidet, so können Sie eine bestehende in der Liste „Stil erbt von" auswählen, den Einzug ändern und den neuen Stil benennen. Basiert eine Stilvorlage auf einer anderen und ändert man die „ursprüngliche" Stilvorlage, so werden auch alle davon abhängigen dementsprechend geändert.

Mit der Liste „Folgender Absatz" können Sie das Absatzformat für den Absatz, der dem mit dem aktuellen Stil folgt, auswählen; drücken Sie danach einfach die Eingabetaste. Stellen Sie sich zum Beispiel eine Satzvorlage vor, die zwei Absatzformate enthält: eines für die Überschriften und eines für den Text. In diesem Fall könnten Sie bei der Stilvorlage der Überschrift bereits angeben, daß der darauffolgende Absatz die Stilvorlage für den Text verwenden soll. Während Sie Ihre Satzvorlage setzen, können Sie im Dialogfenster „Stilvorlagen: Einstellungen" den Überschriftenstil zuweisen, gleichzeitig aber, wenn Sie nach der Überschrift die Eingabetaste drücken (damit wird ja das Ende des Absatzes signalisiert), übernimmt der nächste Absatz automatisch die passende Stilvorlage für den Text. Diese Funktion kann eine große Zeitersparnis bedeuten.

Im Pulldown-Menü des Dialogfensters „Stilvorlagen" können natürlich auch bestehende Stilvorlagen verändert werden. Die Option „Aktuellen ändern…" öffnet das Dialogfenster „Stilvorlagen: Einstellungen" mit den an der Cursorposition aktuellen Absatzeinstellungen. „Ändern…" öffnet eine Liste aller geladenen Stilvorlagen, von denen Sie eine auswählen und editieren können.

Der Schalter „Neu…" übernimmt die Einstellungen des markierten Textes in das Dialogfenster der neuen Stilvorlage. Sie können auch mit „Duplizieren…" eine Stilvorlage kopieren, müssen dann aber der Kopie einen neuen, eindeutigen Namen geben.

Sobald Sie „OK" klicken, wird Ihre neue bzw. veränderte Stilvorlage permanent mit dem aktuellen Dokument verbunden. Wollen Sie eine Stilvorlage auch in einem anderen Dokument verwenden, so können Sie diese als unabhängige Datei speichern und in ein anderes Dokument laden. Klicken Sie dazu im Pulldown-Menü des Dialogfensters „Stilvorlagen" den Befehl „Laden/Speichern…"; es öffnet sich dann ein weiteres Dialogfenster, in dem Sie den Namen und das Verzeichnis

angeben können, wo Sie die Stilvorlage speichern möchten. In ein OneVision-Dokument laden Sie es wieder mit dem gleichen Befehl.

Sie können einer Stilvorlage auch ein Tastenkürzel zuweisen. Klicken Sie dazu auf den Schalter „Tastenkürzel" und geben Sie eine Tastenkombination, bestehend aus ‹Strg› und irgend einer anderen Taste, ein. Haben Sie ein Tastenkürzel angegeben, so wird am Schalter die Tastenkombination anstelle des Wortes „Unbelegt" angezeigt. Sie können mit einem weiteren Klick auf diesen Schalter das eingegebene Tastenkürzel wieder entfernen oder umändern.

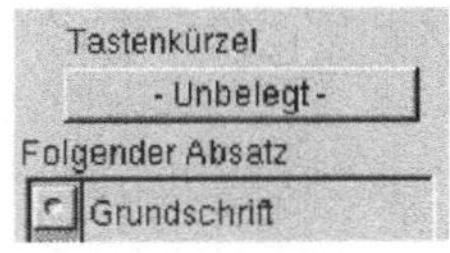

3.3.7 Zeichensatz

Nextstep-Schriften haben eine Standardtastaturbelegung, so daß die Zeichen auf der Tastatur ohne Schwierigkeiten gefunden werden. Jeder Taste können maximal vier Belegungen zugewiesen sein: Die normale Belegung der Taste ohne Umschalttaste und mit Umschalttaste, wie man es von einer Schreibmaschine gewohnt ist, weiterhin aber auch noch mit der Wahltaste, sowie mit Umschalttaste und der Wahltaste gemeinsam.

Ein Doppelklick auf das Workspace-Präferenzen-Icon (das kann auch anders aussehen) öffnet ein Dialogfenster, in dem Sie Systemeinstellungen sehen und ändern können.

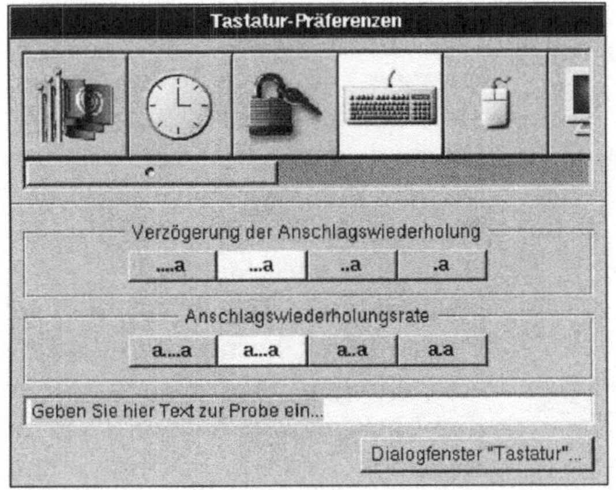

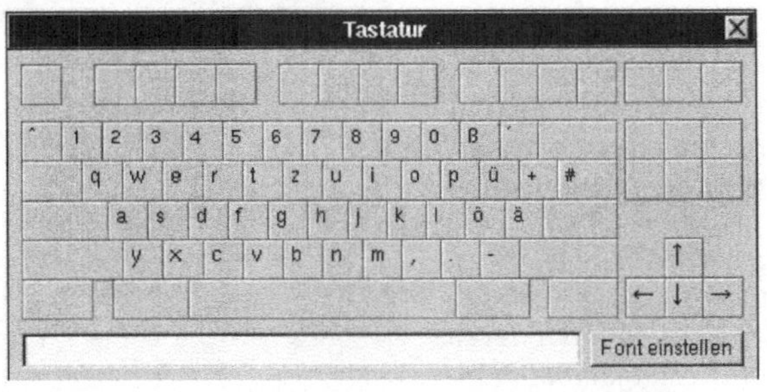

Ein Klick auf das Tastatur-Icon im Nextstep-Dialogfenster „Präferenzen" öffnet eine Anzeige der Tastaturbelegung. Damit sehen Sie, welche Schriftzeichen welchen Tasten zugeordnet sind.

Sie brauchen aber nicht alle möglichen Tastenkombinationen auswendig lernen, denn die Tastenbelegung kann mit dem Dialogfenster „Präferenzen" des Nextstep Workspace angezeigt werden. Außerdem ist dieses Werkzeug nützlich, wenn Sie einen Zeichensatz verwenden, der nicht dem Standard entspricht, wie beispielsweise

einen Pi-Font. Klicken Sie dazu doppelt auf das Werkzeug „Präferenzen", dann auf das Tastatur-Icon im Dialogfenster „Präferenzen" und schließlich noch auf den Schalter „Dialogfenster ''Tastatur''…", der rechts unten im Fenster „Tastatur-Präferenzen" liegt. In der Tastaturansicht können Sie eine Schriftart auswählen, indem Sie den Schalter „Font einstellen" anklicken. Drücken Sie die Umschalt- oder die Wahltaste, oder die Umschalttaste zusammen mit der Wahltaste, und es werden die Zeichen angezeigt, die Sie mit der jeweiligen Tastenkombinationen erreichen.

OneVision bietet eine Zeichentabelle an, die sich auch auf der OneVision-CD befindet und die in das Menü „Dienste" installiert werden kann. Kopieren Sie das Programm „CharacterPaster.app" von der CD in das Verzeichnis „/Apps" in Ihren Heimordner. Wollen Sie ein Sonderzeichen mit OneVision in Ihr Dokument einfügen, so klicken Sie im Menü „Dienste" auf „Zeichentabelle". Wählen Sie nun den gewünschten Zeichensatz aus (Tastaturkommando: ‹Befehl›+‹t›), und klicken Sie doppelt auf das gewünschte Zeichen.

Tip!

Dienst „Zeichentabellen"

Das CharacterPaster-Icon

3.3.8 Suchen und Ersetzen

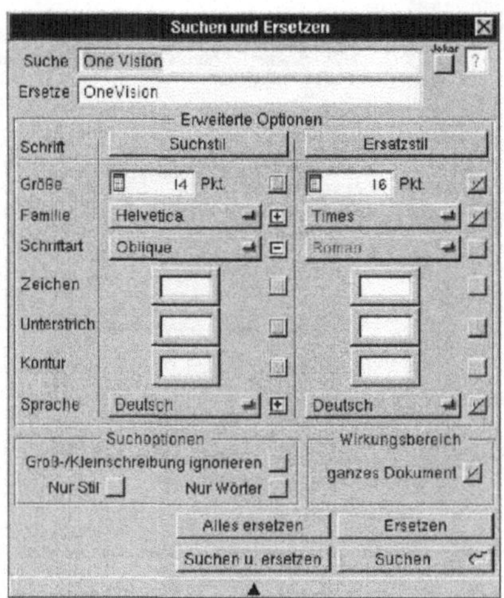

Im erweiterten Modus können Sie im Dialogfenster „Suchen und Ersetzen" sowohl nach dem Inhalt einer Textstelle als auch nach deren Formatierungseinstellungen suchen. Ersetzen können Sie in gleicher Weise, entweder mit neuem Text, neuen Formatierungen oder auch mit beidem gleichzeitig.

Das Dialogfenster „Suchen und Ersetzen" in OneVision können Sie mit einem Klick auf „Dialog ''Suchen und Ersetzen''…" im Menü „Editieren"/„Suchen" öffnen (Tastaturkommando ‹Befehl›+‹f›). Hier können Sie nach einer bestimmten Textstelle, nach einer Textstelle mit bestimmten Schrifteinstellungen oder nach einer Kombination von beidem suchen. Natürlich können Sie auch den Textinhalt oder die Formatierung der gefundenen Stellen ersetzen lassen.

In den Textfeldern von „Suchen und Ersetzen" geben Sie den gesuchten Text ein und den Text, der die gefundenen Stellen ersetzen soll. Die Eingaben in den Feldern „Suche" und „Ersetze" sind nicht an die

Größe des Fensters gebunden; wird der Text länger als das Feld breit ist, so verschiebt sich der Text nur dementsprechend.

Klicken Sie auf die Option „Joker", rechts neben dem Feld „Suche", kann ein Joker oder Wildcard-Zeichen eingegeben werden, das als Platzhalter für ein beliebiges Zeichen im Suchtext steht. Ist das Jokerzeichen zum Beispiel ein Fragezeichen, so findet man mit dem Suchtext *?aus* alle Wörter wie *Haus, Laus, Maus* und *raus*.

Ein Klick auf das kleine Dreieck ganz unten im Dialogfenster erweitert die Suchkriterien. Die Optionen in der linken Spalte bei „Erweiterte Optionen" haben drei verschiedene Möglichkeiten; mit aufeinanderfolgenden Mausklicks wechselt man zwischen folgenden drei Einstellungen:

Findet Text, der diese Einstellung hat

Findet Text, der diese Einstellung nicht hat

Ignoriert diese Einstellung

Ist im Feld „Wirkungsbereich" die Option „ganzes Dokument" angekreuzt, so wird die Suche auf alle Textrahmen im Dokument erweitert. Ist diese Option ausgeschaltet, so beschränkt sie sich auf die Textflußkette, in der sich der Cursor befindet.

Aktivieren Sie die Option „Nur Stil" im Feld „Suchoptionen", so wird nur nach Textattributen gesucht, nicht jedoch nach dem Text selbst. Das wird benötigt, wenn Sie zum Beispiel nach allen Stellen suchen wollen, an denen die Schrift „Futura Condensed Light" vorkommt. Ist diese Funktion ausgeschaltet, so wird der Suchtext beachtet.

Die Option „Nur Wörter" begrenzt die Suche auf ganze Wörter, die mit denen im Feld „Suche" übereinstimmen. Dann wird beispielsweise die Suche nach dem Wort „mal" auch nur dieses Wort als Ergebnis liefern. Ist diese Funktion ausgeschaltet, so würde die Suche nach „mal" alle Wörter liefern, in denen es auch als Teilwort vorkommt, wie „bemalen", „Einmaligkeit" und „Einmaleins". Ist die Option „Groß-/Kleinschreibung ignorieren" eingeschaltet, so wird die Groß- und Kleinschreibung nicht beachtet. Ist sie ausgeschaltet, findet das Programm bezüglich der Groß- und Kleinschreibung nur exakt den von Ihnen eingegebenen Suchtext.

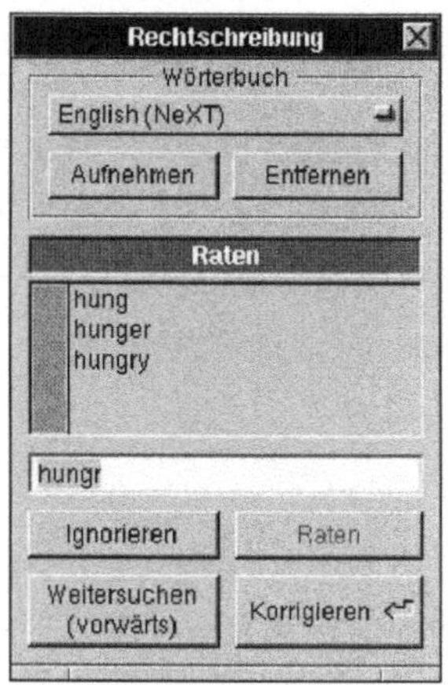

Das Dialogfenster „Recht-schreibkorrektur". Unbe-kannte Wörter werden im unteren Teil angezeigt, eine Liste möglicher Alter-nativen im Fenster darüber.

Der Schalter „Suchen" im unteren Teil des Dialogfensters sucht die Stelle, an der der Suchtext das nächste mal auftritt. Dabei wird von der aktuellen Cursorposition in Richtung Textende begonnen. Ein Klick auf den Schalter „Ersetzen" ersetzt den gefundenen Text, ent-sprechend Ihrer Angaben. Der Schalter „Suchen u. ersetzen" kombi-niert diese beiden Schritte zu einem Vorgang. „Alles ersetzen" führt den Vorgang automatisch für alle gefundenen Stellen durch.

3.3.9 Rechtschreibprüfung

OneVision verwendet die Rechtschreibkorrektur von Nextstep. Dazu haben Sie Zugang über das OneVision-Menü „Editieren". Der Menü-befehl „Rechtschreibprüfung" öffnet die Rechtschreibkorrektur und schließt diese auch wieder automatisch, sobald sie beendet ist. Der Befhl „Rechtschreibung…" öffnet das Dialogfenster „Rechtschrei-bung" und läßt dieses am Desktop offen. So kann es später weiter benutzt werden. Im Dialogfenster „Typografie" können Sie einer markierten Textstelle eine Sprache zuweisen, deren Wörterbuch für diese Textstelle verwendet werden soll.

Die Rechtschreibkorrektur beginnt an der aktuellen Cursorposition bis zum Ende des Textflusses. Ist das Ende erreicht, beginnt sie vom Textanfang bis zur ursprünglichen Cursorposition und endet dort.

Klicken Sie im Menü „Editieren" auf den Schalter „Rechtschreib-prüfung", so beginnt die Rechtschreibkorrektur sofort. Öffnen Sie mit dem Befehl „Rechtschreibung…" im Menü „Editieren" das Dia-logfenster „Rechtschreibung", so müssen Sie diese selbst mit dem Schalter „Weitersuchen (vorwärts)" starten

Findet das Programm ein Wort, das nicht im Wörterbuch vorhanden ist, so wird dieses im Dialogfenster angezeigt. Über der Anzeige er-scheint eine Liste von Wörtern, die das Programm als mögliche Alternativen angibt. Ein Klick auf eines dieser Wörter ersetzt das dem Programm unbekannte Wort. Ein Klick auf den Schalter „Korrigieren" fügt das ausgewählte Wort in den Text ein. Sie können natürlich auch selbst das Wort, das dem Programm unbekannt ist, ändern. Auch dann wird mit einem Klick auf den Schalter „Korrigieren" das Wort im Text durch das von Ihnen angegebene Wort ersetzt.

Ist das Wort, welches das Programm als unbekannt auflistet, tatsächlich richtig geschrieben, so können Sie es mit dem Schalter

„Aufnehmen" dem Wörterbuch einfügen. Wollen Sie ein Wort aus diesem löschen, so tippen Sie es einfach in das Feld des Dialogfensters und klicken auf den Schalter „Entfernen".

Ist das vom Programm angegebene Wort richtig geschrieben, aber Sie wollen es nicht in das Wörterbuch hinzufügen, so klicken Sie einfach auf den Schalter „Ignorieren". Das Programm wird in diesem Fall alle anderen Stellen, an denen dieses Wort vorkommt, ebenfalls ignorieren.

3.3.10 MultiText für außereuropäische Sprachen

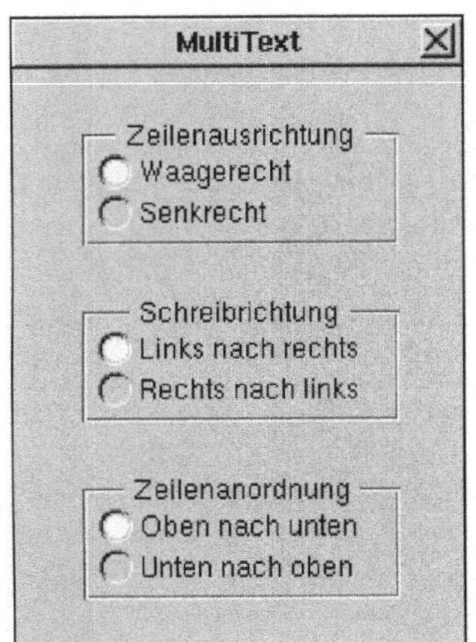

Mit dem OneVision-Type-Werkzeug „MultiText" können Sie die Leserichtung Ihres Textes angeben. Sollten Sie Schwierigkeiten haben, Änderungen vorzunehmen, so überprüfen Sie bitte, ob das Modul korrekt serialisiert wurde.

Mit „Zeilenausrichtung" können Sie wählen zwischen Zeilen, deren Text horizontal (wie bei Deutsch) oder vertikal (wie bei Chinesisch) verläuft, bei „Schreibrichtung" können Sie bestimmen, ob der Text von links nach rechts (wie bei Deutsch) oder von rechts nach links (wie bei Hebräisch) verlaufen soll, bei „Zeilenanordnung" können Sie angeben, ob die Zeilen oben beginnen und Zeile für Zeile nach unten gesetzt werden (wie bei Deutsch), oder ob sie von unten nach oben angeordnet sein sollen.

Das MultiText-Icon

Das Werkzeug „MultiText" macht es möglich, Text zu setzten, der von rechts nach links oder vertikal gelesen werden soll. Sie können sogar Schriftzeilen setzen, die von unten nach oben verlaufen.

Teil 4

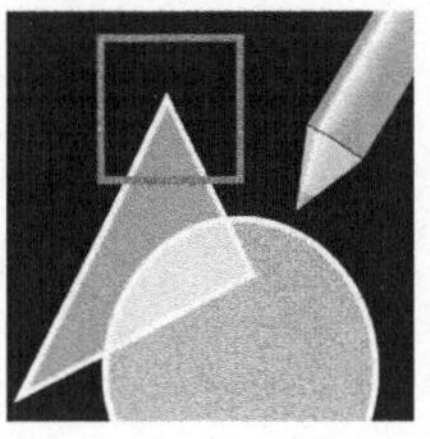

OneVision-Art

von Sabine Hamann

4.1 Einleitung

Bevor Sie beginnen, mit OneVision-Art und den anderen Grafikmodulen von OneVision zu arbeiten, möchten wir Ihnen einige Hinweise zum Gebrauch dieses Handbuchteils geben. Wir haben versucht, an Beispielen aus der Praxis die ersten Fragen eines Anwenders ausführlich zu beantworten. Danach werden Sie einige nützliche Tips und Tricks zur Handhabung des Programms finden.

Grundsätzlich gibt es zwei Möglichkeiten, eine Grafik zu erstellen. Entweder Sie haben die Aufgabe, eine fertige Papiervorlage zu digitalisieren, oder Sie möchten eine komplett neue Grafik gestalten. Es kommt aber auch häufig vor, daß ein Grafikdesigner eine Grafik zur weiteren Verwendung als Datei liefert, die in ein Layout integriert oder einfach nur belichtet werden soll. In all diesen Fällen ist es notwendig, die Möglichkeiten der Grafikanwendung zu kennen, um die gewünschten Ergebnisse zu erzielen.

Die OneVision-Software ist modular aufgebaut. Für die Arbeit mit Grafiken sind die Module *OneVision-Art, Pfadtext, Verlauf, EAN-Barcode* und *Figuren* zuständig, mit denen Sie dieses Handbuch vertraut machen wird.

Im Handbuchteil „OneVision-Art" werden die Funktionen der verschiedenen Grafikmodule im Detail erläutert und die möglichen Tastenfunktionen beschrieben. Dieser Teil soll als Nachschlagewerk dienen, mit dem Sie die Probleme und Aufgaben der täglichen Arbeit zu bewältigen lernen.

Sie erhalten Hinweise für effektives Arbeiten und Informationen über die Grundeinstellungen, die für bestimmte Aufgaben empfehlenswert sind. Weiterhin werden Sie Hinweise auf die Handbuchteile zur Bildbearbeitung „OneVision-Image" und Textverarbeitung „OneVision-Type" finden.

Grundsätzlich sollten Sie schon Kenntnisse im Umgang mit Ihrem Betriebssystem Nextstep erworben haben. Das bedeutet, daß Sie schon wissen, wie man mit Fenstern umgeht und daß Sie die Grundeinstellungen für Maus, Tastatur, Monitor, Sprache und Datum und Uhrzeit bereits festgelegt haben.

Grundfunktionen wie Öffnen, Speichern und die Datenübernahme von anderen Systemen werden näher erläutert, soweit sie im Zusammenhang mit den Grafikmodulen von OneVision stehen.

Zusätzlich empfehlen wir Ihnen, bei tiefergehenden Fragen die Online-Hilfe zu Rate zu ziehen. Sie ist über das Menü „Info"/„Hilfe…" zu erreichen. Sehen Sie dazu auch 1.3.2 „Online-Hilfe".

4.2 Die Grafikmodule

OneVision besteht aus einer Vielzahl von Modulen, die einzeln erworben und lizensiert werden können. Das bedeutet, daß ein Modulpaket auch nachträglich installiert und serialisiert werden kann. Sie haben die Möglichkeit, nur die für Ihre Arbeit benötigten Module zu laden und weitere Module erst bei Bedarf nachzuladen.

Module werden automatisch nachgeladen, wenn Sie ein Dokument öffnen, in dem diese Module verwendet wurden, auch wenn diese in Ihrer aktuellen Konfiguration nicht enthalten waren. Sie müssen also nicht wissen, mit welchen Modulen die Datei erstellt wurde; das Programm erkennt selbst, welche Module für die Bearbeitung benötigt werden.

In der Modulverwaltung, die über „Info"/„Modulverwaltung…" im OneVision-Menü erreichbar ist, entscheiden Sie, welche Module Sie laden wollen. Für häufig benötigte Module sollte dies bereits beim Start geschehen. Es besteht während Ihrer Arbeit an einem Dokument jederzeit die Möglichkeit, Module nachzuladen. Sie stehen anschließend zur Verfügung. Die Information, welche Module beim Starten geladen werden sollen, wird in einer Konfigurationsdatei gespeichert. Sie können für verschiedene Anwendungsgebiete verschiedene Konfigurationen zusammenstellen. Lesen Sie dazu bitte unter 1.2.7 „Modulverwaltung" nach.

Zu den Grafikmodulen zählen:

- OneVision-Art
- FIGUREN
- PFADTEXT
- VERLAUF
- METAMORPHOSE
- BARCODE

4.3 Präferenzen

Bevor Sie mit der Arbeit an einer Grafik beginnen, sollten Sie sich einige Grundeinstellungen ansehen, und diese gegebenenfalls an Ihre Bedürfnisse anpassen. Die Grundeinstellungen finden Sie im Menü „Info" in den „Präferenzen…". Erklärungen zu den allgemeinen Präferenzen finden Sie unter 1.2.8 „OneVision-Präferenzen".

Wichtig für die Grafikbearbeitung ist, daß Sie aktive Elemente und Hilfslinien schnell erkennen. Sie sollten deshalb die Grundeinstellungen für OneVision-Art ändern und sich die Arbeit durch eine gute farbliche Kennzeichnung der Elemente erleichtern. Die Präferenzen für OneVision-Art werden nur angezeigt, wenn das Modul geladen ist. Gegebenenfalls müssen Sie es in der Modulverwaltung über „Info"/„Modulverwaltung…" nachladen.

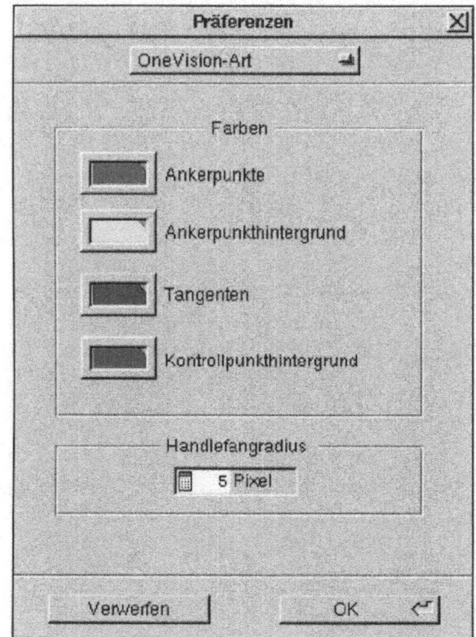

Wählen Sie die Option „OneVision-Art" im Popup-Menü des Präferenzenfensters, um OneVision-Art-Präferenzen einzustellen. Sie können die Farben verschiedener Teile von Pfaden (Punkte, Tangenten und Hintergründe) so einstellen, daß Sie einen besseren Überblick über die aktivierten Elemente haben. Dazu klicken Sie auf den grauen Rand, der um die Farbfelder gelegt wurde. Sie legen damit fest, welche Farbe Sie ändern möchten. Ist der Rand aktiviert, wird er weiß und das Farbenfenster erscheint.

Im Farbenfenster haben Sie verschiedene Möglichkeiten, Farben auszuwählen. Am besten klicken Sie auf den Farbkreis. Nun können Sie eine Farbe durch Anklicken wählen. Sobald Sie alle Farben Ihren Wünschen entsprechend geändert haben, können Sie das Farbenfenster schließen. Eine genaue Beschreibung der Handhabung

des Farbenfensters finden Sie unter 6.2 „Das Farben-Fenster". Unter den Farbeinstellungen in den OneVision-Art-Präferenzen sehen Sie auch die Vorgabe für den Handlefangradius. Damit ist die Anzahl von Pixeln gemeint, bis zu denen Sie den Mauszeiger einem Punkt nähern müssen, damit er vorgewählt wird. Sie müssen den Mauszeiger also nicht genau auf einen Punkt positionieren, damit er bei einem Klick mit der linken Maustaste aktiviert wird.

Achtung! Ist der Handlefangradius jedoch zu groß eingestellt, werden Sie Probleme haben, wenn Sie dicht beieinanderliegende Punkte aktivieren müssen. Wählen Sie in diesem Fall einen kleineren Handlefangradius. Da der Fangradius immer in Bildschirmpixeln gemessen wird, können Sie auch durch Zoomen in die Dokumentseite sicherstellen, daß Sie den richtigen Punkt selektieren.

4.4 Arbeit mit Dokumenten

Wollen Sie eine eigene Grafik erstellen, benötigen Sie ein Dokument, das diese aufnehmen soll. Wählen Sie dazu im Menü „Dokument" den Punkt „Neu". Das neue Dokument beinhaltet zunächst eine leere Seite. Unten am Rand des Fensters finden Sie einige Symbole, die den Arbeitsmodus anzeigen, in dem Sie sich gerade befinden.

4.4.1 Die Arbeitsmodi

1. Element-erzeugen-Modus: Ein Element wird erzeugt, indem Sie zuerst ein Modul auswählen (anklicken) und somit den Elementtyp bestimmen, z.B. OneVision-Type für Textelemente oder OneVision-Art für Grafikelemente. Klicken Sie auf das Symbol „Element erzeugen". Der Mauszeiger ändert seine Darstellung in ein kleines Kreuz. Nun können Sie ein oder mehrere Elemente des gewählten Typs erzeugen. OneVision bleibt in diesem Modus, bis Sie explizit in einen anderen Modus wechseln.

2. Element-selektieren-Modus: Wenn Sie in diesem Modus sind, ist ein Pfeil auf dem Bildschirm als Cursor sichtbar. Jetzt können Elemente vorgewählt und zur Bearbeitung ausgewählt werden. Wenn Sie die Maus über ein Element bewegen, wird eine Vorwahlrahmen angezeigt. Außerdem erscheint in der Informationsleiste des Dokumentfensters der Typ und der Name des vorgewählten Elements. Durch Anklicken eines vorgewählten Elements wird es ausgewählt. Jetzt sehen Sie die Element-Handles und den Elementrahmen in einer anderen Farbe. Jedes Element wird in einem rechteckigen Rahmen dargestellt, auch dann, wenn das Element selbst eine andere Form hat. In diesem Modus kann ein Element z. B. verschoben werden, oder Sie können seine Maße durch Ziehen an den Handlepunkten verändern. Zum Verschieben drücken Sie die linke Maustaste innerhalb des selektierten Elements und bewegen die Maus. Zum freien Skalieren klicken Sie eines der Handles mit der linken Maus-

Tip!

Zwischen den beiden Arbeitsmodi „Element erzeugen" und „Element selektieren" kann mit einem Klick mit der rechten Maustaste gewechselt werden.

taste an und verändern den Rahmen. Weitere Bearbeitungsmöglichkeiten im „Element-selektieren-Modus" finden Sie unter 1.4.4 „Elemente selektieren".

Falls die rechte Maustaste nicht den Moduswechsel herbeiführt, informieren Sie sich bitte im Handbuchteil „Basis" unter 1.2 „Arbeitsplatzeinrichtung" darüber, wie Sie die rechte Maustaste aktivieren.

3. Element-editieren-Modus: Wenn ein Sie einzelnes Element ausgewählt haben, können Sie es bearbeiten. Das heißt beispielsweise, daß der Textinhalt eines Textrahmens verändert wird oder in einem Bild die Gradation angepaßt wird, oder es werden neue Ankerpunkte in eine Vektorgrafik eingefügt.

Tip! Sie gelangen am schnellsten in diesen Modus, indem Sie mit der linken Maustaste auf ein selektiertes Element einen Doppelklick ausführen.

Sofern eine Bearbeitung mit den ausgewählten Werkzeugen nicht möglich ist, sehen Sie ein kleines Verbotszeichen (Verkehrszeichen) anstelle des Cursors.

4.4.2 Zoomen in Dokumenten

Den Lupenmodus können Sie nutzen, um einen Dokumentausschnitt auf Ihrem Bildschirm zu vergrößern. Klicken Sie die Lupe an, und ziehen Sie bei gedrückt gehaltener linker Maustaste mit dem Lupencursor einen Rahmen um die Elemente, die vergrößert dargestellt werden sollen. Sie sehen die neue Darstellungsgröße rechts unten in der Seitenregie. Hier können auch verschiedene Prozentwerte als Zoomfaktor eingestellt werden. Mit „Anpassen" ist gemeint, daß die Darstellung so weit verkleinert bzw. vergrößert wird, daß die gesamte Seite inklusive Ränder im Dokumentfenster zu sehen ist. Die maximale Zoomeinstellung ist 80.000 %.

Tip! Zum schnellen Zoomen können Sie auch in einem beliebigen Modus die Befehlstaste festhalten und mit dem Lupencursor einen Rahmen um die zu zoomenden Elemente ziehen. Sie kehren danach automatisch wieder in den vorher benutzten Modus zurück.

Sie können ein einzelnes Element automatisch so zoomen lassen, daß es das gesamte Dokumentfenster füllt, indem Sie es selektieren

und anschließend bei gedrückt gehaltener Befehlstaste einen Doppelklick im Dokumentfenster ausführen.

4.5 Einrichten einer Seite

Bevor Sie mit der Gestaltung einer Grafik beginnen, sollten Sie überlegen, wie groß diese werden wird. Dann prüfen Sie, ob Sie mit der Seitengröße einverstanden sind und ändern diese gegebenenfalls.

Wählen Sie im Menü „Format" den Punkt „Seitenlayout…", um die Seitengröße oder die Lage der Seite zu verändern. Sie können eine der vorgeschlagenen Seitengrößen benutzen oder ein freies Seitenformat in den Feldern Breite und Höhe bestimmen. Nachdem Sie die Einstellung bestätigt haben, sehen Sie das veränderte Seitenformat und können nun Ihre Grafik darauf erstellen.

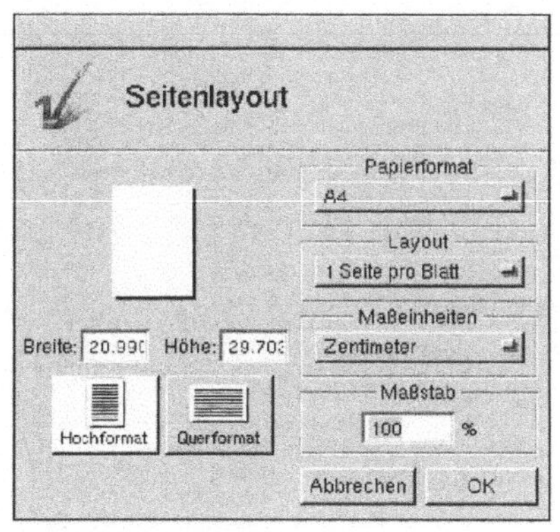

Falls Sie mehrere Seiten für Ihre Arbeit benötigen, können Sie im Menü „Seite" neue, leere Seiten erzeugen oder Seiten kopieren. Unter 1.3.3 „Dokumente" finden Sie weitere Informationen zu diesem Menü.

Für die Herstellung und Bearbeitung von Grafiken wird aber oft nur eine Seite benötigt. Möglicherweise müssen Sie in mehrseitigen, konvertierten Dokumenten die Grafiken korrigieren. Daher sehen Sie in der Seitenregie hinter dem Schrägstrich die Gesamtseitenzahl des Dokuments und davor die aktuelle Seitennummer, auf der Sie gerade arbeiten. Mit den Pfeilen links und rechts der Seitennummerangaben können Sie zur vorherigen oder nächsten Seite blättern. Wollen Sie direkt auf eine bestimmte Seite springen, klicken Sie auf das kleine Seitensymbol, und geben Sie dann im erscheinenden Dialogfenster die Nummer der gewünschten Seite ein.

Achtung!

Alle Seiten eines Dokuments haben dieselbe Größe.

4.6 Hilfslinien einrichten und benutzen

Erstellte Grafikelemente können zwar auch numerisch an bestimmten Positionen im Layout plaziert werden, doch ist es oft einfacher, die Elemente an Hilfslinien auszurichten.

Zum Erstellen von Grafiken und Layouts mit OneVision-Type und OneVision-Art werden Sie die Hilfslinien so einrichten, daß diese die Ränder des Satzspiegels bzw. die Außenmaße Ihrer Grafik begrenzen. Häufig wird bei einer Grafik auch der Mittelpunkt durch ein Kreuz mit Hilfslinien markiert.

4.6.1 Hilfslinien

Zum Einrichten der Hilfslinien klicken Sie auf das Icon des Moduls. Zwei Werkzeuge werden danach in der Werkzeugleiste sichtbar. Im ersten Werkzeug „Hilfslinien" haben Sie verschiedene Möglichkeiten zur Verfügung. Sie können z. B. Farbe und Deckkraft der Hilfslinien einstellen. Öffnen Sie dazu mit Hilfe des Farbwahlfeldes (dritten Symbols von links, unten im Werkzeugfenster) das Farbenfenster. Es empfiehlt sich, für die Hilfslinien keine 100 %ige Deckkraft einzustellen, sondern z.B. nur 70 %. Dadurch bleiben feine Linien unter den Hilfslinien sichtbar.

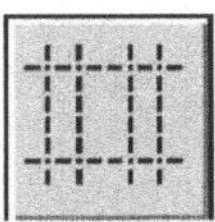

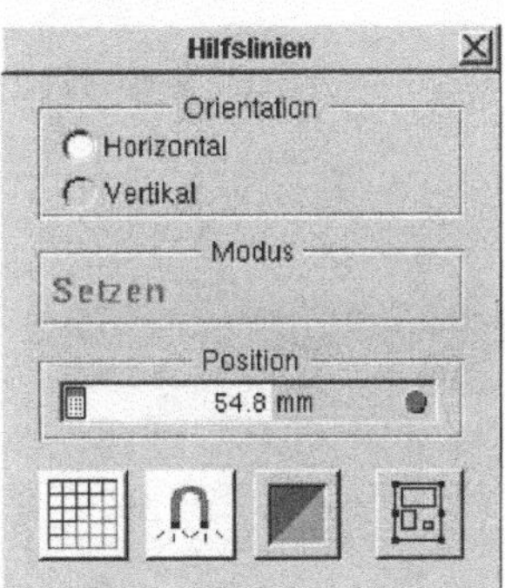

Wählen Sie vor dem Erstellen einer Hilfslinie mit der entsprechenden Option aus, ob Sie eine horizontale oder vertikale Hilfslinie erstellen wollen. Geben Sie dann die gewünschte Position ein. (In dem Eingabefeld können auch mathematische Ausdrücke eingegeben werden.) Betätigen Sie abschließend die Eingabetaste. Auf diese Art können sie Hilfslinien erzeugen, ohne daß Sie sich im Modus „Element-erzeugen" befinden müssen.

Wahlweise können Sie auch Hilfslinien mit der Maus erzeugen, indem Sie in den „Element-erzeugen-Modus" wechseln. Sie sehen einen veränderten Mauszeiger, der Ihnen zeigt, ob Sie gerade senkrechte oder waagerechte Hilfslinien erstellen. In Ihrem Dialogfenster erscheint die aktuelle Position und der aktuelle Modus. Hier wird „Setzen" angezeigt, wenn noch keine Hilfslinie an der Position des Mauszeigers vorhanden ist. Durch Klicken wird eine Hilfslinie erzeugt. Ist bereits eine Hilfslinie vorhanden, wird im Werkzeugfenster „Löschen" angezeigt, und Sie können die Hilfslinie durch Anklicken löschen.

Sobald Sie eine Hilfslinie erzeugt haben, wird eine Schaltfläche im Hilfslinienfenster aktiviert, durch die alle Hilfslinien in der aktuellen Gruppe gelöscht werden können. Zum Thema Gruppieren geben wir in diesem Handbuch weitere Hinweise unter 4.9 „Arbeit mit Elementen" und unter 1.4 „Elemente".

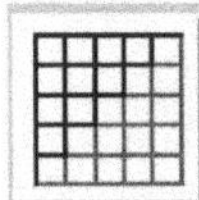

Mit der ersten Schaltfläche bestimmen Sie, ob Sie die Hilfslinien im Dokumentfenster sehen möchten. Sie können die Hilfslinien einer Elementgruppe einfach ausblenden, wenn Sie die Darstellung als störend empfinden.

Hilfslinien verhalten sich *magnetisch*, wenn Sie die Schaltfläche mit dem Magneten aktiviert haben, d. h. wenn Sie beim Bewegen eines Elements oder eines Handles in die Nähe einer Hilfslinie kommen, wird das Element oder das Handle direkt auf die Hilfslinie positioniert.

Möchten Sie die Funktion der magnetischen Hilfslinien zeitweise deaktivieren, um beispielsweise eine Kurve genauer verändern zu können, halten Sie beim Erstellen (Aufziehen) oder Verschieben des Elements oder Punktes die Befehlstaste fest.

Achtung!

Drücken Sie die Befehlstaste erst, nachdem Sie das Element oder den Handle ergriffen haben, andernfalls wird die Zoomfunktion ausgelöst.

4.6.2 Hilfsraster

Das zweite Werkzeug im Hilfslinienmodul ist das Hilfsraster.

Mit dem Hilfsraster können Sie ein Gitter von magnetischen oder nicht magnetischen Gitterpunkten über Ihre Arbeitsfläche legen. Der Einsatz dieses Hilfsmittels bietet sich immer dann an, wenn Sie in bestimmten waagerechten und senkrechten Abständen Elemente plazieren möchten. Beispielsweise können Sie den Abstand waagerecht und senkrecht auf 1 mm einstellen. Schon haben Sie ein Milli-

meterraster, auf dem Sie neue Elemente mit einer Genauigkeit von 1 mm für die Breite, Höhe und Position erstellen können. Mit den Einstellungen für Offset kann das Raster, ausgehend von der linken, oberen Ecke der Dokumentseite, verschoben werden.

Die Schaltflächen im unteren Teil des Werkzeugfensters haben die gleichen Funktionen wie bei den Hilfslinien.

Magnetische Hilfsraster und Hilfslinien sind auch dann wirksam, wenn Sie nicht sichtbar sind. Sollte es Ihnen also einmal nicht möglich sein, einen Punkt an die gewünschte Position zu verschieben, müssen Sie möglicherweise in der aktuellen Gruppe die magnetische Funktion des Hilfsrasters oder der Hilfslinien deaktivieren.

Achtung!

4.7 Figuren erzeugen

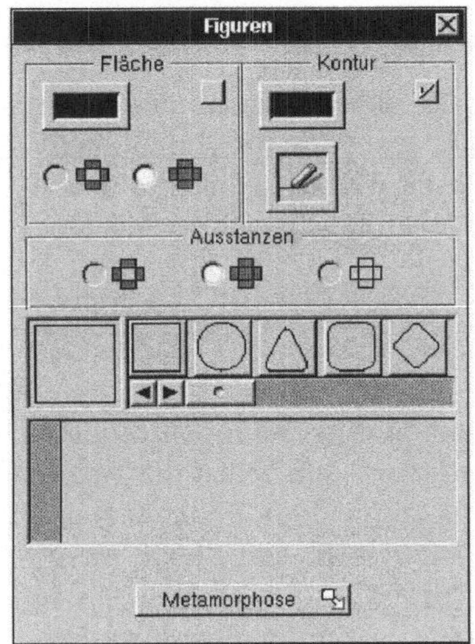

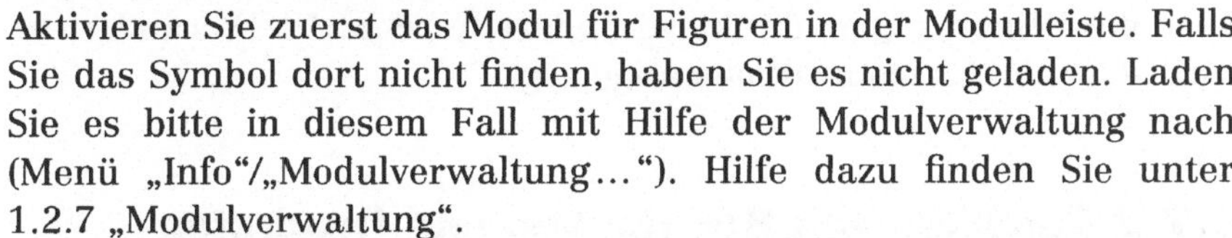

Das Modul „Figuren" ist mit dem Modul OneVision-Art (Pfadeditor) verknüpft. Zunächst wollen wir die Erstellung von neuen einfachen Grundformen betrachten und uns dann mit den Möglichkeiten der Weiterbearbeitung befassen.

Zum Zeichnen von Figuren müssen Sie zuvor in den Modus „Element-erzeugen" wechseln. Dann können Sie mit dem Kreuzcursor auf Ihrer Dokumentseite ein neues Element erstellen, beispielsweise als nachträgliche Rahmenlinie für ein Bild oder als eines der Grundelemente für eine neue Grafik.

Aktivieren Sie zuerst das Modul für Figuren in der Modulleiste. Falls Sie das Symbol dort nicht finden, haben Sie es nicht geladen. Laden Sie es bitte in diesem Fall mit Hilfe der Modulverwaltung nach (Menü „Info"/„Modulverwaltung…"). Hilfe dazu finden Sie unter 1.2.7 „Modulverwaltung".

Nachdem Sie das Modul angeklickt haben, erscheint ein Werkzeugsymbol und ein Dialogfenster. Da zu diesem Modul nur ein Werkzeug gehört, ist es automatisch aktiv.

4.7.1 Figuren auswählen

Im Werkzeugfenster „Figuren" haben Sie die Möglichkeit, die Fläche, die Konturlinie, die Option für das Ausstanzen, die eigentliche Figur und deren Optionen auszuwählen.

Die verfügbaren Figuren sind mit einem kleinen Symbol dargestellt und werden in einem waagerechten Rollbalken angezeigt.

Unter den Figuren sehen Sie einen weiteren Rollbalken, mit dem Sie Figuren in den sichtbaren Bereich bringen können.

Sie sollten zunächst generell die Kontur für die Figuren aktivieren. Klicken Sie dazu in das graue Quadrat im Bereich „Kontur" des Werkzeugfensters, falls es nicht bereits mit einem Häkchen versehen ist.

Zur Zeit sind folgende Figuren verfügbar:

Rechteck, Ellipse, Dreieck abgerundet, Rechteck abgerundet, Raute abgerundet, Kreisbogen, Kreissegment, waagerechte Linie, senkrechte Linie, Vieleck (n-Eck), Stern, Passermarke, Pfeil, Mehrfachkreisbogen, Mehrfachkreissegment, Diabolo, Spirale, Gitter, Wellen.

Zu einigen dieser Figuren sind verschiedene Einstellungen möglich, z. B. beim Vieleck die Anzahl der Ecken oder beim Stern die Anzahl der Zacken. Diese Parameter werden unter dem Figurensymbol sichtbar, falls Sie eine entsprechende Figur, z. B. den Stern, ausgewählt haben.

Tip!

Wenn ein Figurenelement selektiert ist, können die Parameter über die Schieberegler direkt verändert werden. Die Veränderung wird sofort im Elementrahmen angezeigt.

4.7.2 Zeichnen von Rechtecken und Quadraten

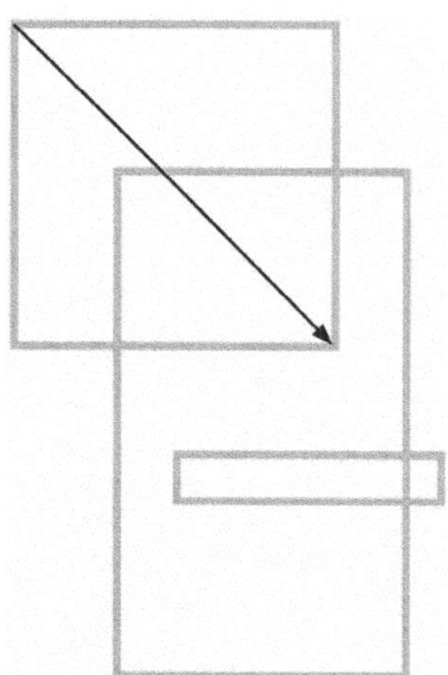

Benutzen Sie zum Zeichnen von Rechtecken und Quadraten die Rechteckfigur. Sie finden Sie im Dialogfenster „Figuren" als erste Funktion. Sie sehen während des Ausziehens des Elementrahmens am Mauszeiger Breite und Höhe der erstellten Grafik. Werden diese Werte nicht angezeigt, müssen Sie die entsprechende Option in den Element-Präferenzen „Info"/„Präferenzen…" aktivieren. Wollen Sie dem Rechteck eine exakte Position oder Größe zuweisen, so tun Sie dies am besten mit Hilfe des Elementinspektors (Menü „Element"/„Inspektor…") nach dem Erzeugen des Elements.

Wenn Sie beim Ziehen mit der Maus die Wahltaste festhalten, erstellen Sie ein Quadrat.

Nachdem nun das Grafikelement vorhanden ist, können Sie mit der Manipulation beginnen. Dazu müssen Sie den Modus „Element-erzeugen" verlassen, sofern Sie nicht noch weitere Figuren erstellen wollen.

4.7.3 Der Elementinspektor

Klicken Sie „Inspektor…" im Menü „Element" oder benutzen Sie das Tastaturkommando ‹Befehl›+‹I› um den Elementinspektor zu öffnen.

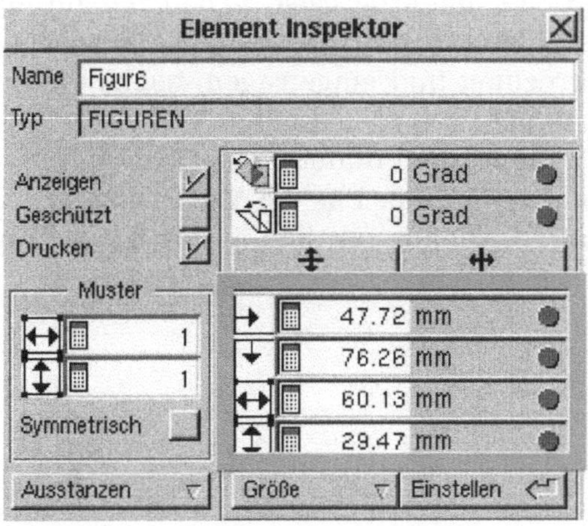

Der Inspektor bietet zunächst die Möglichkeit, ein OneVision-Element mit einem Namen zu versehen. Dies erleichtert das Wiedererkennen von Elementen. Wenn Sie sich mit der Maus über die Dokumentseite bewegen, ohne zu klicken, wird unter „Vorgewählt:" oben im Dokumentfenster der Name des Elements angezeigt.

In der Zeile „Typ" erhalten Sie eine Information über den Typ des selektierten Elements, z. B. „FIGUREN" oder „OneVision-Art". Falls es sich bei dem ausgewählten Element um eine Gruppe von Elementen handelt, finden Sie hier den Eintrag „GRUPPE".

Sie haben im Elementinspektor die Möglichkeit, die Anzeige auszublenden oder das Drucken für ein Element auszuschalten. Falls Sie ein Element als „Geschützt" kennzeichnen, kann es weder selektiert noch verändert werden. Um ein geschütztes Element wieder zu bearbeiten, müssen Sie im Menü „Editieren" den „Supermodus" einschalten. Erst danach kann das Element wieder selektiert und der Schutz im Elementinspektor entfernt werden.

Die vier numerischen Werte rechts unten geben Position und Größe des rechteckigen Elementrahmens an. Der erste Eintrag bestimmt den Abstand der linken Kante vom linken Seitenrand. Mit dem Wert neben dem kleinen senkrechten Pfeil wird der Abstand der

Oberkante des Elements zur Oberkante der Seite bestimmt. Dann wird die Breite und darunter die Höhe des Elements festgelegt.

Wie in allen Fenstern mit Maßangaben kann hier auch auf andere Einheiten, z. B. mm oder Zoll, umgeschaltet werden. Mehr Information zu dieser Möglichkeit finden Sie unter 1.3.3 „Dokumente"

Tip! Falls Sie einen der Werte errechnen müssen, haben Sie die Möglichkeit, in den Feldern, in denen der kleine Taschenrechner abgebildet ist, einen mathematischen Ausdruck einzugeben. Die Breite des Elements errechnet sich z. B. aus der Summe der Breiten von zwei weiteren Elementen. Element A ist 23,367 mm breit, Element B ist 48,259 mm breit, also geben Sie für das dritte Element 23,367 + 48,259 in das Textfeld ein. Die korrekte Breite von 71,626 mm wird errechnet und eingetragen, nachdem Sie das Eingabefeld verlassen haben.

Sie können in den Feldern addieren, subtrahieren, multiplizieren und dividieren. Für die Multiplikation wird der „*" auf Ihrer Tastatur verwendet, für die Division der Schrägstrich „/".

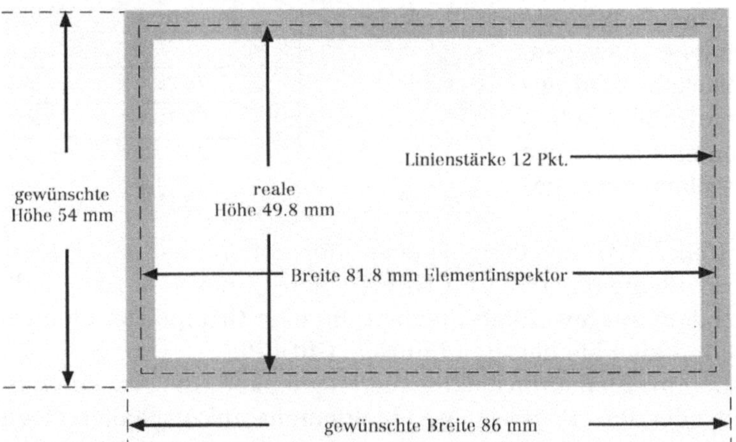

Achtung! In PostScript dient immer die Mitte einer Linie als Grundlage der Abmessungen und Positionen. Sie müssen also die Linienstärke berücksichtigen. Auch aus diesem Grund ist die Rechenfunktion im Elementinspektor sehr wichtig.

Nehmen wir als Beispiel an, daß Sie einen Rahmen mit den Außenmaßen von 86 mm Breite und 54 mm Höhe (Scheckkartenformat) erzeugen möchten. Die Linienstärke beträgt 12 Pkt. Zunächst ist der Rahmen 12 Pkt. zu breit und 12 Pkt. zu hoch (je zwei mal die

halbe Linienstärke), so daß Sie diese Werte subtrahieren müssen. Sie schalten die Maßeinheit auf DTPpoint um und geben die Formel in den Feldern für die Breite und Höhe ein. Dann können Sie wieder zur vorherigen Maßeinheit zurückkehren. Intern wird in OneVision immer mit der Maßeinheit DTPpoint gerechnet.

4.7.4 Figuren ändern

Um z. B. aus einem Quadrat einen Kreis zu machen, selektieren Sie das Element und wählen dann im Dialog „Figuren" die Kreisform. Die Größe wird beibehalten, die Form der Figur wird geändert.

4.7.5 Zeichnen von Ellipsen und Kreisen

Kreise und Ellipsen werden ähnlich wie Rechtecke und Quadrate erzeugt. Sie wählen die entsprechende Form im Dialog „Figuren" aus, wechseln mit der rechten Maustaste in den Modus „Element erzeugen" und ziehen einen Rahmen in der gewünschten Größe auf.

Soll ein Kreis entstehen, halten Sie beim Ziehen mit der Maus die Wahltaste gedrückt. Sie können natürlich auch nachträglich Breite und Höhe im Elementinspektor korrigieren.

Wenn Sie beim Erstellen einer Ellipse die Steuerungstaste gedrückt halten, wird das Element vom Mittelpunkt aus aufgezogen. Dabei wird der entstehende Radius neben der Maus angezeigt. Soll ein Kreis aus der Mitte heraus gezogen werden, müssen Sie beide Tasten (‹Wahl› und ‹Strg›) festhalten. Dabei ist es unerheblich, in welchem Winkel Sie die Maus ziehen.

4.7.6 Dreiecke und Runde-Ecken-Elemente

Im folgenden werden noch verschiedene Einstellungsmöglichkeiten für die Erstellung von Figuren aufgezeigt. Kompliziert wirkende Grafiken können oft aus einfachen Elementen zusammengestellt werden.

Für gleichseitige Dreiecke z. B. können sie die Dreieckfigur verwenden. Dabei muß die Breite zur Höhe im Verhältnis von 1 : 0,866 im Elementinspektor eingestellt werden. Der Eckenradius kann mit

dem Schieber im unteren Teil des Dialogs vergrößert und verkleinert werden. Sie können aber auch einen Wert vorgeben oder im Eingabefeld errechnen.

Der Eckenradius wird jeweils im Maßstab zum Original angegeben. Das bedeutet, daß die Breite bzw. die Höhe (immer der kleinere Wert) gleich 1 gesetzt wird. Ein Radius von 0,5 entspricht dann der Hälfte des Bezugswerts.

Beispiel: Die Breite des Elements beträgt 80 mm, die Höhe beträgt 60 mm. Der Radius wurde auf 0,25 definiert. In diesem Fall wird ein Eckenradius von 7,5 mm errechnet (60 * 0,25 / 2).

In dem Vorschaufeld links neben der Auswahl der Figuren im Dialog können Sie sehen, ob die Figur eine Kontur bzw. eine gefüllte Fläche hat. Hier werden die Optionen beachtet, die Sie im oberen Teil des Dialogfeldes eingestellt haben. Alle Figuren, auch solche, die keine geschlossene Umrandungslinie besitzen, können gefüllt sein.

Für abgerundete Rauten können Sie wie für Rechtecke und Dreiecke mit runden Ecken einen Eckenradius einstellen. Sie bestimmen wiederum im Elementinspektor die Breite und Höhe und im Figurenwerkzeug den Eckenradius.

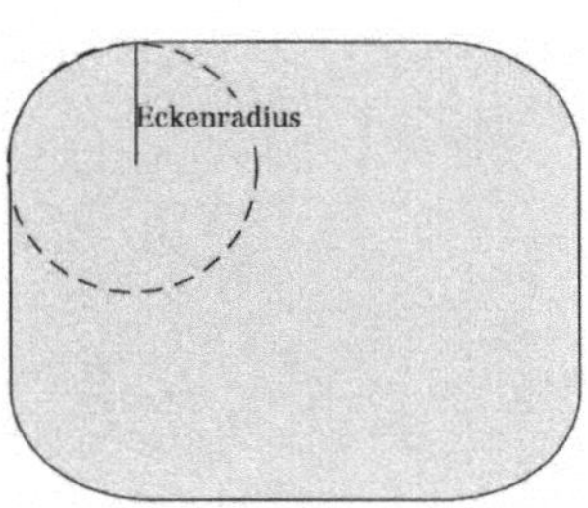

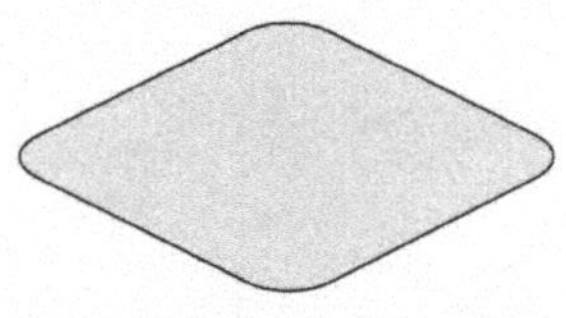

4.7.7 Kreisbogen und Kreissegmente

Die Anwendungsmöglichkeiten des Kreisbogens sind vielseitig, da diese Form benutzt wird, um daraus komplexe Grafiken zu erstellen. Zusätzlich findet der Kreisbogen Verwendung bei der Gestaltung von Pfadtexten, d. h. er kann als Grundlinie verwendet werden, auf die ein Pfadtext aufgebracht werden kann.

Sie können Start- und Endwinkel definieren, wobei ein Winkel von 0 ° exakt waagerecht verläuft. Der Winkel wächst immer gegen den Uhrzeigersinn. Diese Regel gilt für fast alle Winkelangaben in Fenstern und Menüs.

Kreissegmente, die nächste Figur nach den Kreisbögen, werden meist für sogenannte Tortengrafiken verwendet. Sie können eine solche Grafik in kurzer Zeit erstellen, indem Sie ein Kreissegment mehrfach duplizieren und die Winkel einstellen. Zusätzliche Hinweise zum „Mehrfach duplizieren" erhalten Sie unter 1.4 „Elemente bearbeiten". Für jedes kopierte Element werden erneut die Winkel einge-

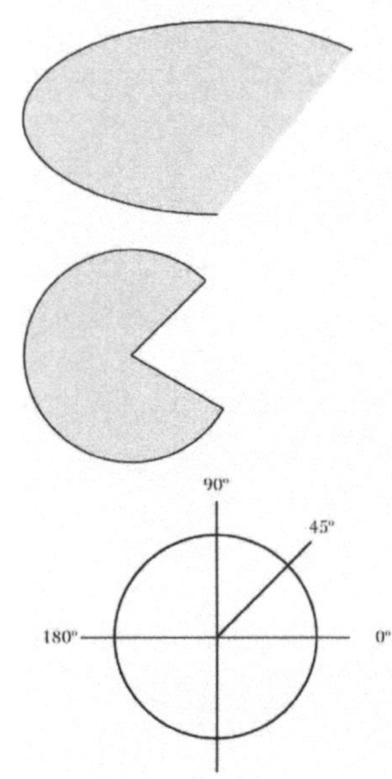

geben. Zu diesem Zweck müssen Sie die Prozentangaben Ihrer Statistik in Winkelgrade umrechnen. Dabei gilt: 1 % ≙ 3,6°.

4.7.8 Vielecke und Sterne

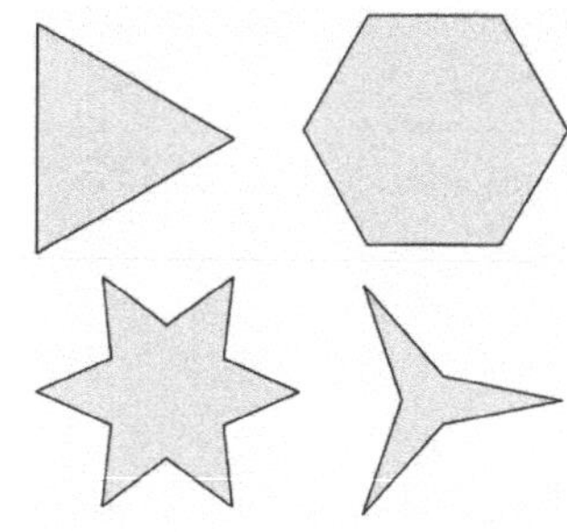

Für Vielecke und für Sterne steht Ihnen jeweils eine Figur zur Verfügung. Die möglichen Modifikationen versetzen Sie in die Lage, diese Figuren für unterschiedliche Aufgaben zu benutzen.

Bei beiden Figuren kann die Anzahl der Ecken bzw. Spitzen eingestellt werden. Bei Sternen können Sie zusätzlich noch den Innenradius verändern und so die Spitzen verlängern oder verkürzen.

Mit beiden Figuren können ohne eine explizite Berechnung der Höhe gleichschenklige Dreiecke erzeugt werden. Halten Sie dazu beim Aufziehen der Figur die Wahltaste gedrückt. Meist müssen solche Dreiecke noch gedreht werden. Bewegen Sie dazu mit gedrückter Steuerungstaste eines der Handles, oder geben Sie die Drehung numerisch im Elementinspektor ein.

4.7.9 Pfeile

Mit den Figuren für Pfeile und Linien können Sie schnell und unkompliziert in Präsentationsgrafiken die benötigten Elemente einfügen.

Pfeile werden, wie alle anderen Figuren, im „Element-erzeugen-Modus" mit der Maus durch Aufziehen eines Rahmens erstellt. Sie können hier die Länge der Pfeilspitze relativ zur Länge des Pfeils unter „Spitze", die Breite des Schafts relativ zur Breite des Pfeils unter „Schaft" und den Winkel der Spitze zum Schaft unter „Spitzenwinkel" einstellen.

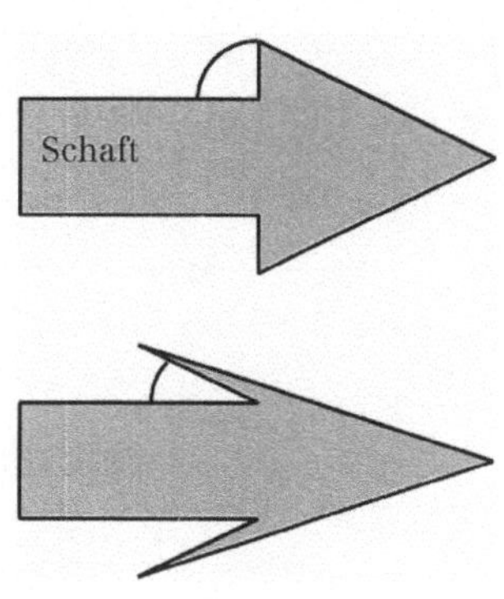

Unser erstes Beispiel zeigt einen Pfeil mit einem Spitzenwinkel von 90°. Je kleiner der Winkel eingestellt wird, desto stärker sind die Spitzen ausgeprägt. Unser zweites Beispiel zeigt einen Pfeil mit einem Spitzenwinkel von 45°.

Benötigen Sie mehrere Pfeile unterschiedlicher Länge mit gleicher Pfeilspitze, so können Sie entweder den Wert der Spitze errechnen, oder Sie wandeln den Pfeil in ein Pfadelement und erzeugen die unterschiedlichen Längen durch Verschieben von Punkten. Die zweite

Methode ist in den meisten Fällen die effektivste. Die Bearbeitung von Pfaden ist unter 4.10 „Pfade" genauer beschrieben.

4.8 Linien

4.8.1 Linien als Figuren nutzen

Das Werkzeug „Figuren" des gleichnamigen Moduls bietet Ihnen auch die Möglichkeit, waagerechte und senkrechte Linien zu erstellen. Wählen Sie dazu die entsprechende Figur aus, wechseln Sie in den „Element-erzeugen-Modus" und ziehen Sie einen Elementrahmen mit der Maus auf.

Höhe und Breite können im Elementinspektor nachträglich verändert werden. Die Höhe einer waagerechten Linienfigur hat keine Auswirkung auf die Linienstärke der Figur. Diese wird im Fenster „Linienattribute" bestimmt. Die Möglichkeiten des Dialogs „Linienattribute" werden im Anschluß beschrieben.

Mit einem Doppelklick auf das Linienelement wechseln Sie in den Modus „Element editieren". Zum Editieren muß das Figurenelement in einen Pfad gewandelt werden. Das Element ist nach der Konvertierung vom Typ OneVision-Art und wird folglich mit dem Werkzeug dieses Moduls, dem Pfadeditor, weiterbearbeitet. Lesen Sie zur Arbeit mit Pfaden bitte unter 4.10 „Pfade" nach.

Tip!

4.8.2 Linienattribute definieren

Linienstärke einstellen

Wollen Sie die Linienstärke eines Grafikelements verändern, selektieren Sie es zunächst mit dem Pfeilcursor im Modus „Element selektieren". Unabhängig davon, ob Sie die Linie in einen Pfad gewandelt haben oder nicht, geht die Veränderung des Linienstils in der im folgenden beschriebenen Weise vor sich.

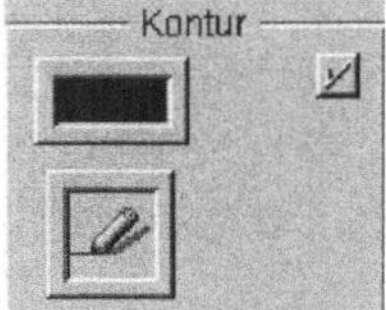

Aktivieren Sie die Kontur für das Element, falls Sie nicht bereits aktiviert ist. Hierfür wird mit der Maus ein Häkchen im Bereich „Kontur" des Werkzeugfensters gesetzt. Nur dann werden Veränderungen am Linienstil sichtbar.

Nun können Sie folgende Linienparameter einstellen: Linienstärke und Linienmuster. Öffnen Sie dazu den Dialog „Linienattribute" über einen Klick auf den grauen Rand des Linienstilfeldes im Bereich „Kontur". Der Rahmen wird durch eine weiße Umrandung als momentan bearbeitete Einstellung gekennzeichnet.

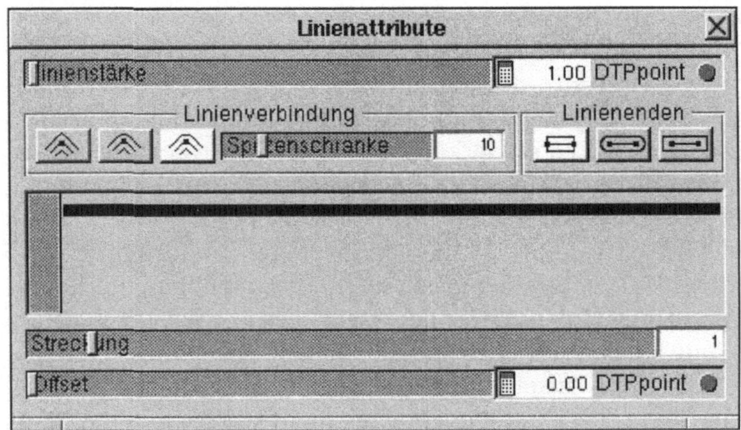

Im Linienstileditor wird u. a. die Linienstärke angegeben, wobei die Linie immer zentriert aufgebaut wird. Das bedeutet, daß bei einer waagerechten Linie die halbe Linienstärke nach oben und die halbe Linienstärke nach unten wächst. Wie bei allen Eingabefeldern mit dem kleinen Taschenrechner, können Sie auch hier Rechenfunktionen ausführen. Ebenso können Sie die Maßeinheit für die Linienstärke wählen. Sie haben aber auch die Möglichkeit, die Linienstärke visuell zu bestimmen, indem Sie den Schieber über dem Wort „Linienstärke" mit der Maus bewegen. Der Wert für die erreichte Linienstärke wird im Eingabefeld angezeigt und kann dort korrigiert bzw. gerundet werden.

Linienenden definieren

Die Linienenden spielen eine bedeutende Rolle beim Anpassen von Linien an andere Grafikelemente und der genauen Positionierung. Standardmäßig wird die Linie gerade beendet. Das aktive Feld ist weiß gekennzeichnet, und es zeigt Ihnen, daß der Anfangs- und Endpunkt auch das wirkliche Linienende bestimmt. Aktivieren Sie das zweite Feld, so werden Linienenden abgerundet, und die Linie

wird an beiden Enden um die halbe Linienstärke verlängert. Am Symbol des dritten Feldes kann man erkennen, daß diese Funktion die Linie auch an beiden Enden um die halbe Linienstärke verlängert, aber die Linienenden gerade bleiben.

Welche der Optionen Sie nutzen, ergibt sich daraus, wie Linien mit anderen Grafikelementen und Linien kombiniert werden sollen.

Beim Ausrichten von Grafikelementen zueinander sind verschiedene Gegebenheiten zu beachten.

Beispiel: Zwei Linien, eine waagerechte und eine senkrechte, die einen rechten Winkel bilden, sollen lückenlos aneinander stoßen.

Sie können die Ausrichtung der Elemente manuell vornehmen. Vergrößern Sie den Bildausschnitt, in dem die beiden Elemente aneinanderstoßen. Ziehen Sie dazu bei gedrückt gehaltener Befehlstaste einen Rahmen mit der Maus um den entsprechenden Bereich. Verschieben Sie anschließend die Elemente. Nun haben Sie die Möglichkeit, die exakte Ausrichtung der Elemente visuell zu kontrollieren.

Wollen Sie die Ausrichtung numerisch mit Hilfe des Elementinspektors vornehmen, müssen Sie die beiden folgenden Fälle unterscheiden:

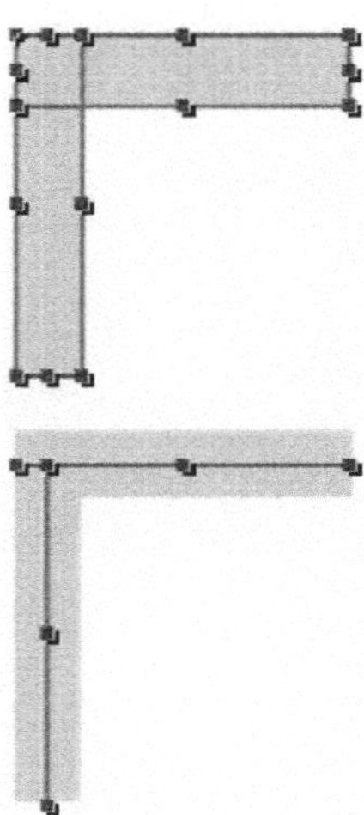

1. Falls es sich um eine Figur und nicht um einen Pfad handelt, sollte die Breite bzw. Höhe des Elementrahmens der Linienstärke angepaßt werden. Wenn nun beide Linien im Elementinspektor auf die gleiche Position gebracht werden, entsteht ein lückenloser Übergang.
2. Falls es sich um einen Pfad handelt, ist bei der Ausrichtung zu beachten, daß die Konturlinie jeweils um die halbe Linienstärke auf beiden Seiten der Pfadlinie übersteht. Dieser Wert muß bei der Positionierung der Elemente mit dem Elementinspektor miteingerechnet werden.

Die Linienverbindung

Figuren und Pfadelemente enthalten häufig Spitzen. Im Dialogfenster „Linienattribute" haben Sie die Möglichkeit zu bestimmen, auf welche Art und Weise die Spitzen gestaltet werden. Die Funktionsweise kann am besten an einem Stern verdeutlicht werden. Erstellen Sie einen Stern, und öffnen Sie das Fenster des Linienstileditors.

Bei der Figur des Sterns kann die Linienverbindung als normale Spitze definiert werden. Dazu klicken Sie auf die erste der drei Schaltflächen im Bereich „Linienverbindung". Dadurch werden die inneren Linienverbindungen eines Sterns spitz. Ob nun auch die äußeren Linienverbindungen spitz dargestellt werden, ist abhängig vom Winkel der äußeren Sternspitzen. Je kleiner der Winkel dieser Spitzen ist, desto höher muß die „Spitzenschranke" eingestellt werden, um die Spitzen nicht abgeflacht darzustellen. Hierbei ist es nicht nötig, auf genaue Werte zu achten, denn Sie können den Schieberegler der „Spitzenschranke" nach Sichtkontrolle einstellen.

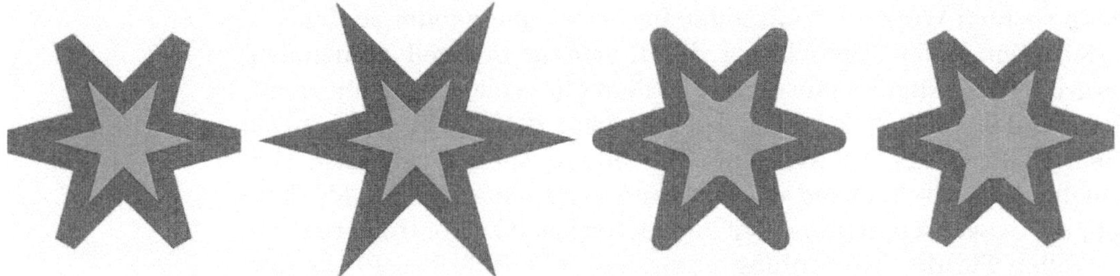

Die zweite Schaltfläche der Linienverbindungen stellt abgerundete Spitzen für äußere und innere Sternspitzen ein. Als dritte Möglichkeit können sie alle Spitzen abflachen, indem Sie die letzte Schaltfläche der Linienverbindung aktivieren.

Linienmuster erzeugen

In OneVision können Sie eigene Linienmuster erzeugen, die im Dialog „Linienattribute" eingestellt werden.

Um ein neues Muster zu gestalten, klicken Sie eines der bereits bestehenden Linienmuster doppelt an. Dadurch rufen Sie den Dialog „Linienmuster Editor" auf. In diesem Dialog können Sie neue Muster erstellen oder vorhandene bearbeiten.

Geben Sie zunächst an, wie viele Abschnitte Ihr Linienmuster enthalten soll. Die müssen Sie mit der Returntaste bestätigen, damit im unteren Bereich des Fensters die Eingabefelder für die Einzelabschnitte erscheinen. Abschnitte sind abwechselnd Linienstück und Zwischenraum. Sie maximal 11 Abschnitte definieren und die Maßeinheit für die Abschnittlängen wählen. In den Eingabefeldern können wiederum Rechenfunktionen benutzt werden.

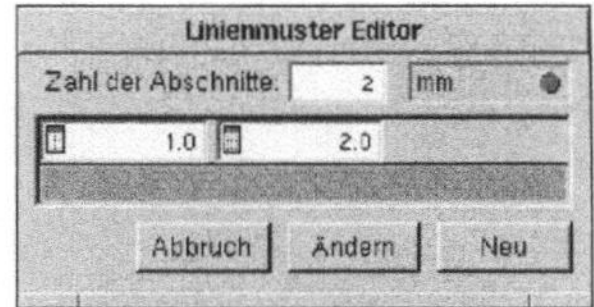

Hat man viele Abschnitte zu definieren, muß mit einem Rollbalken zum nächsten Eingabefeld gerollt werden, oder Sie benutzen die Tabulatortaste, um von einem Eingabefeld in das nächste zu gelangen.

Nachdem Sie die Abschnitte definiert haben, klicken Sie auf die Schaltfläche „Neu". Zum Bearbeiten des Musters, das nun im Bereich unter der Standardlinie erscheint, können Sie erneut einen Doppelklick auf das Muster machen. Auf diese Weise können Sie es im Linienmustereditor korrigieren. Falls es nicht möglich ist, alle Linienmuster gleichzeitig anzuzeigen, erscheint ein Rollbalken am linken Rand des Anzeigefeldes. Das jeweils aktive Linienmuster ist weiß hervorgehoben.

In OneVision gibt es zwei weitere Einstellungen, die die erzeugten Linienmuster verändern können. Mit Hilfe der Streckung können Sie die eingestellten Abschnitte für Linienelemente und Zwischenräume verlängern. Wenn Sie beispielsweise ein 2 mm langes Linienelement und einen 3 mm breiten Zwischenraum als Linienmuster mit zwei Abschnitten definiert haben, und Sie stellen den Wert für die Streckung auf den Höchstwert von 10, so erhalten Sie Linienelemente von 20 mm Länge und Zwischenräume, die 30 mm breit sind. Diese Änderung sehen Sie nicht im Linienstil-Editor, sondern an dem Element, dessen Kontur Sie gerade bearbeiten.

Für den Fall, daß Sie mit einem halben Linienelement beginnen möchten oder die Linie mit einem Zwischenraum beendet werden würde, können Sie den „Offset" im Fenster „Linienattribute" verändern. Mit „Offset" ist der Beginn der Berechnung des Linienmusters für die aktuelle Linie gemeint.

Im Grunde wird der Startpunkt in den negativen Bereich verschoben, so daß das erste Linienelement nicht vollständig verwendet wird und sich dadurch das Muster auf der Linie nach links schiebt. Sie können sowohl „Offset" als auch die „Streckung" mit der Maus durch Schieben des Reglers verändern oder Eingaben in die Felder machen.

Der Linienmustereditor eignet sich für gestrichelte Linien und auch zum Erzeugen von gepunkteten Linien. Bei gepunkteten Linien stellen Sie zwei Abschnitte ein, wobei der erste für das Linienelement eine Länge von 0 bekommt und der zweite Abschnitt z. B. die dreifache Linienstärke. Dann muß der Schalter für abgerundete Linienenden für dieses Muster eingestellt werden.

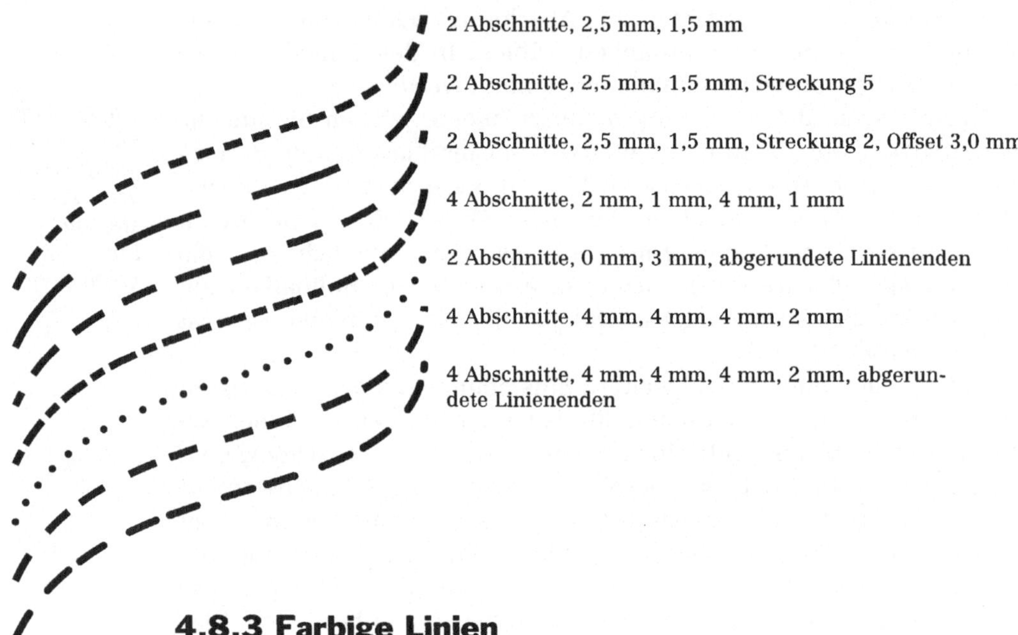

4.8.3 Farbige Linien

Zum Verändern der Linienfarbe öffnen Sie das Farbenfenster mit einem Klick auf den grauen Rand des Farbwahlfeldes im Bereich „Kontur" des Dialogs.

Im Farbenfenster können Sie der Linie eine Farbe zuweisen. Mehr über die verschiedenen Farbmodelle erfahren Sie unter 6.2 „Das Farben-Fenster". Aber auch an dieser Stelle wollen wir ein paar Worte über das Thema „Farbe" verlieren.

Das Farbenfenster enthält mehrere Schaltflächen, mit denen Sie zunächst bestimmen, auf welche Art und Weise Sie die Farbe definieren möchten. Den Farbkreis haben Sie vielleicht schon beim Ändern der OneVision-Art-Präferenzen benutzt. Klicken Sie nun auf die nächste Schaltfläche, mit der Sie verschiedene Farbmodelle erreichen. Sie sehen nun vier neue Schaltflächen und können einen Grauton, eine RGB-Farbe, eine CMYK-Farbe oder eine HIS-Farbe einstellen.

Mischfarben: Möchten Sie Ihrer Linie eine Mischfarbe zuweisen, ist es eigentlich gleichgültig, in welchem Farbmodell Sie den Farbton bestimmen. Mit den Schiebereglern oder in den Eingabefeldern können Sie eine Farbe mischen. Sie sehen dann im Mischfeld den erzeugten Farbton.

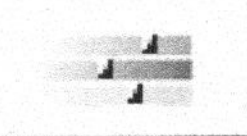

Alle Farben, die Sie hier durch Mischen erstellen, werden bei der Ausgabe separiert. OneVision übernimmt die Berechnung der Farbanteile von Cyan, Magenta, Gelb und Schwarz anhand der Separationsparameter, die dem Dokument über die Druckparameter zugewiesen wurden. Farben, die im CMYK-Farbmodell definiert werden, haben rechts oben ein kleines ausgespartes Dreieck im Mischfeld. So werden Farben gekennzeichnet, deren Separation nicht berechnet werden muß, da die Definition schon feststeht.

Sonderfarben: Möchten Sie eine Sonderfarbe für Ihre Linie benutzen, können Sie die Schaltfläche mit der Bezeichnung „Pantone" anklicken. Hier können Sie in Nextstep geladene Sonderfarben auswählen. Zur Zeit wird von OneVision neben Pantone-Farben auch die HKS-Farbpalette geliefert, so daß Sie diese Farben einfach nach Ihrer Nummer aussuchen können.

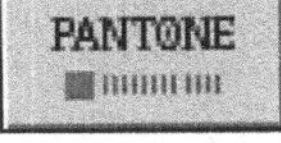

Wählen Sie in dem Popup-Menü über der Liste der angebotenen Farben die gewünschte Farbliste aus. Dann erscheint im Fenster darunter die Farbliste mit den entsprechenden Farbbezeichnungen und -nummern. Sollte Ihnen die Farbnummer vorgegeben werden, z. B. von einem Grafiker, so können Sie auch über den Schalter „Farbe" auf „Suchen..." wechseln und die Farbnummer von OneVision suchen lassen. Hierbei durchsucht OneVision alle verfügbaren Farblisten nach der eingegebenen Nummer und markiert die zuerst gefundene Farbe. Pantone-Farben werden durch eine dunkelgraue Umrandung im Mischfeld, in dem die gewählte Farbe dargestellt wird, gekennzeichnet.

Wollen Sie eine Pantone-Farbe oder eine HKS-Farbe als Schmuckfarbe definieren, gehen Sie bitte folgendermaßen vor:

Wählen Sie die Farbe über einen Mausklick aus der gewünschten Farbliste aus. Die Farbe erscheint nun im Mischfeld des Farbenfensters. Klicken Sie anschließend auf den Schalter „Schmuckfarbe" in der Leiste unter dem Mischfeld. Nun sehen Sie die Auszugsfarben, die bei der Belichtung auf separate Filme ausgegeben werden. Standardmäßig sind die Grundfarben des Offsetdrucks, Zyanblau, Magenta, Gelb und Schwarz, in dieser Liste vorhanden. Die Farbe

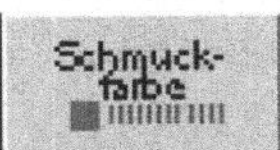

„All" wird nur für Elemente benutzt, die auf allen Filmen belichtet werden sollen, beispielsweise spezielle Passermarken. Jetzt ziehen Sie die Farbe vom Mischfeld mit der Maus unter die vorhandenen Farben und lassen sie dort los. Ein neuer Eintrag wird in der Liste angezeigt. Als Bezeichnung wird entweder der Name der Pantone-Farbe benutzt oder einfach „Schmuckfarbe-#", wobei „#" ein Zähler zur Unterscheidung der Farbnamen ist. Wenn Sie in das aktive (weiße) Feld klicken, können Sie den Namen der Schmuckfarbe ändern.

Tip! Bei HKS-Farben wählen Sie die Bezeichnung der Farbe mit Nummer als Name; bei gemischten Farben empfiehlt es sich, das Mischungsverhältnis der benutzen Grundfarben bzw. die Definition als Farbnamen einzusetzen. Sie vermeiden dadurch, daß Sie identisch definierte Farben doppelt in der Liste aufführen.

Nun können Sie die gewünschte Farbe dem selektierten Element zuweisen. Schmuckfarben sind durch ein kleines ausgespartes Dreieck links unten gekennzeichnet.

Die gewählte Farbe wird auch im Farbfeld der „Kontur" im Dialog „Figuren" angezeigt. Die Konturlinie Ihres Grafikelements wird farbig dargestellt. Nun können Sie den Vorgang abschließen, indem Sie das Farbenfenster schließen und die Umrandung der Konturfarbe wieder anklicken und damit deaktivieren.

4.9 Arbeit mit Elementen

In diesem Kapitel geht es um die Arbeit mit Elementen und Elementgruppen. Alle in diesem Zusammenhang zur Verfügung stehenden Bearbeitungsmöglichkeiten werden zusammengefaßt und deren praktische Anwendungsmöglichkeit jeweils am Beispiel erläutert. Falls Sie sich anhand des Handbuchteils „Basis" schon ausgiebig mit Elementen beschäftigt haben, dann können Sie auch direkt mit dem Kapitel 4.10 „Pfade" fortfahren.

4.9.1 Elemente skalieren und verschieben

Grafikelemente können Sie numerisch mit Hilfe des Elementinspektors oder manuell mit der Maus skalieren. Um die Größe eines Grafikelements zu verändern, müssen Sie es vorher selektieren. Die Handles (Anfasser) werden nun sichtbar.

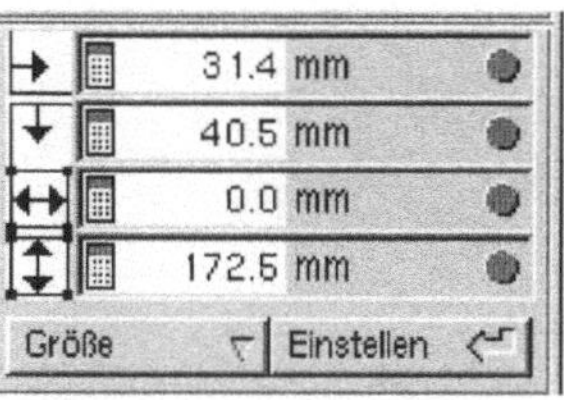

Im Elementinspektor können Sie jetzt die Breite und Höhe des Elements durch Umrechnung oder Überschreiben der Werte in den Eingabefeldern anpassen. Auch der linke obere Startpunkt Ihres Elementrahmens wird im Elementinspektor eingegeben. Dieser Bezugspunkt kann z. B. beim Drehen des Elements auch an eine andere Position bewegt werden.

Wenn Sie die Größe frei nach Sichtkontrolle einstellen möchten, ziehen Sie mit der Maus an einem Anfasser. Sie können Breite und Höhe gleichzeitig ändern, indem Sie einen der vier Eckanfasser benutzen. Wollen Sie nur die Breite oder nur die Höhe verändern, benutzen Sie einen der Anfasser an den Seiten des Elementrahmens.

Falls Sie den oberen Anfasser unter den unteren ziehen, wird das Element nicht gespiegelt. Sie ändern aber auf diese Weise die Position, denn die untere Kante des Elements wird so zur oberen Kante.

Wenn Sie die Proportionen des Elements beim Skalieren beibehalten möchten, halten Sie beim Ändern der Größe die Wahltaste gedrückt. Der Mauszeiger ändert sein Aussehen wie in nebenstehender Abbildung.

Tip!

Wenn Sie ein Element durch die Bewegung der Anfasser verändern, können Sie während des Vorganges am Mauszeiger die Werte für die neue Breite und Höhe sehen, wenn in den Element-Präferenzen die Option „Elementänderungen numerisch anzeigen" aktiviert ist.

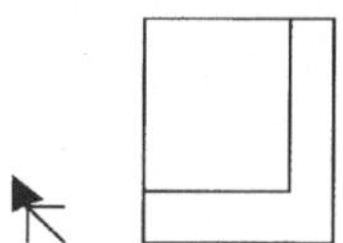

Zum Verschieben eines Elements greifen Sie es im Bereich seines Rahmens mit der linken Maustaste auf und bewegen es bei gedrückter Maustaste. Wenn Sie das Element um einen bestimmten Wert verschieben möchten, geben Sie hinter den Positionsangaben im Elementinspektor ein Minus oder Plus ein und den Wert, um den das Element verschoben werden soll.

Tip! Wenn Sie ein Element auf eine andere Seite verschieben möchten, selektieren Sie es und wählen Sie dann die Option „Ausschneiden" aus dem Menü „Editieren" (Tastaturkommando: ‹Befehl›+‹x›). Das Element wird dadurch an seiner ursprünglichen Position entfernt und in den Zwischenspeicher gelegt. Wechseln Sie nun die Seite und fügen Sie das Element am Zielort mit dem Befehl „Einfügen" aus dem Menü „Editieren" (Tastaturkommando: ‹Befehl›+‹v›) wieder ein.

Wenn Sie Elemente schrittweise mit einer Tastenkombination über den Bildschirm bewegen möchten, halten Sie die Wahltaste fest und betätigen Sie die Pfeiltasten Ihrer Tastatur. Hierbei wird das ausgewählte Element um 10 DTPpoint verschoben. Wird zusätzlich die Umschalttaste festgehalten, erzeugen Sie eine Verschiebung um 1 DTPpoint. Beide Werte können in den Element-Präferenzen (Menü „Info"/„Präferenzen…") eingestellt und so an die aktuelle Aufgabenstellung angepaßt werden. Die Richtung des Verschiebens wird durch die Wahl der Pfeiltaste bestimmt.

Im Elementinspektor finden Sie noch eine weitere Funktion im Menü „Größe". Angenommen, Sie haben ein Element erstellt, das als Größenmuster für weitere Elemente unterschiedlicher Form dienen soll. Dann müssen Sie nicht jedes weitere Element über die Einstellungen im Elementinspektor anpassen, sondern Sie aktivieren eines der neuen Elemente und wählen aus dem Menü „Größe" im Elementinspektor die Option „Annehmen". Anschließend klicken Sie mit dem Mauszeiger das Element an, das als Muster dienen soll. Auf diese Art können auch Gruppen auf die Größe eines anderen Elements skaliert werden.

4.9.2 Elemente spiegeln

Achsensymmetrische Objekte können in einfacher Art und Weise erzeugt werden, indem eine Hälfte der gewünschten Form erstellt und

diese anschließend kopiert und gespiegelt wird. Diese Funktion wird auch für Spiegeleffekte von Text eingesetzt.

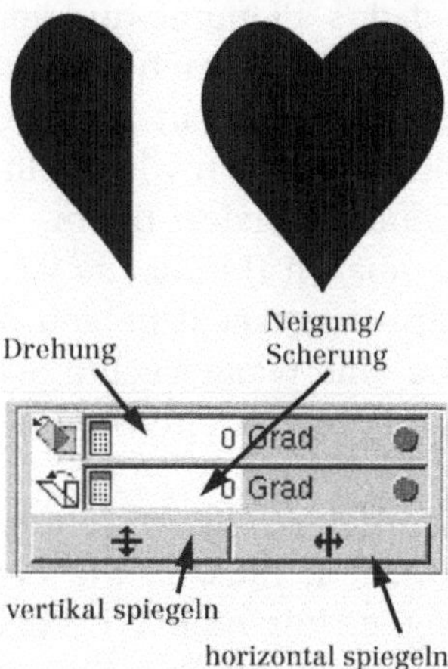

Um ein symmetrisches Element zu erzeugen, müssen Sie in einem ersten Schritt die vorhandene Hälfte duplizieren. Wählen Sie dazu im Menü „Editieren" die Option „Duplizieren". Für diese Funktion gibt es das Tastaturkommando ‹Befehl›+‹d›. Kopie und Original liegen vorerst exakt aufeinander. Spiegeln Sie nun die Kopie durch einen Klick auf die Schaltfläche im Elementinspektor vertikal (siehe obenstehende Abbildung), und verschieben Sie sie an die gewünschte Stelle.

4.9.3 Elemente scheren

Für den rechts dargestellten Effekt wurde der Pfadtext zuerst nach dem oben beschriebenen Verfahren dupliziert und horizontal gespiegelt. Anschließend wurde die Höhe des gespiegelten Textes verringert und eine Scherung (Neigung) im Elementinspektor eingegeben. Achten Sie dabei auf das Vorzeichen. Wenn Sie einen negativen Wert in das Feld eingeben, in dem die Verzerrung eingestellt werden kann, wird Ihr Element nach rechts geneigt. Bei einem positiven Wert (auch ohne Vorzeichen) erzeugen Sie eine Neigung nach links.

Wenn Sie eine Neigung mit der Maus erzeugen möchten, müssen Sie die Wahl- und die Umschalttaste festhalten. Die Darstellung des Mauszeigers wird geändert.

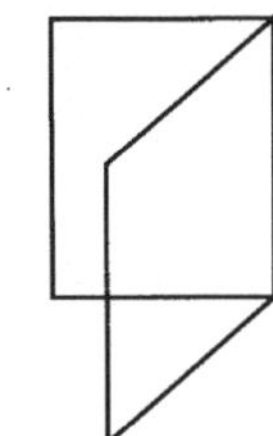

Hierbei ist es nicht unerheblich, an welchem Anfasser Sie ziehen. Wenn Sie die linke obere Ecke beim Scheren angefaßt haben, wird die rechte Kante des Elements fixiert und das Element nur senkrecht geneigt. Die erzeugten Werte werden im Elementinspektor dargestellt. Sie können so weit ziehen, bis Ihr Element gespiegelt wird. Die rechte untere Ecke hat eine ähnliche Funktion wie die linke obere, nur daß dabei die linke Kante des Elements fixiert bleibt.

Benutzen Sie beim Scheren den rechten oberen Handle, so ist die Unterkante des Elements fixiert. Sie können waagerecht neigen. Um die Oberkante des Elements zu fixieren und eine waagerechte Scherung durchzuführen, müssen Sie beim Verzerren den unteren linken Handlepunkt fassen.

Soll das Element nicht an einer Kante, sondern am Mittelpunkt, fixiert sein und nur senkrecht verzerrt werden, müssen Sie einen Anfasser an der Seite des Elements bewegen. Für eine Einschränkung der Bewegung auf die waagerechte Achse klicken Sie beim Verzerren den oberen oder den unteren Anfasser an.

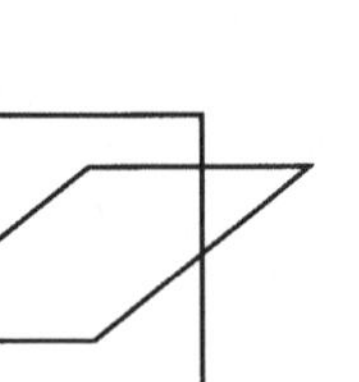

Tip! Sie können den Winkel der Scherung am Mauszeiger ablesen, solange Sie die Maustaste gedrückt halten. Die Option für eine solche Anzeige finden Sie in den Element-Präferenzen. (Menü „Info"/ „Präferenzen…")

4.9.4 Elemente drehen

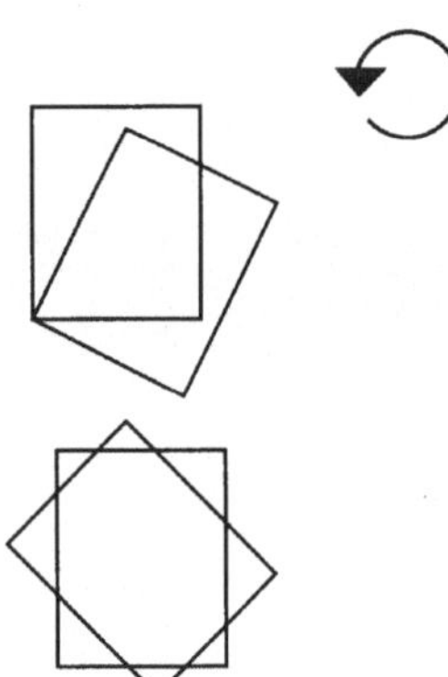

Eine Möglichkeit zum Drehen von Grafikelementen finden Sie im Elementinspektor. Hierbei wird um den eingegebenen Winkel gegen den Uhrzeigersinn gedreht. Der Drehpunkt ist der Mittelpunkt des Elementrahmens.

Zum Drehen steht Ihnen auch eine Funktion zur Verfügung, bei der Sie die Drehung nach Sichtkontrolle mit der Maus durchführen. Sie halten die Steuerungstaste fest und Ihr Mauszeiger ändert die Darstellungsform. Klicken Sie nun einen der Element-Handles an, und bewegen Sie die Maus bei gedrückter Maustaste. Mit Hilfe eines Eck-Handles drehen Sie das Element um den gegenüberliegenden Handle, mit Hilfe eines Seiten-Handles um den Mittelpunkt.

4.9.5 Elemente kopieren, duplizieren, ...

Zum Kopieren von Elementen haben Sie zwei Möglichkeiten. Sie können im Menü „Editieren" den Menüpunkt „Kopieren" anwählen, wodurch ein oder mehrere selektierte Elemente in die Zwischenablage kopiert werden. Aus diesem Speicher können Sie das Element beliebig oft über den Punkt „Einfügen" des gleichen Menüs wieder einfügen.

Die Kopie wird leicht verschoben zum Original plaziert. Der Wert der Verschiebung zur Originalposition beträgt 10 DTPpoint nach rechts und 10 DTPpoint nach unten. Hierdurch soll die Kopie deutlich vom Original unterscheidbar sein. Werden das oder die Elemente auf einer anderen Seite eingefügt, so wird die Originalposition beibehalten. Für „Kopieren" und „Einfügen" gibt es in OneVision auch eigene Tastaturkommandos. „Kopieren" erreichen Sie über ‹Befehl›+‹c›, „Einfügen" über das Tastaturkommando ‹Befehl›+‹v›.

Sie können ein einmal in die Zwischenablage kopiertes Element beliebig oft und auf verschiedenen Dokumentseiten einsetzen. Sobald Sie aber für ein anderes Element oder eine Elementgruppe „Kopieren" wählen, wird der Inhalt der Zwischenablage ersetzt.

Handelt es sich um eine nur einmal benötigte Kopie, ist eine andere Funktion aus OneVision vorteilhafter. Sie selektieren wie gewohnt die Elemente, die Sie kopieren möchten und wählen aus dem Menü „Editieren" die Option „Duplizieren" (Tastenkombination: ‹Befehl›+‹d›). Die aktivierten Elemente werden sofort dupliziert und liegen zunächst genau über den Originalelementen.

Mit dem Befehl „Mehrfach Duplizieren..." aus dem Menü „Element" können Sie Elemente in einem Arbeitsgang mehrfach kopieren. Dabei stehen Ihnen verschiedene Einstellungsmöglichkeiten zur Verfügung.

Beispielsweise haben Sie eine Figur, in unserem Fall eine waagerechte Linie, erzeugt. Sie möchten für Schreiblinien nun diese Linie mehrfach untereinander in einem bestimmten Abstand kopieren. Geben Sie dazu im Dialogfenster „Mehrfach Duplizieren" den Wert für die vertikale Verschiebung und die Anzahl der Kopien ein. Schließen Sie den Befehl mit der Returntaste oder einem Klick auf die Schaltfläche „OK" ab.

Die Option „Art der Kopien" steht standardmäßig auf „Real". Das bedeutet, daß Sie echte Kopien erhalten, die eigenständig bearbeitet

Mit „Mehrfach Duplizieren" erstellte Linien.

werden können. So können Sie beispielsweise eine der kopierten Linien in der Farbe oder der Linienstärke verändern, ohne die anderen zu beeinflussen.

Erstellen Sie Kopien mit der Option „Verweis", entstehen Elemente, die mit dem Originalelement bezüglich des Inhalts verknüpft sind, sogenannte „Verweiselemente". Wenn Sie das Original selektieren und beispielsweise die Linienstärke einer Kontur oder die Farbe der Füllung ändern, werden die Verweiselemente mitgeändert. Das hat den Vorteil, daß Sie mehrere Elemente, die von der Gestaltung her gleich sein sollen, in einem Arbeitsschritt korrigieren können. Sobald Sie ein Verweiselement selektieren, erscheint das Fenster des Verweiswerkzeugs. Das Modul wird automatisch nachgeladen, wenn Sie die Option beim „Mehrfach Duplizieren" benutzen. Der Name des Originalelements und die Seite, auf der es plaziert ist, werden angezeigt.

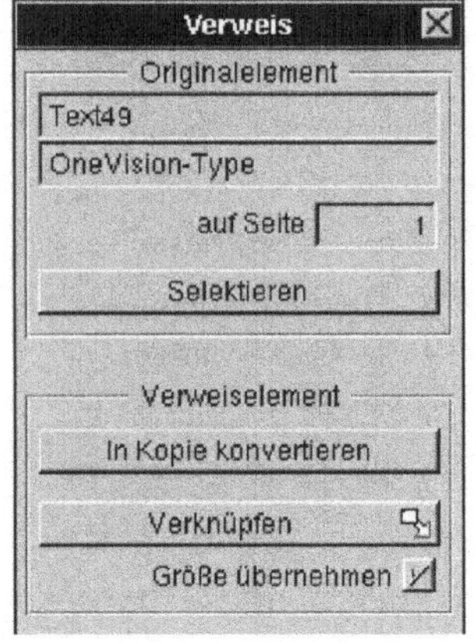

Ausführliche Informationen zur Verwendung des Verweismoduls finden Sie unter 1.4.8 „Das Verweiselement". An dieser Stelle wollen wir die Verwendung nur kurz erläutern. Um das Original und damit auch alle Verweiselemente zu ändern, klicken Sie auf die Schaltfläche „Selektieren". Nun wird das Originalelement selektiert.

Falls Sie viele Verweiselemente durch „Mehrfach Duplizieren" erzeugt haben und nur ein einzelnes davon ändern möchten, sollten Sie das Verweiselement in eine Kopie konvertieren. Die Verbindung zum Original wird dadurch gelöst. Sie finden im Fenster des Verweiswerkzeugs eine entsprechende Funktion.

Wenn Verweiselemente auf verschiedenen Seiten plaziert wurden, sollten Sie bei der Änderung des Originalelements vorsichtig sein, denn Sie könnten unbeabsichtigt ein Element ändern.

Achtung!

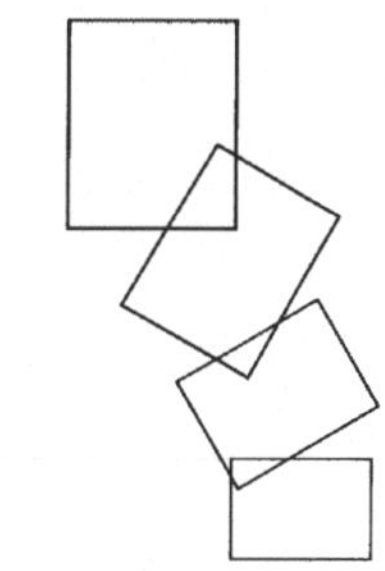

Da beim „Mehrfach Duplizieren" abgesehen von einer horizontalen oder vertikalen Verschiebung der Kopien noch weitere Funktionen zur Verfügung stehen, wollen wir Ihnen noch zwei Beispiele vorstellen.

Sie können z. B. eine Figur mehrfach kopieren und die Kopien gleichzeitig um einen definierten Punkt drehen. Dabei wird ein Winkel für die Rotation eingestellt, der von Kopie zu Kopie neu berechnet wird.

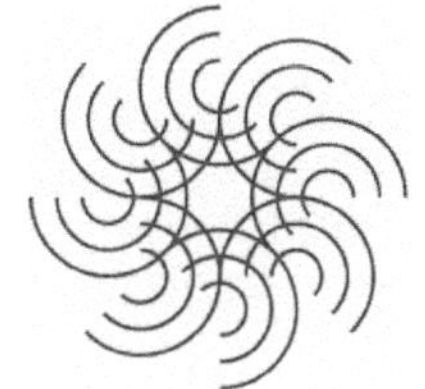

Neben dem Eingabefeld befindet sich eine schematisierte Darstellung der Möglichkeiten der Festlegung des Drehpunkts. Der aktive Punkt ist in dem kleinen Anzeigefeld rechts neben dem Rotationswinkel im Dialog „Mehrfach Duplizieren" schwarz gekennzeichnet. Er bezieht sich auf die Anfasserpunkte bzw. den Mittelpunkt bei einem aktiven Elementrahmen.

Natürlich haben Sie auch die Möglichkeit, die verschiedenen Einstellungen miteinander zu kombinieren, wenn Sie auf ein Element die Funktion „Mehrfach Duplizieren" anwenden möchten. Im oberen Beispiel haben wir eine horizontale und eine vertikale Verschiebung sowie eine Verkleinerung der Breite und Höhe um jeweils 2 mm und eine Rotation für die drei Kopien eingestellt.

4.9.6 Elemente löschen

Zum Löschen eines Elements oder einer Elementgruppe müssen Sie vorher auswählen, was gelöscht werden soll. Mit dem Mauszeiger im Modus „Element selektieren" können Sie das Element aktivieren. Möchten Sie mehrere Elemente gleichzeitig löschen, müssen Sie die Umschalttaste festhalten und weitere Elemente anklicken.

Nun wählen Sie aus dem Menü „Editieren" den Befehl „Löschen". Alternativ können Sie auch die Löschtaste (Backspace) drücken, oder Sie benutzen das Tastaturkommando ‹Befehl›+‹r›.

4.9.7 Elemente ausrichten

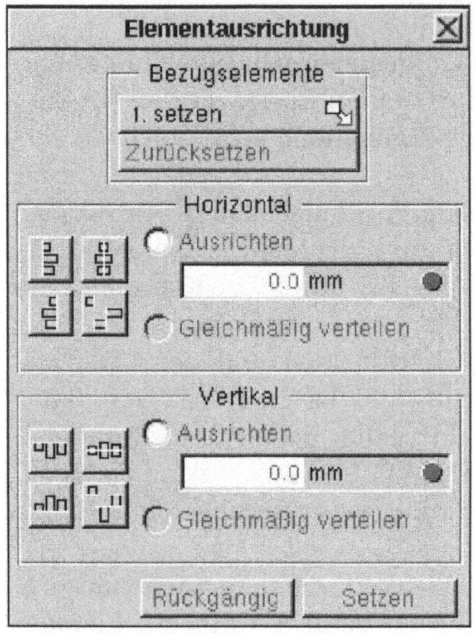

Bei der Bearbeitung von Grafiken wird es häufig der Fall sein, daß Sie Elemente aneinander ausrichten möchten. Gerade bei kreativen Entwürfen wird bei der Erzeugung der Elemente nicht darauf geachtet, daß Größe und Position der Elemente einen bestimmten Wert haben. Sie erzeugen beispielsweise Kreise, aber die Größe ist eher nebensächlich. Nun wäre es sehr aufwendig, wenn Sie mehrere Kreise von Hand aneinander ausrichten müßten.

Tip!

Bezugselement ist standardmäßig das Element, das sich am weitesten links bzw. oben befindet Mit „1. setzen" können Sie jedoch bestimmen, an welchem Element alle anderen ausgerichtet werden sollen.

Rufen Sie zum Ausrichten aus dem Menü „Element" den Dialog „Ausrichtung" auf. In diesem Fenster können Sie bestimmen, wie die Elemente ausgerichtet werden sollen. Zuerst können Sie das Bezugselement bestimmen, indem Sie die Schaltfläche „1. setzen" anklicken und anschließend das Bezugselement wählen.

Nun werden alle auszurichtenden Elemente mit gedrückter Umschalttaste ausgewählt und die gewünschte Ausrichtung durch Anklicken der Felder im Fenster der „Elementausrichtung" eingestellt. Sie können Elemente horizontal oder vertikal ausrichten. Nehmen Sie dazu in dem entsprechenden Bereich die passenden Einstellungen vor.

Die Symbole verdeutlichen die Art der Ausrichtung. Sie können die linken Kanten auf den gleichen Wert bringen, die Mittelpunkte horizontal übereinstimmend einstellen, die rechten Kanten bündig werden lassen oder die Abstände zwischen den Objekten ausgleichen. Im Bereich der vertikalen Ausrichtung können die oberen Kanten bündig gemacht werden, die Mittelpunkte vertikal auf die gleiche Höhe gebracht werden, die Unterkanten auf den gleichen Wert eingestellt werden oder die Element in der Höhe auf einheitliche Abstände ausgerichtet werden.

Das Fenster für die Ausrichtung können Sie auch mit dem Tastaturkommando ‹Befehl›+‹#› aufrufen.

Lesen Sie bitte auch unter 1.4.9 „Elementausrichtung" nach. Dort finden Sie weitergehende Beispiele über die verschiedenen Möglichkeiten des Werkzeugs „Elementausrichtung".

4.9.8 Elementgruppen und deren Bearbeitung

Oft ist es hilfreich, Elemente zu Gruppen zusammenzufassen, damit Sie die Elementgruppe als Ganzes z. B. verschieben oder scheren können.

Um Elemente zu gruppieren, müssen Sie die Elemente selektieren, die Sie zu einer Gruppe zusammenfassen möchten. Anschließend wählen Sie den Befehl „Gruppieren" aus dem Menü „Element"/„Gruppe". Eine Gruppierung der ausgewählten Elemente ist auch mit dem Tastaturkommando ‹Befehl›+‹9› möglich.

Nachdem Sie nun die Elemente gruppiert haben, sehen Sie nur noch einen gemeinsamen Rahmen bei der Selektion. Im Elementinspektor wird als Name „Gruppe n" angezeigt.

Geben Sie der Gruppe im Elementinspektor einen aussagekräftigen Namen. Sie können dann schneller erkennen, welche Gruppe vorgewählt oder selektiert ist.

Tip!

Sie können alle Funktionen auf die Gruppe anwenden, die Sie auch bei Einzelelementen anwenden würden, haben aber den Vorteil, daß nicht alle Elemente einzeln verändert werden müssen. Der Abstand und die Ausrichtung der Elemente wird beibehalten, wenn eine Gruppe gedreht wird. Wollen Sie Einzelelemente drehen, müssen Sie die Elemente auch einzeln selektieren.

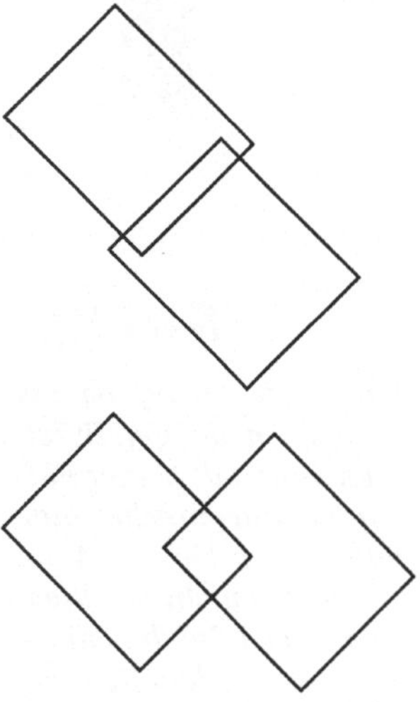

Auch bei Elementgruppen können Sie bestimmte Bestandteile der Gruppe, z.B. Untergruppen oder Einzelelemente, noch verändern. Sie müssen die Gruppe dazu betreten. Wählen sie dazu für eine selektierte Gruppe den Befehl „Betreten" aus dem Untermenü „Gruppe". Alternativ können Sie das Tastaturkommando ‹Befehl›+‹Umschalt›+‹8› benutzen, oder Sie machen einen Doppelklick auf die Gruppe.

In der Informationsleiste Ihres Dokumentfensters (rechts oben) sehen Sie, auf welchem Gruppenlevel Sie sich befinden. Aktivieren Sie ein Element, das nicht in einer Gruppe liegt, so wird Gruppenlevel 0 angezeigt. Haben Sie eine Gruppe betreten, sehen Sie den Eintrag

„Gruppenlevel 1" in der Leiste. Eine Gruppe in einer Gruppe kann natürlich auch betreten werden, so daß Sie dann schon im Gruppenlevel 2 arbeiten. Sobald Sie die Änderungen an einem Element innerhalb einer Gruppe vorgenommen haben, möchten Sie die Gruppe in meistens wieder verlassen. Wird die Gruppe nicht verlassen und Sie erstellen eine neues Element, ist es automatisch Bestandteil der Gruppe.

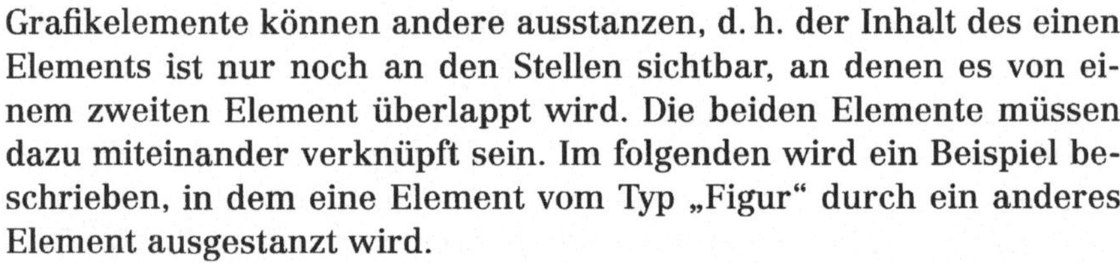

Sie erreichen den nächsthöheren Gruppenlevel über die Menüauswahl „Element"/„Gruppe"/„Verlassen" oder mit einem Doppelklick außerhalb der Gruppe. In der Informationsleiste wird der neue Gruppenlevel angezeigt. Dort befindet sich auch eine Schaltfläche (Pfeil nach oben), mit der Sie ebenfalls den nächsthöheren Gruppenlevel anwählen können. Eine weitere Möglichkeit ist die Verwendung dem Tastaturkommando ‹Befehl›+‹l›.

Gruppenlevel 0 erreichen Sie von allen Ebenen aus direkt mit Hilfe der Schaltfläche ganz rechts in der Informationsleiste.

4.9.9 Grafikelemente ausstanzen

Grafikelemente können andere ausstanzen, d. h. der Inhalt des einen Elements ist nur noch an den Stellen sichtbar, an denen es von einem zweiten Element überlappt wird. Die beiden Elemente müssen dazu miteinander verknüpft sein. Im folgenden wird ein Beispiel beschrieben, in dem eine Element vom Typ „Figur" durch ein anderes Element ausgestanzt wird.

Zuerst erstellen Sie eine Figur und definieren die gewünschten Parameter im Figurenfenster. Für unser Beispiel der Elementverknüpfung füllen Sie die Fläche farbig. Jetzt plazieren Sie einen Pfad oder ein anderes Figurenelement über dem ersten Element. Sie sollten das Grafikelement so plazieren, daß es vollständig oder teilweise über dem ersten Element oder auch einer vorab erstellten Elementgruppe liegt. Die Innenfläche Ihres Pfades oder der Figur soll mit dem darunterliegenden Elementausschnitt gefüllt werden.

Aktivieren Sie das unten liegende Element bzw. die Elementgruppe, und öffnen Sie im Elementinspektor das Menü „Ausstanzen". Wählen Sie den Menüpunkt „Verknüpfen". Der Mauszeiger ändert seine Form. Klicken Sie nun das Grafikelement an, das als Stanzform dienen soll, und beenden Sie die Funktion mit einem Klick der

Wichtig!

Achten Sie darauf, ob das „Stanzelement" gefüllt ist. Es kann mit seiner Füllung die darunterliegende Füllung verdecken. Wenn Sie das nicht möchten, müssen Sie die Fläche deaktivieren.

rechten Maustaste. Der Mauszeiger kehrt in seine vorherige Form zurück.

Beim Verknüpfen der Elemente durch die Funktion „Ausstanzen" können Sie verschiedene Einstellungen zusätzlich beeinflussen. Zunächst könnte es nützlich sein, wenn Sie beim Ausstanzen die Elemente gleichzeitig gruppieren. Sie sollten in dem Fall die Option „+ Gruppieren" im Elementinspektor wählen. Mit einem Doppelklick kann dann die Gruppe betreten werden, damit Sie, falls nötig, Elemente der Gruppe separat bearbeiten können.

Das Element, das als Stanzform benutzt wird, beeinflußt die Art und Weise der Ausführung der

Funktion. Für das Element wird im entsprechenden Fenster (Figuren, Pfad, Pfadtext) die Option für das Ausstanzen bestimmt. Sie können beim Stanzen Pfadflächen füllen, wodurch darin liegende Flächen und Überschneidungsflächen nicht gefüllt werden. Sie können die gesamte Pfadfläche mit Teilpfaden und Überschneidungsflächen beim Ausstanzen füllen lassen oder aber nur die Konturlinie. Die letzte Option ist nur sinnvoll, wenn die Konturlinie entsprechend fett eingestellt wurde. Wenn Sie einen Pfadtext als Stanzform verwenden möchten, sind nur zwei Optionen einstellbar.

4.9.10 Elementhierarchie verändern

Mitunter kann es für die Bearbeitung einer komplexen Grafik wichtig sein, in welcher Reihenfolge die Elemente erstellt wurden. In OneVision werden die Elemente in der Reihenfolge belassen, in der Sie erzeugt wurden: Das zuletzt erstellte Element liegt ganz oben. Falls Sie nun bei der Veränderung eines Elementes feststellen, z. B. nach einer Verschiebung, daß es nun teilweise von einem anderen Element verdeckt wird, können Sie die Elementhierarchie verändern.

Wählen Sie das Element aus, das Sie unter ein anderes Element bringen müssen, und rufen Sie das Menü „Element" auf. Sie haben jetzt die Möglichkeit, es ganz nach hinten zu stellen, wobei es unter Umständen durch andere Elemente verdeckt wird. Hierfür ist der Befehl „Nach hinten" verfügbar. Sie können aber auch das Tastaturkommando ‹Befehl›+‹B› verwenden. Sollte der umgekehrte Fall vor-

liegen, und Sie möchten das Element nach vorn bringen, damit es über allen anderen liegt, so wählen Sie aus dem Menü „Element" „Nach vorne" (oder ‹Befehl›+‹F›).

Für Grafiken mit sehr vielen Elementen, die verschachtelt in Gruppen übereinanderliegen, stehen weitere Menübefehle zur Verfügung. Diese bietet Ihnen die Möglichkeit, die Reihenfolge zweier Elemente zueinander zu verändern. Wählen Sie dazu den Befehl „Vor Element" oder „Hinter Element". Selektieren Sie mit dem nun veränderten Mauszeiger das Element, hinter bzw. vor das Ihr aktives Element gestellt werden soll.

Elementgruppen können dazu beitragen, die Bestimmung der hierarchischen Ordnung zu erleichtern.

4.9.11 Elemente speichern und laden

Fertige Grafiken, z. B. Firmenlogos, können – wie alle Elemente oder Elementgruppen in OneVision – separat gespeichert und damit anderen Dokumenten zugänglich gemacht werden.

Fassen Sie alle Bestandteile der Grafik in einer Gruppe zusammen, und selektieren Sie diese. Die Grafik kann nun gespeichert werden, indem Sie im Menü „Element" die Option „Sichern als…" anklicken. Nun wählen Sie im Dateiauswahlfenster den Pfad, damit Sie das Element später wieder auffinden können. In einem anderen Dokument können Sie die Grafik wieder laden. Wählen Sie dazu aus dem Menü „Element" den Befehl „Laden…". Wiederum wird ein Fenster mit einem Dateipfad erscheinen, so daß Sie das gewünschte Element suchen und auswählen können. Ein gespeichertes Element wird mit der Information seiner Position beim Speichern abgelegt, so daß Sie es nach dem Laden wieder an seinem alten Platz in Ihre Seite eingefügt sehen. Sie können ein gespeichertes Element auch laden, indem Sie es aus der Dateiübersicht mit Drag-and-Drop auf Ihre Seite ziehen.

4.9.12 Undo-Funktion in OneVision

OneVision stellt eine Funktion zur Verfügung, mit der Änderungen an Elementen rückgängig gemacht werden können. Hierzu dient der

sogenannte Undo Puffer. Sie können ein oder mehrere Elemente in den Undo Puffer kopieren, indem Sie sie selektieren und dann aus dem Menü „Editieren" die Option „Undo Puffer füllen" anwählen. Anschließend haben Sie die Möglichkeit, mit den ausgewählten Elementen zu experimentieren. Sollte eine Aktion nicht Ihren Wünschen entsprechen, können Sie den Originalzustand der Elemente wieder in die Seite kopieren, indem Sie die Option „Undo" aus dem Menü „Editieren" anwählen.

Falls die Änderung nun doch im Dokument verbleiben sollte, können Sie aus dem Menü den Befehl „Redo" wählen. Nun wird wieder der Zustand vor Anwahl des Befehls „Undo" hergestellt.

Sie sollten vor dem Ausführen von „Undo" diejenigen Elemente selektieren, die in die Undo-Operation einbezogen werden sollen, da alle selektierten Elemente durch die entsprechenden Kopien aus dem Undo Puffer ersetzt werden. Sollten gar keine Elemente selektiert sein, so werden Kopien erzeugt. Sie haben dann die Originalelemente und die veränderten Elemente auf der Seite.

Achtung!

4.10 Pfade

Zum freien Zeichnen oder Gestalten von unregelmäßigen Formen verwenden Sie das Modul OneVision-Art. Dieses Modul enthält nur ein Werkzeug, den Pfadeditor. Dieser dient zum Erstellen und Modifizieren von Pfaden. Wünschen Sie eine Einführung in die Grundlagen der Pfadtheorie, lesen Sie dazu bitte in der Online-Hilfe unter dem Stichwort „Grundlagen zu Pfaden" nach.

4.10.1 Figuren in Pfade konvertieren

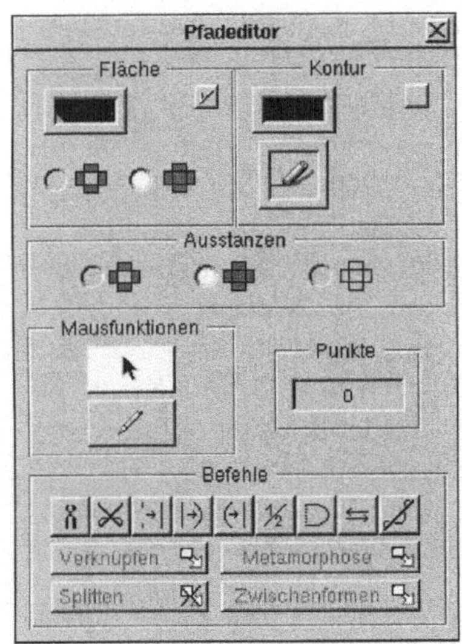

Zum Konvertieren (Umwandeln) von Figuren in Pfade machen Sie im „Element-selektieren-Modus" einen Doppelklick auf das Element. Bevor der „Element-editieren-Modus" aktiviert werden kann, erscheint eine Abfrage, in der Sie angeben müssen, ob Sie die Figur in einen Pfad konvertieren möchten, der dann mit dem Pfadeditor aus OneVision-Art bearbeitet werden kann. Sie können diese Konvertierung auch auslösen, indem Sie eine Figur selektieren und dann auf den Schalter des Modus „Element-editieren" klicken.

Achtung!

Die Umwandlung einer Figur in einen Pfad kann nicht rückgängig gemacht werden.

Wenn Sie die Konvertierung durchgeführt haben, sehen Sie das Fenster des Pfadeditors. Das Element ist nun vom Typ „OneVision-Art" und wird im folgenden mit diesem Modul und seinem Werkzeug, dem Pfadeditor, bearbeitet.

4.10.2 Punkte und Handles (Anfasser)

Zunächst beschäftigen wir uns mit einer einfachen Geraden. Sie können eine Figur erzeugen, die eine waagerechte Linie ist, und diese in einen Pfad wandeln. Die Gerade hat zwei Ankerpunkte, die Sie mit dem Pfeilcursor, den Sie im Moment sehen, aktivieren können.

Ein aktiver Punkt wird durch ein ihn umrandendes Quadrat markiert. Die Punkte werden auf dem Bildschirm immer vergrößert dargestellt, damit Sie sie leichter finden und aktivieren können.

Machen Sie einen Doppelklick auf einem Punkt, um das Fenster für die Punktkoordinaten aufzurufen. Ist ein Punkt bereits selektiert, können Sie die Punktkoordinaten auch aufrufen, indem Sie die Eingabetaste drücken. Die Position der einzelnen Ankerpunkte wird nicht im Elementinspektor, sondern direkt im Pfad definiert.

Neue Punkte können Sie erzeugen, indem Sie im Fenster des Pfadeditors den Stift mit der Maus aktivieren und anschließend auf die Seite klicken. Auf der Seite wird an der Stelle des Mauszeigers ebenfalls ein kleiner Stift dargestellt. (Falls Sie sich im Modus „Element editieren" befinden, wird der neue Ankerpunkt dem aktuellen Pfad hinzugefügt. Im Modus „Element-erzeugen" erstellen Sie mit dem Stift einen neuen Pfad.) Im Pfadeditor befinden Sie sich jetzt im Modus „Punkte setzen". Auf diese Art setzen Sie Ankerpunkte, die jeweils mit einer geraden Linie verbunden werden. Sie können auch Kurven erzeugen, indem Sie beim Klicken die Wahltaste gedrückt halten. Eine Bézierkurve wird durch zwei Ankerpunkte – Beginn und Ende – und zwei Kontrollpunkte, die den Verlauf der Kurve bestimmen, festgelegt. Ankerpunkte und Kontrollpunkte können Sie verschieben, um den Verlauf der Kurve zu verändern.

Tip! Halten Sie die Befehlstaste gedrückt, und klicken Sie einmal mit der rechten Maustaste, um auf das Stiftwerkzeug zu wechseln.

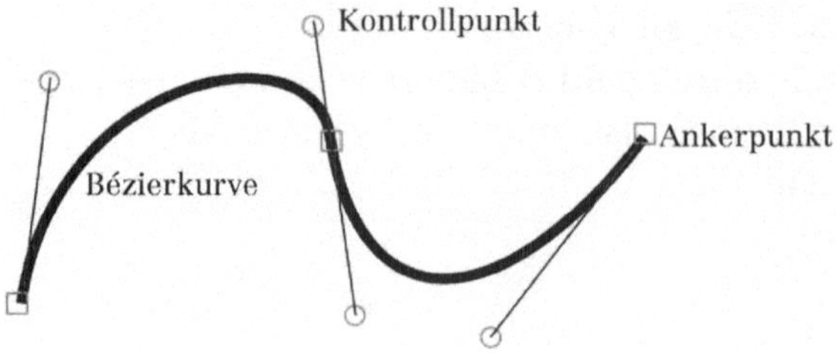

4.10.3 Punkte verschieben, löschen, hinzufügen

Zum Bearbeiten von Kurven und Punkten benutzen Sie die Funktionen des Pfadeditors. Wechseln Sie dazu in den Modus „Element editieren".

Um einen Punkt zu verschieben, müssen Sie diesen aktivieren. Dann können Sie einen Doppelklick auf den Punkt ausführen und die Koordinaten ändern. Möchten Sie die Veränderung Ihrer Kurve visuell bestimmen, können Sie den Punkt auch mit der Maus fassen und direkt verschieben. Falls dem Punkt, den Sie verschieben möchten, Kontrollpunkte zugeordnet sind, können Sie die Wahltaste festhalten, um Ankerpunkt und Kontrollpunkte gemeinsam zu verschieben. Um mehrere Punkte gleichzeitig zu verschieben, müssen Sie die gewünschten Punkte aktivieren, indem Sie sie nacheinander mit gedrückt gehaltener Umschalttaste anklicken oder mit der Maus einen Rahmen um die gewünschten Punkte ziehen.

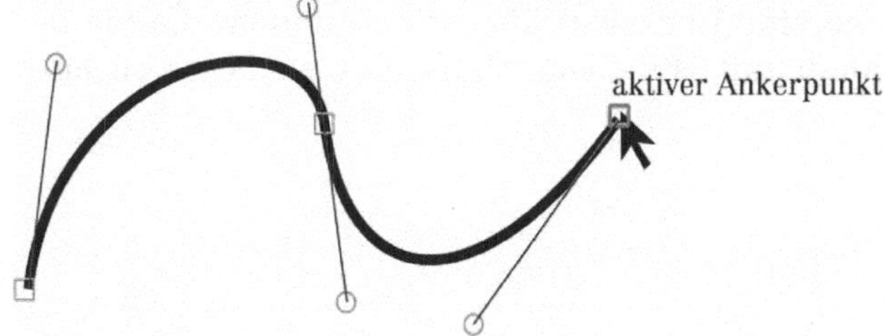

Zum Löschen eines Punktes aktivieren Sie den Punkt und klicken auf die kleine „Kneifzange" im Pfadeditor-Fenster. Sie können einen aktiven Punkt auch löschen, indem Sie die Löschtaste (Backspace) drücken.

Beim Hinzufügen von Punkten gibt es unterschiedliche Anforderungen, z. B. kann es sein, daß zwischen zwei vorhandene Punkte ein weiterer Ankerpunkt eingefügt werden soll, oder Sie möchten einen bestehenden Pfad durch Anfügen von Punkten verlängern.

Wollen Sie zwischen zwei Punkten einen weiteren einfügen, so aktivieren Sie einen Punkt, wobei Sie den dazugehörenden Teil des Pfades bei der Vorwahl des Punktes sehen können. Nun klicken Sie auf die Schaltfläche „1/2" im Pfadeditor und erhalten in der Mitte zwischen dem aktiven und dem davorliegenden Punkt einen neuen Ankerpunkt. Bei Geraden wird ein Ankerpunkt ohne Kontrollpunkte

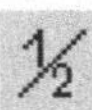

eingesetzt, bei Kurven erhalten Sie einen Ankerpunkt mit Kontroll-punkten.

Statt die Schaltfläche zu benutzen, können Sie einen Punkt akti-vieren und den Stift zum Hinzufügen neuer Punkte verwenden, die dann nach dem aktiven Punkt in den Pfad eingesetzt werden.

Achtung!

Ist kein Punkt des Pfades aktiv, wenn Sie mit dem Stift neue Punkte setzen, so erzeugen Sie einen neuen Teilpfad. Zwischen zwei Teilpfaden kann keine geschlossene Fläche erstellt werden.

4.10.4 Tastenfunktionen für Pfade

Bei der Bearbeitung von Grafikelementen, die als Pfade erstellt oder in Pfade konvertiert wurden, haben wir schon auf einige Tasten-funktionen hingewiesen, die eine veränderte Reaktion der ursprüng-lichen Funktion hervorrufen. Viele Vorgänge lassen sich so be-schleunigen, andere werden erst durch die Tastenfunktion möglich. Im Anschluß finden Sie eine Übersicht über die Aktionen, die Sie in den verschiedenen Modi mit Hilfe von Maus und Tastatur durch-führen können.

<table>
<tr><td colspan="2">Punkte erzeugen (Stift aktiv)</td></tr>
<tr><td>Setzen neuer Punkte</td><td>Klicken mit der linken Maustaste</td></tr>
<tr><td>Erzeugen einer Bézierkurve zum Punkt</td><td>Wahltaste festhalten und Klick mit der linken Maustaste</td></tr>
<tr><td>Erzeugen einer Bézierkurve zum Punkt bei gleichzeitigem Ziehen des zweiten Kontrollpunkts</td><td>Wahltaste festhalten und Ziehen mit der linken Maustaste</td></tr>
<tr><td colspan="2">Moduswechsel im Pfadeditor vom Stift zum Pfeil</td></tr>
<tr><td>Moduswechsel vor dem Zeichnen eines Elements</td><td>Klick mit der rechten Maustaste</td></tr>
<tr><td>Wechsel vom Stift (Element-erzeugen-Modus) zum Pfeil (Element-editieren-Modus) des Pfadeditors während der Bearbeitung/Erstellung</td><td>Befehlstaste festhalten und Klick mit der rechten Maustaste</td></tr>
<tr><td colspan="2">Ankerpunkte und Kontrollpunkte selektieren (Pfeil aktiv)</td></tr>
<tr><td>Punkt auswählen</td><td>Klick mit der linken Maustaste auf einen Ankerpunkt oder Kontrollpunkt</td></tr>
<tr><td>Alle Punkte abwählen</td><td>Klick mit der linken Maustaste ins Leere oder ‹Befehl›+‹A›</td></tr>
<tr><td>Mehrere Punkte mit Hilfe eines Rahmens wählen
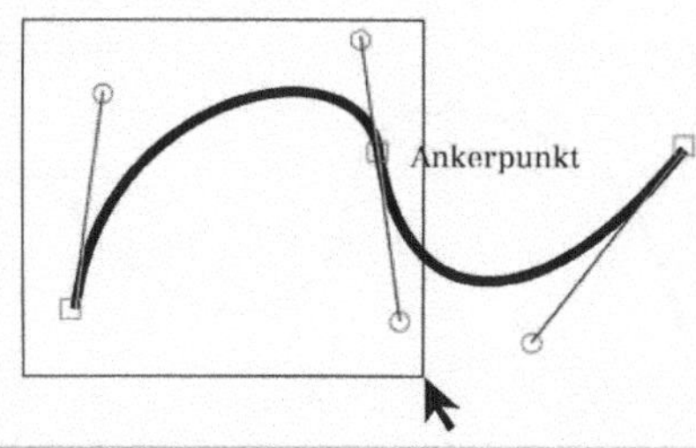</td><td>Mit der linken Maustaste Rahmen um die Anker- und Kontrollpunkte aufziehen, die ausgewählt werden sollen</td></tr>
</table>

Tastenfunktionen für Pfade

Tastenfunktionen für Pfade (Fortsetzung)

Punkte zusätzlich auswählen oder aus der Auswahl wieder entfernen	Umschalttaste festhalten und Klick mit der linken Maustaste auf den Punkt, der zusätzlich ausgewählt werden soll, bzw. auf den Punkt, der aus der Auswahl entfernt werden soll
Mehrere Punkte zusätzlich auswählen	Umschalttaste festhalten und mit der linken Maustaste Rahmen aufziehen
Ankerpunkt und beide Kontrollpunkte, falls vorhanden, auswählen	Wahltaste festhalten und Klick mit der linken Maustaste auf einen Ankerpunkt

Ankerpunkte und Kontrollpunkte verschieben (Pfeil aktiv)

Ankerpunkt und beide Kontrollpunkte, falls vorhanden, verschieben, oder Kontrollpunkt mit gegenüberliegendem Kontrollpunkt zusammen bewegen, wobei nur der Kontrollpunkt am Mauszeiger seine Entfernung zum Ankerpunkt ändern kann (tangential verschieben)	Wahltaste festhalten und mit der linken Maustaste Ankerpunkt bzw. Kontrollpunkt ziehen (Mauszeiger wird blau) 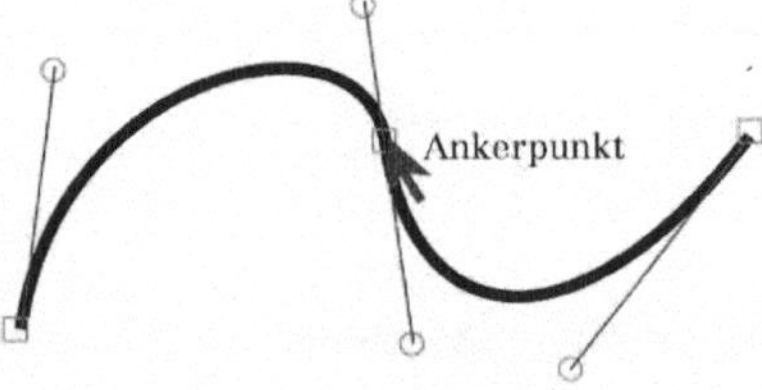
Kontrollpunkt mit gegenüberliegendem Kontrollpunkt zusammen bewegen, wobei beide mit demselben Wert die Entfernung zum Ankerpunkt ändern (proportional verschieben)	Wahltaste und Umschalttaste festhalten und mit der linken Maustaste Kontrollpunkt ziehen (Mauszeiger wird blau) 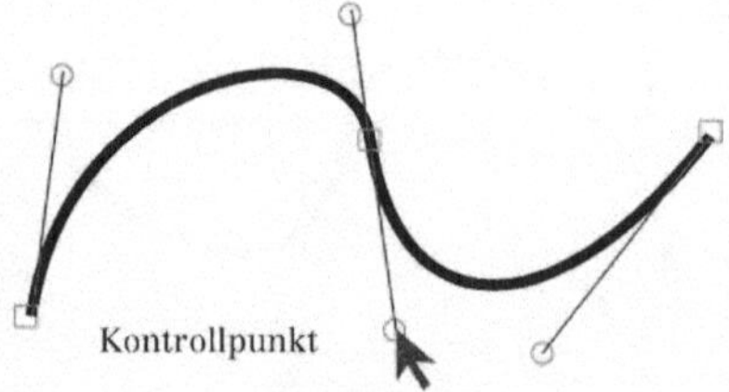

<table>
<tr><td colspan="2">Ankerpunkte einfügen (Pfeil aktiv)</td></tr>
<tr><td>Neuen Punkt zwischen zwei Ankerpunkten einfügen</td><td>Wahltaste festhalten und mit gedrückter linker Maustaste eine Schnittlinie zwischen den beiden Punkten auf den Pfad ziehen (Mauszeiger wird blau)</td></tr>
<tr><td colspan="2">Pfad in zwei Teilpfade trennen (Pfeil aktiv)</td></tr>
<tr><td>Zwei neue Punkte zwischen zwei Ankerpunkten einfügen und den Pfad in zwei Teilpfade trennen (Trennung wird erst sichtbar, wenn einer der neuen Ankerpunkte verschoben wird)</td><td>Wahltaste und Umschalttaste festhalten (Mauszeiger wird blau) und mit gedrückter linker Maustaste eine Schnittlinie zwischen den beiden Punkten auf den Pfad ziehen</td></tr>
<tr><td colspan="2">Teilpfade selektieren (Pfeil aktiv)</td></tr>
<tr><td>Gesamten Teilpfad auswählen und gleichzeitig alle anderen Teilpfade deselektieren</td><td>Steuerungstaste festhalten und Klick mit der linken Maustaste auf einen Punkt</td></tr>
<tr><td>Punktauswahl für den Teilpfad umkehren, d. h. einige Punkte sind ausgewählt und sollen deaktiviert werden, bei gleichzeitigem Selektieren der z. Z. nicht aktiven Punkte</td><td>Steuerungs- und Umschalttaste festhalten und Klick mit linker Maustaste auf einen Ankerpunkt</td></tr>
<tr><td colspan="2">Bearbeitung eines Pfades beenden</td></tr>
<tr><td>Beenden der Bearbeitung eines OneVision-Art-Elements</td><td>Klick mit der rechten Maustaste (Rückkehr in den Modus „Element-selektieren")</td></tr>
</table>

**Tastenfunktionen
für Pfade
(Fortsetzung)**

4.10.5 Auftrennen von Pfaden – Schere

Haben Sie einen Pfad gezeichnet, der „aufgeschnitten", also unterteilt werden soll, dann können Sie einen Punkt selektieren und im Pfadeditor den Befehl „Schere" anklicken. Dadurch erreichen Sie, daß zwei Punkte übereinander gesetzt werden, die keine Verbindungslinie mehr haben. Sie können jetzt einen der Punkte mit der Maus wegziehen. Sie haben durch das Auftrennen von Pfaden nicht den Effekt, daß Sie zwei separate Pfade bearbeiten. Beide Teilpfade gehören nach wie vor zum selben Grafikelement. Jedoch kann in jedem Teilpfad separat gearbeitet, und die Punkte können neu positioniert werden.

Zum Auftrennen von Pfaden kann auch eine Funktion im Modus „Element editieren" des Pfadeditors benutzt werden. Wenn Sie die Wahltaste und die Umschalttaste festhalten und bei gedrückt gehaltener linker Maustaste die Maus über einen Pfad ziehen, so legen Sie eine Schnittlinie über den Pfad. Auch hierbei werden zwei neue Punkte eingefügt und der Pfad in zwei Teilpfade aufgetrennt. Wenn Sie diese Funktion rückgängig machen möchten, müssen Sie einfach nur die neuen Punkte löschen.

Zum Verhalten mehrerer gefüllter Teilpfade erhalten Sie weitere Informationen unter 4.10.10 „Mehrteilige Pfade bearbeiten".

4.10.6 Pfade schließen

Zum Schließen von Pfaden müssen Sie den Anfangs- oder den Endpunkt aktivieren und auf das Symbol „Pfad schließen" im Pfadeditor klicken. Dabei wird ein zusätzlicher Punkt auf den Anfangspunkt gesetzt, der eine Verbindungslinie zum letzten Punkt herstellt. Wenn Sie den Anfangspunkt verschieben, werden Sie feststellen, daß der Pfad dadurch wieder geöffnet wird.

Tip!   Es ist für das erzeugen von Flächen nicht nötig, daß Pfade geschlossen sind. In PostScript können auch offene Pfade gefüllt werden.

4.10.7 Pfade optimieren

Zum Herstellen von Pfaden können Sie freihand mit dem Stift des Pfadeditors Elemente auf den Bildschirm zeichnen. Zuerst wählen Sie das Modul OneVision-Art und anschließend den Modus „Element-erzeugen" (Stift). Sie sehen statt des Mauspfeils einen Stift auf Ihrer Dokumentseite und können bei gedrückt gehaltener linker Mausta-ste zeichnen. In OneVision-Art wird die Mausbewegung sehr genau nachvollzogen, so daß zunächst ein Pfad mit sehr vielen Punkten und relativ rauher Kontur entsteht.

Solche Pfade sind nicht sehr gut bearbeitbar, denn Sie müßten sehr viele Punkte zusammen aktivieren und bewegen, um einen Teil der Kurve zu verändern. Daher sollten Sie den Pfad optimieren. Das ist auch dann ratsam, wenn Sie zunächst eine Bézierkurve durch das Setzen von Ankerpunkten und Bewegen von Kontrollpunkten begonnen haben und dann einfach mit dem Stift weitergezeichnet haben, wodurch ein Teil der Bézierkurve optimierungsbedürftig ist.

Selektieren Sie den Pfad, den Sie optimieren möchten. Anschließend klicken Sie auf die Schaltfläche des Pfadoptimierers.

Sie können hier verschiedene Einstellungen vornehmen, um die Optimierung des Pfades gleichzeitig für eine Korrektur zu nutzen. OneVision-Art kann kurvige Pfade wieder begradigen, wenn Sie es zulassen, daß Kurven abweichend von der jeweiligen Originalkurve optimiert werden.

Im Pfadoptimierer können Sie Einzelfunktionen beliebig ein- bzw. ausschalten. Dadurch können Sie steuern, ob eine gezeichnete Bézier-kurve abgerundet dargestellt oder mit mehr Geraden versehen werden soll, als beim ursprünglichen Freihandzeichnen erreicht wurde. Sie können wählen, ob die Geraden, die Ecken und/oder die Kurven optimiert werden sollen. Aktivieren bzw. deaktivieren Sie dazu die entsprechenden Optionen des Dialogs „Pfadoptimierung". Mit den Schiebereglern haben Sie die Möglichkeit, Werte zwischen

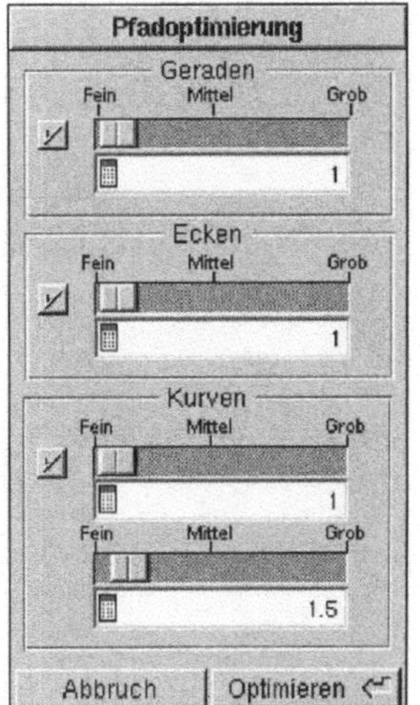

0,8 und 10 einstellen, wobei dieser Wert die erlaubte Abweichung der optimierten Kurve vom ursprünglichen Pfad in Bildpunkten angibt.

Wenn Sie bei der Pfadoptimierung nur die Geraden aktivieren, so werden mehrere Linien durch eine Gerade ersetzt. Das bedeutet, daß überflüssige Ankerpunkte gelöscht werden.

Falls Sie den Autotracer (Vektorisierer) von OneVision-Image benutzt haben oder ein ähnliches Programm, das eine gescannte S/W-Vorlage in eine Vektorgrafik umsetzt, ist es möglich, daß die Grafik nicht die Ecken aufweist, die in der Vorlage vorhanden waren. Meist werden die Ecken abgerundet. Mit dem Pfadoptimierer können Sie aber diese abgerundeten Ecken wieder zurückgewinnen.

Für die Optimierung von Kurven finden Sie zwei Regler im Pfadoptimierer. Der obere Regler steuert die zugelassene Verschiebung von Kurvenankerpunkten. Der untere Regler steuert den maximalen Wert der Abweichung zwischen dem entstehenden und ursprünglichen Kurvenzug.

Wenn Sie nicht ganz sicher sind, mit welcher Einstellung Sie erfolgreich sein werden, dann können Sie das Grafikelement vor der Veränderung mit dem Pfadoptimierer in den Undo-Puffer kopieren (Menü „Editieren"/„Undo Puffer füllen"). Sollte die gewählte Einstellung nicht zu dem gewünschten Ergebnis geführt haben, können Sie das veränderte Grafikelement löschen und einen neuen Versuch mit dem wieder eingefügten Original (Menü „Editieren"/„Undo") machen.

Achtung!

Ein optimierter Pfad ist nicht mehr mit dem Original identisch.

4.10.8 Gerade in Kurve konvertieren

Sollten Sie nach der Bearbeitung eines Pfades mit dem Pfadoptimierer weitere Korrekturen an einem Pfad vornehmen wollen, z. B. wenn Sie einen Text mit dem Autotracer von OneVision vektorisiert haben, so können Sie mit den zwei Funktionen „Gerade in Kurve konvertieren" und „Kurve in Gerade konvertieren" arbeiten.

Bei der Funktion „Gerade in Kurve konvertieren" wird der Punkt hinter der störenden Geraden aktiviert und der Befehl im Pfadeditor ausgeführt.

Hierdurch werden die Kontrollpunkte erzeugt, die den Verlauf der Bézierkurve bestimmen. Nun können Sie mit der Bearbeitung der Kurve fortfahren und die Kontrollpunkte und den Ankerpunkt so plazieren, daß der Verlauf der Kurve Ihren Wünschen entspricht.

4.10.9 Kurve in Gerade konvertieren

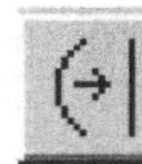

Es besteht auch die Möglichkeit, Kurven in Geraden zu konvertieren. Dazu aktivieren Sie den zweiten Ankerpunkt der Kurve (wenn Sie sich mit dem Pfeil im Modus „Element editieren" über den entsprechenden Ankerpunkt bewegen, wird die zugehörige Kurve bzw. Gerade optisch hervorgehoben) und betätigen anschließend das nebenstehend abgebildete Symbol. Die Kontrollpunkte der ursprünglichen Kurve werden entfernt, damit eine Gerade entstehen kann.

4.10.10 Mehrteilige Pfade bearbeiten

Pfade können aus mehreren Teilen bestehen. Solche Pfade mit mehreren Teilpfaden haben gegenüber Einzelpfaden für die Bearbeitung von Grafiken z. B. den Vorteil, daß zum Verschieben oder Plazieren nur ein Pfad aktiviert werden muß.

Sie können aus einem Pfad zwei Teilpfade machen, indem Sie bei gedrückt gehaltener Wahl- und Umschalttaste mit der Maus eine Schnittlinie über einen Pfad ziehen. An der Schnittstelle werden zwei neue Punkte eingefügt, zwischen denen keine sichtbare Verbindungslinie besteht.

Sie können auch zu einem bereits erstellten Pfad einen neuen Teilpfad hinzufügen. Dazu wird im Fenster des Pfadeditors der Stift aktiviert. Um einen neuen Teilpfad zu erzeugen, müssen Sie den bisher gezeichneten Pfad deaktivieren, bevor Sie wieder den Stift benutzen. Wechseln Sie dazu auf das Pfeilwerkzeug im Pfadeditor und klicken Sie außerhalb des Pfades, um alle Punkte zu deaktivieren. Nun können Sie wieder auf den Stift wechseln und den neuen Teilpfad erstellen. (Beim Erstellen des Pfades bleibt immer der zuletzt gesetzte Punkt aktiv, falls Sie ihn nicht explizit deaktivieren. Der nächste gesetzte Punkt wird mit einer Gerade oder Kurve mit dem letzten verbunden. Auf diese Weise kann z. B. eine Kontur nachgezeichnet werden.)

Wenn Sie aus zwei Teilpfaden einen Pfad mit einer durchgehenden Verbindungslinie erstellen möchten, aktivieren Sie den ersten Ankerpunkt des zweiten der beiden zu verbindenden Teilpfade. (Wenn Sie sich mit dem Pfeil im Modus „Element-editieren" über den Pfad bewegen, erkennen Sie den entsprechenden Ankerpunkt

daran, daß eine Verbindungslinie zu dem jeweiligen anderen Teilpfad angezeigt wird.) Sobald Sie den Ankerpunkt aktiviert haben, klicken Sie auf die dritte Schaltfläche im Pfadeditor. Zwischen den beiden Teilpfaden wird eine Gerade eingefügt. Die Trennung der beiden Teilpfade wird aufgehoben.

Haben Sie zwei separate Pfade erstellt, z. B. um diese aneinander ausrichten zu können (Positionierung über den Elementinspektor), besteht die Möglichkeit, die beiden anschließend zu Teilpfaden eines einzelnen Pfades zu machen. Klicken Sie den Pfad an, der zum ersten Teilpfad werden soll, betätigen Sie das Symbol „Verknüpfen" im Pfadeditor, und klicken Sie auf den zweiten Pfad. Der Vorgang wird mit einem Klick auf der rechten Maustaste abgeschlossen. Sollte es sich um mehr als zwei Pfade handeln, die Sie verbinden möchten, dann klicken Sie nacheinander auf die zu verbindenden Pfade und schließen erst nach dem letzten die Aktion durch einen Klick mit der rechten Maustaste ab. Handelt es sich um zwei Pfade, die die innere und äußere Kontur eines Objekts darstellen, empfiehlt es sich, als ersten Teilpfad die äußere Kontur zu definieren. Lesen Sie dazu bitte auch unter 4.11 „Farben und Flächen" nach.

Die zu einem Pfad verbundenen Teilpfade können auch wieder in Einzelpfade aufgesplittet werden. Diese Funktion ist z. B. dann nötig, wenn Sie die Pfade mit unterschiedlichen Füllungen versehen möchten. Die gefüllten Flächen eines Pfades haben immer dieselbe Füllung.

Zum Splitten von Teilpfaden in einzelne Pfade klicken Sie einfach den aus Teilpfaden bestehenden Pfad an. Dann klicken Sie auf den Befehl „Splitten" im Fenster des Pfadeditors. Sie werden um jeden dadurch entstandenen Pfad einen Hilfsrahmen mit Anfassern sehen. Nach dem Aufsplitten können Sie jeden Pfad einzeln verschieben, bearbeiten oder löschen.

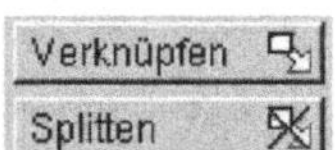

Tip!

Möchten Sie Teilpfaden unterschiedliche Füllungen zuweisen, splitten Sie sie in separate Pfade.

4.11 Farben und Flächen

Im Betriebssystem Nextstep sind einige Farbmodelle schon vorhanden, so daß Sie nur bei Bedarf weitere installieren müssen. Die Farben stehen dann in allen Programmen zur Verfügung. OneVision bietet die HKS-Farben mit dem Programmpaket an, da diese Farben häufig benötigt werden.

4.11.1 Pfadflächen füllen

Grundsätzlich ist durch die Definition von PostScript auch eine Füllung bei nicht geschlossenen Pfaden möglich. Die Füllung erhält dann eine gerade Kante vom Anfangs- zum Endpunkt eines Pfades.

Um einen Pfad oder eine Figur zu füllen, selektieren Sie das zu füllende Grafikelement mit der Maus und aktivieren Sie die Fülloption im Werkzeugfenster.

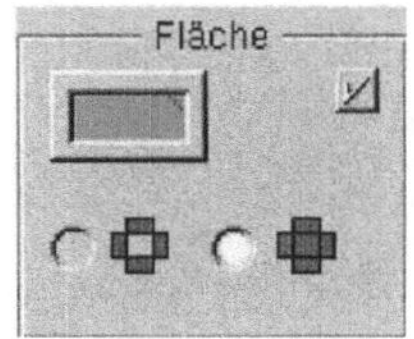

Die Füllung kann durch drei Optionen verändert werden. Sie können die Farbe bestimmen, indem Sie auf den grauen Rand um das Farbfeld klicken. Ein Fenster für die Farbwahl erscheint und der Rand des Farbwahlfeldes im Werkzeugfenster wird weiß dargestellt.

Unter dem Farbfeld sehen Sie zwei Optionen, mit denen Sie die Füllung bei Überschneidungen der Fläche bestimmen können. Ist das erste Symbol aktiviert, so wird bei Überschneidungen die Füllung wieder entfernt. Diese Funktion bezieht sich nur auf Flächenüberschneidungen innerhalb eines Pfades. Sind Teilpfade vorhanden, wird jeder Teilpfad separat gefüllt.

Mit der Aktivierung des zweiten Symbols erreichen Sie, daß eine Fläche, die Überschneidungen aufweist, auch an den Stellen gefüllt bleibt, die durch die Überschneidung ausgespart werden.

Weitere Hinweise und eine genauere Beschreibung zu den Füllregeln erhalten Sie im Handbuchteil „DigiScript".

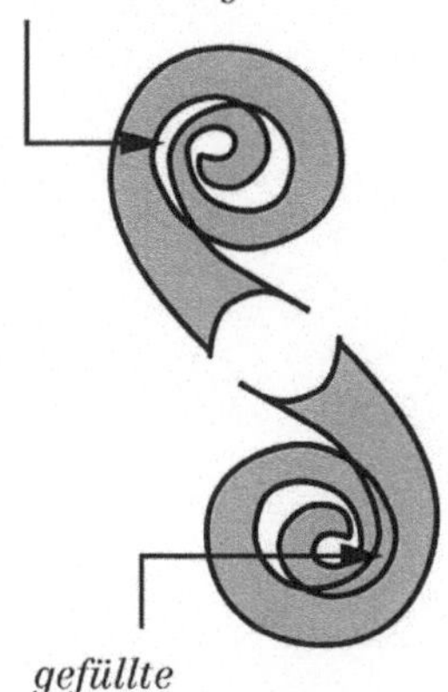

unaufgefüllte Überschneidung

gefüllte Überschneidung

4.12 Verläufe

In OneVision gibt es ein eigenes Modul zur Herstellung von Rasterverläufen und deren Gestaltung.

Wenn Sie das Verlaufmodul anklicken, um einen Verlauf zu erstellen, haben Sie zwei Werkzeuge zur Auswahl. Das erste Werkzeug ist der Verlaufeditor, in dem Sie viele Einstellungen zur eigentlichen Herstellung und Veränderung eines Verlaufs haben. Das zweite Werkzeug dient zum Konvertieren eines Verlaufelements in ein Bildelement, das dann in OneVision-Image weiter bearbeitet werden kann. Für eine korrekte Belichtung auf einem Laserbelichter ist eine Konvertierung durch das Werkzeug nicht nötig.

4.12.1 Verläufe anlegen und bearbeiten

Bevor Sie ein Verlaufelement erzeugen, sollten Sie überlegen, ob Sie für den Verlauf Prozeßfarben oder Schmuckfarben (Auszugsfarben) verwenden möchten. Soll ein reiner Graustufen- bzw. Schmuckfarbverlauf erzeugt werden, müssen Sie vorab die Einstellung „Kanal" im Verlaufeditor unter den Farbfeldern vornehmen und im Farbfeld unmittelbar darüber die entsprechende Schmuckfarbe einstellen.

Zum Erzeugen eines Verlaufs wechseln Sie mit der rechten Maustaste in den Modus „Element erzeugen". Sie ziehen einen Rahmen auf Ihrer Dokumentseite auf und können nun im Fenster des Verlaufeditors Einstellungen für den Verlauf machen.

Verlaufelemente sind immer rechteckig. Sie können aber durch „Ausstanzen" zur Füllung eines Pfades oder einer Figur verwendet werden. Diese Verfahren werden unter 4.14 „Figuren mit Verläufen füllen" beschrieben.

Im Fenster des Verlaufeditors sehen Sie acht Felder, die Verlaufmuster darstellen. Zunächst ist das linke obere Feld aktiv, und Sie haben einen diagonal laufenden, linearen Verlauf z. B. von Blau nach Rot erzeugt. Dieser Verlauf wird als Standardverlauf erstellt, wenn Sie keine Voreinstellungen im Verlaufeditor eingeben. Stellen

Achtung!

Sie eine andere Verlaufsform ein, wird das Ergebnis dieser Aktion erst nach Betätigen des Schalters „Anwenden" sichtbar.

Falls sich nur der Standardverlauf erzeugen läßt, ist das Modul nicht serialisiert.

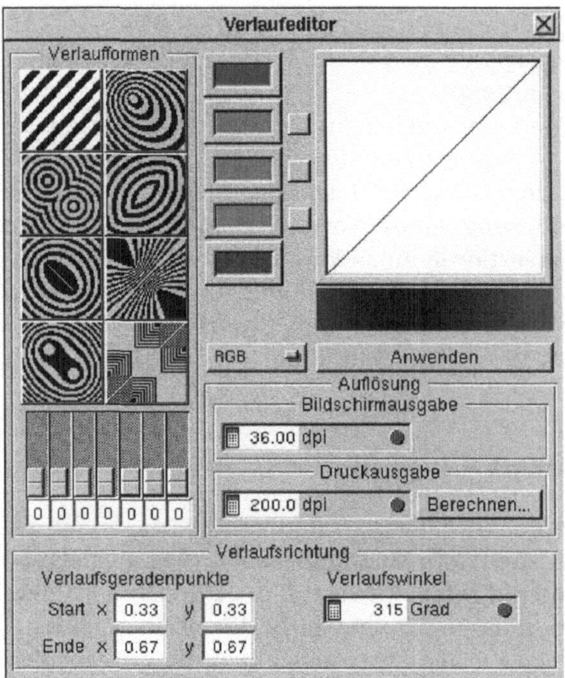

4.12.2 Farbverläufe

Die Farben eines Verlaufs können in den fünf Farbfeldern gewählt werden. Die oberste und die unterste Farbe werden immer benutzt, die übrigen Farben können bei Bedarf zugeschaltet werden. Wenn Sie auf den grauen Rand eines Farbfeldes klicken, erscheint das Farbenfenster, dessen Verwendung unter 1.5 „Farben" genauer beschrieben wird.

Wenn Sie die Veränderung der Verlauffarben an Ihrem Element sehen möchten, klicken Sie auf „Anwenden" im Fenster des Verlaufeditors.

Unter den Farbfeldern können Sie ein Farbmodell wählen. (Sie finden zur Erstellung von Verläufen in den verschiedenen Farbmodellen auf den folgenden Seiten detaillierte Informationen und Beispiele.) Diese Option kann Bildschirmfarben (RGB) benutzen, die später in die Druckfarben umgerechnet werden. Sie können aber auch das Druckfarbenmodell (CMYK) verwenden, wobei die Farben, die Sie im Farbenfenster aussuchen, sofort umgerechnet werden. Bei Verläufen im Farbmodell HIS werden Übergänge von einer Farbe zur nächsten über die dazwischen liegenden Farben auf dem Farbkreis geführt. Sie können also mit diesem Modell Verläufe mit den Farben des Spektrums erstellen. Wenn Sie kein Verlaufelement aktiviert haben und das Farbmodell im Verlaufeditorfenster umstellen möchten, können Sie die vierte Möglichkeit (Kanal) zum Erstellen von reinen Schmuckfarbverläufen aktivieren. Hierbei werden verschiedene Grautöne, die den Tonwert der Schmuckfarbe steuern, als Farbstufen eingestellt. Eine zusätzliche Farbfläche dient dann der Festlegung der Schmuckfarbe, die für den Verlauf verwendet werden soll.

Stellen Sie zuerst das gewünschte Farbmodell ein, denn durch ein späteres Umschalten können bereits definierte Farben geändert werden. Sie müßten dann die Farben nochmals definieren. Verwenden Sie nicht Verläufe mit RGB- und CMYK-Farben in einer Datei gemischt, da diese auf dem Bildschirm gleich aussehen, aber im Druckergebnis voneinander abweichen können.

Achtung!

4.12.3 Verläufe mit CMYK

Häufig werden Sie mit dem Modell CMYK arbeiten, z. B. um einen Verlauf von Cyan 10 % bis Cyan 90 % zu erstellen. Einen solchen Verlauf erzeugen Sie, indem Sie im Farben-Fenster im CMYK-Model die entsprechenden Farben als Start- und Endfarben einstellen, in diesem Fall also (C: 10, M: 0, Y: 0, K: 0 und C: 90, M: 0, Y: 0, K: 0). Deaktivieren Sie nach dem Zuweisen der Farben die Farbwahlfelder, und schließen Sie das Farben-Fenster. Nun klicken Sie auf die Schaltfläche „Anwenden", um Ihren neuen Verlauf zu sehen.

Obwohl Sie in diesem Beispiel als erstes die hellere Farbe definiert haben und die dunklere Farbe die letzte in den Farbfeldern ist, läuft der Verlauf von der Ecke links oben mit der dunklen Farbe

nach rechts unten zur hellen Farbe Ihres Verlaufs. Oberhalb der Schaltfläche "Anwenden" können Sie immer eine Vorschau des Verlaufs mit den eingestellten Farben sehen. Diese Vorschau wird sofort aktualisiert, wenn Sie eine Farbe in einem Farbwahlfeld ändern. Mit "Anwenden" wird die Änderung schließlich auf des Verlaufselement übertragen.

4.12.4 Verläufe mit mehreren Farben

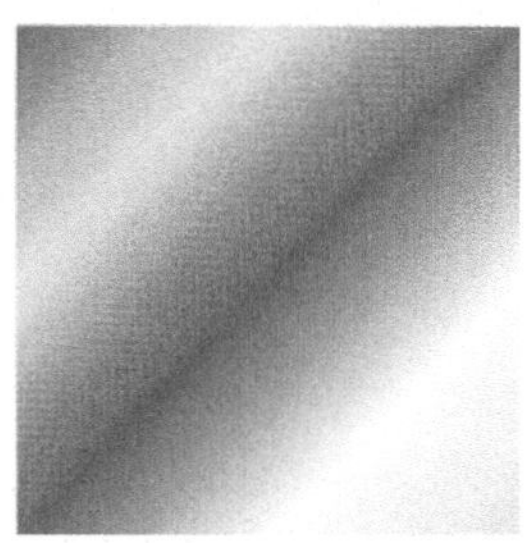

Um einen Verlauf über mehrere Farben fließen zu lassen, können Sie wie bisher Ihr Farbmodell wählen und Anfangs- und Endfarbe einstellen. Zusätzlich können Sie drei Farben, die in den Verlauf eingefügt werden sollen, einstellen und mit dem Häkchen aktivieren. Sie sehen dann über der Schaltfläche „Anwenden" den entstandenen Verlauf. Durch einen Klick auf die Schaltfläche „Anwenden" wird der Verlauf auch im Verlaufelement dargestellt. Sie können die Einstellungen verändern, bis Sie mit dem Ergebnis zufrieden sind.

4.12.5 „Regenbogen-Verläufe"

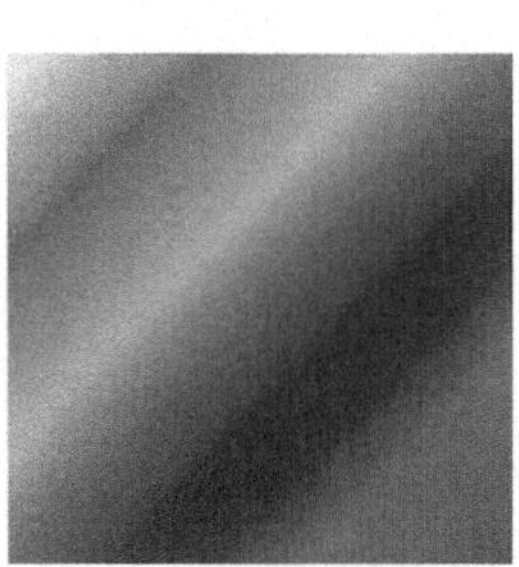

Um einen Verlauf über die Farben des Farbkreises zu erzeugen, schalten Sie das Farbmodell HIS im Verlaufeditorfenster ein. Nun können Sie die Farben für Start und Ende des Verlaufs bestimmen. Wenn Sie zwei Farben wählen, die auf dem Farbkreis nicht nebeneinander liegen, so werden die Übergänge durch die „übersprungenen" Farben des Farbkreises gebildet. Falls Sie einen Verlauf von Gelb nach Rot gestalten wollen, ohne eine der drei Übergangsfarben zu aktivieren, werden keine Farben eingefügt, da die Farben auf dem Farbkreis nebeneinander liegen. Erstellen Sie einen Verlauf von Rot nach Gelb, so werden alle Übergangsfarben des Farbkreises (Magenta, Blau, Cyan, Grün) eingefügt.

Wollen Sie einen Verlauf von Rot nach Rot über alle Farben des Farbkreises laufen lassen, so müssen Sie als zusätzliche Farbe Cyan in der Mitte anwählen. Ein solcher Verlauf kann dreimal durch das Spektrum geführt werden, wenn Sie die erforderlichen Zwischenstufen auswählen (Verlauf von Rot nach Gelb nach Cyan nach Blau

nach Rot). Lesen Sie dazu bitte auch unter 4.13.2 „Verläufe mit dem Kurveneditor" weiter unten nach.

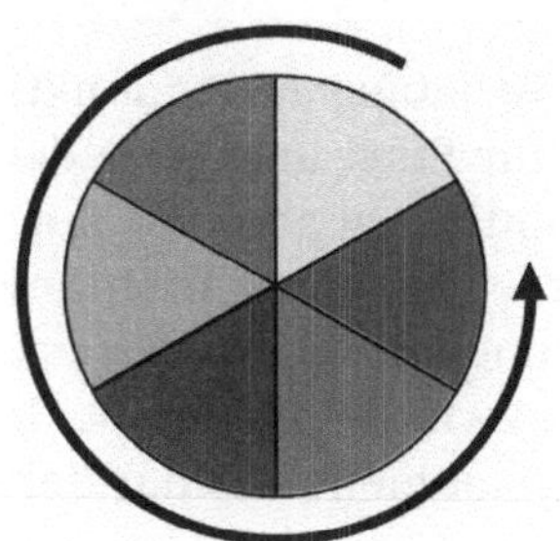

Solche Verläufe können, wenn stark gesättigte Farben verwendet wurden, in der Darstellung auffällig vom späteren Druckergebnis abweichen, da hier Bildschirmfarben benutzt werden. Kontrollieren Sie deshalb das Ergebnis in der Druckvorschau (Menü „Drucken"/„Drucken…", Schaltfläche „Druckvorschau").

Achtung!

4.12.6 Verläufe mit Schmuckfarben

Verläufe mit der Einstellung „Kanal" im Farbmodell-Menü bestehen aus nur einer Schmuckfarbe, deren Rastertonwerte durch die Grautöne der übrigen Farbfelder bestimmt werden. Um einen solchen Verlauf zu erzeugen, müssen Sie die Einstellung „Kanal" wählen, bevor Sie ein Verlaufelement erstellen.

Jetzt können Sie verschiedene Graustufen bei den ersten fünf Farbfeldern wählen, die den entsprechenden Rastertonwert Ihrer Schmuckfarbe bestimmen. Im letzten Farbfeld können Sie die gewünschte Schmuckfarbe einstellen. Solche Verläufe können Sie z. B. für Metalleffekte bei Grafikelementen einsetzen.

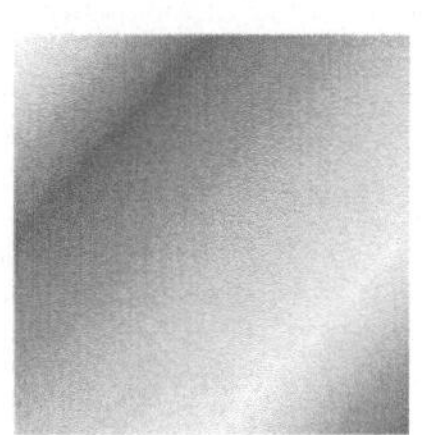

4.12.7 Verlaufsrichtung bei linearen Verläufen

Bei linearen Verläufen können Sie die Verlaufsrichtung im Fenster des Verlaufeditors bestimmen. Sie finden ein Eingabefeld unten rechts, in dem Sie die Verlaufsrichtung als Winkelgrad festlegen können. Die Voreinstellung der Verlaufsrichtung ist 315°.

Bei einer Einstellung von 0° wird der Verlauf von links nach rechts wie im Vorschaufeld über der Schaltfläche „Anwenden" erstellt. Sollen die Start- und die Endfarbe des Verlaufs getauscht werden, müssen Sie den Winkel auf 180° einstellen.

Durch einen Doppelklick auf das Verlaufelement können Sie den Winkel Ihres Verlaufs manuell bestimmen. Sie wechseln dadurch in den „Element-editieren-Modus", und eine Linie erscheint in Ihrem

Verlauf. Diese Linie beschreibt die aktuelle Verlaufsrichtung und kann nun mit der Maus in eine neue Richtung gezogen werden. Sie halten dabei die linke Maustaste gedrückt.

Die im Werkzeugfenster eingetragenen Verlaufsgeradenpunkte werden automatisch mit geändert. Die Werte für Start und Ende der Linie sind jeweils Punktkoordinaten mit x- und y-Angabe. Sie können dort auch Werte eingeben. Dadurch wird die Verlaufsrichtung geändert, die Angabe des Winkels wird allerdings nicht aktualisiert. Sinnvolle Werte in den Eingabefeldern liegen zwischen 0 und 1, da sie auf die Größe Ihres Verlaufelements Bezug nehmen. 0.5 markiert die Hälfte des Elements.

Achtung!

Eine Verschiebung des Start- und Endpunkts der Linie, die bei Ihrem Verlauf die Richtung bestimmt, hat keine Auswirkung auf den Bereich des linearen Verlaufs. Der Verlauf wird über das gesamte Objekt geführt.

4.12.8 Kreisförmige Verläufe erstellen

Zur Herstellung von kreisförmigen Verläufen aktivieren Sie die zweite Schaltfläche der Verlaufformen. Sie können wie bei linearen Verläufen die Farben und das Farbmodell wählen.

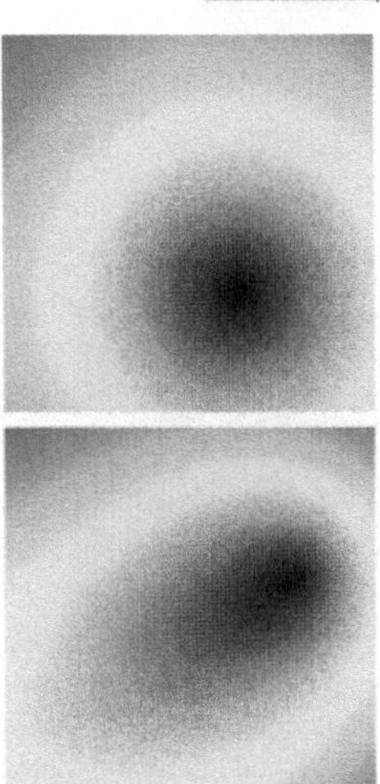

Bei einem kreisförmigen Verlauf ist es möglich, den Mittelpunkt des Kreises, also die Position der Endfarbe zu bestimmen. (Der Verlauf baut sich von außen nach innen auf.) Wechseln Sie in den Modus „Element editieren", indem Sie einen Doppelklick auf dem Verlaufelement machen. Nun können Sie im Verlaufelement durch Klicken mit der linken Maustaste den Mittelpunkt festlegen.

Soll der Mittelpunkt tatsächlich in der Mitte des Elements liegen, so können Sie in den Eingabefeldern der Geradenpunkte bei beiden x- und y-Werten den Wert 0.5 einsetzen.

Die Verläufe, die Sie mit Hilfe der zweiten Verlaufform erstellen, müssen nicht immer genau kreisförmig sein, Sie können den Verlauf auch in eine Richtung zu einem Oval verzerren. Dazu wird im Modus „Element editieren" eine Linie im Verlaufelement gezogen, die die Größe des Ovals und die Richtung der Verzerrung angibt.

4.13 Verläufe mit Mustern

4.13.1 Spezialverläufe

Die drei Verlaufformen unter dem linearen Verlauf werden im wesentlichen dadurch gekennzeichnet, daß es sich um zwei nebeneinander liegende Kreisverläufe handelt, bei denen Sie die Mittelpunkte der Kreise mit Ihrer Geraden bestimmen können. Sie geben mit der Geraden nicht nur deren Abstand voneinander, sondern auch ihre Lage an. Bei einer der Verlaufformen (dritter von oben in der linken Reihe) wird durch die Linie ein elliptischer Verlauf gestaltet.

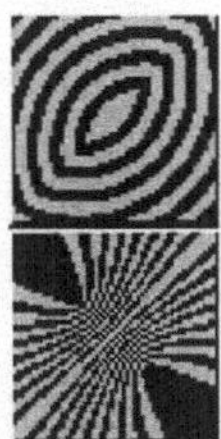

Unter dem Symbol des kreisförmigen Verlaufs finden Sie zwei Verlaufformen, die ebenfalls auf der Kombination zweier Kreise basieren. Hier werden aber nur Kreissegmente oder verzerrte Kreise für die Herstellung der Verlaufform benutzt.

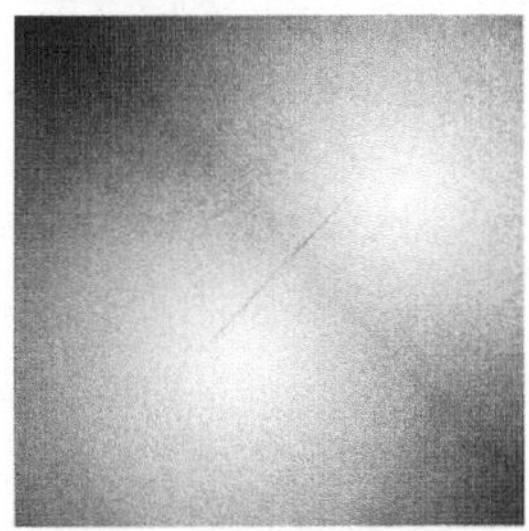

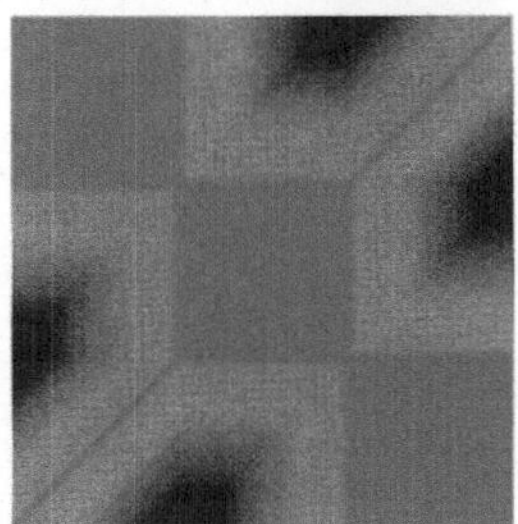

Wie bei den übrigen Verlaufformen können Sie mit der Geraden, die in dem Verlaufelement gezogen wird, andere Ausprägungen der ursprünglichen Formgebung erzeugen. Mit diesen Werkzeugen wird hauptsächlich kreativ gearbeitet. Die Möglichkeiten sind zu vielfältig, als daß wir hier alle beschreiben könnten.

Die Verlaufform rechts unten ist ein Spezialverlauf, der mit den Schiebereglern darunter modifiziert werden  kann. Zusätzlich kann eine Gerade auf dem Verlaufelement gezogen werden, um die grundsätzliche Richtung des Musters festzulegen, das durch den Spezialverlauf erzeugt wird.

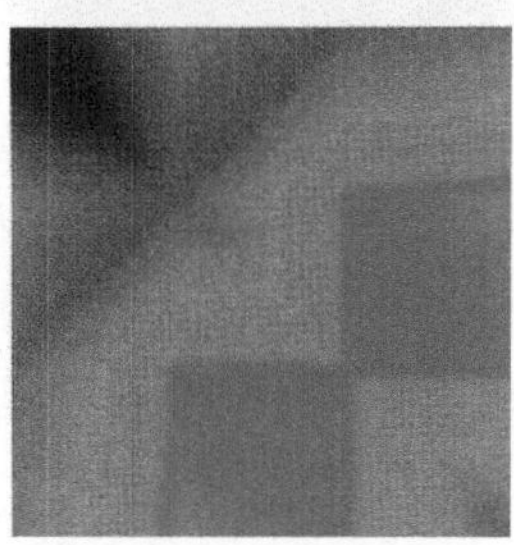

Die einzelnen Schieberegler bestimmen jeweils andere Ausschnitte, Wölbungen und verlaufsbestimmende Linien. Da die Veränderung Ihres Verlaufs sehr überraschend sein kann, sollten Sie mit geringen Veränderungen beginnen und eventuell in den Eingabefeldern die Werte numerisch ändern.

Experimentieren Sie mit den Verläufen, um die Reaktion der Verlaufform auf Ihre Einstellungen besser zu verstehen.

4.13.2 Verläufe mit dem Kurveneditor

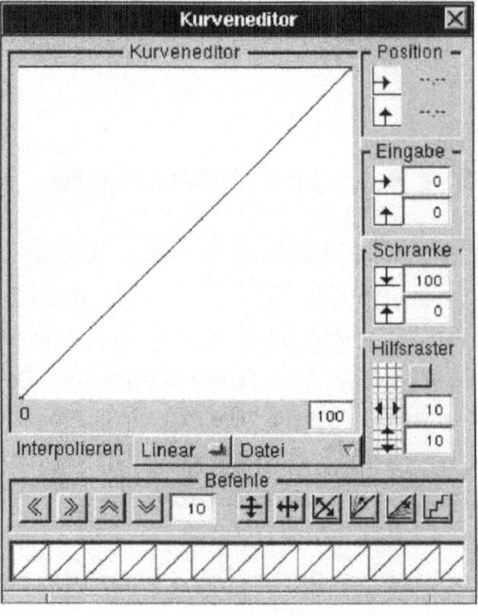

Jede Verlaufform kann zusätzlich mit dem Kurveneditor bearbeitet werden. Sie können im Verlaufeditor auf den grauen Rahmen des Kurvenfeldes klikken. Das Kurvenfeld zeigt standardmäßig ein weißes Feld mit einer Diagonalen, die von links unten nach rechts oben läuft. Der Rahmen des Feldes wird nach dem Aktivieren weiß, der Kurveneditor erscheint. Die x-Achse beschreibt die Position im Verlauf (Beginn bei 0, Ende bei 100, abhängig von der Verlaufform und vom Winkel), die y-Achse beschreibt die Farbe (oben: Ausgangsfarbe, unten: Zielfarbe).

Durch eine Änderung der dargestellten Kurve können Sie den Verlauf beeinflussen. Die nachfolgend aufgeführten Beispiele mit den benutzten Kurven verdeutlichen die Funktion der Kurven bei der Verlaufgenerierung. Hilfe zur Bedienung des Kurveneditors finden Sie unter 1.6.2 „Kurveneditor".

Verläufe mit dem Kurveneditor

 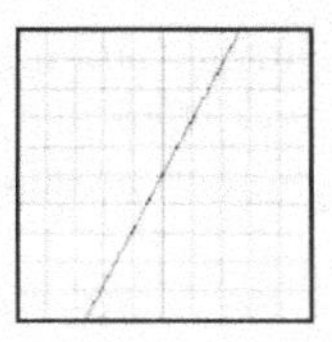

Um den Bereich eines Verlaufs zu kürzen, machen Sie die Kurve steiler. Hierfür klicken Sie auf folgendes Icon:

 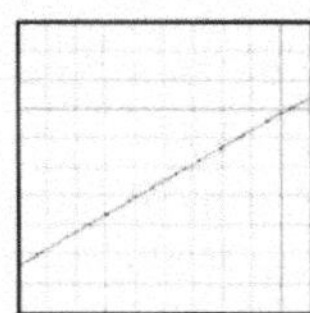

Um den Bereich eines Verlaufs zu verlängern, machen Sie die Kurve flacher. Hierfür klicken Sie auf folgendes Icon:

 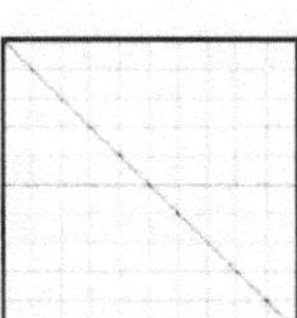

Um einen Verlauf zu invertieren, spiegeln sie die Kurve. Hierzu klicken Sie auf eines dieser Icons:

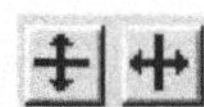

 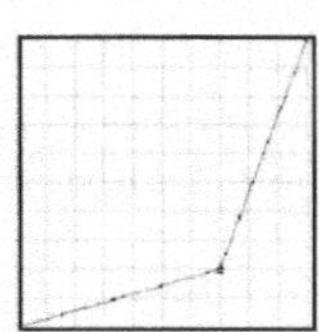

Sie können Punkte mit einem Mausklick in die Kurve einfügen und durch Verschieben dieser Punkte per Drag-and-Drop Bereiche des Verlaufs ändern.

 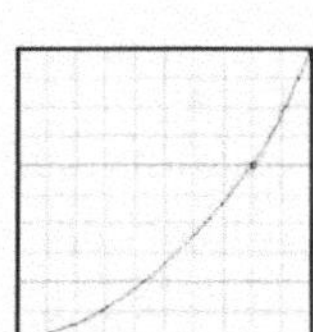

Zum Glätten einer Kurve sollten Sie die Interpolationsart „Akima" oder „Spline" wählen.

Verläufe mit dem Kurveneditor (Fortsetzung)

 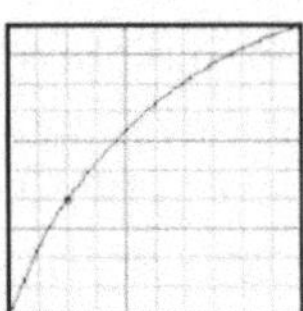

Durch einen Klick auf dieses Icon wird die Kurve an der Diagonalen gespiegelt.

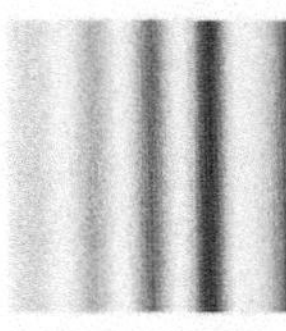 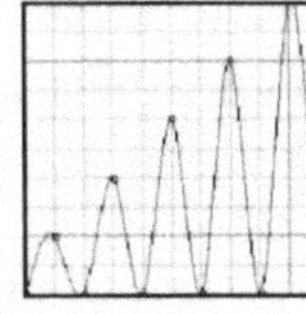

Wenn Sie die Kurve in Form einer Wellenlinie gestalten, erzeugen Sie einen Verlauf, der mehrmals zwischen Ausgangs- und Zielfarbe hin- und herpendelt.

Mit diesen Befehlen können Sie die Kurve in dem dargestellten Koordinatensystem verschieben.

 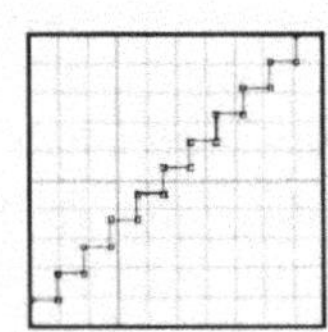

Wenn Sie statt eines richtigen Verlaufs Streifen erzeugen möchten, können Sie über dieses Icon eine Treppenkurve erstellen.

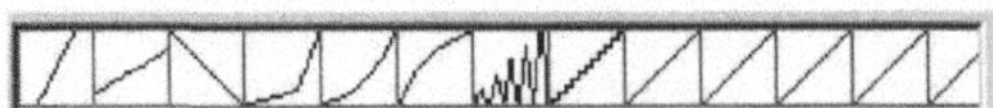

Kurven, die Sie für die spätere Verwendung aufbewahren möchten, können Sie mit gedrückter linker Maustaste aus dem Anzeigefeld des Kurveneditors in die Ablage ziehen. Auf dem gleichem Weg können Sie eine Kurve aus der Ablage hervorholen.

Wenn Sie ein wenig experimentieren möchten, können Sie die Kurven des Kurveneditors auch auf die anderen Verlaufformen anwenden. Die Kurven können ebenso zur Veränderung von kreisförmigen Verläufen dienen wie zur Modifizierung von Spezialverläufen.

Hier einige Beispiele zu diesem Thema:

Tip!

Wenn Sie mehr über den Kurveneditor wissen möchten, lesen Sie unter 1.6.2 „Kurveneditor" nach.

4.14 Figuren mit Verläufen füllen

Da wir bisher nur rechteckige Verlaufelemente erzeugt haben, soll an dieser Stelle auf die Möglichkeit der Verknüpfung mit Figuren und Pfaden hingewiesen werden, denn Sie möchten sicherlich auch Verläufe in anderen Formen gestalten.

Zuerst erstellen Sie ein Verlaufelement und definieren die gewünschten Parameter im Verlaufeditorfenster, im Farbenfenster und im Kurveneditorfenster, sofern dies nötig ist. Jetzt plazieren Sie einen Pfad oder ein Figurenelement über dem Verlauf. Sie sollten das Grafikelement so plazieren, daß es vollständig über dem Verlaufelement liegt. Die Innenfläche Ihres Pfades oder der Figur soll mit dem darunterliegenden Verlauf gefüllt werden.

Aktivieren Sie das Verlaufelement und wählen Sie im Elementinspektor aus dem Popup-Menü „Ausstanzen" den Befehl „Verknüpfen". Der Mauszeiger ändert seine Darstellungsform. Klicken Sie nun das Grafikelement an, das gefüllt werden soll, und beenden Sie die Funktion mit einem Klick der rechten Maustaste.

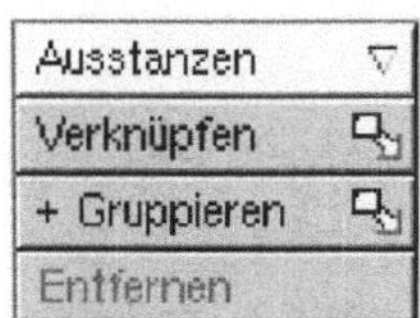

Im Elementinspektor finden Sie im PopUp-Menü „Ausstanzen" einen Befehl „+ Gruppieren". Damit werden beide Elemente verknüpft und anschließend gruppiert. Dies erleichtert eine Plazierung des mit dem Verlauf gefüllten Elements. Dadurch, daß es sich bei solchen gruppierten und verknüpften Elementen um einzelne Grafikelemente handelt, haben Sie jederzeit die Möglichkeit, die Elemente zu verändern und auch zu korrigieren. Führen Sie einfach einen Doppelklick auf der Gruppe aus, um diese zu betreten und die Einzelelemente zu bearbeiten. Zum Verlassen der Gruppe können Sie den rechten Schalter in der Informationsleiste anklicken.

Prüfen Sie bei dem Pfad bzw. der Figur, die Sie für das „Ausstanzen" verwenden möchten, die Einstellung im Pfadeditor oder Figurenfenster bei der Option „Ausstanzen".

Ist Ihr Grafikelement – ein Pfad oder eine Figur – erstellt, finden Sie im zugehörenden Fenster die Option zum „Ausstanzen".

Achtung!

Achten Sie darauf, daß ein Vektorelement, daß als Stanze dienen soll, nicht aus mehreren einzelnen Pfaden bestehen darf. Fassen Sie gegebenenfalls die einzelnen Pfade zu einem Pfad mit Teilpfaden zusammen.

Hier sind drei Möglichkeiten gegeben:

- Zuerst die normale Funktion, bei der alles, was innerhalb des Pfades liegt, mit dem Verlauf gefüllt wird. Besteht der Pfad aus mehreren Teilpfaden, die miteinander verknüpft sind, ist wichtig, ob die Pfade gefüllt sind oder nicht. Im ersten Beispiel mit dem Stern ist die Fläche schwarz gefüllt und die Fläche des innenliegenden Teilpfades nicht gefüllt. Um den Verlauf in der Sternform einzublenden, muß für den Pfad die zweite Option des Stanzens gewählt sein. Andernfalls wäre die Innenfläche des Sterns wie der Hintergrund weiß.
- Das zweite Beispiel zeigt den gleichen aus zwei Teilpfaden zusammengesetzten Pfad, bei dem keine Fläche und keine Kontur aktiviert wurde. Hier wird die erste Option für das Ausstanzen benutzt. Der Verlauf kann nur in der quadratischen Fläche dargestellt werden.
- Nun gibt es für die Funktion des Ausstanzens noch eine weitere Variante, bei der die Kontur berücksichtigt wird. Auch hier darf die Kontur des benutzten Pfades oder der Figur keine Farbe besitzen, sie wird deaktiviert. Die eingestellte Linienstärke wird aber trotzdem für eine Stanzform berücksichtigt.

4.14.1 Verläufe konvertieren

Wollen Sie Verlaufelemente mit Werkzeugen des Moduls OneVision-Image weiterbearbeiten, müssen Sie die Elemente zuerst in Bilddaten wandeln. Sie finden in der Werkzeugleiste des Moduls „Verlauf" das Werkzeug „Verlaufkonverter".

Aktivieren Sie das Verlaufelement, das Sie konvertieren möchten, und selektieren Sie den „Verlaufkonverter" in der Werkzeugleiste. Nun können Sie wählen, mit welcher Bittiefe das Bild erzeugt werden soll. Die Umrechnung der Verlaufinformation wird mit den Angaben zur späteren Rasterweite, zum Qualitätsfaktor und zur Größe optimiert, um keinen Qualitätsverlust hervorzurufen. Den Wert für die dpi-Angabe können Sie bei einer Änderung der Werte des Rasters oder Faktors vom System direkt im Eingabefeld errechnen lassen. Geben Sie die Zahlenwerte für die gewünschte Rasterweite ein. Je nach Qualitätsanforderungen sollten Sie einen Faktor

von 1,41 bis 2,0 wählen. Das Ergebnis wird in das Feld „Bild" eingetragen, sobald Sie die Eingabe mit der Returntaste beendet haben.
Die resultierende Bildgröße wird ebenfalls angezeigt. So können Sie
sehen, wie hoch der Speicherbedarf des neuen Elements sein wird.

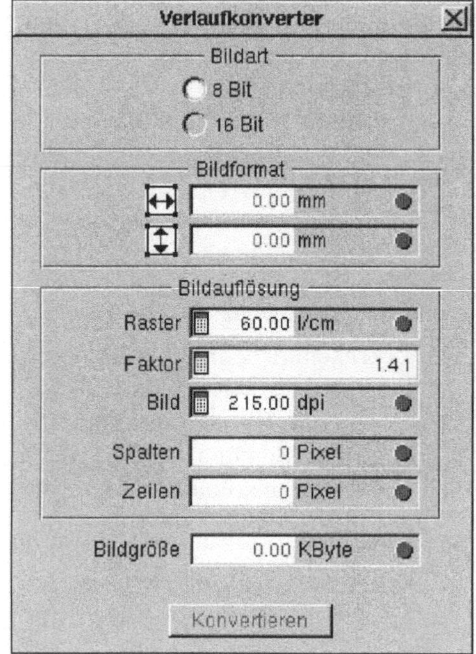

Das Fenster des
Verlaufkonverters

Da Sie die Größe des neuen OneVison-Image-Elements bei „Bildformat" eingeben können, haben Sie die Möglichkeit das Element
während der Konvertierung zu vergrößern oder zu verkleinern.

Klicken Sie nun auf die Schaltfläche „Konvertieren". Nach der
Konvertierung wird das Modul OneVision-Image aktiviert, mit
dem Sie gegebenenfalls weitere Bearbeitungsschritte durchführen
können.

4.14.2 Darstellung und Ausgabe von Verläufen

Im Fenster des Verlaufeditors befindet sich eine Eingabemöglichkeit
für die Darstellungsgenauigkeit während der Arbeit an Verlaufelementen. Standardmäßig ist an dieser Stelle die Hälfte der Bild-

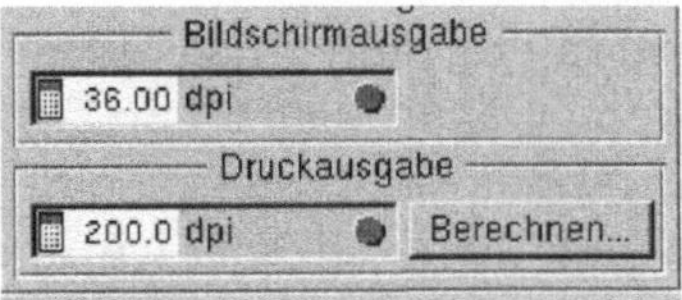

schirmauflösung eingegeben. Sie können den Wert auf 72 dpi erhöhen, wodurch die Bildschirmdarstellung zwar etwas besser aber auch langsamer wird.

Für die Druckausgabe von Verlaufelementen können Sie den benötigten Wert (in dpi) nach derselben Formel errechnen, die im Fenster des Werkzeuges „Verlaufkonverter" benutzt wird.

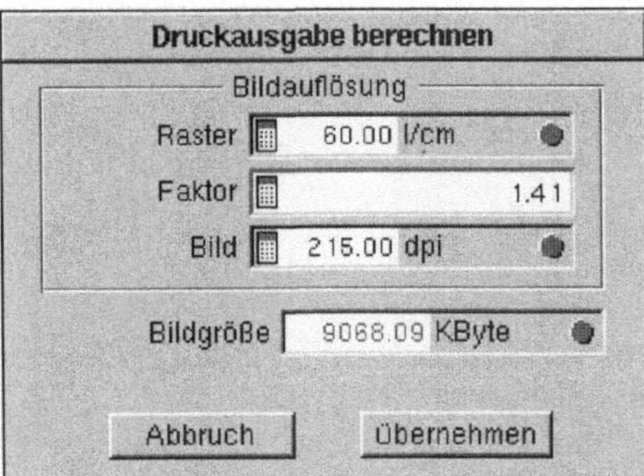

Durch Klicken auf die Schaltfläche „Berechnen" erscheint ein kleines Fenster zum Berechnen der Druckausgabe.

Auch hier können Sie eine Berechnungsformel in die Felder mit dem kleinen Taschenrechner eingeben. Für eine Multiplikation benutzen Sie als mathematisches Zeichen den ‹∗›. Der mathematische Ausdruck wird nach Verlassen des Feldes ausgewertet, das Ergebnis wird angezeigt.

4.15 Pfadtexte erstellen

Das OneVision-Modul, das Text zur Grafik macht und mit dem z. B. Rundsatz und Wellensatz erzeugt werden kann, heißt Pfadtext.

Mit diesem Modul werden Texte erzeugt, die auf Pfaden, z. B. auf Kreisen oder Ellipsen, liegen. Sie benötigen einen Text als Pfadtextelement und einen entsprechenden Pfad.

4.15.1 Texteingabe und Textformatierung

Wechseln Sie in den „Element-erzeugen-Modus", nachdem Sie das Pfadtextmodul aktiviert haben. Klicken Sie dann auf die Seite und es erscheint der blinkende Texteingabecursor. Sie können nun den Text schreiben, den Sie grafisch gestalten möchten.

Schriftart und Schriftgröße werden für die gesamte Zeile eingestellt. Sie können vor Erzeugen des Pfadtextelements die Schrift und Schriftgröße bestimmen oder nachträglich die beiden Einstellungen ändern.

Achtung!

Ein Pfadtextelement besteht aus einer einzelnen Zeile.

Rufen Sie aus dem Menü „Format" im Untermenü „Font" das Fenster „Fontauswahl" auf (Tastaturkommando: ‹Befehl›+‹t›). Wählen Sie in der Liste im linken Feld der Fontauswahl eine Schriftfamilie. Wenn für diese Schrift verschiedene Schriftschnitte verfügbar sind, werden diese im mittleren Feld angezeigt. Sie können dann z. B. wählen, ob Sie eine normale, halbfette oder kursive Schrift benutzen möchten. Im rechten Teil des Fensters stellen Sie die Schriftgröße ein. Einige gängige Schriftgrößen sind in der Auswahlliste aufgeführt, so daß Sie nur eine Größe anklicken

müssen. Sollten Sie eine abweichende Schriftgröße benötigen, können Sie im Eingabefeld über der Liste einen Wert eingeben, z. B. 8.5 Pkt.

Mit einem Klick auf die Schaltfläche „Muster" können Sie eine Vorschau der eingestellten Schriftparameter im Fenster erhalten. Dadurch ist es einfacher zu entscheiden, ob die eingestellten Werte korrekt sind. Um die Einstellung zu benutzen, klicken Sie auf die Schaltfläche „Einstellen". Jetzt können Sie einen Pfadtext mit dieser Schrift erzeugen, oder Sie ändern den aktivierten Pfadtext. Zum Abbrechen der Fonteinstellung klicken Sie auf die Schaltfläche „Rückgängig", ohne „Einstellen" zu betätigen.

Sie können den Pfadtext auch mit den Funktionen des Fontmenüs („Format"/„Font") bearbeiten. Dort finden Sie einige Einstellungen eventuell schneller als im Dialogfenster der „Fontauswahl…".

Für die weitere Verwendung eines Pfadtextes wird nun ein Pfad erzeugt, mit dem der Pfadtext verknüpft wird.

4.15.2 Pfade für Pfadtexte erzeugen

Lesen Sie bitte unter 4.7 „Figuren erzeugen", wenn Sie Informationen über die verschiedenen Figuren haben möchten.

Als Grundlinie für Pfadtexte eignen sich Figuren oder Pfade.

Für den Rundsatz bieten sich verschiedene Figuren an, die für die Verknüpfung mit Pfadtexten in Frage kommen, z. B. Kreise, Ellipsen, Kreisbogen, Spiralen und Wellenlinien. Figuren mit Spitzen eignen sich nicht so gut für diesen Zweck, da der Text auf diesen Figuren schwer lesbar ist.

Nachdem eine Figur erzeugt wurde, wird mit einem Doppelklick auf diese Figur die Konvertierung zum Pfad ausgelöst. Sie bestätigen die Frage auf dem Bildschirm durch Anklicken der Schaltfläche „Konvertieren". Nun sehen Sie den entstandenen Pfad mit den Anker- und Kontrollpunkten, und Sie haben die Möglichkeit, den Pfad noch zu bearbeiten.

Die Konvertierung ist für das Aufbringen von Pfadtexten nicht unbedingt erforderlich.

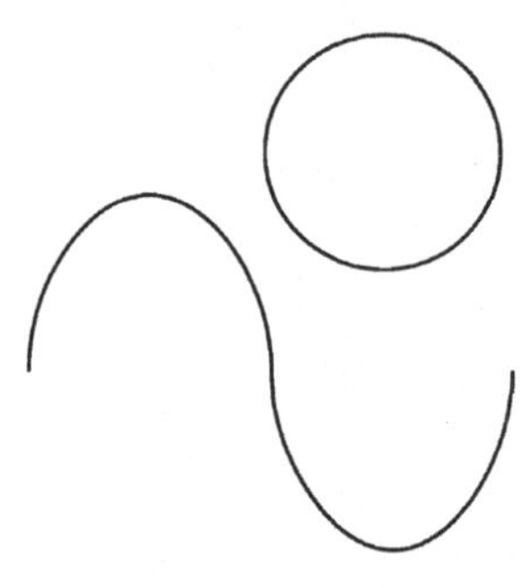

4.15.3 Textausrichtung auf dem Pfad

Nachdem Sie Pfad und Pfadtext erzeugt haben, können Sie die beiden Elemente miteinander verknüpfen. Gehen Sie dabei folgender-

maßen vor: Klicken Sie den Pfadtext an und dann im Fenster des Pfadtextwerkzeugs auf die Schaltfläche „Verknüpfen". Mit dem Mauszeiger klicken Sie danach auf den Pfad, an den der Pfadtext angebunden werden soll.

Falls Sie den Pfad jetzt noch verändern möchten, so haben Sie mit den Werkzeugen des Moduls OneVision-Art die Möglichkeit dazu. Pfadtext und Pfad sind trotz ihrer Verknüpfung zwei separat zu bearbeitende Elemente. Beide Elemente können auch gruppiert werden.

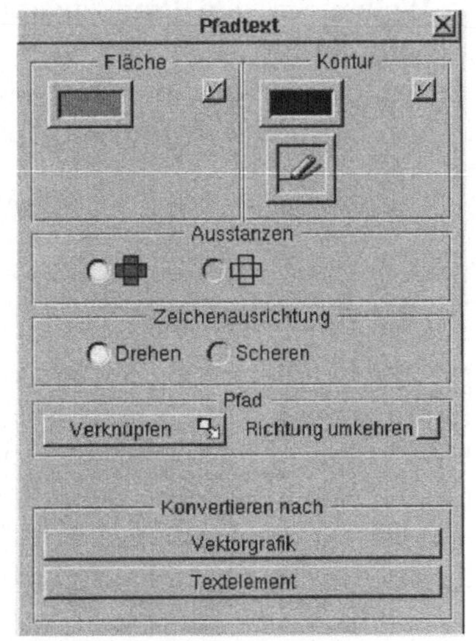

Sie können jetzt die Ausrichtung des Textes auf dem Pfad beeinflussen, indem Sie die Richtung des Pfades umkehren. Damit bestimmen Sie, ob der Pfadtext in den Kreis oder außen auf den Kreis gelegt wird. Bei Pfaden, die eine Wellenlinie bilden, können Sie durch Ändern der Pfadrichtung den Text unten oder oben anfügen.

Den gleichen Effekt erreichen Sie auch mit einer anderen Funktion: Wenn Sie den Pfad aktivieren, dann sehen Sie das Fenster des Pfadeditors. Darin können Sie die Option „Richtung umkehren" aktivieren. Auch Teilpfade können so in ihrer Richtung geändert werden.

Im Elementinspektor finden Sie eine weitere Möglichkeit, diesen  und andere Effekte zu erzielen. Sie können den Pfadtext oder den Pfad horizontal oder vertikal spiegeln. Die Schaltflächen im Elementinspektor, mit denen ein Element gespiegelt werden kann, sind mit einem Doppelpfeil gekennzeichnet. Die Spiegelachse ist waagerecht oder senkrecht. Ist ein Pfad, auf dem ein Pfadtext verläuft, gedreht, so wird auch die Spiegelachse gedreht.

Sollten Sie einen Rundsatz erzeugen, so wird Ihnen auffallen, daß der Text nicht mittig auf dem Kreis oder der Ellipse ausgerichtet wird. Eine Kreisfigur, die in einen Pfad konvertiert wurde, hat den Anfangspunkt rechts, so daß der Pfadtext an diesem Punkt beginnt. Sie können nun den Pfad aktivieren und über eine Eingabe im Elementinspektor so weit drehen, daß Ihr Text korrekt ausgerichtet ist.

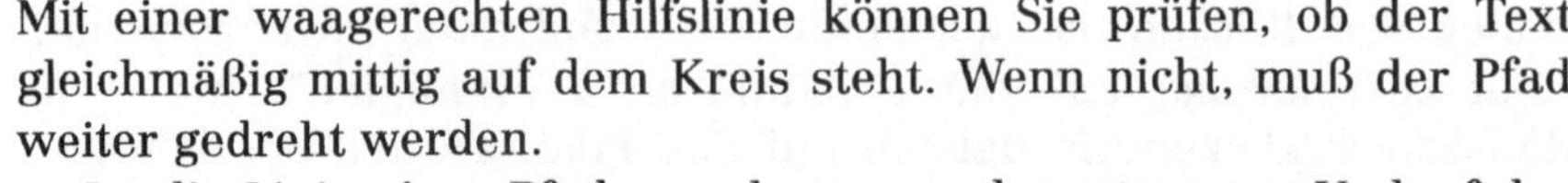

Mit einer waagerechten Hilfslinie können Sie prüfen, ob der Text gleichmäßig mittig auf dem Kreis steht. Wenn nicht, muß der Pfad weiter gedreht werden.

Ist die Linie eines Pfades zu kurz, um den gesamten Verlauf der Grundlinie Ihres Pfadtextes zu bestimmen, wird der Pfadtext, ausgehend vom letzten Buchstaben, auf dem Pfad gerade weitergeführt. Das bedeutet, daß die Drehung des letzten Zeichens für die folgenden beibehalten wird. Natürlich können Sie den Pfad verlängern, indem Sie Punkte hinzufügen.

Wollen Sie den Pfad zusammen mit dem Pfadtext verschieben, selektieren Sie bitte den Pfad. Dieser kann nun mit der Maus oder mit Hilfe der Tastatur (‹Wahl›+‹beliebige Pfeiltaste›) oder durch Veränderung der Positionsangabe im Elementinspektor verschoben werden.

4.15.4 Pfadtexte füllen

Die Buchstaben eines Pfadtextes können farbig gefüllt sein und eine Konturlinie erhalten. Falls Sie zu den Einstellungsmöglichkeiten für Fläche und Kontur Zusatzinformationen benötigen, können Sie diese unter 4.8 „Linien" und unter 4.11 „Farben und Flächen" erhalten.

Soll ein Verlauf in einen Pfadtext gelegt werden, können Sie direkt die Funktion „Ausstanzen" im Elementinspektor anwenden. Sie können sich genauer über diese Funktion unter 4.14 „Figuren mit Verläufen füllen" informieren, denn dieser Vorgang läuft analog dazu ab.

Falls ein Pfad, der für den Pfadtext als Grundlinie dient, nicht belichtet werden soll, müssen Sie die Kontur für den Pfad im Dialogfenster des Pfadeditors deaktivieren. Der Pfad ist dann im Dokument und in der Ausgabe nicht mehr sichtbar. Alternativ dazu können Sie die Option „Drucken" im Elementinspektor für dieses Element ausschalten. Der Pfad bleibt im dann Dokument sichtbar, wird aber nicht ausgegeben.

Es genügt nicht, die Linienstärke auf den Wert Null zu setzen, da in diesem Falle bei der PostScript-Ausgabe trotzdem eine feine Haarlinie belichtet würde.

4.15.5 Abstand eines Pfadtextes zur Grundlinie verändern

Der Abstand des Pfadtextes zum zugrundeliegenden Pfad kann verändert werden. Selektieren Sie dazu den Pfadtext, und wechseln Sie mit einem Doppelklick in den Modus „Element-editieren".

Jetzt können Sie Einzelbuchstaben als „Hochgestellt" definieren. Sie sehen den Textcursor vor dem aktiven Buchstaben. Wählen Sie nun aus dem Menü „Format" im Untermenü „Font" die Option „Hochgestellt". Nun wird der Buchstabe nach oben gerückt. Wenn Sie die Funktion aktivieren, bevor Sie den gesamten Text geschrieben haben, werden alle Buchstaben über der Pfadlinie erstellt. Um eine solche Veränderung rückgängig zu machen, wählen Sie für den hochgestellten Buchstaben aus dem gleichen Menü die Option „Hoch-/Tiefstellen" aus.

4.15.6 Sperren und Unterschneiden von Pfadtexten

Sind einzelne Buchstaben des Pfadtextes z.B. in einer engen Biegung des zugrundeliegenden Pfades zu nahe beieinander, können Sie die Buchstabenabstände von Hand korrigieren. Werden die Buchstabenabstände vergrößert, so nennt man dies in der Fachsprache *Sperren*, eine Verringerung der Abstände wird *Unterschneidung* genannt. Beide Funktionen sind für die optimale Ausrichtung eines Pfadtextes an einem Pfad erforderlich.

Selektieren Sie dazu den Pfadtext, und wechseln Sie mit einem Doppelklick in den Modus „Element-editieren". Positionieren Sie den Textcursor zwischen die Buchstaben, deren Abstand verändert werden soll. Sie können dafür die Pfeiltasten auf der Tastatur benutzen.

Zum Sperren benutzen Sie nun das Tastaturkommando ‹Strg›-‹Pfeil rechts›, wobei Sie den Abstand um 1/10-Geviert erhöhen. Wenn Sie zusätzlich die Umschalttaste festhalten, so wird der Buchstabenabstand nur um 1/100-Geviert erhöht.

Sie können die Veränderung auch am Bildschirm beobachten, wenn Sie die Stelle des Pfadtextes entsprechend gezoomt darstellen lassen.

Wenn Sie die Buchstabenabstände verringern, also unterschneiden möchten, werden Sie mit der Tastenkombination ‹Strg›-‹Pfeil links› den Abstand um 1/10-Geviert verringern. Wieder wird durch

Tip!

Ein Geviert kann in mm umgerechnet werden, indem Sie die Schriftgröße in DTPpoint mit dem Wert 127/360 multiplizieren.

Achtung!

zusätzliches Gedrückthalten der Umschalttaste die Unterschneidung auf 1/100-Geviert verändert.

Wurde ein Verlauf in einen Pfadtext gelegt, sind Änderungen nicht sofort sichtbar.

4.15.7 Drehen und Scheren eines Pfadtextes

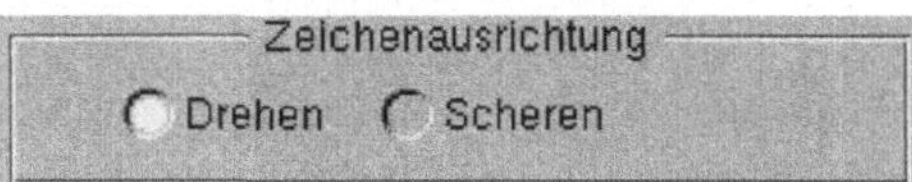

Sie können die Stellung der Buchstaben des Pfadtextes auf einem Pfad auch durch die Option „Zeichenausrichtung" im Fenster des Pfadtextwerkzeugs beeinflussen. Standardmäßig ist zunächst die Drehung der Buchstaben aktiviert. Hierbei wird die Grundlinie jedes einzelnen Zeichens gedreht und eine Verschiebung einer solchen gedrehten Grundlinie durch den Pfad bestimmt.

Für einen anderen Effekt können Sie die Option „Scheren" im Fenster aktivieren. Jetzt werden die Zeichen verzerrt, was bei schrägen Pfaden einer Kursivstellung der Schrift nahe kommt. Die Schrift wird auf der Linie verzerrt dargestellt. Es ist möglich, daß Buchstaben nicht mehr erkennbar sind, wenn Sie an senkrechten Pfaden ausgerichtet sind. Korrigieren Sie gegebenenfalls den Pfad, oder kehren Sie zur Option „Drehen" zurück.

Um einen Pfadtext von einem Pfad zu trennen, können Sie den Pfad einfach löschen, mit dem der Pfadtext verknüpft war. Wenn Sie einen Pfadtext mit einem anderen Pfad verknüpfen möchten als bisher, so können Sie den Pfadtext aktivieren und nochmals die Verknüpfung für einen anderen Pfad definieren.

Wird die Kontur des Pfades deaktiviert, ist der Pfad nicht mehr sichtbar. Der Pfadtext wird trotzdem am Pfad ausgerichtet.

4.15.8 Pfadtext konvertieren

Pfadtexte können auf zwei Arten konvertiert werden.

Zum einen können Sie einen Pfadtext in ein Type-Element konvertieren. Die Werkzeuge des Moduls OneVision-Type erscheinen nach der Konvertierung, denn Sie haben nun alle Möglichkeiten der Bearbeitung des Textes, die dieses Modul Ihnen bietet. Sie können

beispielsweise aus dem Text einen mehrzeiligen Text machen. Sobald Sie einen Pfadtext in ein OneVision-Type-Element konvertiert haben, werden Text und Pfad voneinander getrennt. Der Text wird an die Stelle auf der Seite positioniert, an welcher der Pfadtext ursprünglich einmal erstellt wurde.

Als zweite Möglichkeit der Konvertierung eines Pfadtextes finden Sie im Fenster „Pfadtext" die Schaltfläche für eine Umwandlung in eine Vektorgrafik. Dabei werden die einzelnen Buchstaben in Pfade konvertiert. Die Ausrichtung des Pfadtextes am Pfad bleibt erhalten. Die einzelnen Buchstaben können nun wie selbstgezeichnete Pfade benutzt werden, um z. B. ein Logo herzustellen, bei dem eine verfremdete Schrift benutzt wird. Völlig neue kreative Schriftzüge können auf diese Weise entstehen.

Der in ein Grafikelement konvertierte Pfadtext besteht aus einer Gruppe von Pfadelementen, die nicht direkt mit einem Verlauf gefüllt werden kann. Sie müssen die Einzelpfade der Buchstaben vorher miteinander verknüpfen, damit die Buchstaben als Teilpfade definiert sind. Hierfür müssen Sie die Gruppe mit einem Doppelklick betreten. Klicken Sie den ersten Buchstaben an, und selektieren Sie damit einen Pfad. Nun wählen Sie die Option „Verknüpfen" aus dem Fenster des Pfadeditors. Nacheinander klicken Sie nun die übrigen Buchstaben an und beenden das Verknüpfen durch einen Klick mit der rechten Maustaste. Anschließend können Sie einen Verlauf mit diesem zusammengesetzten Pfad durch die Funktion „Ausstanzen" im Elementinspektor verknüpfen.

Achtung!

*Bei der Konvertierung
geht Information verloren.*

4.16 Metamorphose

Die Metamorphose ist eine Funktion, bei der aus einer Figur oder einem Pfad die Überblendung zu einer anderen Figur bzw. einem anderen Pfad errechnet wird.

4.16.1 Metamorphose-Element erstellen

Für die Metamorphose-Funktion eignen sich Elemente wie z. B. Figuren, Pfade und in Pfade konvertierte Pfadtextelemente. Sie können verschiedene Füllungen und Linienfarben bei den Elementen definieren, die mit der Metamorphose bearbeitet werden sollen.

Ein Metamorphose-Element erzeugen Sie z. B. indem Sie zwei Figuren erstellen, eine davon selektieren und im Figurenfenster die Schaltfläche „Metamorphose" betätigen. Nun können Sie mit dem Mauszeiger das zweite Grafikelement anklicken. Mit einem Klick der rechten Maustaste bestätigen und beenden Sie den Vorgang, so daß das Ergebnis auf der Seite sichtbar wird. Für die Metamorphose können auch mehr als zwei Grafikelemente benutzt werden. Sie können diese nacheinander aktivieren, bevor Sie mit der rechten Maustaste die Funktion abschließen.

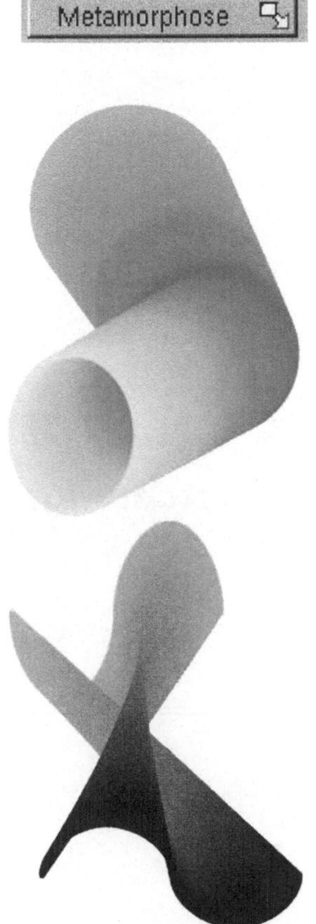

Es ist nicht möglich, eine Metamorphose von einem Element, bei dem die Füllung deaktiviert wurde, zu einem farbig gefüllten Element zu erzeugen. Hierbei wird bei beiden Elementen und den errechneten Zwischenstufen die Füllung entfernt. Ebenso können Sie nicht ein Element mit einer Musterfüllung in einer Metamorphose verwenden. Sie sollten auch darauf achten, daß – sofern gewünscht – beide Elemente eine Konturlinie haben, denn sonst würde die Kontur in der Metamorphose entfernt, da der Übergang von *Linie* zu *keine Linie* nicht berechnet werden kann.

Metamorphose-Elemente sind Gruppen, die mit einem Doppelklick betreten werden können. Die in der Gruppe enthaltenen Grafikelemente bleiben weiterhin in vollem Umfang bearbeitbar. Wird z. B. eines dieser Elemente bewegt, verändert sich die Metamor-

phose sofort entsprechend. Sie können auch Form und Farbe der beteiligten Figuren oder Pfade verändern, wodurch ebenfalls das Ergebnis der Metamorphose beeinflußt wird.

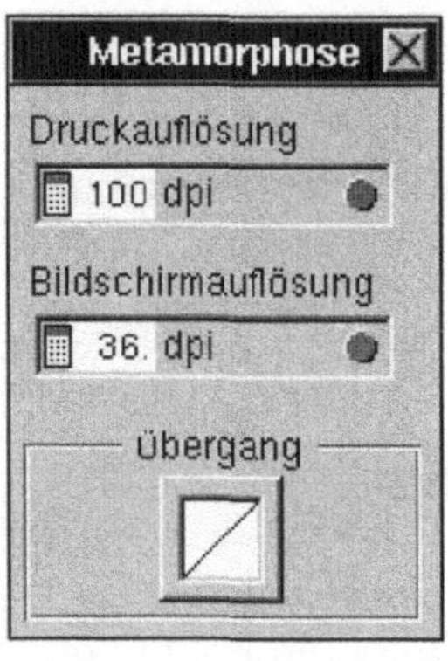

Metamorphose-Elemente werden mit dem Modul „Metamorphose" und dessen Werkzeug bearbeitet. Dieses wird automatisch angezeigt, wenn Sie das Metamorphose-Element (die Gruppe, nicht eines der beteiligten Grafikelemente) selektieren. Für die Metamorphose können Sie die Druckauflösung und die Bildschirmauflösung einstellen. Damit legen Sie fest, mit welcher Genauigkeit der Übergang von einem Element zum anderen bei der Ausgabe auf dem Bildschirm bzw. auf einen Belichter oder Drucker berechnet wird.

Wollen Sie die Metamorphose entfernen, selektieren Sie das Metamorphose-Element und lösen Sie die Gruppe – um eine solche handelt es sich ja – über den Menüpunkt „Element"/„Gruppe"/ „Auflösen" (Tastaturkommando: ‹Befehl›+‹0›) auf.

4.16.2 Zwischenformen für Elemente

Wollen Sie den Übergang zwischen Elementen mit Zwischenformen gestalten, wählen Sie bitte diese Funktion. Sie benötigen wieder zwei Grafikelemente. Selektieren Sie eines davon, und betätigen Sie anschließend die Schaltfläche „Zwischenformen".

Achtung!

Die Funktion Zwischenformen funktioniert nur mit Pfaden, d. h. sie müssen Figuren und Pfadtexte vor Benutzen dieser Funktion in Pfade konvertieren.

Nun erscheint ein Dialogfenster, in dem Sie die Anzahl der Zwischenschritte eingeben können. Es werden entsprechend viele Zwischenelemente erzeugt, die nicht gruppiert sind und somit einzeln bearbeitet oder auch gelöscht werden können.

Liegt nicht das gewünschte Element im Vordergrund, können Sie die Reihenfolge der Elemente ändern. Dies können Sie erreichen, indem Sie das entsprechende Element oder auch mehrere Elemente selektieren und anschließend im Menü „Element" den Schalter „Nach vorne" anklicken.

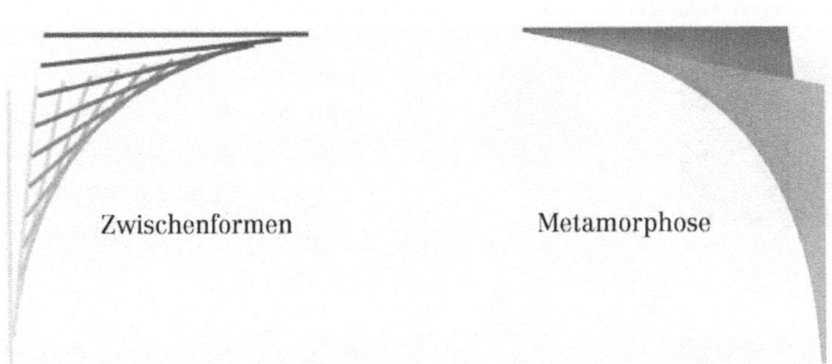

Die obigen Beispiele zeigen den Unterschied zwischen den Funktionen "Zwischenformen" und "Metamorphose".

4.16.3 Spezialeffekte durch Metamorphose

Bei einer Metamorphose oder bei Zwischenformen können Sie Spezialeffekte mit Hilfe des Kurveneditors erzielen. Dieser steht Ihnen für Metamorphose-Elemente im Werkzeug „Metamorphose" zur Verfügung, sobald Sie ein Metamorphose-Element selektiert haben. Er kann durch einen Klick auf den grauen Rand des Kurvenfeldes im Werkzeugfenster geöffnet werden. Für Zwischenformen erreichen Sie den Kurveneditor vom Dialog „Zwischenform" aus, der bei der Erzeugung von Zwischenformen automatisch angezeigt wird.

Da Sie auch mehrere Objekte mit einer Metamorphose bearbeiten können, ist es mit dieser Funktion möglich, sozusagen Verläufe aus unregelmäßigen Pfaden zu generieren.

Der Kurveneditor bietet wieder Gelegenheit zum experimentieren. Anhand einiger Beispiele soll die Funktionsweise verdeutlicht werden.

Spezialeffekte mit Kurveneditor

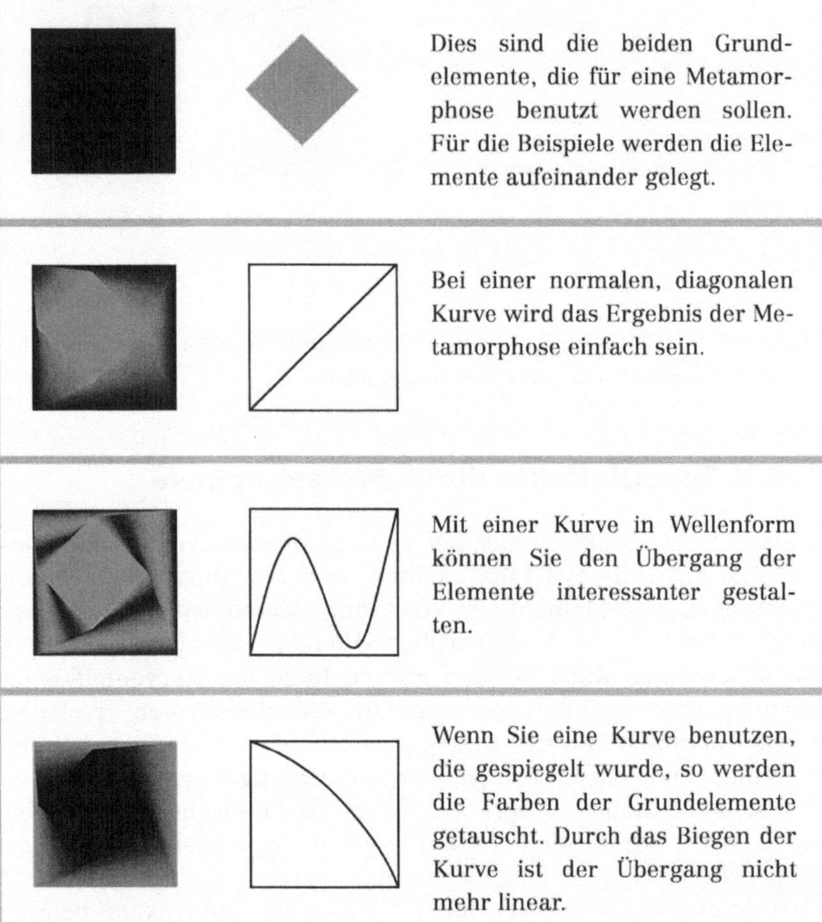

Dies sind die beiden Grundelemente, die für eine Metamorphose benutzt werden sollen. Für die Beispiele werden die Elemente aufeinander gelegt.

Bei einer normalen, diagonalen Kurve wird das Ergebnis der Metamorphose einfach sein.

Mit einer Kurve in Wellenform können Sie den Übergang der Elemente interessanter gestalten.

Wenn Sie eine Kurve benutzen, die gespiegelt wurde, so werden die Farben der Grundelemente getauscht. Durch das Biegen der Kurve ist der Übergang nicht mehr linear.

4.17 Barcode

Dieses Grafikmodul dient zur Herstellung von Strichcodeelementen. Sie können das Modul in der Modulleiste anklicken und erhalten ein kleines Dialogfenster.

In dem Dialogfenster können der 8 stellige EAN-Code oder der 13 stellige EAN-Code definiert werden. Sie können also 7 oder 12 Ziffern eingeben, denn eine Ziffer, die sogenannte Prüfziffer, wird von OneVision automatisch errechnet und dem Code hinzugefügt.

Jetzt müssen Sie in den „Element-erzeugen-Modus" wechseln und auf der Dokumentseite klicken. Der Code wird automatisch in der optimalen Größe eingeblendet. Wenn Sie den Code verkleinern, wird sich das auf die Lesbarkeit negativ auswirken.

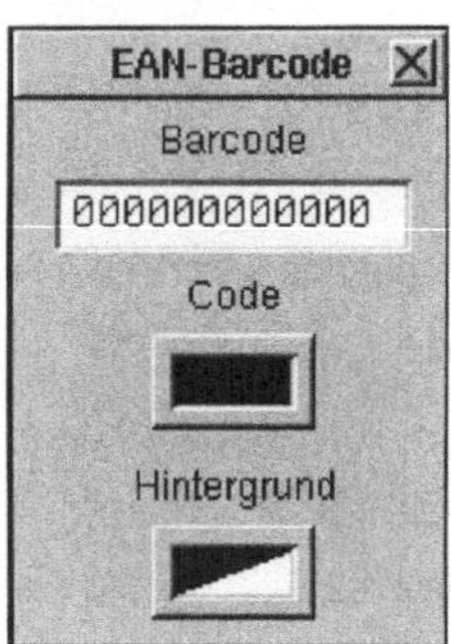

Um den Code sollte es einen Bereich geben, der nicht durch Text, Grafik oder Bildelemente verändert ist. Die waagerechten und senkrechten Abstände des EAN-Codes zu einer Farbfläche werden hier verdeutlicht. Der Code selbst kann einen farbigen Hintergrund haben, aber Sie sollten dabei die Farbe der Codelinien beachten. Wenn Sie eine wenig kontrastreiche Farbkombination einsetzen, können Scanner für Barcodes ebenfalls Probleme bei der Erkennung des Codes haben.

Die genaue Position des Barcodes kann im Elementinspektor eingestellt werden.

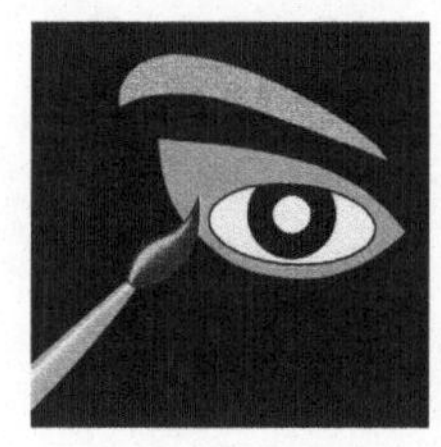

Teil 5

OneVision-Image

von Detlef Pankow

5.1 Einleitung

Mit OneVision-Image verfügen Sie über ein Modul, welches nicht nur die Standardfunktionen zur digitalen Bildbearbeitung für die Druckvorstufe bereitstellt, sondern darüber hinaus auch Werkzeuge für das Anfertigen von aufwendigen Composings und Bildverfremdungen.

In diesem Teil des Handbuches sollen Ihnen die Grundlagen für die Bildreproduktion mit OneVision-Image vermittelt werden. Es richtet sich an Produktioner aus der klassischen Repro, um ihnen den Umstieg auf die neue Technik zu erleichtern, an die Umsteiger von anderen Bildbearbeitungsprogrammen, um ihnen die Bedienung von OneVision-Image nahezubringen und die Einsteiger, damit sie schnell zu produktiven Ergebnissen kommen.

Neben Erklärungen für die Vorgehensweise in OneVision-Image sollen auch Grundlagen der digitalen Reproduktion behandelt werden. Sie können hier bei einzelnen Problemen nachschlagen. Einige Abschnitte greifen Teilbereiche der Bildbearbeitung, wie *Bildkorrektur*, heraus und erklären diese Schritt für Schritt. Wenn Sie mehr Erfahrungen mit OneVision-Image gesammelt haben, werden Sie feststellen, daß Sie einige Schritte auch mit anderen Werkzeugen als den beschriebenen ausführen oder mehrere Schritte in einem zusammenfassen können. Nur durch Probieren und Testen können Sie den Weg finden, der für Sie der effektivste ist.

Dieses Handbuch ist als Ergänzung zur Online-Hilfe gedacht und soll diese nicht ersetzen. Umfassende Erläuterungen zu allen Menüs und Einstellungen erhalten Sie dort.

Modulübergreifende Werkzeuge werden hier nur insoweit erklärt, wie es für den jeweiligen Verarbeitungsschritt notwendig ist. Werden einzelne Werkzeuge in einem anderen Handbuchteil genauer beschrieben, finden Sie einen entsprechenden Verweis.

Nach dem einführenden Kapitel 5.2 „Grundlagen" werden die für die Bildbearbeitung wichtigen Themen unter 5.3 „Bildauflösung und -größe" sowie 5.4 „Farbraumwahl und Separation" behandelt. Auch der erfahrene Anwender sollte sie durchlesen, um die speziellen Möglichkeiten und Vorgehensweisen in OneVision-Image kennenzulernen. Die Kapitel 5.5 „Grundlagen der Bildkorrektur", 5.6 „Retu-

sche und Bildbehandlung" sowie 5.7 „Bilder maskieren" erklären, wie ein gescanntes oder angeliefertes Bild zum Druck optimal aufbereitet wird.

5.2 Grundlagen

Dieses Kapitel dient dazu, Ihnen die grundlegende Bedienung von OneVision-Image nahebringen. Im Handbuchteil „Basis" erhalten Sie genauere Angaben über das Arbeiten mit Dokumenten und Elementen sowie eine detaillierte Beschreibung der Präferenzen und der einzelnen Bildschirmbereiche von OneVision.

5.2.1 Präferenzen

OneVision bietet Ihnen als Anwender die Möglichkeit, die Arbeitsumgebung Ihren Bedürfnissen anzupassen. Im Hauptmenü von OneVision klicken Sie auf „Info" und dann auf „Präferenzen...". Hier können Sie die Grundeinstellungen von OneVision und der einzelnen Module ändern. Um die Präferenzen von OneVision-Image zu ändern, wählen Sie dieses im Popup-Menü aus. Im folgenden werden die wichtigsten Einstellungen kurz erklärt.

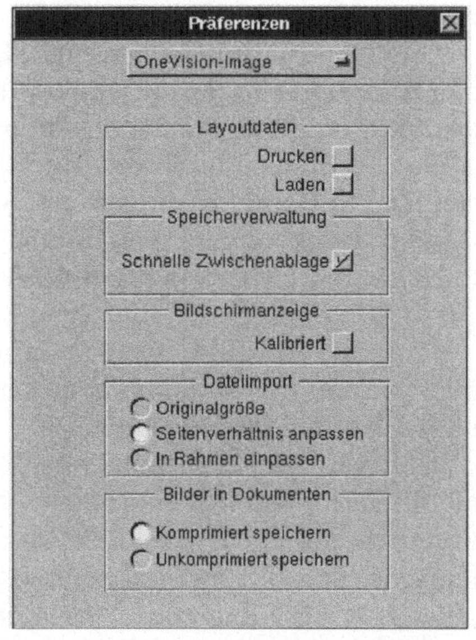

Layoutdaten sind Grobdaten, die nur zur Bildschirmdarstellung und zum Probeausdruck generiert werden; es ist aber keine Bearbeitung der Daten möglich. Wollen Sie sich nur einen Überblick über die Bilder eines Dokuments verschaffen, ohne sie zu bearbeiten, können Sie die Option „Laden" aktivieren. Wollen Sie doch ein Bild bearbeiten, bietet Ihnen das System die Möglichkeit an, die Feindaten nachzuladen. Diese Option wirkt sich nur beim Laden ganzer Dokumente, nicht aber beim Laden einzelner Bilder aus.

Arbeiten Sie mit Bilddaten für hochauflösende Belichter, erzeugen diese beim Probeausdruck auf niedrigauflösenden Druckern überlange Druckzeiten oder gar Abstürze. Um dies zu vermeiden, können Sie beim Probeausdruck mit Layoutdaten arbeiten. In diesem Fall aktivieren Sie „Drucken".

Weitere wichtige Voreinstellungen betreffen den Dateiimport von Bildern.

Sie können in OneVision ein Bild laden, indem Sie einen Elementrahmen aufziehen. Das System öffnet ein Dateiauswahlfenster, in dem Sie die gewünschte Bilddatei selektieren. Im unteren Teil des Fensters finden Sie die drei Optionen für den Dateiimport wieder. Die in den Präferenzen voreingestellte Option ist aktiviert, kann aber für das aktuell zu ladende Bild geändert werden.

Ist „Originalgröße" aktiviert, wird die Größe des aufgezogenen Elementrahmens an die Größe des Bildes, die in der Datei angegeben ist, angepaßt.

„Seitenverhältnis anpassen" skaliert Höhe und Breite des Elementrahmens dergestalt, daß der neue Rahmen das Seitenverhältnis des Bildes und die Fläche des ursprünglichen Rahmens aufweist.

Ist die Bildgröße bereits durch das Layout vorgegeben, aktivieren Sie „In Rahmen einpassen". Nun wird das Bild unabhängig von seinen Proportionen gemäß der Rahmengröße skaliert. Hat der Rahmen nicht dasselbe Seitenverhältnis wie das Bild, wird dieses verzerrt.

Drag-and-Drop eines TIFF-Bildes

Wenn Sie ein Bild mit Drag-and-Drop aus der Datei-Übersicht laden, werden die Optionen nicht beachtet. Das Bild wird automatisch in der Originalgröße geladen.

Komprimierung

Um den Speicherbedarf von Dokumenten zu senken, können Sie die Bilder beim Speichern der Dokumente komprimieren. Da die Kompression nach dem *LZW*-Verfahren stattfindet, tritt kein Qualitätsverlust auf. Hierzu aktivieren Sie „Komprimiert speichern" unter „Bilder in Dokumenten". Die Komprimierung ist nur sinnvoll bei Bildern mit viel gleichmäßigen Flächen, wie z. B. Screenshots. Bei fotografischen Bildern dagegen ist sie langsam und ineffektiv. Lesen Sie hierzu auch den Abschnitt „Bilder sichern" in diesem Kapitel.

Laden/Speichern

Sie können Bilder mit dem Werkzeug „Laden/Speichern" auch separat sichern. Dabei haben die Voreinstellungen keinen Einfluß. Welche Möglichkeiten Ihnen dort z. B. bezüglich der Bildkompression zur Verfügung stehen, erfahren Sie unter 5.2.4 „Bilder sichern".

5.2.2 Bilder öffnen

Um Bilder in OneVision-Image zu bearbeiten, müssen Sie zuvor ein neues Dokument erstellen oder ein vorhandenes öffnen. Ein vorhandenes Dokument öffnen Sie mit einem Doppelklick auf die Datei in der Datei-Übersicht oder im OneVision-Menü über „Dokument"/„Öffnen...". Ein neues Dokument erstellen Sie im selben Menü unter „Dokument"/„Neu". Es gibt zwei Möglichkeiten, ein Bild zu laden:

 *Element erzeugen*

Aktivieren Sie OneVision-Image im Modul-Menü. Nun ziehen Sie mit dem Element-erzeugen-Cursor einen Elementrahmen im Dokument auf. Es erscheint das Fenster „Bild laden". Hier wechseln Sie in den Ordner, in welchem sich das Bild befindet und geben den Namen ein oder doppelklicken es mit der Maus. Sie finden geeignete Bildbeispiele auf der OneVision-CD im Verzeichnis „Beispielbilder".

Kopiercursor

Der wohl einfachste Weg ist, das Symbol eines Bildes in der Dateiübersicht mit der Maus aufzugreifen und über dem Dokument fallen zu lassen (Drag-and-Drop). Achten Sie darauf, daß Sie über dem Dokument so lange innehalten, bis sich der Pfeil-Cursor in den Kopier-Cursor gewandelt hat.

In OneVision können Sie Bilder verschiedener Formate laden. Standardmäßig werden *TIFF*-Dateien und *EPS*-Dateien unterstützt. Hinzu kommen noch Formate, die von Nextstep durch entsprechende *Betriebssystemerweiterungen* unterstützt werden. Bilder können, wie alle Elemente in OneVision, auch über die entsprechenden Befehle im Menü „Element" als OneVision-Elemente gesichert und geladen werden.

OneVision verwendet die Technik des virtuellen Ladens von Bildern, d. h. es werden nur die Bilddaten geladen, die zur Darstellung auf dem Monitor nötig sind. Das Laden geht so erheblich schneller, als wenn immer die gesamten Bilddaten geladen werden. Es ist darauf zu achten, daß die zugrundeliegende Datei nicht verschoben oder gelöscht wird, da OneVision sonst keinen Zugriff mehr auf die vollständigen Bilddaten hat, was zu einem Programmabsturz führen kann!

Achtung!

5.2.3 Elementoperationen

Element selektieren

In OneVision haben Sie die Möglichkeit, das Aussehen von Bildern zu ändern, ohne die Daten zu verändern. Wie jedes andere Element können Bilder verschoben, gedreht, geschert, skaliert und gespiegelt werden. Um diese Operationen auszuführen, muß das Element selektiert sein. Hierzu benutzen Sie den Element-selektieren-Cursor. Diese Operationen können Sie jederzeit ohne Qualitätsverlust wieder rückgängig machen oder wiederholen, da der Berechnung der Änderungen zu jedem Zeitpunkt die Originaldaten zugrundeliegen.

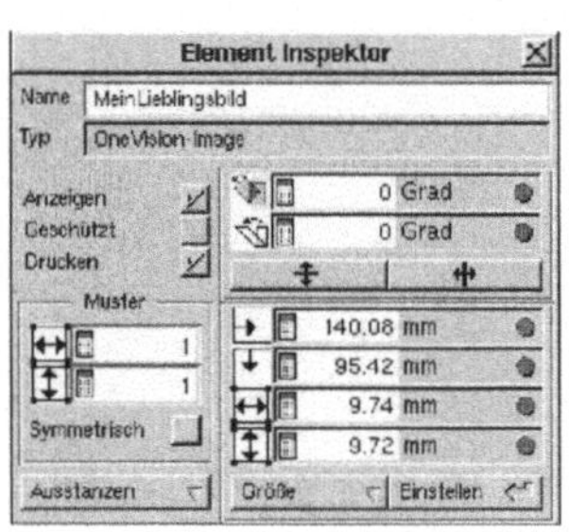

Nachdem Sie ein Bild geladen haben, steht es Ihnen in OneVision als Element zur Verfügung. Im „Elementinspektor", den Sie im Hauptmenü unter „Element"/„Inspektor..." finden, können Sie die oben genannten Elementoperationen numerisch durchführen.

Auch mit der Maus können Sie verschieben, scheren, skalieren und drehen. Diese Elementoperationen werden im Element-selektieren-Modus mit gedrückter linker Maustaste und verschiedenen Tasten ausgeführt:

Sie verschieben ein Element, indem Sie innerhalb des Elementrahmens klicken und das Element bei gedrückter Maustaste bewegen.

Um Elemente frei zu skalieren, packen Sie einen Handle mit der Maus und ziehen an diesem. Die Position des gegenüberliegenden Handles bleibt unverändert.

Element skalieren

Wollen Sie ein Element proportional skalieren, halten Sie die Wahltaste gedrückt und ziehen mit der Maus an einem der Handles; das Element wird proportional vergrößert beziehungsweise verkleinert. Erfassen Sie einen Eck-Handle, bleibt die gegenüberliegende Ecke fest; erfassen Sie einen Seiten-Handle, bleibt die gegenüberliegende Seite fest.

Element scheren

Halten Sie zusätzlich zur Wahltaste die Umschalttaste gedrückt, wird das Element geschert. Bewegen Sie die Eck-Handles, neigen Sie das Element an der gegenüberliegenden Seite; bewegen Sie einen Seiten-Handle, bleibt der Mittelpunkt fest, wodurch eine Spiegelung an der Vertikalen bzw. Horizontalen erreicht werden kann.

Element drehen

Zum Drehen eines Elements halten Sie die Steuerungstaste gedrückt. Mit den Eck-Handles drehen Sie das Element um die gegenüberliegende Ecke, mit den Seiten-Handles um den Mittelpunkt.

Der Cursor paßt sein Erscheinungsbild der auszuführenden Operation an. Informationen über den Winkel des Scherens oder

Drehens, bzw. bei Änderungen der Elementabmessungen über die Elementgröße werden neben dem Cursor angezeigt, falls die entsprechende Option in den Element-Präferenzen aktiviert ist. Diese Operationen können über den Elementinspektor numerisch korrigiert werden.

Für alle Elementoperationen kann es von Vorteil sein, den zu bearbeitenden Seitenausschnitt vergrößert darzustellen. Wenn Sie mit gedrückter Befehlstaste einen Rahmen aufziehen, wird dessen Inhalt so groß wie möglich dargestellt. Klicken Sie ein Element mit gedrückter Befehlstaste doppelt an, wird dieses auf die Fenstergröße des Dokumentenfensters vergrößert, wobei die Proportionen beibehalten werden. Durch einfaches Klicken mit gedrückter Befehlstaste wird zwischen der zuletzt eingestellten Zoomstufe und 100 % gewechselt.

zum Zoomen

5.2.4 Bilder sichern

Neben dem Sichern von ganzen Dokumenten können Sie auch einzelne Elemente sichern und so anderen Dokumenten oder Programmen zugänglich machen. Bildelemente können als TIFF-, EPS- oder OneVision-Element-Datei gespeichert werden.

TIFF

Das TIFF-Format ist eines der am meisten verbreiteten Formate. Es steht Ihnen in fast allen Bildbearbeitungsprogrammen unter den verschiedensten Betriebssystemen zur Verfügung. Es eignet sich daher besonders gut zum Austausch von Bilddaten zwischen verschiedenen Programmen.

OneVision lädt und speichert TIFFs in der Spezifikation 5.0. Es werden RGB- und CMYK-TIFFs unterstützt, $L*a*b*$-TIFFs jedoch nicht. Das TIFF-Format unterstützt alle *Bittiefen*. Man muß jedoch beachten, daß Dateien mit einer Bittiefe von mehr als 8 Bit je Kanal von den wenigsten Programmen geladen werden können.

Um ein Bild im TIFF-Format zu sichern, benutzen Sie das Werkzeug „Laden/Speichern" in der Werkzeugleiste. Sie öffnen den Dialog zum Speichern über den Schalter „Bild speichern…". Hier können Sie den Ordner und den Dateinamen angeben. Enthält Ihr Bild einen Alpha- oder Maskenkanal, können diese optional mitgesichert

Laden/Speichern

werden. Eventuell mit dem Bild verknüpfte Freistellungspfade werden nicht mitgesichert.

Wenn Speicherplatz knapp ist, haben Sie beim Speichern eines TIFF-Bildes die Möglichkeit, das Bild nach den verschiedensten Verfahren zu komprimieren. Sie können zwischen den verlustfreien Verfahren *LZW* und *Packbits* wählen. Müssen aber besonders hohe Kompressionsraten erreicht werden, können Sie auch mit dem *JPEG-*Verfahren komprimieren, wobei jedoch Informationen verlorengehen. Der Informationsverlust ist von der Stärke der Kompression, die über den sogenannten JPEG-Faktor gesteuert wird, abhängig. Bei einem geringen JPEG-Faktor sind die Verluste kaum wahrnehmbar, aber die Dateien werden schon erheblich kleiner als bei der Verwendung eines verlustfreien Verfahrens. Nur Andrucke mit unterschiedlichen JPEG-Faktoren geben genaue Auskunft darüber, ob der Qualitätsverlust sichtbar ist. Die JPEG-Kompression ist nicht anzuraten, wenn Bilder weiterverarbeitet werden sollen, da eine nachträgliche Manipulation die Folgen der Kompression stark hervorhebt und somit erkennbar machen kann.

Komprimierte TIFF-Dateien können nicht virtuell geladen werden.

Sollen die Bilddaten an andere Programme übergeben werden, sollten Sie unbedingt zuvor testen, ob die betreffenden Programme die verschiedenen Farbräume, Kompressionsarten und/oder Sonderkanäle (Alpha- und Maskenkanal) unterstützen.

Mit dem oben beschriebenen Werkzeug von OneVision-Image können nur OneVision-Image-Elemente, die intern ohnehin als TIFF vorliegen, im TIFF-Format gespeichert werden. Wollen Sie eine Kombination verschiedener Elementtypen, z. B. Freistellungspfade, Grafiken und Text im TIFF-Format sichern, müssen die Daten exportiert werden. Wählen Sie dazu den Befehl „Exportieren…" im Menü „Dokument". Im Gegensatz zum Sichern beinhaltet der Export eine Konvertierung der Daten. Alle zu exportierenden Elemente werden in ein Pixelbild eingerechnet. Sie können daher nicht wieder extrahiert werden.

Zusätzlich zu den Kompressionsmöglichkeiten, die Sie auch beim Sichern zur Verfügung haben, können Sie beim TIFF-Export weitere Einstellungen treffen. Sie können entweder selektierte Elemente oder ganze Seiten exportieren. Eine Beschreibung der Funktionsweise dieser Einstellungen und der zusätzlichen Optionen finden Sie in der Online-Hilfe.

EPS

Ebenso wie TIFFs werden EPS-Dateien von vielen Bildbearbeitungs-programmen unterstützt. Im Gegensatz zum TIFF-Format können in EPS-Dateien neben Bilddaten auch andere Daten, z. B. Freistellungs-pfade, Vektorgrafiken und Text, abgelegt werden. Die Masken- und Alphakanäle von OneVision-Image-Elementen können jedoch nicht mitgespeichert werden. Nach dem Laden einer EPS-Datei kann diese über den entsprechenden Schalter des Werkzeugs „EPS-Element" im Modul „EPS" konvertiert werden. Die einzelnen Elemente liegen dann wieder in der ursprünglichen Form zur Bearbeitung vor.

Zum Export von Bildern und anderer Elementtypen kann der EPS-Export benutzt werden. Sie finden ihn unter „Dokument"/„Ex-portieren…", Popup-Menüauswahl „EPS".

Beim EPS-Export können Sie, wie beim TIFF-Export, wählen, ob Sie nur selektierte Elemente, ganze Seiten oder auch mehrere Seiten exportieren wollen.

Der Inhalt von EPS-Dateien kann unter Nextstep angezeigt wer-den, da dieses Betriebssystem mit Display-PostScript arbeitet. Andere Systeme bzw. Programme, die kein Display-PostScript unterstützen, können die EPS-Daten jedoch nicht darstellen. Um den Inhalt einer EPS-Datei dennoch einsehen zu können, besteht die Möglichkeit, Vorschaubilder im TIFF-Format in die EPS-Datei einzubinden. Die Auflösung des Vorschaubildes kann im EPS-Exportfenster eingestellt werden. Es ist üblich, die Monitorauflösung von 72 dpi zu benutzen. Wenn Sie EPS-Dateien auf einen nicht PostScript-fähigen Drucker ausgeben, wird ebenfalls das Vorschaubild ausgedruckt. Für solche Fälle sollten Sie die Auflösung für die einzubindenden Vorschauda-ten jedoch entsprechend höher wählen.

OneVision-Element

Alle Elemente von OneVision lassen sich einzeln speichern und so anderen OneVision-Dokumenten leicht zugänglich machen. Dies trifft auch auf Bilddaten zu. Der Alpha- und der Maskenkanal wer-den als Bestandteile des Bildes automatisch mitgesichert. Soll auch ein Freistellungspfad mit dem Bild gespeichert werden, müssen Bild und Pfad gruppiert sein.

Sichern Sie ein OneVision-Element, indem Sie im OneVision-Menü „Element"/„Sichern…" wählen. Nachdem Sie den Namen und den Ordner eingegeben haben, lösen Sie die Sicherung mit „OK" aus.

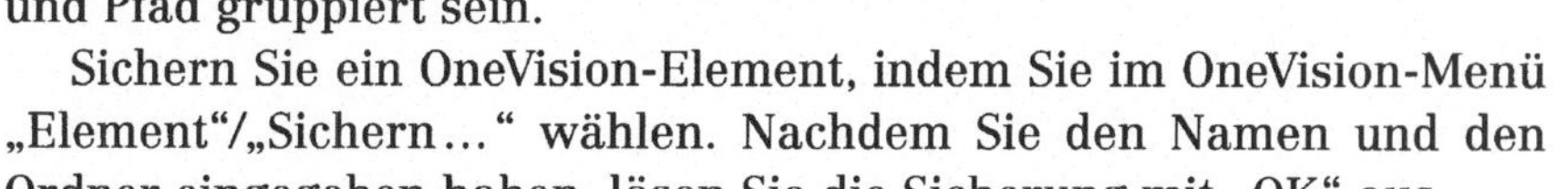

5.3 Bildauflösung und -größe

OneVision-Image ist eine elementorientierte Bildbearbeitung, in der Elemente, also auch Bilder, ohne großen Berechnungsaufwand am Monitor gedreht, verschoben und skaliert werden können. Dies kann beim Anwender dazu führen, daß er wichtige Parameter wie Bildgröße und Bildauflösung unbeachtet läßt. Eine Folge können Qualitätsverluste oder lange Ausgabezeiten und somit hohe Kosten sein. Dieser Abschnitt soll Ihnen helfen, dies zu vermeiden.

5.3.1 Bildauflösung

Die Bildauflösung gibt die Anzahl der Bildpunkte pro Längeneinheit (z. B. Dots per Inch = dpi, Dots per Centimeter = d/cm) auf der Dokumentseite an. Dies ist die Auflösung, mit der ein Bild ausbelichtet wird. Die Bildauflösung ändert sich, wenn ein Bild auf der Seite mit den Handels größer gezogen oder verkleinert wird. Sie ändert sich entgegengesetzt proportional zur Größenänderung: bei einer Vergrößerung sinkt die Bildauflösung, bei einer Verkleinerung erhöht sie sich. Auskunft über die Bildauflösung erhalten Sie im Werkzeug „Bildinformation", das Sie weiter hinten in diesem Kapitel beschrieben finden.

Die Qualität der Bildreproduktion wird maßgeblich durch die Bildauflösung beeinflußt, da sie den Informationsgehalt des Bildes bestimmt. Dies gilt jedoch nur, wenn keine Änderung der Bildauflösung stattgefunden hat. Wird sie zu niedrig gewählt, erscheinen die Bilder unscharf oder pixelig; ist sie zu groß, sind lange Weiterverarbeitungszeiten die Folge.

Die Berechnung der Bildauflösung richtet sich stets nach dem Ausgabegerät und dessen Ausgabeauflösung. Im Idealfall sind Bildauflösung und Ausgabeauflösung bei PostScript-Geräten identisch, so daß für jeden zu belichtenden Punkt ein Bildpunkt zur Verfügung steht. Eine höhere Bildauflösung bringt in keinem Fall eine Verbesserung der Qualität.

Grundlagen

Diese 1:1-Beziehung zwischen Bild- aus Ausgabeauflösung ist bei Strichbildern (1 Bit Graustufe) leicht zu realisieren; bei Graustufenbildern (8 Bit) und besonders bei Farbbildern führt es aber oft zu Datenmengen, die kaum noch zu bewältigen sind. In seltenen Fällen ist eine Belichtung gar unmöglich, da das RIP (Raster Image Processor) bei der Berechnung „aussteigt". Aus diesem Grund stellt die Bildauflösung fast immer einen Kompromiß zwischen Qualität und Dateigröße dar.

Als guter Kompromiß hat sich in der Praxis eine Berechnung nach der Rasterweite des folgenden Druckes bewährt.

Als Faustregel gilt:

Faustregel für die Bildauflösung

Druckraster (lpi) * Qualitätsfaktor = Bildauflösung (dpi)

Die Wahl des Qualitätsfaktors richtet sich sowohl nach dem Motiv als auch nach der zur Verfügung stehenden Rasterweite. Für die meisten Motive ist ein Qualitätsfaktor von 1,4 bis 2 völlig ausreichend. Ein Qualitätsgewinn ist meist nur im direkten Vergleich wahrnehmbar. Nur bei sehr detailreichen Motiven, mit dunkleren Bildbereichen, ist es sinnvoll, auf einen höheren Faktor zurückzugreifen.

Da eine zu geringe Auflösung bei einem groben Raster (Rasterweiten kleiner als 133 lpi bzw. 54 l/cm) auffälliger sind als bei feinen Rasterweiten, sollte hier der Qualitätsfaktor nicht niedriger als 2 sein.

Beachten Sie bei der Wahl des Qualitätsfaktors, daß eine Verdopplung der Bildauflösung eine Vervierfachung des Speicherbedarfs des Bildes bedeutet.

Änderung der Bildauflösung

OneVision bietet zwei Möglichkeiten, die Bildauflösung zu ändern. Die erste Möglichkeit ist durch die Elementoperationen gegeben. Wenn die Größe des Bildes, wie unter 5.2.3 „Elementoperationen" beschrieben, auf der Seite geändert wird, ändert sich dementsprechend auch die Bildauflösung. Bei einer Vergrößerung sinkt die Bildauflösung, da die vorhandenen Bildpunkte auf einer größeren Fläche verteilt werden; bei einer Verkleinerung steigt die Bildauflösung.

Bildinformation

Mit dem Werkzeug „Bildinformation" können Sie die Auflösung numerisch einstellen. Es gibt Ihnen außerdem Informationen über

die „Bildart" und die „Bildgröße". Diese beiden Parameter können nicht verändert werden. Zu den nicht änderbaren Einstellungen gehört auch der „Speicherbedarf", er zeigt die Dateigröße im Falle einer unkomprimierten Speicherung. Größen, die nicht geändert werden können, werden in grauer Schrift angezeigt.

Die Bildauflösung ändern Sie im Abschnitt „Auflösung in Seite". Tragen Sie hier den gewünschten Wert ein, und betätigen Sie den Schalter „Anwenden". Mit der Änderung der Bildauflösung wird die Größe des Bildes auf der Seite angepaßt. Je geringer die „Auflösung in Seite", desto größer wird das Bild im Dokument und umgekehrt.

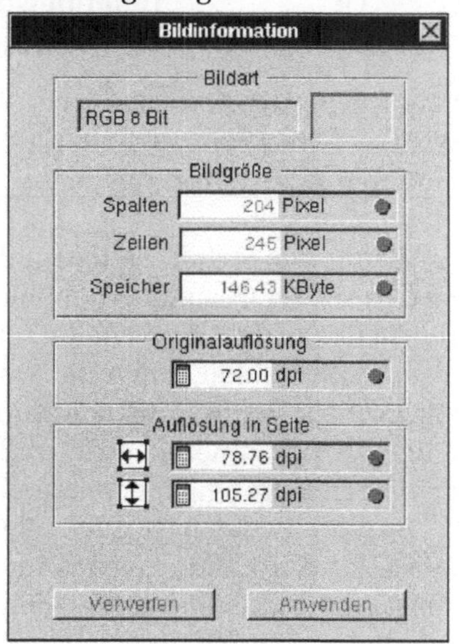

Neben der Bildauflösung können Sie auch die „Originalauflösung" ändern. Dies hat keine Auswirkung auf die Darstellung des Bildes im Dokument. Diese Einstellung wird erst wirksam, wenn Sie das Bild als TIFF-Datei sichern.

Eine Änderung der Werte für die Auflösung hat keinen Einfluß auf den Informationsgehalt der Bilddatei, sie ändert nur das Verhältnis zwischen den Bildabmessungen und der Fläche, auf der es dargestellt wird. Die Dateigröße bzw. der Speicherbedarf bleibt unverändert.

Die zweite Möglichkeit zur Auflösungsänderung ist die Skalierung von Bildern (Auflösungsänderung ohne Größenänderung). Informationen hierzu finden Sie unter 5.3.3 „Bildgröße".

5.3.2 Scanauflösung

Auch die Scanauflösung, das ist die Auflösung, mit der ein Bild gescannt wird, ist häufig ein Grund für Qualitätsverluste oder überhöhten Speicherbedarf und lange Verarbeitungszeit.

Ist die Bildauflösung bestimmt, so kann man die Scanauflösung berechnen. Wird eine Vorlage 1:1 abgebildet, sind Scanauflösung und

Berechnung der Auflösung

Bildauflösung identisch, andernfalls muß der Maßstab berücksichtigt werden.

Allgemein ergibt sich:

$$\text{Scanauflösung} = \frac{\text{Bildauflösung} \times \text{Bildgröße}}{\text{Vorlagengröße}}$$

Was für die Bildauflösung gilt, trifft auch für die Scanauflösung zu. Wird ein Bild mit zu hoher oder zu geringer Auflösung gescannt, muß das Bild später skaliert werden, wodurch Unschärfe und Pixelbildung entsteht.

Einen Sonderfall stellen Bilder dar, die feinste, gleichmäßige Strukturen (z. B. feine regelmäßige Linien oder Karos) aufweisen. Hierbei kann es bereits beim Scannen zu Moirébildung kommen. Um dies zu vermeiden, sollte die Vorlage bei CCD-Scannern mit der physikalischen (optischen) Auflösung des Gerätes eingelesen werden. Falls die Datenmengen zu groß werden, können Sie das Bild nach dem Scanvorgang gegebenenfalls herrunterrechnen (skalieren).

Beachten Sie, daß auch die Darstellung am Monitor zu einem Moiré führen kann, welches im Druck, aufgrund der höheren Auflösung, nicht entsteht. Dies können Sie aber durch eine vergrößerte Darstellung am Monitor (einzoomen) kontrollieren.

Da auch gerasterte Vorlagen eine feine, gleichmäßige Struktur aufweisen, ist diese Vorgehensweise auch dort zu empfehlen.

Verfügt der Scannertreiber über eine spezielle Entrasterfunktion oder kann bereits beim Scannen eine Weichzeichnung eingestellt werden, sollte dies genutzt werden. Bei Rotationsscannern empfiehlt sich eine Defokusierung der Optik, um das Bild unscharf abzutasten.

Es muß aber ausdrücklich darauf hingewiesen werden, daß das Scannen gerasterter Vorlagen immer zu großen Qualitätseinbußen führt. Wenn möglich sollte auf das Original zurückgegriffen werden.

5.3.3 Bildgröße

Die Bildgröße gibt die Anzahl der Bildpunkte in Höhe und Breite des Bildes an. Sie ist somit eine Größe, die fest in den Bilddaten integriert ist. Elementoperationen, wie das Vergrößern oder Verklei-

nern des Elements, haben keinen Einfluß auf die Bilddaten. Auch die Bildgröße können Sie dem Fenster „Bildinformation" entnehmen.

Änderung der Bildauflösung und -größe

Wird auf vorhandene Bilddaten aus einem Archiv oder von Photo-CD zurückgegriffen oder sollen die Bilddaten exportiert werden, müssen die Bildelemente häufig in OneVision verkleinert oder vergrößert werden. Durch die Veränderung der Elementgröße werden die vorhandenen Bildpunkte auf eine größere oder kleinere Fläche verteilt. Dadurch weicht die Auflösung auf der Seite von der voreingestellten Bildauflösung ab.

Ist die Bildauflösung zu gering, sollte diese bereits vor der Ausgabe angeglichen werden, da dadurch ein Qualitätsverlust bei der folgenden Bearbeitung minimiert werden kann. Sind die Datenmengen zu groß, ist eine Verringerung der Auflösung notwendig.

Dabei muß, bedingt durch das Wegfallen oder Hinzufügen von Bildpunkten, ein Qualitätsverlust in Kauf genommen werden. Dieser Qualitätsverlust ist abhängig vom Grad der Auflösungsänderung und der Art der Umrechnung.

Bei der Erhöhung der Bildauflösung werden aus vorhandenen Bildpunkten neue berechnet. Bei der Erhöhung mittels Interpolation werden fehlende Pixel aus den Nachbarpixeln berechnet. Da die neuen Pixel nur Zwischenwerte darstellen, verliert das Bild an Schärfe. Wird nicht interpoliert, werden die vorhandenen Pixel vervielfacht, was zu einer pixeligen Darstellung führt.

Entgegen der allgemeinen Annahme entsteht auch bei der Verminderung der Auflösung ein Qualitätsverlust. Dieser ergibt sich dadurch, daß aus mehreren Bildpunkten durch Mittelwertbildung ein neuer Bildpunkt entsteht oder im schlimmsten Fall, wenn nicht interpoliert wird, vorhandene Bildpunkte einfach weggelassen werden.

Da die Bilder in jedem Fall an Schärfe verlieren, sollten diese nachgeschärft werden. Obwohl durch ein Scharfzeichnen der Bilder der Informationsgehalt und somit auch die Qualität nicht steigt, erscheinen diese meist hochwertiger. Im Falle der Verringerung der Bildauflösung erhalten Sie zudem kürzere Verarbeitungszeiten bei der Weiterverarbeitung und Belichtung sowie einen geringeren Speicherbedarf.

Ein mehrfaches Skalieren (Neuberechnen der Auflösung) sollte unbedingt vermieden werden. Steht die genaue Auflösung noch

nicht fest, sollten Sie nur die Darstellung innerhalb des Dokuments verändern. Dies geschieht durch Ziehen der Handles eines Bildes. Hierbei werden die Bilddaten nicht verändert.

Zum Ändern der Bildauflösung dient das Werkzeug „Bild skalieren". Hier haben Sie die Möglichkeit, entweder einen „Skalierungsfaktor" oder ein „Ergebnis" durch Ändern der Auflösung einzugeben.

Werkzeug „Bild skalieren"

Tip!

Definieren von Einheiten

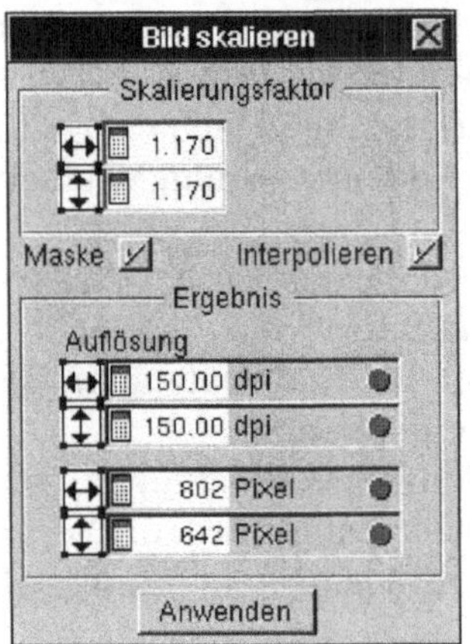

Sie können die Maßeinheiten für die Auflösung variieren und Ihren Bedürfnissen anpassen. Zum Wechseln der Einheit klicken Sie auf die Einheit und wählen bei gedrückter Maustaste die gewünschte aus dem Popup-Menü. Ist Ihre Einheit nicht dabei, können Sie durch „Setzen…" eine neue definieren.

Ist eine Bildmaske vorhanden, sollte stets ein Haken hinter „Maske" sein, da diese sonst durch eine neue, leere ersetzt wird. Um den Qualitätsverlust so gering wie möglich zu halten, sollte die Funktion „Interpolieren" ebenfalls aktiviert sein. Da es bei reinen S/W-Bildern (1-Bit-Graustufenbildern) keine Zwischenwerte gibt, wird unabhängig von dieser Einstellung nicht interpoliert.

Durch „Anwenden" wird die Skalierung ausgeführt.

Tip!

Anpassen der Auflösung

Um sich Rechenarbeit zu ersparen, sollten Sie das Bildelement mit dem Elementinspektor – sehen Sie dazu unter 5.2.3 „Elementoperationen" nach – oder der Maus auf die vom Layout vorgegebene Größe bringen. Danach passen Sie im Werkzeug „Bild skalieren" die Auflösung an den durch den Druck vorgegebenen Wert an.

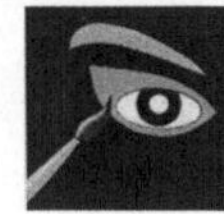

5.4 Farbraumwahl und Separation

5.4.1 Farbraumwahl

In diesem Abschnitt erhalten Sie praktische Informationen über die Farbräume in OneVision. Es wird soweit wie möglich auf die theoretischen Grundlagen verzichtet. Diese können Sie im Handbuchteil „Farbreproduktion" nachlesen.

OneVision-Image unterstützt Bilddaten im RGB- und CMYK-Farbraum. Beide Farbräume haben ihre Vor- und Nachteile, welche hier aufgezeigt werden, um Ihnen die Wahl des Farbraumes zu erleichtern.

Alle Eingabegeräte, wie Scanner oder Videokameras, erfassen Vorlagen im RGB-Farbraum. Auch Scanner, die direkt CMYK-Daten liefern, scannen in RGB und separieren „on the fly". Einige Ausgabegeräte – hier sind Monitore und Diabelichter zu nennen – arbeiten ebenfalls mit RGB-Daten. Doch die meisten Drucker und Belichter für den Offsetdruck benötigen CMYK-Daten. Aus diesem Grund stellt sich nicht die Frage, ob separiert werden soll, sondern wann es am günstigsten ist zu separieren. Die folgenden Punkte sollen Ihnen helfen, zu entscheiden, wann Sie die RGB-Daten in CMYK-Daten umwandeln sollten.

Neben den beiden Farbräumen, in denen die Bilddaten vorliegen können, haben Sie noch die Möglichkeit, im HIS-Farbraum zu arbeiten.

RGB

Der RGB-Farbraum besteht aus den drei Komponenten Rot, Grün und Blau. RGB-Bilder enthalten also nur drei Farbauszüge. Der CMYK-Farbraum hingegen besteht aus vier Auszügen, hat also ein Drittel mehr Daten als der RGB-Farbraum.

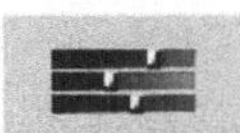

Haben Sie einen Rechner, dessen Ausstattung sich an der unteren Leistungsgrenze bewegt, ist ein befriedigendes Arbeiten mit großen Datenmengen nicht möglich. Hier ist der geringere Speicherbedarf der RGB-Daten willkommen. Auch für größere Composings (Bild-

montagen) bietet sich das Arbeiten mit RGB-Daten wegen der geringen Datenmenge an. Immer wenn es darum geht, geringe Datenmengen zu erzielen, ist der RGB-Farbraum also die erste Wahl.

Ist Ihnen der CMYK-Farbraum geläufiger, bietet Ihnen OneVision die Möglichkeit, sich in RGB-Bildern stellvertretend die Werte für Cyan, Magenta, Gelb und Schwarz anzeigen zu lassen. Hierbei wird das aktuell eingestellte Rendering (Menü „Drucken"/„Druckparameter"/ „Dokument…") berücksichtigt.

Der RGB-Farbraum sollte immer gewählt werden, wenn die Daten auch für die Ausgabe auf Diabelichtern, für Bildschirmpräsentationen oder für Online Publishing genutzt werden sollen. Dies trifft auch zu, wenn das Ausgabegerät noch nicht feststeht, die Bilder auf verschiedenen Geräten ausgegeben werden oder wenn auf unterschiedlichen Papiersorten gedruckt wird.

Ein Nachteil des RGB-Farbmodells ist, daß nicht alle Farben, die Sie am Monitor sehen, auch im CMYK-Farbmodell reproduzierbar sind. Bei der Separation wird den nicht druckbaren Farben eine ähnliche, druckbare zugewiesen, wodurch einige Farben weniger gesättigt oder dunkler erscheinen.

Wenn Sie das CMYKAdjust (s.u.) aktiviert haben können Sie dies leicht im Farbwahlfenster nachvollziehen. Wählen Sie im OneVision-Menü unter „Werkzeuge" den Punkt „Farben...". Wechseln Sie zu den Farbmodellen durch Betätigung des Schalters mit den abgebildeten Schiebereglern. Hier können Sie in der oberen Schalterreihe zwischen den einzelnen Farbräumen wählen. Wählen Sie RGB. Stellen Sie jetzt die Schieberegler für Rot und Blau auf 0 und den Schieberegler für Grün auf 255. Im CMYK-Farbraum werden 100 % Gelb und Cyan angezeigt und 0 % Magenta und Schwarz. Geben Sie nun im RGB-Farbraum für Grün einen Wert zwischen 73 und 255 ein. Im Farbfeld sehen Sie eine deutliche Farbänderung, die Werte für die CMYK-Farben haben sich allerdings nicht geändert. Alle Grüntöne zwischen 73 und 255 sind nicht im CMYK-Farbraum darstellbar.

Für dieses Beispiel benötigen Sie das Programm „CMYKAdjust", über das Sie unter 5.4.2 „Kalibrierung der Ausgabe" mehr erfahren. Es muß vor dem Start von OneVision aktiviert sein.

CMYK

Die CMYK-Bilder bestehen aus vier Farbauszügen, den Farben Cyan, Magenta, Yellow und Schwarz (Key Color). Die Farbauszüge am Monitor entsprechen weitestgehend denen nach der Belichtung, daher ist eine Kontrolle schon vor der Belichtung möglich.

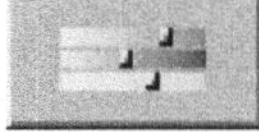

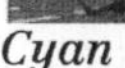

Cyan *Magenta* *Gelb* *Schwarz*

Vielen Anwendern ist auch das Mischen der Farben in diesem Farbraum geläufiger und die Richtung einer Korrektur dadurch besser vorhersagbar als bei der Arbeit im RGB-Farbraum.

Haben Sie vor dem Start von OneVision „CMYKAdjust" aktiviert und konfiguriert, ist eine gute Beurteilung der CMYK-Daten am Monitor möglich.

Bevor Sie ein RGB-Bild nach CMYK transformieren, sollten Sie sich überlegen, ob Sie die Daten im RGB-Format zu einem späteren

Zeitpunkt noch brauchen. Ist dies der Fall, empfiehlt es sich, vor der Transformation eine Kopie anzulegen, um die Originaldaten zu erhalten. Eine Rücktransformation von CMYK nach RGB ist zwar grundsätzlich möglich, aber mit hohem Qualitätsverlust verbunden.

Wenn Composings mit gemischten Daten vorgenommen werden, dann werden beim Kopieren von Bildbereichen aus CMYK-Bildern in RGB-Bilder oder umgekehrt die einzufügenden Bilddaten automatisch in den Farbraum des Zielbildes konvertiert. Beim Konvertieren können Veränderungen auftreten.

HIS

Der HIS-Farbraum dient lediglich der Bearbeitung von Bildern. Sie können weder in diesem geöffnet oder gesichert noch in diesen konvertiert werden.

Der HIS-Farbraum besteht wie der RGB-Farbraum aus drei Komponenten. Farbton (Hue), Intensität und Sättigung liegen in einzelnen Kanälen vor und können somit unabhängig voneinander geändert werden.

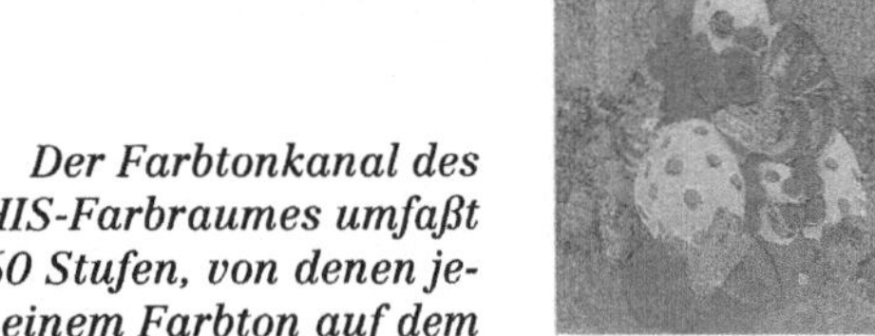

Der Farbtonkanal des HIS-Farbraumes umfaßt 360 Stufen, von denen je de einem Farbton auf dem Farbkreis zugeordnet ist.

Farbton　　　　　　*Intensität*　　　　　　*Sättigung*

Um einzelne Farben zu ändern, bietet sich der HIS-Raum geradezu an, für eine allgemeine Farbkorrektur ist er jedoch weniger geeignet.

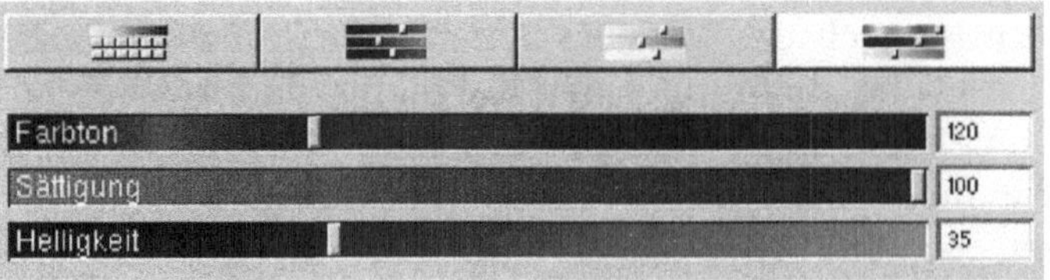

Ebenso wie der RGB-Farbraum verfügt der HIS-Farbraum über Farben, die im Druck nicht darstellbar sind. Den im Abschnitt „RGB"

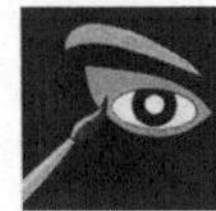

beschriebenen Versuch können Sie auch mit dem HIS-Farbmodell nachvollziehen.

Hierzu stellen Sie im HIS-Modell einen Farbton von 120 ein. Bewegen Sie jetzt den Regler für die Helligkeit (Intensität) zwischen 29 und 100, so verändert sich die Farbe im Farbfeld, die CMYK-Werte bleiben jedoch auf 100/0/100/0. Wie beim RGB-Farbmodell ändert sich auch hier der Wert für die Helligkeit (Intensität) geringfügig, wenn Sie die kalibrierte Monitorausgabe aktiviert haben. Arbeiten Sie in CMYK-Bildern mit dem HIS-Farbmodell, dann gehen Sie nicht das Risiko ein, nicht druckbare Farben zu erzeugen.

5.4.2 Kalibrierung der Ausgabe

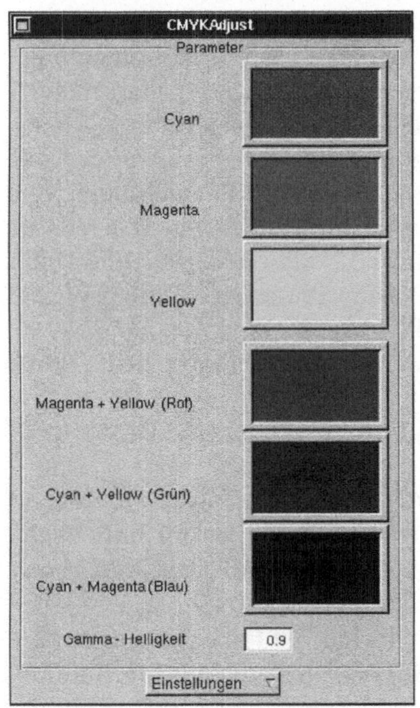

CMYKAdjust

Die beiden am häufigsten benutzten Ausgabegeräte arbeiten mit zwei verschiedenen Arten der Farbdarstellung: einerseits der Monitor, der im RGB-Farbraum arbeitet, und andererseits der Drucker, bei dem die Ausgabe im CMYK-Farbraum stattfindet. An einem praktischen Beispiel konnten Sie sehen, daß beide Farbräume unterschiedlich sind. Ein leuchtendes RGB-Grün zum Beispiel kann im CMYK-Raum nicht dargestellt werden. Um jedoch eine bestmögliche Übereinstimmung von Monitordarstellung und Druck zu gewährleisten, muß sowohl die Monitorausgabe von CMYK-Daten als auch die Druckausgabe von RGB-Daten abgestimmt werden.

Dies wird als Kalibrierung bezeichnet. Die Abstimmung des Systems findet in zwei Schritten statt.

Im ersten Schritt wird die Monitorausgabe kalibriert. Hierzu dient das Programm „CMYKAdjust". Um mit einer kalibrierten Bild-

schirmausgabe zu arbeiten, muß „CMYKAdjust" vor OneVision gestartet werden. Installieren Sie hierzu „CMYKAdjust" im Dock und aktivieren Sie in den Dock-Präferenzen den automatischen Start beim Einloggen.

Zum Einstellen von „CMYKAdjust„ benötigen Sie einen Andruck oder ein Proof mit den Primärfarben Cyan, Magenta und Gelb sowie den Sekundärfarben Rot, Grün und Blau. Diese sollten unbedingt mit den Geräten erstellt werden, die auch später für die Ausgabe der Bilddaten verwendet werden. Benutzen Sie mehrere Ausgabegeräte, können Sie sich verschiedene Kalibrierungen anlegen.

Nachdem Sie „CMYKAdjust" gestartet haben, erscheint ein Fenster mit Farbwahlfeldern zur Einstellung der Primär- und Sekundärfarben. Klicken Sie auf den Rahmen eines der Farbfelder. Nachdem sich der Dialog „Farben" geöffnet hat, gleichen Sie die Bildschirmfarben dem Proof oder Andruck an. Nachdem alle Farben korrekt eingestellt sind, können sie noch die Helligkeit durch die Eingabe eines Gammawertes angleichen. Über den Menüpunkt „Parameter" können Sie Einstellungen für verschiedene Ausgabegeräte speichern und laden, so daß Sie für die einzelnen Ausgabegeräte immer die optimale Bildschirmdarstellung haben. Damit die Einstellungen von „CMYKAdjust" bei der Farbdarstellung am Monitor auch beachtet werden, muß unter „Info"/„Präferenzen…" die entsprechende Option aktiviert werden. Eine genaue Beschreibung mit Bildbeispielen finden Sie in der Online-Hilfe zu „CMYKAdjust".

Der zweite Schritt befaßt sich mit der Ausgabe von RGB-Daten durch CMYK-Ausgabegeräte.

Rufen Sie nun im OneVision-Menü unter „Drucken"/„Druckparameter"/„Kalibrierung" den Dialog „Rendering…" auf.

Im oberen Teil dieses Fensters finden Sie eine Liste vorhandener Renderingfunktionen. Ein Rendering ist eine Transformationsbeschreibung, die sowohl Separationskurven für den Unbuntabgleich als auch eine Farbkalibrierung einschließt.

Unterhalb des Befehlsmenüs „Rendering" ist links der Unbuntabgleich – die Art der Vierfarbseparation – und rechts der Buntabgleich. Über den „Buntabgleich" wird die Druckausgabe kalibriert. Im „Buntabgleich" werden den Bildschirmfarben Rot, Grün

und Blau die Kombination aus Cyan, Magenta und Yellow zugeordnet. Hierzu dienen die 27 Farbfelder, die alle Kombinationen der Farben Rot, Grün und Blau mit den Intensitäten 0 %, 50 % und 100 % enthalten.

Um eine neue Renderingfunktion zu erstellen, sollten Sie eine bestehende Funktion mit dem Befehl „Kopieren" aus der Befehlsliste „Rendering" duplizieren und in der Liste neu benennen. Durch einen Doppelklick auf eines der Farbfelder im „Buntabgleich", wird der Dialog „Farben" geöffnet. Wechseln Sie in den Farbräumen auf CMYK. Stellen Sie ein, mit welchen CMY-Anteilen die RGB-Farben des Monitors gedruckt werden. Da die Separation gesondert eingestellt wird, muß der Schwarzanteil 0 % betragen. Ziehen Sie die veränderte Farbe aus dem Anzeigefeld mit gedrückter linker Maustaste auf das zu ändernde Farbfeld im Dialog „Rendering". So behandeln Sie alle 27 Farbfelder. Wenn alle Farbfelder eingestellt sind, ist die Ausgabekalibrierung abgeschlossen. Ein gesondertes Speichern ist nicht notwendig.

Wollen Sie auf andere Einstellungen zurückgreifen, wählen Sie die entsprechende Bezeichnung aus der Liste im oberen Teil des Dialogs.

5.4.3 Einstellung der Farbseparation

Eine Separation ist immer notwendig, wenn RGB-Daten für den Druck ausgegeben werden sollen. Hierbei werden die Farbwerte aus dem RGB-Farbraum in den CMYK-Farbraum überführt.

Theoretisch ist es möglich, mit den Primärfarben Cyan, Magenta und Yellow alle Farben des RGB-Farbraumes wiederzugeben. Da die Druckfarben jedoch erheblich von den theoretischen Sollfarben abweichen, ist dies praktisch nicht möglich. Die Druckfarben absorbieren und remitieren neben den gewünschten Wellenlängen auch solche, die nicht erwünscht sind. Die Farben werden zum Teil verweißlicht und teils verschwärzlicht (Weiß- und Schwarzfarbenfehler). Dies hat zur Folge, daß zum einen reine Farben aus dem RGB-Raum nicht wiedergegeben werden können (siehe Beispiel im Abschnitt „RGB") und zum anderen, daß im Zusammendruck von Cyan, Magenta und Yellow kein neutrales, gesättigtes Schwarz entsteht. Um trotzdem im Druck ein gesättigtes Schwarz zu erzielen, wird zu den drei Grundfarben Schwarz gedruckt.

Das zusätzliche Schwarz hat jedoch zur Folge, daß eine Farbschicht mehr auf das Papier aufgetragen werden muß. Hierbei entstehen *Flächendeckungen* bis zu 400 %, was gerade beim *Naß-in-Naß-Druck* zu großen Problemen führt. Der Gesamtfarbauftrag sollte jedoch 300 % nicht überschreiten. Um den Farbauftrag zu senken und die *Graubalance* aufrechtzuerhalten, wird der Neutralanteil der Primärfarben durch Schwarz ersetzt. Dies wird als GCR (*Gray-Component-Replacement*) bezeichnet.

Die Berechnung des Schwarzaufbaus, die Schwarzgenerierung (*Black Generation*), erfolgt aus allen drei Farbkanälen (CMY). Hierbei wird bei den Tertiärfarben der Neutralanteil in unterschiedlichen Prozentsätzen durch Schwarz ersetzt. In OneVision haben Sie die Möglichkeit, den Schwarzanteil der Tertiärfarben zu variieren und Ihren Bedürfnissen anzupassen.

Die dazu nötigen Übertragungskurven werden im Dialogfenster „Kurvenberechnung" aus dem Menü „Drucken"/„Druckparameter"/ „Kalibrierung") eingestellt.

Das Dialogfensters teilt sich in zwei Teile. Links sehen Sie die Eingabefelder und rechts die aus den Eingaben berechneten Kurven.

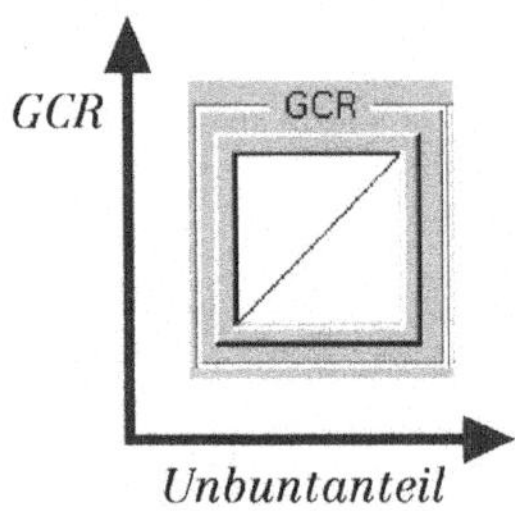

Über das Kurvenwahlfeld „GCR" können Sie den Ersatz des Grauanteils beeinflussen. Wenn Sie auf den Rahmen des Wahlfeldes klikken, öffnet sich der Kurveneditor. Über die Bedienung des Kurveneditors informieren Sie sich bitte unter 1.6.2 „Kurveneditor"oder in der Online-Hilfe.

Im „Kurveneditor" stellt die Waagerechte den ursprünglichen Neutralanteil (= Unbuntanteil) dar und die Senkrechte den Anteil, der durch Schwarz ersetzt werden soll.

Verläuft die Kurve im 45° Winkel, so wird der gesamte Neutralanteil durch Schwarz ersetzt, dies entspricht dem sogenannten Unbuntaufbau. Sie senken den Schwarzanteil, indem Sie den rechten, oberen Eckpunkt abwärts bewegen. Sie erhöhen damit gleichzeitig den Anteil der anderen Druckfarben. Haben Sie die rechte untere Ecke erreicht, wird kein Schwarz gedruckt. Dies wird als Buntaufbau bezeichnet. Der Buntaufbau hat die oben genannten Nachteile des Dreifarbdruckes.

Verschieben Sie den linken unteren Eckpunkt der Kurve nach rechts, ändern Sie den Einsatzpunkt des GCR, d. h. ein Ersatz der Graukomponenten findet nur bei den Tertiärfarben statt, deren Neutralanteil den entsprechenden Mindestwert übersteigt.

Es ergeben sich zwischen dem totalen Buntaufbau und dem Unbuntaufbau unendlich viele Variationen des Schwarzaufbaus. Die Art der Schwarzgenerierung richtet sich in erster Linie nach den Druckbedingungen. Wenn diese gut sind (z.B. hochwertiges, gestrichenes Papier, kein Naß-in-Naß-Druck), hängt die Wahl auch noch vom abzubildenden Motiv ab.

GCR-Variationen

Der Buntaufbau ist die Ausnahme. Er wird eigentlich nur noch genutzt, wenn ausschließlich mit den drei Grundfarben CMY gedruckt werden soll, um einen weiteren Druckdurchgang zu sparen (was bei Zwei- oder Vierfarbmaschinen hinfällig ist).
Ein geringer Schwarzaufbau, das sogenannte *Skelett-Schwarz*, ist eine häufig verwendete Methode. So separierte Bilder verfügen über gesättigtere Tiefen und kräftige Bunttöne, haben aber die Nachteile des Dreifarbendrucks: hoher Gesamtfarbauftrag und Anfälligkeit für Tonschwankungen in den Neutraltönen.

Eine Kompromißlösung stellt eine mittlere Schwarzerzeugung dar: Der Gesamtfarbauftrag wird gesenkt, die Stabilität der Neutraltöne wird erhöht, und die Tiefen erscheinen gesättigt und differenziert.

Der Unbuntaufbau bietet sich immer an, wenn auf Bedruckstoff, der eine geringe Saugfähigkeit hat, im Naß-in-Naß-Verfahren mit kürzesten Trockenzeiten gedruckt werden soll oder wenn das Bildmaterial einen hohen Anteil von Tertiärfarben aufweist. Durch den totalen Unbuntaufbau erhalten Sie die größte Farbstabilität, es werden die teureren Buntfarben im Druck eingespart, und Sie vermeiden Fehler der Farbannahme. Doch bringt der Unbuntaufbau auch Nachteile mit sich. Sie erhalten häufig Abrisse in den Übergängen zu den Neutraltönen und einen Verlust an Brillianz und Glanz.

Sie können dem entgegenwirken, indem Sie den Farbanteil der Buntfarben erhöhen. Diese Erhöhung des Buntanteils wird als Unterfarbzugabe oder *Undercolor Addition* (UCA) bezeichnet. Hierdurch werden allerdings auch die Vorteile reduziert. Beim totalen Unbuntaufbau sollte eine Unterfarbzugabe von mehr als 65 % vermieden werden, da andernfalls der Gesamtfarbauftrag von 300 % überschritten werden könnte.

Undercolor Addition

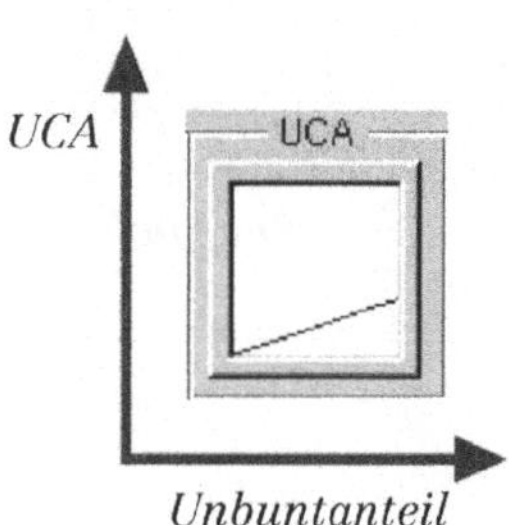

Die Kurve für die Berechnung des UCA wird wiederum im Dialog „Kurvenberechnung" (Menü „Drucken"/„Druckparameter"/„Kalibrierung") erstellt. Klicken Sie zum Starten des Kurveneditors auf den grauen Rand des Anzeigefeldes für die UCA-Kurve. Die waagerechte Achse beschreibt in diesem Fall den Unbuntanteil, die senkrechte das UCA.

Aus den Einstellungen für GCR und UCA berechnet OneVision die Druckparameter in bezug auf Schwarzgenerierung (BG) und Unterfarbreduktion (UCR). Die berechneten Kurven sehen Sie im rechten Teil des Dialogs „Kurvenberechnung".

Berechnete Kurven in eine Renderingfunktion aufnehmen

Damit die bereitgestellten Kurven zum Einsatz kommen, müssen sie in eine Renderingfunktion aufgenommen werden. Öffnen Sie dazu parallel zum Dialog „Kurvenberechnung" den Dialog „Rendering", und wählen Sie in der Liste im oberen Teil des Dialogs das Rendering aus, dem Sie die Kurven zuweisen wollen, bzw. legen Sie ein neues Rendering an. Ziehen Sie dann die für BG und UCR ermittelten Kurven mit Drag-and-Drop aus dem Dialog „Kurvenberechnung" auf die entsprechenden Felder des Dialogs „Rendering".

Wollen Sie einem Dokument oder Element eine der Renderingfunktionen zuweisen, öffnen Sie über „Drucken"/„Druckparameter"/„Element"/„Hinzufügen…" bzw. …/„Dokument"/„Hinzufügen…" den entsprechenden Dialog und wählen dort das gewünschte Rendering.

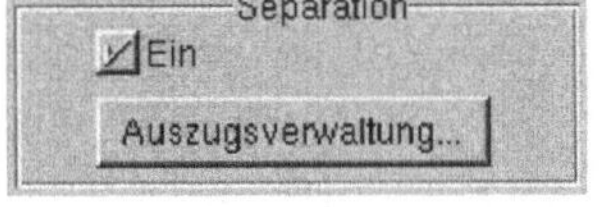

Die zugewiesenen Druckparameter werden sowohl bei der separierten Ausgabe von RGB-Bildern, beim Export als EPS mit der Option „RGB nach CMYK konvertieren", beim Export als CMYK-TIFF als auch bei der Konvertierung von RGB-Bildern nach CMYK benutzt.

Bei der Ausgabe von Composite PostScript (also ohne Separation) wird ein sogenanntes *Color Rendering Dictionary* in die PostScript-Datei eingebunden, das dem RIP sagt, wie es die RGB-Werte nach CMYK konvertieren soll. Dieses ist für Vollfarbdrucker, z. B. Proofdrucker, notwendig.

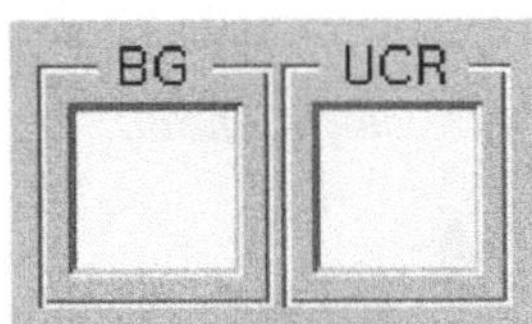

Buntaufbau

Kein Schwarzauszug

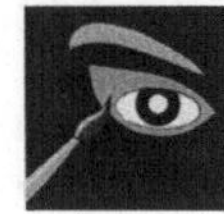

Skelett-Schwarz

CMY

K

CMYK

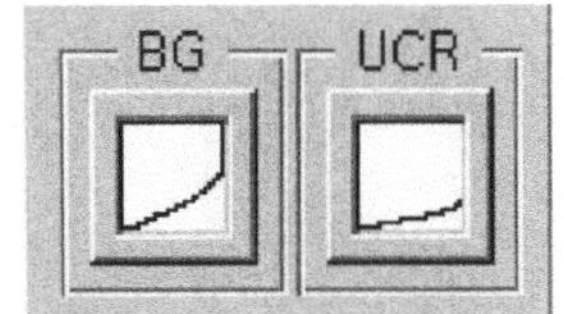

Mittlerer Schwarzaufbau

CMY

K

CMYK

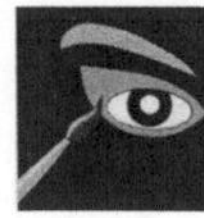

Unbuntaufbau

CMY

K

CMYK

5.4.4 Bilder separieren

Nachdem Sie das System kalibriert und die Separationsparameter eingestellt haben, steht einer Transformation der RGB-Bilder in den CMYK-Farbraum nichts mehr im Wege. Sie können sowohl Parameter für einzelne Bilder als auch für ein ganzes Dokument festlegen.

Um ein einzelnes Element (Bild) zu separieren, müssen Sie ihm erst die Parameter zuweisen. Im OneVision-Menü nehmen Sie diese Zuweisung unter „Drucken"/„Druckparameter"/„Element"/„Hinzufügen…" vor. Es öffnet sich das Fenster für die Druckparameter mit dem Namen des Elements in der Titelleiste. Im oberen Bereich legen Sie die Renderingfunktion für das Bild fest. Aktivieren Sie den Schalter „Beachten" und wählen Sie in dem Popup-Menü die gewünschte Funktion aus. Im unteren Teil des Fensters haben Sie die Möglichkeit, weitere Druckparameter einzustellen. Diese werden ausführlich unter 2.7 „Ausgabe" erläutert.

Die Zuweisung von Druckparametern an ein Bildelement hat keine sofortigen Auswirkungen auf die Darstellung des Bildes. Erst bei der Ausgabe, wenn das Bild separiert wird, werden die Bilddaten konvertiert und die separierten Daten an das Ausgabegerät gesandt.

Wollen Sie sofort im OneVision-Dokument mit den CMYK-Daten arbeiten, müssen Sie die Farbraumkonvertierung explizit ausführen. Hierfür benutzen Sie das Werkzeug „Bildkonvertierung". Wählen Sie im Popup-Menü das Zielformat (CMYK 8 Bit oder CMYK 16 Bit).

Farbmodell ändern

Neben der Konvertierung in den CMYK-Farbraum stehen Ihnen hier auch alle anderen Bildformate, die OneVision unterstützt, zur Verfügung. Wenn Sie als Zielformat ein *Kanalbild* wählen, das sind Graustufenbilder, Schwarz/Weiß-Bilder (S/W 1Bit) und Bitmasken, kann über das Farbwahlfeld eine neue Basisfarbe eingestellt werden. Auf CMYK- oder RGB-Bilder hat diese Farbe keinen Einfluß.

5.5 Grundlagen der Bildkorrektur

Aufgabe der Bildkorrektur ist es, Bilder so aufzubereiten, daß sie im Druck optimal erscheinen. Hierbei sollen Scanfehler ausgeglichen und unzureichende Vorlagen optimiert werden. Dieses Kapitel der OneVision-Image-Anleitung umfaßt fünf Arbeitsschritte. Die einzelnen Abschnitte sind in sich abgeschlossen, so daß Sie auch bei einzelnen Problemen nachschlagen können.

Damit der visuelle Eindruck am Monitor nicht zu weit vom Druck abweicht, sollten Sie die Helligkeit und den Kontrast des Gerätes auf den Druck abstimmen. Vergleichen Sie hierzu ein Bild am Monitor mit einem Probeausdruck des selbigen. Andernfalls führt eine visuelle Bildabstimmung mit Sicherheit zu keinem befriedigenden Ausdruck. Hilfreich ist auch eine neutrale Hintergrundfarbe in einem mittleren Grau, die Sie in den Original Ersatz Nextstep Präferenzen einstellen.

Tip!
Monitor einstellen

Wenn Sie mit CMYK-Daten arbeiten, sollten Sie zur genauen Abstimmung des Monitors vor dem Start von OneVision CMYKAdjust laden. Hierdurch wird eine falsche Anzeige von CMYK-Daten vermieden und eine visuelle Farbbeurteilung am Monitor möglich. Nähere Angaben zu CMYKAdjust finden Sie unter 5.4 „Farbraumwahl und Separation".

CMYKAdjust

Zur Kontrolle der Bilddaten in unterschiedlichen Farbräumen stellt OneVision in OneVision-Image das Werkzeug „Multidensitometer" zur Verfügung, mit dem Sie sich die Farbwerte eines Bildes numerisch anzeigen lassen können. Nur so ist ein wertgenaues Arbeiten möglich.

Bearbeiten Sie ein unsepariertes RGB-Bild, so sollten Sie sich stellvertretend für die Druckausgabe die CMYK-Werte anzeigen lassen. Die CMYK-Werte werden nach den von Ihnen eingestellten Druckparametern bestimmt und angezeigt. Dadurch ist auch eine Kontrolle des Schwarzauszuges mit den aktuellen Separationseinstellungen in einem RGB-Bild möglich. Ändern Sie die Druckparameter, wird dies auch beim Auslesen der Farbwerte durch das Multidensitometer berücksichtigt. Das Multidensitometer finden Sie im OneVision-Menü unter „Werkzeuge".

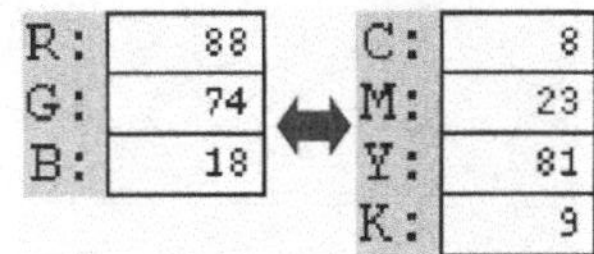

Starten Sie das Multidensitometer das erste Mal, erhalten Sie ein einzelnes Densitometer. Hier sehen Sie rechts zwei leere Farbfelder und eine blaue Kugel. Diese dient der Entnahme des Meßfühlers. Da noch kein Fühler gesetzt ist, werden noch keine Daten angezeigt. Um einen Meßpunkt zu setzen, ziehen Sie mit der Maus den Fühler aus der Kugel in das Bild. Schon während Sie den Fühler über das Bild bewegen, sehen Sie im linken Farbfeld die Farbe des Pixels unter der aktuellen Fühlerposition und links daneben den Farbwert. Normalerweise werden die Feindaten, d.h. die aktuellen Werte des Bildes, angezeigt. Das rechte Farbfeld bleibt leer, bis Sie in einem Werkzeug die „Vorschau" aktiviert haben. Wenn Sie die Maustaste loslassen, wird der Fühler (ein kleines Quadrat) gesetzt. Neben der blauen Kugel, aus der Sie den Fühler gezogen haben, erscheint zusätzlich eine rote Kugel, die signalisiert, daß das Densitometer aktiv ist. Mit den Schaltern über den Farbfeldern können Sie wählen, ob die angezeigten numerischen Werte die Feindaten oder die Vorschaudaten wiedergeben.

Um einen anderen Farbraum in der Farbwertanzeige zu sehen, aktivieren Sie wieder das Fenster des Multidensitometers und klikken in die Farbwertanzeige. In einem Popup-Menü können Sie nun zwischen den von OneVision unterstützten Farbräumen wählen.

Wollen Sie weitere Meßpunkte setzen, vergrößern Sie das Fenster des Multidensitometers. Sie erhalten je nach gewählter Größe neue Densitometer. Haben Sie das Fenster in der Waagerechten vergrößert liegen diese nebeneinander, haben Sie es in der Senkrechten vergrößert, liegen die Densitometer untereinander. Jetzt können Sie aus jedem Densitometer einen neuen Meßpunkt setzen.

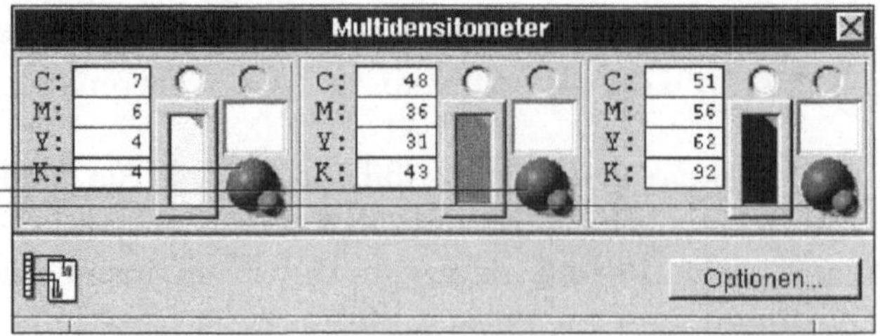

Wenn Sie sehen wollen, welcher Meßwert zu welchem Meßpunkt gehört, klicken Sie auf das Multidensitometer-Symbol im unteren Rand des Multidensitometers; für einzelne Meßpunkte klicken Sie auf die rote Kugel. Achten Sie darauf, daß das Fenster des Multidensito-

meters nicht über dem Dokumentfenster liegt, da es sonst von diesem verdeckt wird, wenn Sie das Dokument bearbeiten.

Um weitere Einstellungen im Multidensitometer zu tätigen, klikken Sie den Knopf „Optionen…". Im erscheinenden Dialogfenster können Sie verschiedene Parameter ändern. Näheres dazu erfahren Sie in der Online-Hilfe.

Vor jedem Schritt einer Bildmanipulation oder nach jeder gelungenen Änderung sollten Sie den „Undo Puffer füllen". Damit werden alle momentan selektierten Elemente in den Undo-Puffer übertragen. Den Befehl finden Sie im OneVision-Menü unter „Editieren". Hat eine Änderung zu einem unbefriedigenden Ergebnis geführt, können Sie durch das Aktivieren von „Undo" im selben Menü alle Arbeitsschritte rückgängig machen, die Sie seit der letzten Füllung des Undo-Puffers an den gesicherten Elementen durchgeführt haben. Eine weitere nützliche Funktion zum Zwischenspeichern von Bearbeitungsschritten ist das „Speichern in Zwischenablage". Der Vorteil dieses Befehls, den Sie ebenfalls im Menü „Editieren" finden, besteht darin, daß dazu der Element-editieren-Modus nicht verlassen werden muß. Weiter Informationen über „Undo", „Redo" und die Zwischenablage entnehmen Sie bitte der Online-Hilfe.

Tip!

Undo nutzen

5.5.1 Licht und Tiefe anpassen

Der erste Schritt der Bildkorrektur ist stets das Setzen von Licht und Tiefe (Schatten). Dadurch wird der Tonwertumfang des Bildes an den Druck angepaßt und eventuell vorhandene Farbstiche werden ausgeglichen.

1. Schritt

Der Tonwertumfang eines Bildes hängt, wie viele andere Parameter, von der späteren Druckart, dem verwendeten Papier und der Farbe ab. Über diese Angaben kann nur der Druckfachmann, der die Bilder weiterverarbeitet, Auskunft geben. Doch kann man auch ohne genauere Angaben brauchbare Ergebnisse erzielen. Hierbei legt man den Umfang, der durchschnittlich im Offsetdruck erreicht wird, zugrunde. Er liegt für die drei Grundfarben Cyan, Magenta und Yellow bei 5 % bis 95 %. Das Schwarz sollte im Licht 0 % betragen. Die Tiefe des Schwarzauszuges hängt von der Art der Separation ab. Ebenso sollte der *Gesamtfarbauftrag* im Normfall 300 % nicht überschreiten.

Grundlagen

Das Bestimmen von Licht und Tiefe beeinflußt in starkem Maße die Qualität des späteren Ausdrucks. Es sollten keine Flächen den Wert für die Lichter unterschreiten oder den für die Schatten überschreiten, da sonst die Farben in den Lichtern ausreißen und in den Tiefen zulaufen können.

Eine Ausnahme stellen direkte Lichtquellen oder Lichtreflexe auf Metall und Glasoberflächen dar. Sie sollten möglichst keinen Druckpunkt aufweisen. Diese extremen Lichter werden als Spitzlichter bezeichnet und führen zu einer kontrastreicheren Darstellung im Druck.

Um die Lichter- und Tiefenkorrektur zu kontrollieren, sollten Sie je einen Meßpunkt des Multidensitometers in den hellsten Bildbereich, nicht in das Spitzlicht, und den dunkelsten Schatten plazieren. In der „Gradation" werden nun die Eckpunkte des Bildes (*Schwarz- und Weißpunkt*) so verschoben, daß die Sollwerte erreicht werden.

Element selektieren

Um die Gradationskurven auf ein Bild anzuwenden, muß dieses nur selektiert werden. Es muß sich nicht im Editiermodus befinden.

Die „Gradation" öffnen Sie, indem Sie auf das Gradationskurven-Icon im OneVision-Image Icon-Menü klicken. Im oberen Popup-Menü können Sie zwischen den Farbräumen RGB, HIS und CMYK wählen. Abhängig vom gewählten Farbraum können Sie die Gradationskurven der einzelnen Kanäle bearbeiten. Sie werden durch die Kurvenwahlfelder im oberen Bereich des Fensters dargestellt.

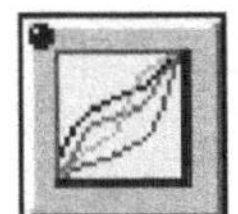

Gradation-Icon

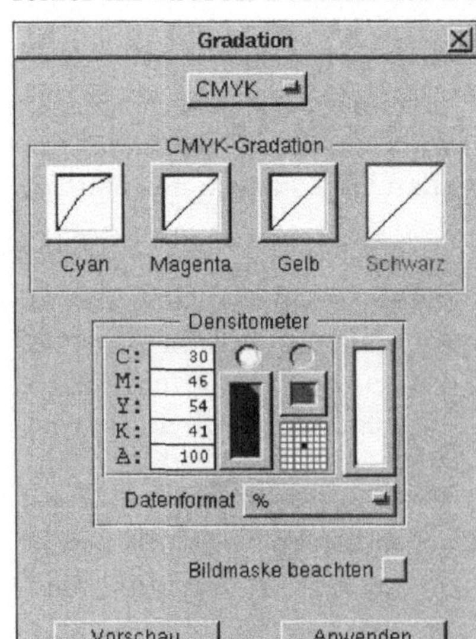

Unterhalb der Gradationskurven finden Sie ein Densitometer, mit dem Sie das Ergebnis der Veränderungen in den Gradationskurven überprüfen können. Wenn Sie den Mauscursor über das selektierte Bild bewegen, werden in den Farb- und Datenfeldern die Farbwerte des unter dem Mauscursor befindlichen Bildpunkts angezeigt. Im Farbfeld für die Vorschaudaten sehen Sie gleichzeitig die neue Farbe, die durch die Gradationsänderung entstehen würde. In der angezeigten Matrix stellen Sie die Größe des Farbfühlers ein. Wollen Sie die

aktuelle Farbe zur weiteren Verwendung zwischenspeichern, kann diese mittels Betätigen der Wahltaste in das Farbfeld rechts kopiert werden.

Falls Sie „Bildmaske beachten" aktivieren, werden Bildbereiche, die maskiert sind, nicht geändert.

Zur Einstellung von Licht und Tiefe klicken Sie auf den Rahmen eines der Kurvenwahlfelder, um den „Kurveneditor" zu öffnen. Wenn Sie mit gedrückter Umschalttaste alle Kurvenwahlfelder aktivieren, werden alle Kurven in einem Arbeitsgang geändert.

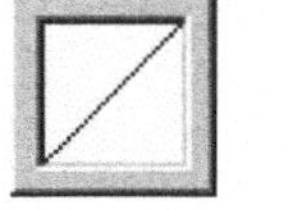

Kurvenwahlfeld

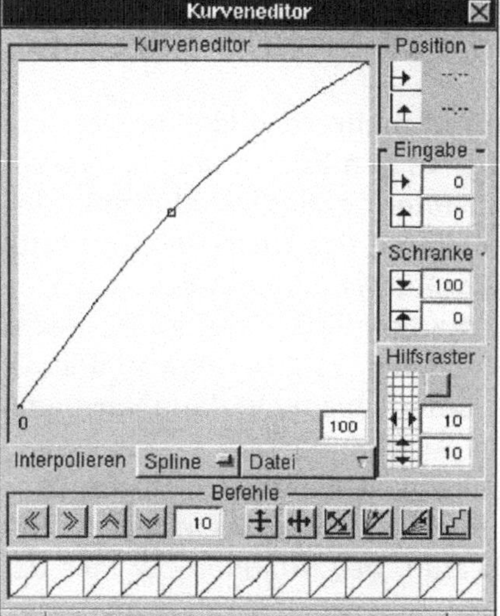

Nähere Angaben zum Kurveneditor finden Sie unter 1.6.2 „Kurveneditor". Im Kurveneditor sehen Sie ein Koordinatensystem, dessen Waagerechte (x-Achse) den Tonwertumfang des Ursprungsbildes und dessen Senkrechte (y-Achse) den des veränderten Bildes darstellt. Verläuft die Gradationskurve von der linken unteren Ecke zur rechten oberen in Form einer Geraden, wird keine Veränderung vorgenommen. Die Lage des Schwarz- und Weißpunkts auf der Gradationskurve hängt vom verwendeten Farbraum ab. Korrigieren Sie im CMYK-Farbraum, liegt der Weißpunkt bei Null; Arbeiten Sie im RGB-Farbraum, liegt der Schwarzpunkt bei Null.

Durch das Verschieben des Weißpunktes auf der Waagerechten wird das Licht heller, verschieben Sie ihn auf der Senkrechten, wird es dunkler. Die Tiefe wird dunkler, wenn Sie den Schwarzpunkt auf der Waagerechten verschieben und heller, wenn Sie ihn auf der Senkrechten verschieben. Diese Veränderungen stellen eine lineare Tonwertkorrektur dar. Um die Punkte auf der y-Achse zu verschieben, greifen Sie einen der Eck-Kontrollpunkte und bewegen ihn. Auf der x-Achse können die Eck-Kontrollpunkte nicht einfach verschoben werden. Hier müssen Sie einen neuen Kontrollpunkt auf der Kurve durch einen einfachen Mausklick positionieren und diesen dann auf der Grundlinie verschieben.

Wollen Sie z. B. die Eckpunkte der Kurve exakt auf 5 % bzw. 95 % setzen, hilft Ihnen dabei das Hilfsraster des Kurveneditors. Aktivieren Sie es mit einem Klick in das entsprechende graue Quadrat. Setzen Sie die Rastergröße auf fünf, und bewegen Sie anschließend die Eckpunkte in die gewünschte Richtung. Das Hilfsraster ist magnetisch, d. h. der verschobene Punkt wird an dem ihm am nächsten liegenden Rasterschnittpunkt zu liegen kommen.

Die Änderungen im Kurveneditor werden automatisch auf die aktive Kurve im Dialogfenster „Gradation" übertragen. Um diese Änderung auch auf die anderen Kurven anzuwenden, können Sie sie mit Drag-and-Drop vom „Kurveneditor" oder von einem Kurvenfenster zum anderen übertragen.

Wollen Sie die Gradationskurven auf mehrere Bilder anwenden, können Sie sie durch „Drag-und-Drop" in den Kurvenmusterfeldern, die sich im unteren Teil des Kurveneditors befinden, ablegen oder als Datei sichern. Lesen Sie zur Bedienung des Kurveneditors bitte auch die Online-Hilfe oder unter 1.6.2 „Kurveneditor" nach.

Werden im RGB- oder CMYK-Farbraum alle Kurven gleich geändert, so findet eine Korrektur der Helligkeit im gesamten Bild statt. Behandeln Sie die einzelnen Kurven unterschiedlich, dann wird eine Farbkorrektur über das gesamte Bild durchgeführt.

Bei RGB-Bildern können Sie die Helligkeit im HIS-Farbraum über die Intensität regeln. Wechseln Sie dazu über das Popup-Menü im oberen Teil des Dialogs in den HIS-Farbraum. Der Nullpunkt ist hier mit dem Schwarzpunkt gleichgesetzt.

Kontrastarmer Scan

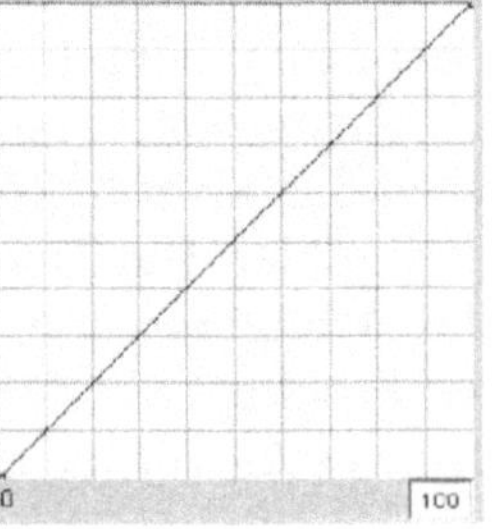

Durch ein Klicken auf „Vorschau" bringen Sie die Änderung auf den Monitor; es findet noch keine Bildänderung statt. Jetzt können Sie die Meßpunkte des Multidensitometers kontrollieren. Sind die Werte korrekt, können sie mit „Anwenden" in das Bild übernommen werden. Sind sie noch nicht korrekt, ändern Sie diese so lange, bis die Vorgaben erreicht werden.

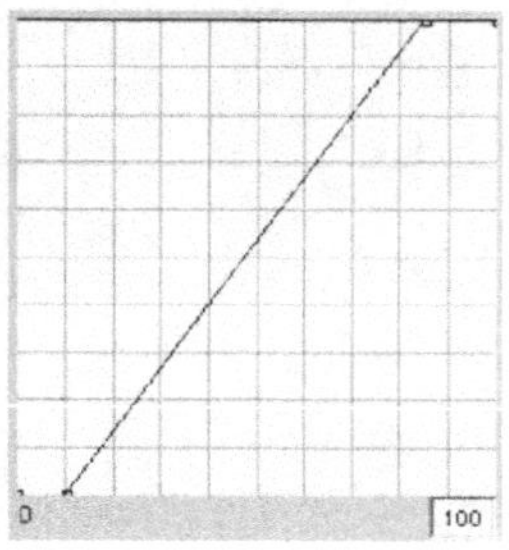

Scan nach Anpassung von Licht und Tiefe

Neben der Einstellung von Licht und Tiefe eignet sich dieses Modul auch zum Einstellen von Graubalance und Kontrast. Unterteilen Sie eine Gradationskurve im Kurveneditor durch das Setzen von zwei neuen Ankerpunkten, und bearbeiten Sie die dazwischenliegenden Kurvensegmente getrennt voneinander, dann können Sie die Kurven separat in den Vierteltönen, Mitteltönen und Dreivierteltönen verändern.

Tip!

Einstellen von Graubalance und Kontrast mittels „Gradationskurven"

5.5.2 Einstellen der Mitteltöne und des Kontrastes

Eine weitere Möglichkeit, Bildkorrekturen vorzunehmen, bietet die „Visuelle Bildkorrektur". Sie können hierbei wie in den Gradationskurven Einfluß auf Helligkeit und Farbe nehmen, aber auch Korrekturen bezüglich des Kontrasts durchführen. Im Unterschied zu Änderungen in der Gradation können alle Änderungen mit Hilfe von Vorschaubildern vorher kontrolliert werden. Aktivieren Sie jetzt die „Visuelle Bildkorrektur" durch Klicken auf das entsprechende Icon in der Menüleiste von OneVision-Image.

2. Schritt

Visuelle Bildkorrektur

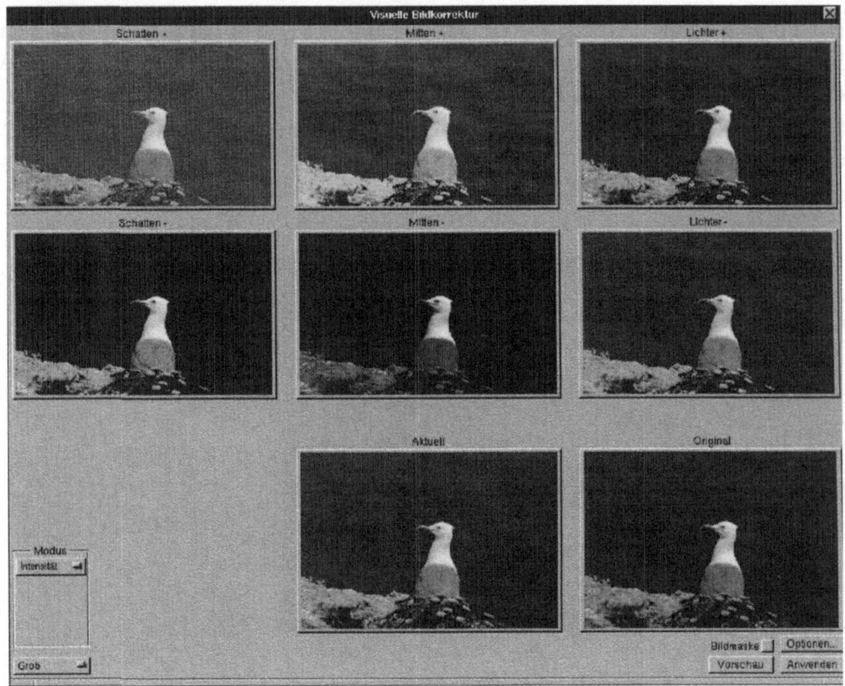

Das Fenster der „Visuellen Bildkorrektur" zeigt acht Varianten Ihres Bildes. Im oberen Bereich werden die Änderungen der Schatten, Mitteltöne und Lichter visualisiert. Die unteren beiden Bilder zeigen rechts Ihr Originalbild und links das Bild mit allen schon gemachten Änderungen. Klicken Sie auf eines der sechs oberen Bilder, wird die Änderung in das Bild „Aktuell" übernommen. Im Fenster „Aktuell" werden alle Änderungen, die Sie nacheinander ausführen, zusammenfassend angezeigt. Dadurch können Sie sich an das gewünschte Ergebnis herantasten. Alle Veränderungen werden wieder zurückgenommen, wenn Sie auf „Original" klicken. Sie können beliebige Schritte wieder zurücknehmen, indem Sie die jeweils gegenteiligen Operationen in umgekehrter Reihenfolge auf das Bild anwenden.

In dem Popup-Menü „Modus" können Sie die Art Ihrer Korrektur bestimmen. Hier stehen „Auszüge", „Intensität", „Sättigung" und „Kontrast" zur Verfügung. Im Popup darunter wählen Sie die Stärke der Korrektur. Sie haben die Möglichkeit eine feine, eine mittlere oder grobe Korrektur auszuführen. Falls das noch nicht ausreichend ist, können Sie sich eine eigene Korrekturstärke definieren.

Sie können durch Ziehen der Endbereiche in der Fensterleiste das Fenster vergrößern; die Bilder im Fenster werden mitvergrößert, so daß eine bessere Kontrolle möglich ist.

Tip!

Durch Aktivieren der Bildmaske (rechts) werden maskierte Bereiche von der Korrektur ausgenommen.

Um die Mitteltöne einzustellen, wechseln Sie in den Modus „Helligkeit". Wenn Sie die Mitteltöne aufhellen, erhalten die Dreivierteltöne (dunklere Töne) eine bessere Zeichnung. Werden die Mitteltöne abgesenkt, erhalten Sie eine bessere Zeichnung in den Vierteltönen (hellere Töne).

Senken Sie die Helligkeit in den Schatten (Schatten -) und erhöhen Sie diese gleichzeitig in den Lichtern (Lichter +), so erhalten Sie einen stärkeren Bildkontrast. Sie senken den Bildkontrast, indem Sie die Schatten aufhellen (Schatten +) und die Lichter abdunkeln (Lichter -). Hierbei bleiben die Mitteltöne unangetastet. Neben der Änderung des Kontrastes über das gesamte Bild, haben Sie auch die Möglichkeit, den Kontrast in den Lichtern, Mitten und Schatten getrennt zu regulieren. Hierzu wechseln Sie im „Modus"-Popup auf Kontrast. Hier bedeutet ein „+" eine Zunahme des Kontrastes und ein „-" eine Abnahme.

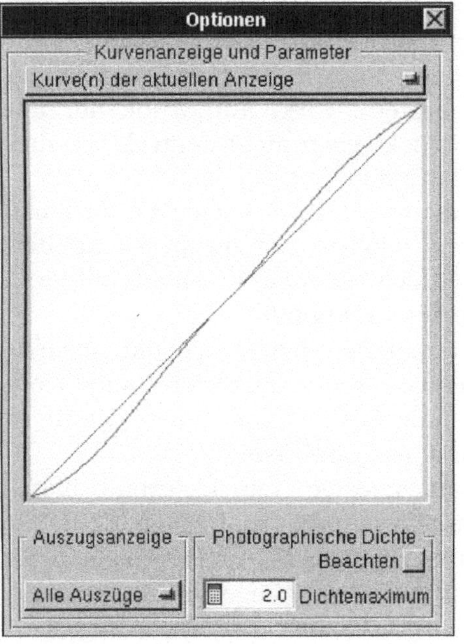

Sie können in den verschiedenen Modi in einfacher Weise und unter ständiger visueller Kontrolle Änderungen vornehmen. Wollen Sie die Korrekturen anhand der entstehenden Übertragungskurven kontrollieren oder weiterbearbeiten, dann öffnen Sie mit dem Schalter „Optionen…" ein Fenster, in dem Sie sich z. B. die „Kurven der aktuellen Anzeige" darstellen lassen können. Hier sehen Sie, wie sich die Änderungen des Bildes auf die Gradationskurven auswirken. Wenn Sie im Popup „Schatten/Mitte/Lichter" wählen, können Sie die Aus-

Für Fortgeschrittene: Änderungen in den Kurven

dehnung der Schatten und Lichter bezüglich Mitteltöne variieren oder die Lage der Mitteltöne verschieben. Setzen Sie die Flankensteilheit der Lichter und Schatten im Optionen-Fenster unter „Schatten/Mitten/Lichter" auf einen sehr kleinen Wert, z.B. 0,04, so führt eine Änderung der Mitteltöne zu einer Änderung über den gesamten Graustufenbereich des Bildes. Falls Sie jetzt die Mitteltöne erhöhen, werden die Lichter gestaucht und die Tiefen ausgedehnt, die Schattenzeichnung nimmt zu. Mit dieser Einstellung erfahren zu dunkle Bilder eine Verbesserung des Bildeindrucks.

Nachdem Sie die Korrekturen ausgeführt haben, können Sie das Ergebnis durch das Anklicken von „Vorschau" auf das Bild übertragen und dort kontrollieren. Durch „Anwenden" werden die Änderungen in das Bild übernommen.

5.5.3 Einstellen der Grau- oder Farbbalance

3. Schritt

Der nächste Schritt stellt das Einstellen der Graubalance dar. Da der Mensch Farbabweichungen in den neutralen Bildteilen sehr empfindlich registriert, sollte auf die Graubalance ein besonderes Augenmerk gerichtet werden. Hier werden die neutralen Töne des Bildes so korrigiert, daß sie keine Farbstiche aufweisen.

Grundlagen

Ein Grau, das zu gleichen Teilen aus Cyan, Magenta, Yellow und einem variablen Schwarzanteil besteht, wirkt auf Grund der unzulänglichen Eigenschaften der Druckfarben nicht neutral. Um dies zu umgehen, wird der Cyananteil erhöht.

Um den visuellen Abgleich zu unterstützen, setzen Sie je einen Meßpunkt des Multidensitometers, wie am Anfang dieses Kapitels beschrieben, in einen neutralen Lichterpunkt, in einen mittleren neutralen Bildpunkt und in einen Schattenpunkt.

„Visuelle Bildkorrektur"

Auch zur Einstellung der Graubalance eignet sich die „Visuelle Bildkorrektur". Sie wird über das Icon in der OneVision-Image Iconleiste aufgerufen. Eine Beschreibung des Fensters finden Sie unter 5.5.3 „Einstellen der Mitteltöne und des Kontrastes".

Stellen Sie im „Modus"-Popup „Auszüge" ein. Unterhalb dieses Popups können Sie jetzt den zu ändernden Auszug wählen.

Um zu sehen, in welche Richtung die Korrektur geht, sollten Sie die Stärke zuerst auf „Grob" stellen, und einige Teständerungen ausprobieren, bevor Sie mit der eigentlichen Änderung beginnen.

Schalten Sie dann wieder auf feine oder mittlere Stärke um, und klicken Sie auf das Bild, das Ihrer Korrektur am nächsten kommt. Wiederholen Sie die Prozedur so lange, bis das Bild bezüglich des selektierten Auszugs neutral erscheint. Durch „Vorschau" wird die Korrektur auf das Bild übertragen, jedoch noch nicht eingerechnet. Jetzt können Sie mit dem Multidensitometer die Korrektur kontrollieren. Das Vorschaufeld ist das rechte, kleinere Anzeigefeld des Densitometers. Wollen Sie die numerischen Daten der im Vorschaufeld angezeigten Farben sehen, klicken Sie bitte auf den Kreis über diesem Feld. Sind Ihre Idealwerte noch nicht erreicht oder gar überschritten, wechseln Sie wieder in das Fenster „Visuelle Bildkorrektur" und setzen Ihre Änderung fort, beziehungsweise machen einige Schritte wieder rückgängig.

Tip!

Haben Sie das Fenster des Multidensitometers so plaziert, daß Sie es neben dem Fenster „Visuelle Bildkorrektur" noch sehen können, werden Ihnen die Werte Ihrer Änderung angezeigt, ohne daß Sie die „Visuelle Bildkorrektur" verschieben oder verkleinern müssen.

Nachdem Sie die korrekten Werte erreicht haben, betätigen Sie den „Anwenden"-Schalter. Ihre Korrektur wird ins Bild eingerechnet.

5.5.4 Farbkorrektur

Auch bei farbstichfreien Bildern oder solchen, deren Farbstich schon durch das Setzen von Licht und Tiefe sowie das Einstellen der Graubalance behoben ist, können noch spezielle Farbkorrekturen notwendig sein. Dies ist der Fall, wenn zum Beispiel Farben im Bild hervorgehoben oder einer Vorlage angeglichen werden sollen.

In diesem Abschnitt erfahren Sie, wie Sie mit dem Werkzeug „Farben ersetzen" Farbkorrekturen durchführen können.

Auch bei der Korrektur spezieller Farben sollten Sie immer das Multidensitometer zur Kontrolle aktivieren. So vermeiden Sie, daß Sie durch die Farbkorrektur den druckbaren Tonwertumfang verlassen oder den maximal möglichen Farbauftrag überschreiten. Nähere Angaben dazu erhalten Sie unter 5.5.1 „Licht und Tiefe anpassen". Hinweise zum Multidensitometer können Sie dem Anfang dieses Kapitels oder der Online-Hilfe entnehmen.

Selektieren Sie das Bild. Öffnen Sie durch einen Mausklick auf das „Farben ersetzen"-Icon das Werkzeugfenster.

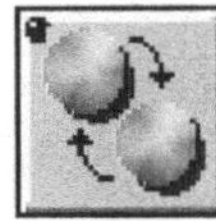

„Farben ersetzen"

Hier befinden sich zwei Farbkreise. Im linken, mit „Original" gekennzeichnet, legen Sie den Farbbereich fest, den Sie ändern wollen, im rechten bestimmen Sie den neuen Farbbereich, der den unter „Original" markierten Bereich ersetzen soll. Der gewählte Farbbereich erscheint in kräftigeren Farben.

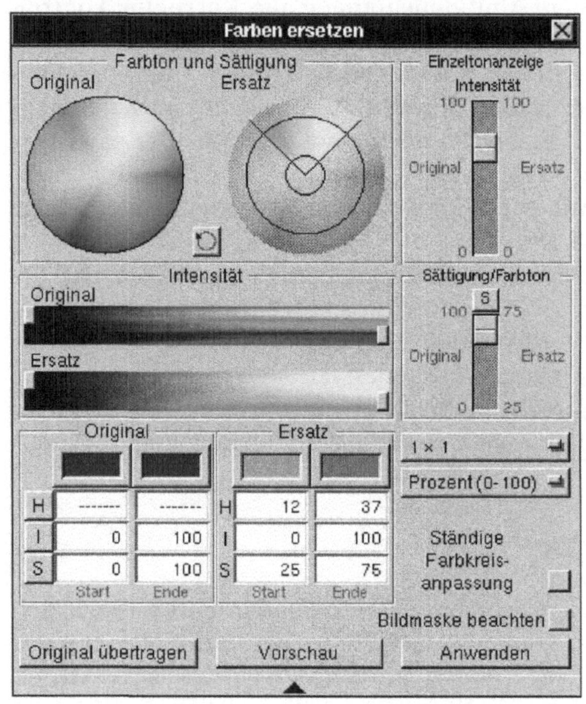

Fenster „Farben ersetzen"
im Profimodus

Durch den Schalter „Original übertragen" übernehmen Sie die Daten aus dem linken Fenster in das rechte. „Vorschau" nimmt die Ersetzung der Farben im Bild vor, ändert aber nur die Darstellung, nicht jedoch die Bilddaten. Durch „Anwenden" werden die ersetzten Farben in die Bilddaten übernommen.

Wollen Sie die Änderung der Daten durch eine Maske beschränken, aktivieren Sie „Bildmaske beachten".

Die „Einzeltonanzeige" reguliert die Helligkeit der Darstellung der Farbkreise. Sie hat keine Auswirkung auf die Farbänderung.

Mit dem abwärts führenden Pfeil schalten Sie in den Expertenmodus. Hier können Sie unter anderem diskrete Werte für die Farbänderung eingeben.

Um die zu ersetzenden Farben zu bestimmen, wechseln Sie in den Editiermodus und gehen dann mit dem Cursor in das Bild. Er wandelt sich in eine Pipettenspitze. Durch Klicken in die Farbe, die Sie ändern wollen, wird der Farbton und die Sättigung in den Farbkreis „Original" übernommen. Der ausgelesene Farbbereich ist sehr klein und muß in den meisten Fällen erweitert werden. Hierzu halten Sie die Umschalttaste gedrückt und wählen weitere Bildpunkte in dem Bildbereich aus, den Sie ändern wollen. Sie können den Originalbereich auch direkt im Farbkreis durch Auseinanderziehen des Kreissegments mit der Maus erweitern.

Betätigen Sie den Schalter „Original übertragen". Der Farbbereich wird aus dem Farbkreis „Original" in den Farbkreis „Ersatz" übernommen. Im Kreis „Ersatz" wählen Sie nun den Farbbereich, der den im Kreis „Original" gewählten Bereich ersetzen soll.

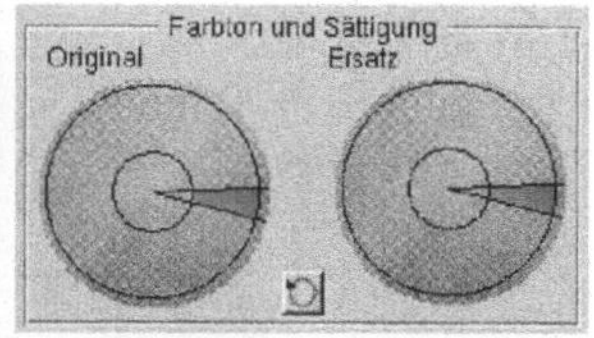

Bild ohne Änderung

Um die Sättigung des von Ihnen gewählten Farbbereichs zu erhöhen, ziehen Sie den inneren Kreis bei „Ersatz" nach außen, um die Sättigung zu senken, den äußeren nach innen. Im Expertenmodus erreichen Sie eine Erhöhung, indem Sie den Startwert der Sättigung („S") verstärken, eine geringere Sättigung, indem Sie den Endwert senken.

Durch ein leichtes Verschieben des Tortenstückchens mit der Maus verändern Sie den Farbton. Sie verschieben den Farbton im Expertenmodus, indem Sie den Start- und Endwert des Farbtons („H") um den gleichen Wert erhöhen oder senken.

Nachdem Sie mit der „Vorschau" zufrieden sind, übertragen Sie die Änderung mit „Anwenden" auf die Bilddaten.

Tip!

Öffnen Sie das Bild, welches Sie verändern wollen, ein zweites Mal. Sie können das Original und das veränderte Bild direkt vergleichen.

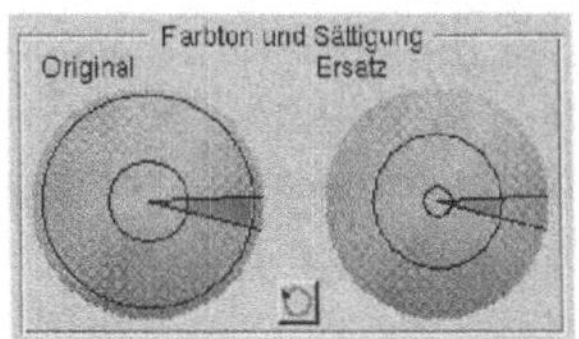

Sättigung reduziert

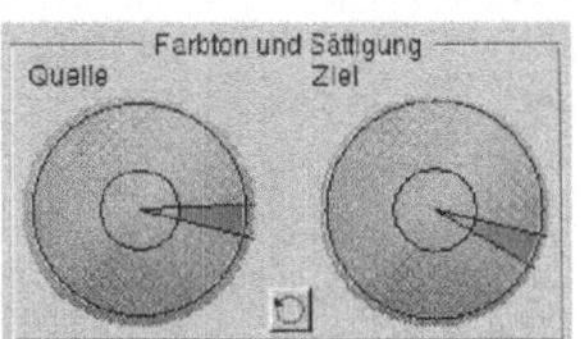

Rot nach Magenta
verschoben

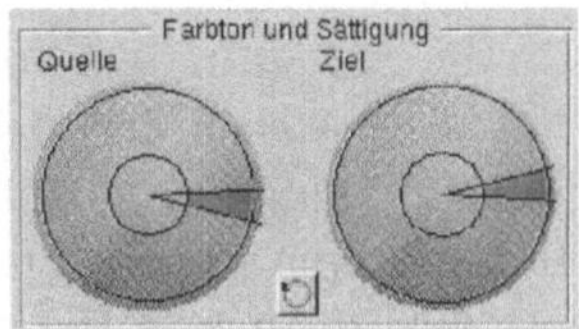

Rot nach Gelb verschoben

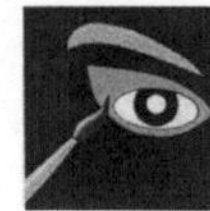

5.6 Retusche und Bildbehandlung

Alle vorherigen Kapitel haben sich mit dem Bild als Ganzem (globale Bildoperationen) beschäftigt. Es wurde versucht, die Daten so aufzubereiten, daß sie im Druck optimal erscheinen. Häufig ist es aber noch nötig, Kratzer zu entfernen, störende Bildteile zu beseitigen oder Teile des Bildes manuell zu manipulieren, um besondere Effekte zu erzielen. Für lokale Bildoperationen dienen in OneVision-Image die „Werkzeugfunktionen" und die „Collage". Diese Werkzeuge nutzen ein gemeinsames Werkzeug, den „Bitmap Controller". Da der Bitmap Controller die Basis auch anderer Funktionen ist, erhalten Sie hier einen kurzen Überblick. Ausführlich wird er in der Online-Hilfe beschrieben.

5.6.1 Der Bitmap Controller

Werkzeugfunktionen

Der Bitmap Controller befindet sich im oberen Teil der einzelnen Werkzeugfenster. Neben den „Werkzeugfunktionen" und der „Collage" finden Sie ihn auch im „Histogramm" und in den „Filterfunktionen". Der untere Teil des Fensters hängt vom gewählten Werkzeug ab.

Der Bitmap Controller befaßt sich mit dem Festlegen der Anzeige- und der Arbeitsdaten.

Collage

Der Bitmap Controller

Histogramm

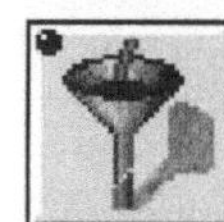

Filterfunktionen

Im Bereich „Anzeige" legen Sie fest, welche Daten Sie am Monitor dargestellt haben wollen. Ihnen stehen hierzu die Feindaten des Bildes, die Grobdaten oder Layoutdaten zur Verfügung. Durch die Wahl von „Grobdaten" erzielen Sie besonders bei großen Bildern einen schnelleren Bildschirmaufbau. Die Geschwindigkeit hängt von der Auflösung der Grobdaten ab: je geringer die Auflösung, desto höher die Geschwindigkeit. Sie bestimmen diese im Feld „Auflösung". Die Bildschirmanzeige mit Grobdaten ist jedoch für feine Retuschen nicht geeignet. Hierzu müssen Sie die Feindaten anzeigen lassen. Haben Sie die Einstellung „Layoutdaten" gewählt, muß bei einer Bearbeitung der Feindatenbestand nachgeladen werden.

Verfügt das Bild über eine Bild- oder Arbeitsmaske, können Sie diese mit Hilfe des rechten Popups anzeigen lassen. Im Farbwahlfeld bestimmen Sie die Farbe, in der die Maske angezeigt wird. Legen Sie hier am besten eine leuchtende Farbe fest, die im Bild nicht vorkommt. Mit eben dieser Farbe wird auch Ihr Werkzeug beim Arbeiten im Bild dargestellt.

Die Art der Anzeige hat keinen Einfluß auf die Bilddaten. Dies gilt auch für die Maske. Daß sie angezeigt wird, heißt nicht, daß sie auch wirksam ist.

Im unteren Teil des Bitmap Controllers bestimmen Sie, was Sie bearbeiten wollen. Wählen Sie unter „Arbeitsbereich" die Option „Werkstatt" oder „Dynamischer Pinsel", wenn Sie nur Teilbereiche des Bildes bearbeiten wollen, andernfalls wählen Sie „Ganzes Bild". Unter „Maskierung" bestimmen Sie, ob eine vorhandene Maske beachtet werden soll oder nicht, unter „Arbeitsebene", ob Sie eine Maske oder das Bild verändern wollen. Mit den beiden Schaltern „Feindaten" und „Grobdaten" legen Sie fest, in welchem Datenbestand Sie arbeiten wollen. Die Option „Grobdaten" steht Ihnen nur zur Verfügung, wenn diese auch als Anzeige gewählt wurde. Umfaßt der „Arbeitsbereich" das ganze Bild, werden Änderungen durch den Schalter „Anwenden" ausgeführt.

5.6.2 Beseitigung von Fehlern

Der wohl einfachste Weg, Fehlstellen wie Kratzer oder Knicke zu beseitigen ist der, die Fehler mit vorhandenen Bildteilen zu übermalen.

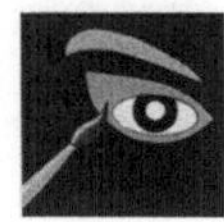

So geht man kein Risiko ein, unstrukturierte Farbflächen zu erhalten oder bildfremde Farben zu verwenden.

Öffnen Sie dazu die „Collage" durch einfaches Klicken auf das Icon. Für das Beseitigen von feinen Strukturen sollten Sie sich die Feindaten anzeigen lassen und bearbeiten. Stellen Sie als „Arbeitsbereich" die „Werkstatt" oder den „Dynamischen Pinsel" ein. Genauere Angaben über die Funktionsweise dieser beiden Werkzeuge und ihrer Unterschiede entnehmen Sie bitte der Online-Hilfe. Ist im Bild eine Maske vorhanden und wollen Sie, daß diese beachtet und/oder angezeigt wird, so aktivieren Sie sie.

Collage-Icon

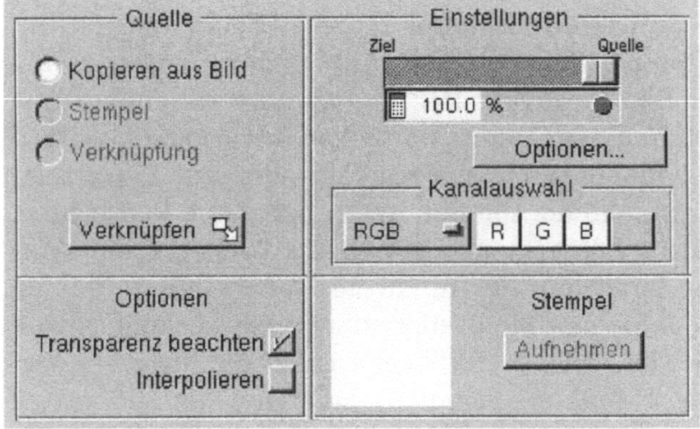

Werkzeug „Collage"

Der untere Teil des Fensters beinhaltet die Funktionen der „Collage". Unter „Quelle" finden Sie zwei Möglichkeiten, Retuschen am Bild vorzunehmen.

Die erste Möglichkeit besteht darin, innerhalb des Bildes mit einem „Pinsel" Bildbereiche zu kopieren. Aktivieren Sie unter „Quelle" den Schalter „Kopieren aus Bild". Bringen Sie das Bild in den Editiermodus. Wenn Sie jetzt mit dem Cursor über das Bild fahren, sehen Sie den Pinsel in der aktiven Größe und ein Kreuz. Das Kreuz symbolisiert die Quelle. Hier werden die Bildpunkte eingelesen. Unter dem Pinsel werden diese Bildpunkte wiedergegeben (Ziel). Wenn Sie die Umschalttaste drücken und die Maus bewegen, wird das Ziel von der Quelle getrennt; Sie können den Pinsel unabhängig bewegen.

Um zum Beispiel einen Kratzer zu beseitigen, suchen Sie sich einen Bildbereich, der dem Bildbereich ähnlich ist, in dem sich der Kratzer befindet. Plazieren Sie dort das Kreuz. Halten Sie nun die Umschalttaste gedrückt, und bewegen Sie den Pinsel zum Kratzer.

Nachdem Sie die Umschalttaste wieder losgelassen haben, sind Quelle und Ziel festgelegt. Bewegen Sie nun mit gedrückter Maustaste den Pinsel über den Kratzer. Das Kreuz bewegt sich synchron zum Pinsel und der Kratzer wird mit den Bilddaten überschrieben, die am Kreuz eingelesen werden.

So können nicht nur Kratzer beseitigt, sondern auch andere Bildteile innerhalb eines Bildes dupliziert werden.

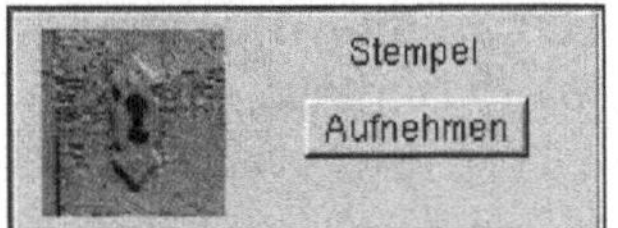

Die zweite Möglichkeit besteht darin, einen Referenzbereich aus einem beliebigen Bild im Fenster „Collage" abzulegen und in das zu retuschierende Bild zu „stempeln". Hierzu aktivieren Sie unter „Quelle" den „Stempel", indem Sie im Feld „Stempel" den Schalter „Aufnehmen" betätigen und die Maus über das Bild bewegen. Der Cursor wird zu einem Auswahlrechteck. Der Inhalt des Cursors hängt von der Zoomeinstellung des Bildes ab. Sie können so ein ganzes Bild oder nur einen sehr kleinen Ausschnitt aufnehmen. Um den Referenzbereich festzulegen, muß sich das Bild im Editiermodus befinden. Wenn Sie die linke Maustaste betätigen, erscheint der Inhalt des Auswahlrechtecks im Feld „Stempel". Wenn Sie den Inhalt dieses Stempels verändern wollen, verschieben Sie die Maus und klicken erneut die linke Maustaste. Wollen Sie die Aufnahme beenden, betätigen Sie die rechte Maustaste oder erneut den Schalter „Aufnehmen".

Nun können Sie den Inhalt des Stempels auf ein beliebiges Bild übertragen. Schalten Sie es in den Editiermodus und betätigen Sie die linke Maustaste. Der Inhalt des Stempelkissens wird gemäß der gewählten Pinselform auf das Bild *gestempelt*.

Für beide Quellen bestehen noch verschiedene Einstellmöglichkeiten. Unter „Einstellungen" können Sie mit dem Schieberegler die Deckkraft des Pinsels festlegen. Bei 100 % hat der Pinsel die volle Deckkraft und überlagert das darunterliegende Bild komplett.

Unter „Kanalauswahl" können Sie den oder die Kanäle auswählen, die bearbeitet werden sollen.

5.6.3 Manuelle Manipulation

Für manuelle Manipulationen stellt OneVision die „Werkzeugfunktionen"
zur Verfügung. Sie basieren ebenfalls auf dem Bitmap Controller.
Durch die „Werkzeugfunktionen" können verschiedene klassische
Maltechniken nachempfunden und damit in einem Bild besondere
Akzente gesetzt werden.

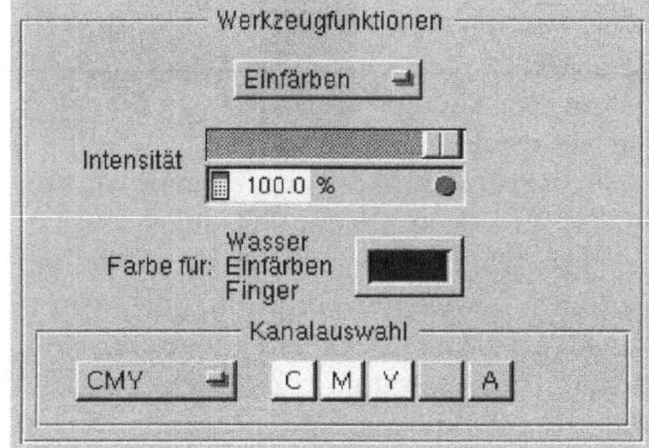

Durch Klicken auf das Icon zu den „Werkzeugfunktionen" öffnen Sie
das dazugehörige Fenster. Im „Arbeitsbereich" des Bitmap Controllers stellen Sie „Werkstatt" oder „Dynamischer Pinsel" ein. Mehr Informationen zu den Arbeitsbereichen finden Sie in der Online-Hilfe.
Arbeiten Sie auch hier mit Feindaten. Beachten Sie, daß die effektive
Werkzeuggröße immer abhängig von der Zoomstufe ist!

Werkzeugfunktionen

Im Abschnitt „Werkzeugfunktionen" können Sie zwischen den
einzelnen Werkzeugen wählen.
Öffnen Sie dieses Fenster das erste Mal, ist
die Funktion „Einfärben" aktiv. Mit dieser
Funktion können Sie malen wie mit einem
Filzschreiber, einer Zeichenfeder oder einem
Airbrush. Die Wirkung des Werkzeugs
hängt von der Deckkraft – mit dem Schieberegler „Intensität" einzustellen – und
den Einstellungen in der „Werkzeug-Werkstatt" oder dem „Dynamischen Pinsel" ab.
Über das Farbwahlfeld können Sie die Farbe des Malwerkzeuges bestimmen.

Funktion „Einfärben"

Mit den Funktionen „Heller" oder „Dunkler" können Sie mit dem Pinsel Bildbereiche aufhellen (oben im Bild mit 15 %) oder abdunkeln (unten im Bild mit 20 %). Auch hier können Sie einzelne Kanäle aus den verschiedenen Farbräumen (CMY, RGB, HIS) zur Bearbeitung wählen. Das Ergebnis hängt stark vom gewählten Farbraum ab. Durch den Schieberegler können Sie die Stärke der Abdunkelung variieren.

Funktionen „Heller" oder „Dunkler"

Um Bildbereiche unter dem Werkzeug negativ darzustellen, wählen Sie die Funktion „Invertieren". Helle Partien werden dunkler und Farben werden durch ihre Komplementärfarben ersetzt. Bei der Arbeit mit dieser Funktion sollten Sie unter „Pinselwirkung" in der „Werkzeug-Werkstatt" oder im „Dynamischen Pinsel" die Schalter „Zusammenfassen" und „Ersatzdarstellung" aktiviert haben. Durch „Ersatzdarstellung" wird die Funktion erst ausgeführt, wenn Sie nach dem Markieren des zu invertierenden Bereichs im Bild die Maustaste loslassen. Während Sie markieren, wird der bearbeitete Bereich nur eingefärbt. Damit eine Funktion nur

Funktion „Invertieren"

einmal auf einen Bereich angewandt wird, auch wenn Sie öfter mit dem Pinsel darüber fahren, muß „Zusammenfassen" angeklickt sein. Nur so vermeiden Sie, daß invertierte Bereiche wiederholt invertiert werden.

Die Funktionen „Vermindern" und „Erhöhen" sind ähnlich denen des Aufhellens bzw. des Abdunkelns. Jedoch können Sie mit diesem Werkzeug die Farbkanäle einzeln bearbeiten und somit lokale Farbkorrekturen vornehmen.

Die Wirkung des Werkzeugs hängt ganz von dem gewählten Farbmodell ab. Haben Sie die Funktion „Vermindern" aktiviert, werden die Farbwerte gesenkt. Im CMYK-

Funktionen „Vermindern" und „Erhöhen"

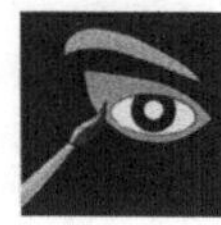

Farbraum bedeutet dies, daß der oder die Kanäle heller werden (oben im Bild: Magenta 15 %), im RGB-Raum, daß diese dunkler werden (rechts im Bild: Grün 20 %). Im HIS-Raum ist die Wirkung für jeden Kanal unterschiedlich. Haben Sie nur den Farbtonkanal (H) aktiviert, dann findet eine Farbverschiebung statt (im Bild unten 85 %); ist nur der Intensitätskanal (I) gewählt, nimmt die Helligkeit ab und im Sättigungskanal (S) die Sättigung der Farbe.

Mit der Funktion „Wasser" können Sie Wasserfarben simulieren. Die Wirkung ist ähnlich der eines Schwamms, der über das Bild geführt wird. Die Farben verlaufen, die Detailkontraste werden gemindert und Konturen lösen sich auf. Auch hier hängt die Wirkung von der Einstellung des Schiebereglers ab. Je höher der Prozentsatz, desto mehr wird das Bild „verwässert". Die Wirkung hängt stark vom gewählten Farbraum und Kanal ab. Besondere Möglichkeiten bietet hier der HIS-Raum. Wählt man zum Beispiel nur den Farbtonkanal (H), können Farbsäume manuell beseitigt werden, ohne die anderen Parameter zu ändern. Über das Farbwahlfeld können Sie eine Farbe zur Bildfarbe zumischen; über die Deckkraft im Fenster „Farben" bestimmen Sie, wie hoch der Prozentsatz der zugemischten Farbe ist.

Funktion „Wasser"

Der „Finger" eignet sich ebenfalls zum Verwischen von Konturen. Er wirkt auf das Bild ähnlich einem Finger, der noch feuchte Farbe verschmiert. Wie bei „Wasser" haben Sie auch hier die Möglichkeit, eine Farbe hinzuzumischen. Den Farbanteil regeln Sie über den Deckkraftregler im Farben-Fenster und die Stärke der Wirkung über den Schieberegler in den „Werkzeugfunktionen". Im Gegensatz zu „Wasser" können Sie hier aber nur die Kanäle, nicht das Farbmodell wählen. Die Funktion „Finger" eignet sich zum Beispiel, um Bewegungsunschärfen zu simulieren oder um Übergänge in Composings zu verwischen.

Funktion „Finger"

5.6.4 Scharfzeichnen von Bildern

Am Ende einer jeden Bildbearbeitung sollte das Scharfzeichnen stehen, denn durch das Scannen und verschiedene Bildbearbeitungsoperationen tritt ein Schärfeverlust ein. Dadurch werden vorhandene Konturen abgeschwächt und die Bilder erscheinen unscharf. Schärfefilter schaffen hier Abhilfe. Sie verstärken die Konturen, so daß das Bild schärfer erscheint. Eine Zunahme an Informationen findet aber nicht statt; die vorhandenen Details werden nur verstärkt. Hierzu stellt OneVision unter den „Filterfunktionen" drei verschiedene Filter zur Verfügung, die sich in ihrer Wirkung nur leicht unterscheiden.

Die Filterfunktionen basieren ebenfalls auf dem Bitmap Controller. Sie eignen sich sowohl für globale Bildoperationen – Schärfen des ganzen Bildes – als auch für lokale Manipulationen – Schärfen mit dem „dynamischen Pinsel" oder der „Werkstatt". Da die Wirkung eines Filters sich nicht mit der Art der Operation ändert, soll hier nur das globale Schärfen behandelt werden.

Filter-Icon

Durch Klicken auf das Icon der „Filterfunktionen" wird das dazugehörige Fenster geöffnet. Im oberen Bereich befindet sich der Bitmap Controller, der oben näher beschrieben ist. Hier stellen Sie unter „Arbeitsbereich" „Ganzes Bild" ein.

Im unteren Teil des Fensters finden Sie die Einstellmöglichkeiten für die einzelnen Filter. Im linken Popup-Menü wählen Sie den Filtertyp aus. Fast allen Filtern gemein ist die Möglichkeit, die Inten-

sität, die Matrix und das Farbmodell mit den dazugehörigen Kanälen festzulegen.

Mit „Intensität" bestimmen Sie die Stärke des Filters. Je höher der Wert, desto stärker die Filterwirkung. Wenden Sie einen Filter mehrfach an, so hat dies nicht dieselbe Wirkung wie eine einmalige Filterung mit der Gesamtintensität der einzelnen Filterungen. Mit „Matrix" legen Sie fest, wieviele Bildpunkte zur Berechnung des zu filternden Pixels einbezogen werden. Je größer die Matrix ist, desto differenzierter ist die Filterwirkung. Mit der Größe der Matrix steigt auch die Berechnungszeit des Filters. Unter „Kanalwahl" und „Farbmodell" können Sie einstellen, in welchem Farbraum und Kanal die Filterung durchgeführt wird. Diese Parameter haben maßgeblich Einfluß auf die Berechnung und Wirkung des Filters. Die Funktion „Setzen" ist bei den hier beschriebenen Filtern nicht aktiv.

Bevor Sie mehr über Schärfefilter erfahren, finden Sie hier noch einige Tips:

Sichern Sie ein Bild, bevor Sie es mit einem Filter bearbeiten, da eine Filterung nicht rückgängig gemacht werden kann.

Nutzen Sie die „Undo"-Funktion von OneVision beim Einsatz von Filtern. Hierzu füllen Sie den „Undo Puffer" im OneVision-Menü unter „Editieren". Entspricht die Wirkung des Filters nicht Ihren Vorstellungen, können Sie durch „Undo" im selben Untermenü wieder zur alten Fassung des Bildes zurückkehren.

Gerade bei größeren Bildern empfiehlt es sich, den Filter in einem Bildausschnitt auszuprobieren, bevor das ganze Bild gefiltert wird. Sie sparen so Rechenzeit und können die Wirkung des Filters direkt mit dem Original vergleichen. Zum Erstellen von Bildausschnitten dient das OneVision-Werkzeug „Bild ausschneiden", welches Sie durch das dazugehörige Icon starten.

Bild ausschneiden

Im Werkzeugfenster können Sie im Bereich „Größenverhältnis" festlegen, ob der Ausschnitt ein definiertes Seitenverhältnis haben soll. Es reicht nicht, dieses einzugeben. Zusätzlich muß hinter „Beachten" ein Haken gemacht werden. Unter Größe wird die Ausdehnung Ihres Ausschnitts in Pixeln angegeben.

Schalten Sie das Bild in den Element-editieren-Modus, und bewegen Sie den Cursor auf das Bild. Hier wechselt er zu einem Fadenkreuz. Wenn Sie die Maustaste drücken, können Sie einen Rahmen aufziehen. Lassen Sie die Maustaste los, erzeugt OneVision ein neues Bild mit dem Inhalt des Fadenkreuzes.

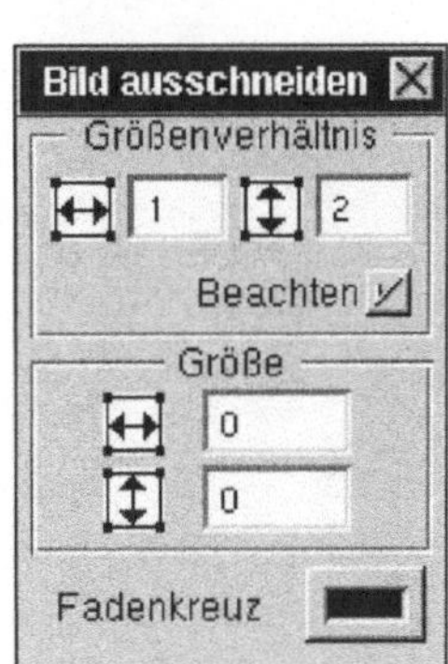

Verschieben Sie das entstandene neue Bild auf einen freien Platz der Arbeitsfläche. Kopieren Sie es nun mehrmals nebeneinander (z.B. über Menü „Element"/„Mehrfach Duplizieren…"), und testen Sie verschiedene Filtereinstellungen an den Kopien.

Kleine Bilder können Sie auch ganz kopieren, um Filtereinstellungen direkt zu vergleichen.

Der Schärfefilter

Der Schärfefilter ist ein Standardfilter der Bildbearbeitung. Der Filter wirkt auf Tonwertdifferenzen in den einzelnen Kanälen und erhöht diese abhängig von der eingestellten „Intensität". Mit ihm wird vorhandene Schärfe verstärkt.

Durch eine größere Matrix werden kleinste Strukturen – auf Pixelebene – nicht mitgeschärft. Sie vermeiden so, daß zum Beispiel auf Tonwertschwankungen basierende Unruhen in Farbflächen (z.B. Filmkorn) noch verstärkt werden.

Bei den Farbmodellen spielt hier der HIS-Farbraum eine besondere Rolle. Beim ersten Aufruf der „Filterfunktionen" ist dieser standardmäßig eingestellt, der Intensitäts-Kanal ist aktiviert. Schärfen Sie nur die „Intensität" eines Bildes, laufen Sie nicht Gefahr, Farbsäume zu erzeugen. Diese können aber entstehen, wenn Sie mit hoher Filterstärke im CMYK- bzw. CMY-Modell oder dem Farbkanal im HIS-Modell arbeiten.

Der selektive Schärfefilter

Auch dieser Filter erhöht die Tonwertdifferenz in den einzelnen Kanälen. Zusätzlich zu den Einstellungen, die der „Schärfefilter" aufweist, finden Sie hier noch den Punkt „Beachtung der vorhandenen Schärfe". Mit diesem Regler können Sie bestimmen, wie weit die vorhandene Bildschärfe beachtet wird. 100 % stellt eine Bildstelle mit höchster Bildschärfe dar und 0 % eine ohne. Stellen Sie hier einen Wert ein, zum Beispiel 50 %, so werden nur diejenigen Bildbereiche geschärft, die eine geringere Bildschärfe als 50 % aufweisen. Die Stärke des Filters steigt kontinuierlich an bis zum halben eingestellten Prozentwert und fällt dann wieder ab. Haben Sie z. B. den Wert 40 % eingestellt, so wird eine Bildstelle mit 20 % Vorschärfe am stärksten gefiltert, ab 40 % wird nicht mehr gefiltert.

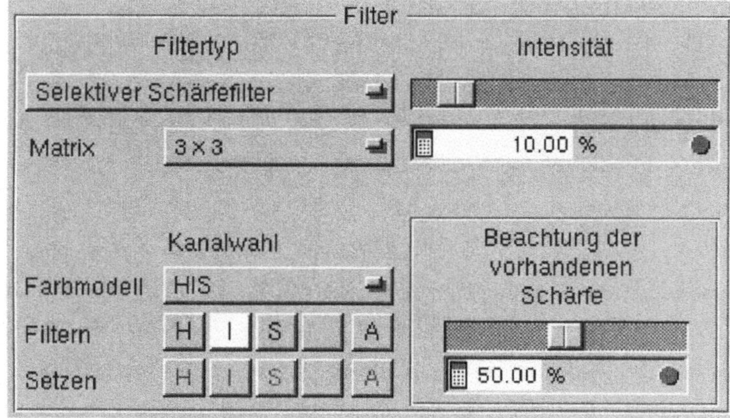

Die Einstellungen des Farbmodells und der Kanäle haben die gleiche Wirkung, wie beim Schärfefilter.

Mit diesem Filter vermeiden Sie Überschärfung bei vorhandenen Konturen, da hohe Tonwertdifferenzen nicht weiter erhöht werden.

Detailkontrastverstärkung

Wie bei den anderen Schärfefiltern wird auch hier die Tonwertdifferenz zwischen den Bildpunkten verstärkt, um so vorhandene Konturen hervorzuheben. Im Gegensatz zu den anderen Schärfefiltern wird die Wirkung des Filters nicht über die „Matrix" sondern über

die „Ausdehnung" gesteuert. Hier geben Sie an, bis zu wieviel Pixel die Kontur verstärkt werden soll.

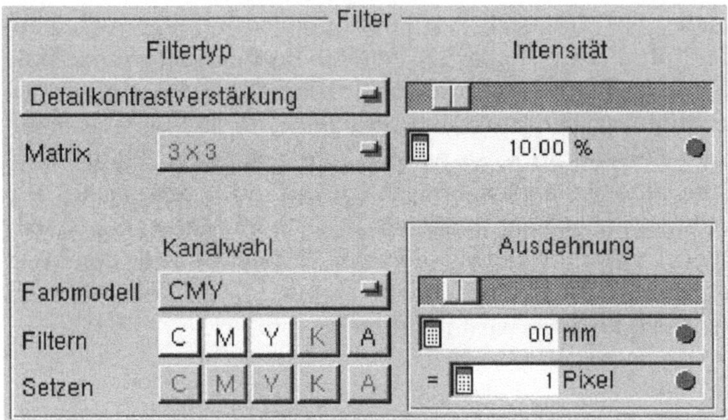

Die Wirkung der gewählten Farbkanäle entspricht dem Schärfefilter.

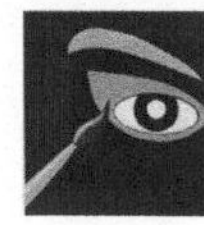

**Bildbeispiele
für das
Scharfzeichnen
von Bildern**

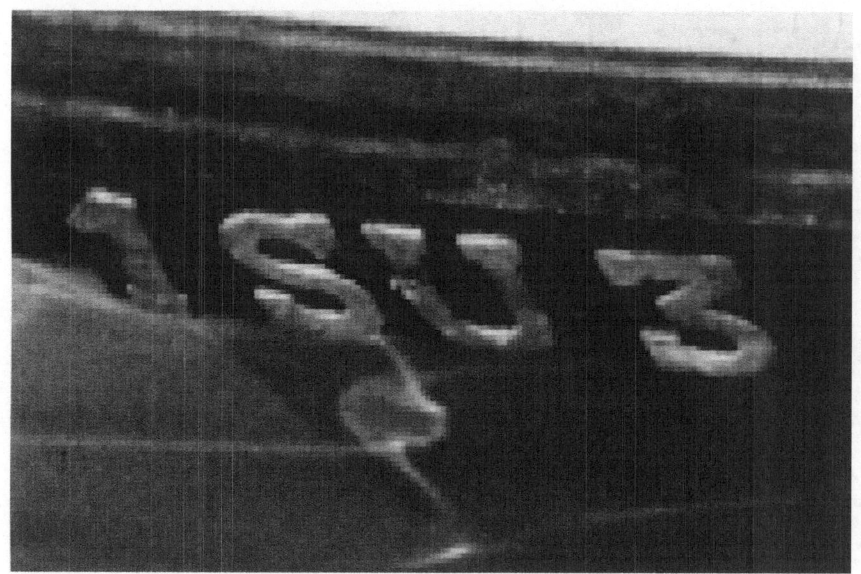

ungeschärftes Original

Schärfefilter

Selektiver Schärfefilter

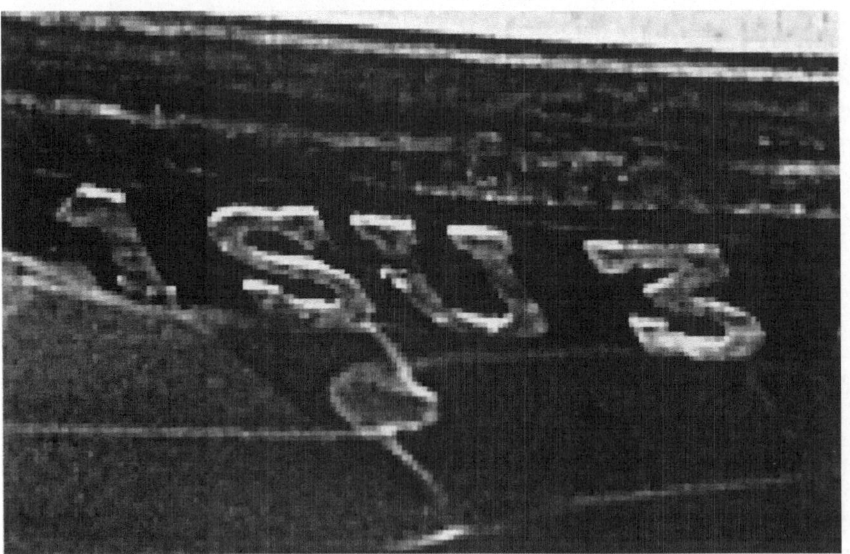

Detailkontrastverstärkung

5.6.5 Störungen entfernen

Störungen in einem Bild beruhen meist auf Pixeln, die stark von ihrer Umgebung abweichen. Dies können helle Pixel in dunklen Flächen, dunkle Pixel in hellen oder aber farbige Pixel in neutralen Tönen sein. Durch diese Pixel entsteht in diesen Bereichen ein Tiefen-, Lichter- oder ein Farbrauschen. Auch zum Beseitigen dieser Fehler stellt OneVision verschiedene Filter zur Verfügung. Hierzu gehören der „Mittelwert-", der „Maximal-", der „Minimal-" und der „Medianfilter".

Überscharfe Kanten oder Strukturen können ebenfalls den Bildeindruck mindern. Zum Beseitigen dieser Fehler können Sie neben den vorher genannten Entstörungsfiltern auch den „Unschärfefilter" nutzen.

Diese Filter erreichen Sie wie die Schärfefilter über das Icon der „Filterfunktionen". Weitere Informationen und Tips über das Handhaben von Filtern können Sie unter 5.6.4 „Scharfzeichnen von Bildern" erfahren.

Filterfunktionen

Unschärfefilter

Durch den „Unschärfefilter" werden Bilder oder Bildbereiche weichgezeichnet. Der Detailkontrast wird gesenkt, wodurch feine Strukturen geglättet werden.

Bei Composings kann durch gezielten Einsatz von Unschärfe Tiefe im Bild erzeugt werden. Wenn einzelne Bildbereiche stark weichgezeichnet werden, zum Beispiel der Hintergrund, wirken Montagen häufig natürlicher, da sie dem natürlichen Seheindruck entsprechen.

Der Unschärfefilter eignet sich auch dazu, harte Masken weichzuzeichnen und somit Übergänge homogener zu gestalten.

Tip!
zum Unschärfefilter

Mittelwertfilter

Der „Mittelwertfilter" beseitigt Rauschen in allen Bildbereichen oder feinste Strukturen. Entsprechend der gewählten Matrixgröße wird jeder Bildpunkt durch den gewichteten Mittelwert seiner Nachbarn ersetzt. Hierdurch verliert das Bild jedoch an Schärfe.

Medianfilter

Der „Medianfilter" hat eine ähnliche Wirkung wie der „Mittelwertfilter", beeinflußt die Schärfe des Bildes allerdings weniger als dieser.

Durch ihn werden einzelne Pixel, die von ihrer Umgebung abweichen, beseitigt. Besonders Farbrauschen in den Neutraltönen wird mit dem „Medianfilter" gemildert.

Minimalwert- und Maximalwertfilter

Ähnlich dem „Medianfilter" werden mit diesen beiden Filtern Pixel beseitigt, die von Ihrer Umgebung abweichen. Durch den „Minimalwertfilter" werden hellste Bildpunkte beseitigt, das Bild wird etwas dunkler. Durch den „Maximalwertfilter" werden dunkle Bildpunkte beseitigt. Hierdurch wird das Bild etwas heller.

Tip!

zu Minimal- und Maximalwertfilter

Bilder, die mit einem Flachbettscanner eingelesen wurden, weisen in großen, dunklen Bildbereichen meist ein starkes Tiefenrauschen auf. Beschränken Sie den Wirkungsbereich des Minimalwertfilters durch eine weiche Maske nur auf die Tiefen eines Bildes, wird das Tiefenrauschen beseitigt, ohne daß die Lichter abgedunkelt werden. Dasselbe gilt für den Maximalwertfilter im Lichterbereich.

Bildbeispiele zur Entfernung von Störungen

Originalbild

Mit dem Unschärfefilter behandelt

Maximalwertfilter

Minimalwertfilter

Mittelwertfilter

Medianfilter

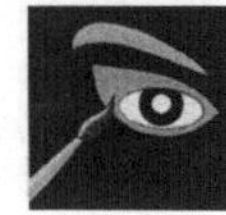

5.7 Bilder maskieren

Eine Maske hat den Sinn, Bildstellen vor weitere Bearbeitung zu schützen. OneVision-Image bietet mehrere Möglichkeiten an, Bilder zu maskieren oder Bildbereiche freizustellen. Sie können Masken entweder manuell erstellen oder OneVision diese Arbeit überlassen, oder eine Kombination von beidem wählen. Die Vorgehensweise hängt dabei vom Bildmaterial und vom Ziel der Maskierung ab.

Die wohl wichtigste Maske ist die Bildmaske. Sie dient in vielen OneVision-Werkzeugen dazu, Bereiche zu schützen. Beim Speichern eines Bildes wird die Bildmaske mitgesichert.

Am Beispiel der Bildmaske werden die weiteren Schritte erklärt. Daneben gibt es noch Arbeitsmasken. Wollen Sie Informationen darüber, sehen Sie bitte in der Online-Hilfe unter „Masken und Maskierung" nach.

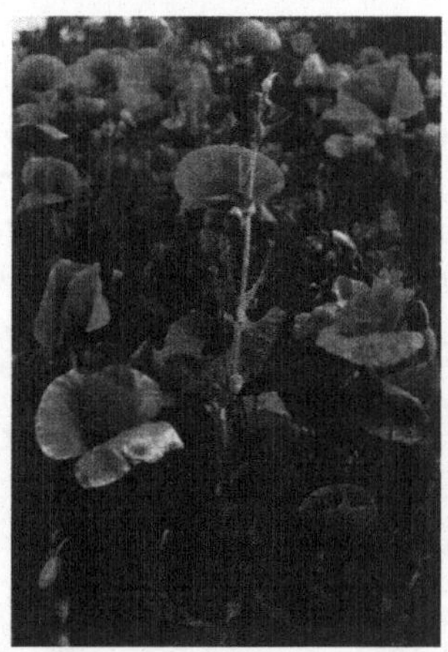

Mit einer groben Maske (gelbe Farbfläche) können Sie z. B. Bildbereiche vor Farbänderungen schützen.

5.7.1 Maskieren mit dem Autolasso

Das „Autolasso" ist ein Werkzeug, mit dem Sie automatisch Masken generieren können. Um mit diesem Werkzeug Masken zu erstellen,

sollte das zu maskierende Objekt oder seine Umgebung wenig Strukturen und Farben aufweisen. Ebenfalls sollten klare Grenzen zwischen dem Objekt und seiner Umgebung erkennbar sein. Schnellste Ergebnisse erzielen Sie, wenn Ihr Objekt auf einfarbigem, glattem Untergrund steht.

Sie rufen das „Autolasso"-Fenster über das dazugehörige Icon in der OneVision-Image Iconleiste auf. Um das Autolasso anzuwenden, muß sich das Bild im Editiermodus befinden.

Im oberen Teil des Fensters sehen Sie die Werkzeuge des Autolassos: die Pipette (✐), den Pinsel (◦) und den Wischfinger (✐). Die Pipette ist das Hauptwerkzeug des Autolassos. Mit ihr nehmen Sie Farben aus dem Bild auf. OneVision sucht ähnliche Farbbereiche im Bild und selektiert diese.

Unter dem Pipetten-Symbol im „Autolasso"-Fenster finden Sie Symbole, durch die Sie OneVision mitteilen, in welchem Bereich es nach ähnlichen Farben suchen soll. Hier stehen Ihnen der ganze Bereich, ein löchriger Bereich und ähnliche Farben im ganzen Bild zur Verfügung. Haben Sie „Ganzer Bereich" gewählt, selektiert OneVision eine zusammenhängende Fläche ähnlicher Farbe. Lücken werden automatisch geschlossen.

In der Funktion „Löchriger Bereich" werden zusammenhängende Farbflächen mit ähnlichen Farben selektiert. Bereiche mit anderen Farbwerten werden ausgelassen, es können Löcher bleiben.

Um Bereiche mit ähnlichen Farben im ganzen Bild zu ermitteln, unabhängig davon, ob sie zusammenhängen oder durch andere Farbbereiche getrennt sind, selektieren Sie mit der Funktion „Gesamtes Bild".

Autolasso-Icon

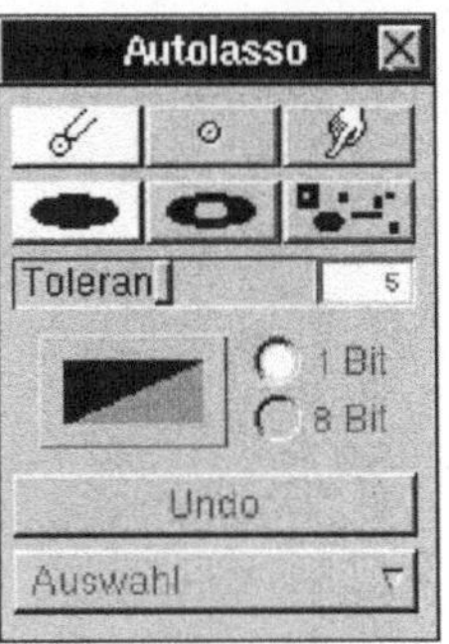

Maskierung
„Löchriger Bereich"

Maskierung
„Gesamtes Bild"

Maskierung
„Ganzer Bereich"

Mit dem Regler „Toleranz" bestimmen Sie, wie sehr die zu markierenden Farben von dem ausgelesenen Farbwert abweichen dürfen. Je höher der „Toleranz"-Wert ist, desto größer ist der selektierte Bereich, um so höher ist jedoch auch die Gefahr, daß auch Farbbereiche selektiert werden, die nicht markiert werden sollen.

Der mit Hilfe des Autolassos markierte Bereich kreist den zu schützenden Bildbereich ähnlich einem Lasso ein. Deshalb müssen Sie den Hintergrund eines Objekts selektieren, um ein Objekt mit einer Maske zu versehen.

Sie selektieren einen Bereich, indem Sie den Cursor in das Bild bewegen – der Cursor wird zum Pipetten-Symbol – und in den zu selektierenden Bereich klicken. Um zum selektierten Bereich weitere Farbwerte hinzuzufügen, halten Sie die Umschalttaste gedrückt. Die Pipette wird um ein „Plus" ergänzt. Jetzt können Sie durch Klicken in den nächsten Farbbereich die Selektion erweitern. Um Farbbereiche zu deselektieren, halten Sie die Steuerungstaste gedrückt. Daß nun Farbbereiche subtrahiert werden, wird durch ein „Minus" am Cursor symbolisiert. Sie können die Selektion durch Verändern der „Toleranz" dynamisch vergrößern oder verkleinern.

Da sowohl der Pinguin als auch der Hintergrund hauptsächlich aus Grautönen besteht, mußte die Maske manuell erstellt werden.

Wo die Automatik versagt, können Sie manuell eingreifen. Hierzu steht Ihnen im „Autolasso" ein Pinsel zur Verfügung, mit dem Sie von Hand die Selektion korrigieren können. Wenn Sie den Pinsel aktiviert haben, können Sie mit dem Schieberegler die Pinselstärke bestimmen. Wie bei der Pipette fügen Sie durch Drücken der Um-

schalttaste Bereiche zu einer vorhandenen Selektion hinzu oder ziehen mit der Steuerungstaste Teile ab.

Mit dem letzten Werkzeug des „Autolassos", dem Wischfinger, werden kleine Löcher in selektierten Bereichen, die aus mehreren Selektionen entstanden sind, geschlossen.

Über das Farbwahlfeld bestimmen Sie die Farbe und die Deckkraft, mit denen der selektierte Bereich angezeigt wird.

Mit den Schaltern „1 Bit" oder „8 Bit" erstellen Sie reine Schwarz/Weiß-Masken oder Masken mit 256 Graustufen.

Haben Sie sich einmal verklickt oder entspricht eine Selektierung nicht Ihren Vorstellungen, so können Sie diese rückgängig machen. Dazu betätigen Sie den „Undo"-Schalter, der daraufhin zum „Redo"-Schalter wird. Damit können Sie dann das „Undo" wieder rückgängig machen.

Sind alle zu maskierende Bereiche selektiert, stehen Ihnen im Popup „Auswahl" noch weitere Möglichkeiten zur Verfügung, den selektierten Bereich zu verändern. Sie können z. B. die Auswahl pixelweise verkleinern oder vergrößern. Mit dieser Funktion können Sie feine Farbsäume um die Objekte vermeiden.

Haben Sie zuvor „8 Bit" aktiviert, können Sie den selektierten Bereich mit einer weichen Auswahlkante versehen.

Bei „1 Bit" können Sie den selektierten Bereich glätten. Damit werden einzelne Pixel und Löcher am Rand der Selektion beseitigt.

Nachdem der selektierte Bereich Ihren Vorstellungen entspricht, muß dieser in die Bildmaske übertragen werden. Wählen Sie im „Auswahl"-Popup den Punkt „Übertragen...". In dem sich öffnenden Fenster aktivieren Sie „Übertragen" „nach" „Bildmaske".

Unter „Verknüpfungsart" stellen Sie ein, ob die zu erstellende Bildmaske eine vorhandene ersetzen oder mit der alten kombiniert werden soll. Mit „Vereinigung" und „Durchschnitt" bilden Sie eine Kombination aus der alten und der neuen Bildmaske. Durch „Vereinigung" werden selektierte Bereiche von der vorhandenen Maske abgezogen; mittels „Durchschnitt" werden die nicht selektierten Bereiche zu der Bildmaske hinzugefügt.

Sind die Bereiche, die eigentlich nicht selektiert werden sollen, einfacher zu selektieren als der übrige Teil des Bildes, können Sie diesen Teil selektieren und die Selektion dann über das OneVision-Menü mit „Editieren"/„Selektion invertieren" umkehren.

5.7.2 Manuelles Maskieren

Das manuelle Maskieren von Bildern ist der aufwendigere Weg, eine Maske zu erstellen, der sich aber manchmal nicht vermeiden läßt. Dies ist dann der Fall, wenn sowohl der zu maskierende Bereich als auch dessen Umgebung ähnliche Farben aufweisen, keine klare Trennung dazwischen erkennbar ist oder beide strukturiert sind. Hier versagen alle automatischen Maskierungsmethoden.

Wollen Sie einen Bereich nur grob durch eine Maske schützen, kann aber die manuelle Maskenerstellung auch der schneller Weg sein.

Zum manuellen Erstellen einer Maske rufen Sie die „Werkzeugfunktionen" durch einfaches Klicken des Icons auf. Dieses Werkzeug wurde bereits unter 5.6.3 „Manuelle Manipulation" beschrieben.

Werkzeugfunktionen-Icon

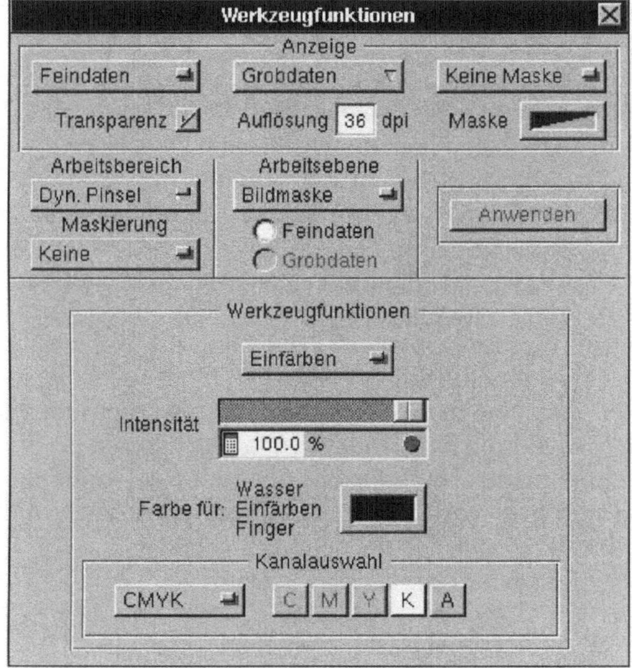

Im Werkzeugfenster finden Sie im oberen Teil den Bitmap Controller. Um eine Maske zu malen, stellen Sie im Arbeitsbereich „Werkstatt" oder „Dynamischer Pinsel" und in der „Arbeitsebene" „Bildmaske" ein. Um zu sehen, was Sie dort malen, müssen Sie zusätzlich unter

„Anzeige" die „Bildmaske" aktivieren. Damit Sie die Maske gut vom Bild unterscheiden können, wählen Sie über das Farbwahlfeld „Maske" eine leuchtende Farbe, die im Bild möglichst nicht enthalten ist.

Im unteren Teil des Fensters wählen Sie zum Malen der Maske die Funktion „Einfärben".

Da auch die „Bildmaske" über 256 Graustufen verfügt, können Sie über den Regler „Intensität" die Deckkraft der Maske bestimmen. An Stellen, wo die Maske eine Deckkraft von 100 % besitzt, ist das Bild vor jeglicher Bearbeitung geschützt, wenn Sie die Maske aktiviert haben. Ist die Deckkraft kleiner als 100 %, wird das Bild an dieser Stelle nur teilweise geschützt.

Unter „Farbe für: Einfärben..." können Sie eine Farbe wählen. Da Sie jedoch in einem Graustufenkanal arbeiten, verändern Sie mit der Farbe nur die Deckkraft der Maske. Um nicht nachvollziehbare Ergebnisse zu vermeiden, sollte hier stets Schwarz aktiviert sein, wenn Sie eine Maske malen.

Durch Malen im Bild können Sie jetzt abhängig von der Werkzeugform eine Maske erstellen, die weiche oder harte Kanten hat, grobflächig oder fein strukturiert ist. Die Größe des Pinsels können Sie sowohl über seine Abmessungen in der „Werkzeug-Werkstatt" oder dem „Dynamischen Pinsel", als auch über den Zoomfaktor regulieren.

Haben Sie eine Bildstelle versehentlich maskiert, brauchen Sie nicht gleich die ganze Maske neu zu erstellen. Stellen Sie im Farbwahlfeld unter „Farbe für: Einfärben..." die Farbe auf Weiß. Nun können Sie falsche Maskenteile durch einfaches Übermalen wegradieren. Um schnell zwischen maskieren und radieren wechseln zu können, sollten Sie das Farbwahlfeld geöffnet halten. Befinden Sie sich dort im Graustufenmodus, müssen Sie nur den Regler für die Helligkeit bewegen und das Werkzeug wechselt stufenlos zwischen Radiergummi und Pinsel.

Teil 6

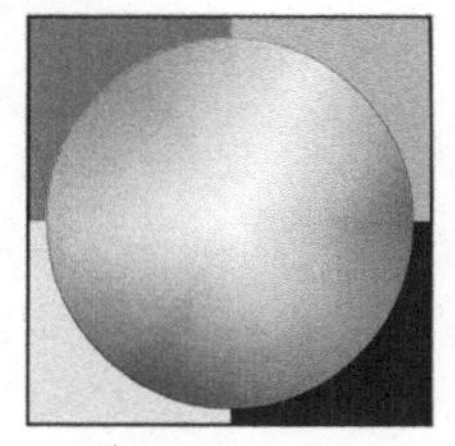

Farb-
reproduktion

von Hauke Hell

6.1 Einleitung

Im Handbuchteil „Farbreproduktion" wird Ihnen gezeigt, wie die Verarbeitung von Farbe im OneVision-System funktioniert. Es wird erklärt, welche Farbmodelle zur Verfügung stehen, welche Eigenschaften diese besitzen und wie Sie sie einstellen. Eine genaue Anleitung zur Bedienung des Farben-Fensters entnehmen Sie dagegen bitte dem Kapitel 1.5 „Farben".

Unter 6.3 „Farbseparation" erfahren Sie, wie Sie die eingestellten Farben möglichst gut wieder reproduzieren. Dabei geht es um die Farbseparation (RGB→CMYK), die Ausgabekalibrierung mit Transferkurven und die Einstellung des Monitors für eine möglichst gute Vorschau auf das Druckergebnis.

6.2 Das Farben-Fenster

Über die genaue Bedienung der verschiedenen Seiten des Farben-Fensters informiert Sie das Kapitel 1.5 „Farben". An dieser Stelle wird nur kurz auf die unterstützten Farbräume und deren Ausgabe eingegangen.

6.2.1 Modi des Farben-Fensters

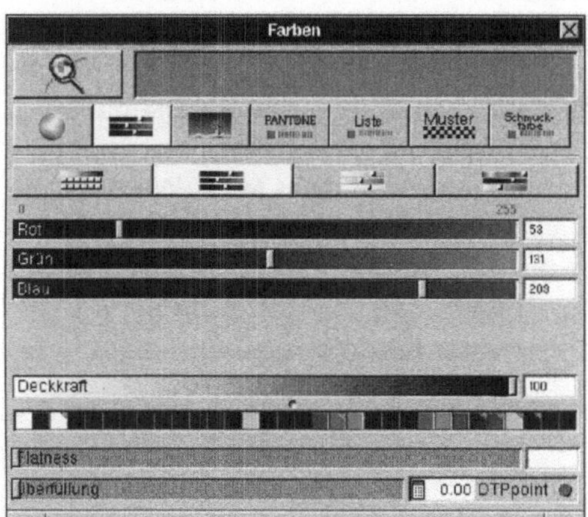

Das Farben-Fenster unterstützt eine Reihe verschiedener Modi, in denen Sie Farben einstellen können. Es ist aber wichtig zu wissen, welche Farbräume dabei intern tatsächlich verwendet werden. Außerdem muß man erkennen können, in welchem Farbraum vorhandene Farben angelegt sind. Beides sehen Sie an den Farbwahlfeldern, die unten abgebildet sind. Beachten Sie dabei die ausgesparten oder nicht ausgesparten Ecken:

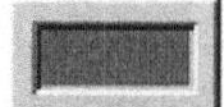

(keine Ecke ausgespart):   *Graustufen oder RGB*

(rechts oben ausgespart):   *CMYK*

(graues Rechteck):   *Pantone (= RGB & CMYK)*

(links unten ausgespart):   *Schmuck- oder Auszugsfarbe*

Wichtig!

Beachten Sie, daß der Farbraum *nur* durch diese Zeichen angezeigt wird, das bloße Umschalten des Fensters ändert die Farbdefinifion noch nicht. Erst wenn Sie Änderungen an den Werten vornehmen, wird auch der Farbraum geändert! Dieses gibt Ihnen die Möglichkeit, RGB- oder CMYK-Farben in eine OneVision-Farbenliste oder die Schmuckfarbenliste zu übertragen (siehe 1.5 „Farben").

RGB

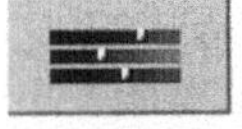 

RGB ist im OneVision-System ein geräteunabhängiger Farbraum, nämlich der im PostScript-Standard definierte *CalibratedRGB*. Dieser läßt sich eindeutig in die von der *Commision International d'Eclairage* (CIE) definierten farbmetrischen Farbräume wie *XYZ* oder *L*a*b** umrechnen, ist also eindeutig.

In Farbwahlfeldern erkennen Sie RGB-definierte Farben daran, daß innen keine Ecke ausgespart ist.

Sie können auch dann mit RGB-Farben arbeiten, wenn Sie auf einem CMYK-Gerät drucken möchten, weil Sie die Farbseparation (RGB→CMYK) jederzeit genau kontrollieren können, worüber Sie das nächste Kapitel genauer informiert. Um die CMYK-Wiedergabe einer RGB-Farbe zu überprüfen, klicken Sie „Drucken"/„Druckparameter"/„Kalibrierung"/„Rendering…". Unten im Fenster finden Sie die „Einzelfarbvorschau", die die CMYK-Werte einer beliebigen RGB- oder HIS-Farbe so anzeigt, wie sie aus dem oben gewählten Rendering resultiert.

HIS

Eine dem menschlichen Denken besser angepaßte Beschreibung von Farben geht nach *Farbton* (H = Hue) *Helligkeit* (I = Intensity), und *Sättigung* (S = Saturation). Dieser Farbraum wird in OneVision als HIS angeboten, intern allerdings nach RGB umgerechnet.

Wenn Sie eine Farbe wählen, ist es also egal, ob Sie dieses mit den RGB- oder den HIS-Reglern tun. Nicht egal ist es allerdings, ob die Werkzeuge von OneVision-Image im RGB- oder HIS-Modus angewendet werden, weil die Berechnungen unterschiedlich sind. Beispielsweise sieht ein HIS-Verlauf ganz anders aus als ein RGB-Verlauf, selbst wenn dieselben Parameter eingestellt sind.

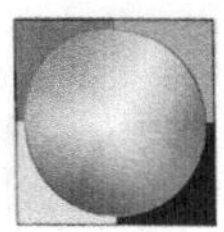

Graustufen

Diese bilden in OneVision keinen eigenen Farbraum, sondern sind ein Sonderfall des RGB-Farbraumes, wenn die Werte von R, G und B exakt (!) gleich sind. Beachten Sie, daß dies nur der Fall ist, wenn Sie die Farbe entweder mit dem Graustufen-Regler, mit den HIS-Reglern bei vollständig (!) auf 0 gestellter Sättigung oder mit den RGB-Reglern *numerisch* einstellen! Verändern Sie die Schieber mit der Maus, so müssen gleich angezeigte Zahlenwerte nicht unbedingt auch intern identisch sein, da intern mit höherer Genauigkeit gerechnet wird.

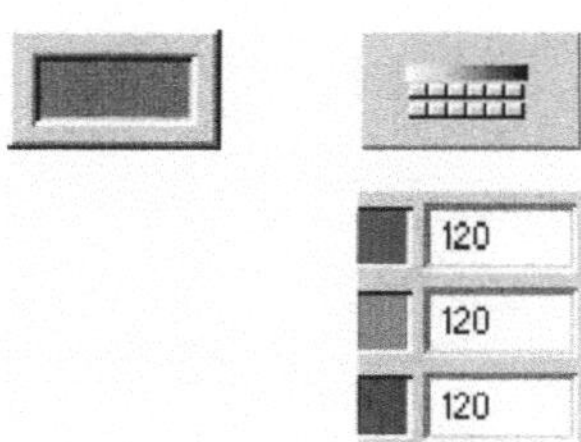

Ein wichtiger Unterschied zwischen Graustufen und RGB-Farben ergibt sich beim Drucken: In der PostScript-Ausgabe wird graue Farbe als solche geschrieben. Es ist also nicht gesagt, daß das RIP sie in gleicher Weise behandelt wie RGB-Farben. Das gleiche gilt auch für die Farbseparation in OneVision (siehe auch nächstes Kapitel):

Graue Vektorobjekte (Text und Vektorgrafik) sowie Graustufen- und Schwarz/Weiß-Bilder werden grundsätzlich unbunt separiert, das heißt, nur aus Schwarz aufgebaut!

Wichtig!

Wenn man das verhindern möchte, sollte man die gewünschte CMYK-Farbe verwenden. Hierfür ist die OneVision-Farbenliste hilfreich, worüber Sie das Kapitel 1.5 „Farben" ausführlich informiert. Graustufen- und Schwarz/Weiß-Bildern kann man mit dem Werkzeug „Bildinformation" eine bestimmte Farbe zuweisen.

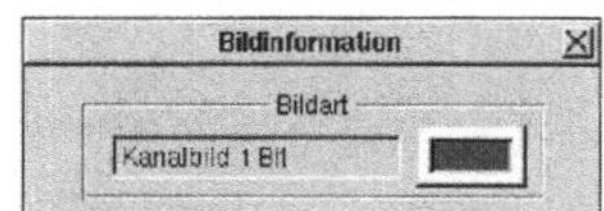

CMYK

CMYK-Farbdefinitionen erkennen Sie an der rechts oben ausgesparten Ecke. In CMYK eingestellte Farben werden in OneVision immer *genau so* gedruckt, wie sie eingestellt sind. Mit Hilfe einer Farbmischtafel, in der alle CMY(K)-Kombinationen eines Druckverfahrens abgedruckt sind, können Sie also das Druckergebnis zuverlässig vorhersagen.

Beachten Sie aber, daß verschiedene CMYK-Geräte ganz unterschiedlich drucken, was insbesondere mit dem zunehmenden Einsatz von Digitaldruckmaschinen, Farbkopierern und anderen Farbdruckern eine Rolle spielt. Als Ausweg bietet sich an, geräteunabhängig in RGB zu arbeiten, für verschiedene Ausgabegeräte verschiedene Farbseparationen (siehe nächstes Kapitel) zu erstellen und so trotzdem die CMYK-Ausgabe zu kontrollieren.

Die Monitordarstellung von CMYK-Farben können Sie mit dem auf der OneVision-CD befindlichen Programm CMYKAdjust beeinflussen, dessen Einstellungen auch für die Umrechnung zwischen RGB und CMYK im Farben-Fenster herangezogen werden. CMYKAdjust ist nicht zu verwechseln mit den Einstellungen zur Farbseparation im Fenster „Rendering…", die nur auf die Druckausgabe und die Umwandlung von RGB nach CMYK bei Bildern wirken (mehr dazu im nächsten Kapitel).

Pantone

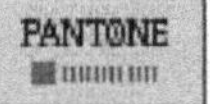 

Die Farben der Pantone-Listen, die Sie an einem feinen grauen Rechteck erkennen, haben eine Zwittereigenschaft: Sie haben sowohl eine RGB- als auch eine CMYK-Definition. Die erste wird für die Darstellung auf RGB-Geräten, wie z. B. dem Monitor, letztere für CMYK-Ausgabe verwendet.

Auf derselben Seite des Fensters finden Sie noch weitere Farblisten und können sogar eigene definieren, die Ihnen dann systemweit zur Verfügung stehen. Die voreingestellte NeXT-Liste enthält RGB-Farben. Wenn Sie die HKS-Farben installiert haben, finden Sie diese ebenfalls hier, sie enthalten die CMYK-Ersatzdefinitionen des genormten HKS-Fächers.

Schmuckfarben

Hierzu werden auch die Auszugsfarben Cyan, Magenta, Yellow und Black (mit diesen Bezeichnungen) sowie die Spezialfarbe „All" gezählt, die auf allen Auszügen erscheint. Sie erkennen Schmuckfarbdefintionen an der links unten ausgesparten Ecke. Am Farbwahlfeld kann man allerdings nicht sehen, ob die Schmuckfarbe auf „Prozeß" umgeschaltet wurde, wobei Sie sich dann wie eine CMYK-Farbe verhält.

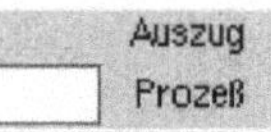

Jede Schmuckfarbe hat eine CMYK-Definition, die bei der Ersetzung durch Prozeßfarben (siehe Schalter rechts vom Auszugsnamen) und allgemein für die Darstellung am Monitor verwendet wird. Wenn Sie mit einer Schmuckfarbe drucken, die nicht mit der CMYK-Skala dargestellt werden kann, was ja häufig gerade der Sinn des Einsatzes einer Schmuckfarbe ist, wird diese daher nicht ganz originalgetreu, sondern mit ihrer CMYK-Ersatzdarstellung angezeigt. Dieses gilt auch für Pantone-Farben, sobald diese in die Schmuckfarbenliste gezogen werden.

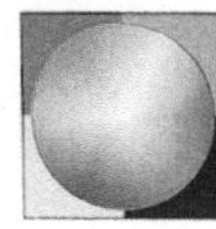

Um die CMYK-Repräsentation einer Schmuckfarbe zu kontrollieren, selektieren Sie diese in der Schmuckfarbenliste, wechseln dann auf die Schieberegler und dort auf die CMYK-Schieber. In den Zahlenfeldern werden Ihnen die CMYK-Werte der Schmuckfarbe angezeigt.

CMYK-Repräsentation kontrollieren

Wenn Sie die CMYK-Repräsentation ändern wollen, stellen Sie mit den CMYK-Reglern die neuen Werte ein und legen diese Farbe per Drag-and-Drop in der Ablage unten im Farben-Fenster ab.

Schmuckfarben ändern

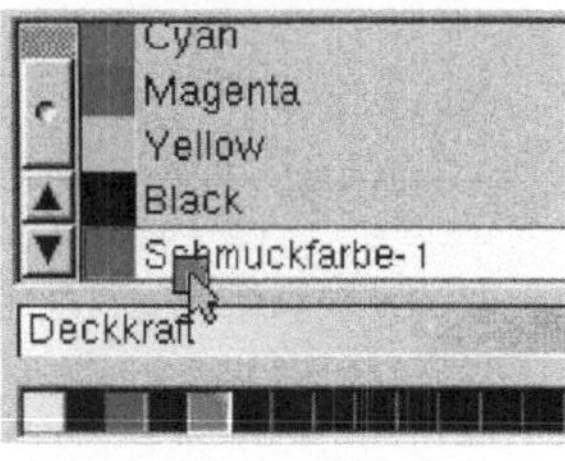

Wechseln Sie in die Schmuckfarbenliste, selektieren Sie die zu ändernde Schmuckfarbe und ziehen Sie dann die neue CMYK-Ersatzfarbe aus der Ablage in die Liste. Sie werden nun gefragt, ob Sie die selektierte Schmuckfarbe ändern oder eine neue anlegen wollen.

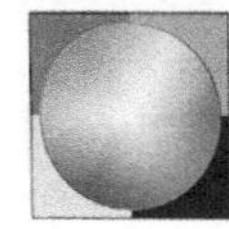

6.3 Farbseparation

6.3.1 Farbmischung

Bevor der Weg von RGB nach CMYK erläutert wird, möchten wir Ihnen zum besseren Verständnis kurz die Grundlagen der verschiedenen Farbmischungen erklären.

RGB

Vereinfacht kann man sich die Wahrnehmung des menschlichen Auges so vorstellen, daß es drei unterschiedliche Sinneszellen gibt, die ihre maximale Empfindlichkeit in jeweils unterschiedlichen Farbbereichen haben:

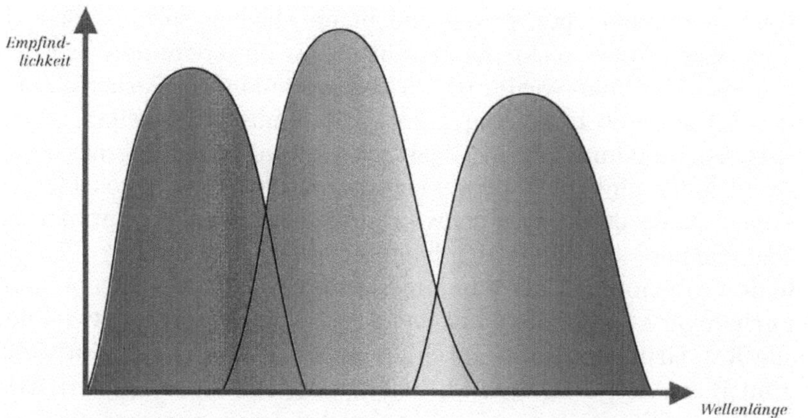

Farbempfindung des Auges (vereinfachtes Modell)

Die einen Zellen werden vorwiegend durch blaues, die nächsten am meisten durch grünes und die dritte Sorte hauptsächlich durch rotes Licht angeregt. Wenn man im Auge einen bestimmten Farbeindruck hervorrufen will, bietet es sich also an, rotes, grünes und blaues Licht zu verwenden, um damit die Sinneszellen gezielt anzusprechen. Genau das tut z. B. der Computermonitor. Diese Methode, Farben zu mischen, nennt man *Additive Farbmischung*.

Additive Farbmischung

Tatsächlich sind Farbmischung und Farbempfindung etwas komplizierter, für das Verständnis der Farbreproduktion reicht diese Darstellung aber aus.

Alle Scanner und Digitalkameras messen in RGB oder mit RGB-ähnlichen Farbfiltern. Es gibt grundsätzlich keine CMYK-Scanner; Scanner, die als solche arbeiten, messen in RGB und führen das Rendering nach CMYK intern durch.

HIS

Der Mensch denkt allerdings nicht in Rot-Grün-Blau-Anteilen, sondern in *Buntton*, *Helligkeit* und *Sättigung*. Dafür gibt es in OneVision den HIS-Farbraum (H = hue, I = intensity, S = saturation), der aber ein reines Rechenmodell ist. Intern werden die Daten in RGB gespeichert.

CMY

Papier kann normalerweise nicht aktiv Licht aussenden, deswegen bringt man Farbe auf, die nur einen Teil des Lichtes reflektiert. Wenn man nebeneinander rote, grüne und blaue Flächen so klein druckt, daß sie vom Auge nicht mehr einzeln wahrgenommen werden können, dann hat man wieder das Prinzip der additiven Farbmischung und kann (theoretisch beliebig viele) Zwischentöne darstellen. Allerdings ist nur maximal ein 66 %iges Schwarz (also dunkelgrau) möglich, weil jeder eingefärbte Punkt noch mindestens 1/3 des Lichtes reflektiert. Außerdem ist es schwierig, die einzelnen Farbpunkte so klein zu machen, daß sie optisch ineinander verschwimmen.

Subtraktive Farbmischung

Beide Probleme löst man, indem man lasierende (durchscheinende) Farben verwendet, die nicht nur einen, sondern jeweils zwei der Anteile Rot, Grün und Blau durchlassen. Rot und Grün ergibt Gelb, Rot und Blau Violett (Magenta), Grün und Blau Türkis (Cyan). Will man z. B. ein reines Rot erzielen, dann druckt man genau die Farben aufeinander, die Rot enthalten, also Gelb und Magenta. Dann wird an dieser Stelle nur noch Rot durchgelassen. Für Grün und Blau gilt das entsprechend. Weniger gesättigte Farben werden erzielt, indem man alle drei Farbstoffe aufeinander druckt. Bei gleichen Anteilen bekäme man im Idealfall Grau (je nach Menge des Farbstoffs zwischen Weiß und Schwarz). In der Praxis funktioniert das aber nicht ideal (Stichwort „Graubalance"), insbesondere schwarze Töne erscheinen eher dunkelbraun.

Beim Flachdruck, bei dem Halbtöne durch Rasterung simuliert werden, liegen vor allem bei den hellen Tönen die Rasterpunkte nicht nur übereinander, sondern auch nebeneinander. Man hat es hier also sowohl mit additiver als auch subtraktiver Farbmischung zu tun. Diese Mischform wird *autotypische Farbmischung* genannt. Sie läßt sich mathematisch kaum beschreiben, weil der tatsächliche Anteil von additiver und subtraktiver Farbmischung von vielen Parametern abhängt: Transparenz der Druckfarben, Tonwertzunahme, Rasterpunktform und Rasterberechnung (amplituden- oder freqzenzmoduliert). Es ist deswegen unumgänglich, die passende Wiedergabe der RGB-Farben („Rendering") für jeden Druckprozeß individuell einzustellen.

Autotypische Farbmischung

6.3.2 Vierfarbdruck

Schwarzaufbau (BG)

Wegen des unzureichenden CMY-Schwarz druckt man auf die dunklen Töne (Tiefen) noch zusätzlich schwarze Druckfarbe hinzu. Die Tiefen werden noch tiefer und neutraler und der Schärfeeindruck wird durch den höheren Kontrast verbessert.

Rufen Sie im Menü „Drucken"/„Druckparameter"/„Kalibrierung"/„Rendering…" auf. Hier finden Sie im Feld „Unbuntabgleich" die Kurve „BG", mit der Sie einstellen können, wieviel Schwarz für

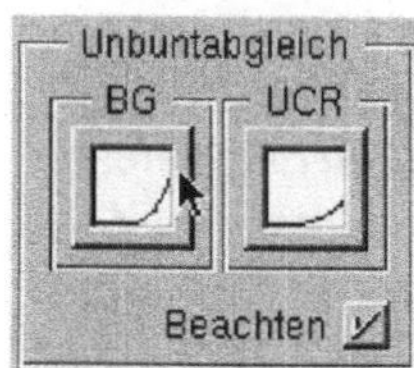

wieviel gemeinsamen Anteil von Cyan, Magenta und Gelb hinzugefügt werden soll. Klicken Sie auf den Rand des Kurvenfeldes, um den Kurveneditor aufzurufen. Informationen über die Bedienung des Kurveneditors finden Sie im Teil *Basis* dieses Handbuches.

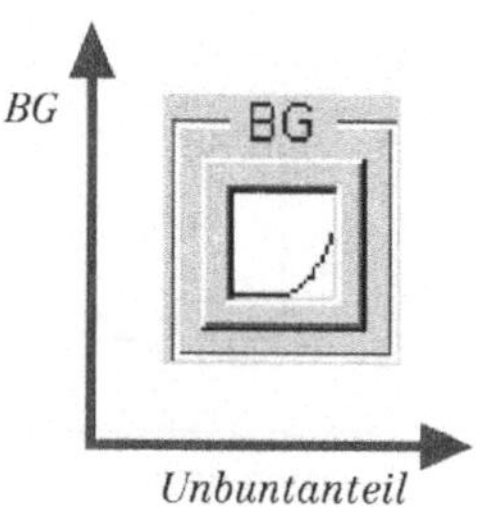

Unterfarben-Reduzierung (UCR)

„Unterfarben" sind die bunten Druckfarben Cyan, Magenta und Gelb. Sie heißen so, weil sie beim Offsetdruck üblicherweise zuerst, also unter der schwarzen Farbe gedruckt werden.

Wenn man in der zuvor beschriebenen Weise vier Farben aufeinander druckt, bekommt man leicht einen Gesamtfarbauftrag von über 300 %. Das ist ein Problem für den Drucker, denn das Papier wird zu naß. Also nimmt man aus den Tiefen etwas von den Unter-

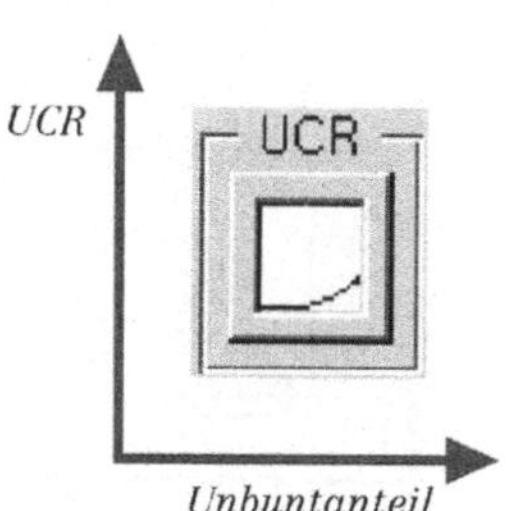

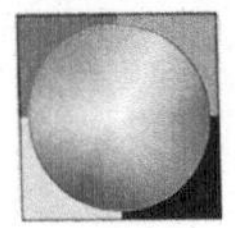

farben wieder heraus. Das ist zu einem gewissen Grade problemlos möglich, weil Cyan, Magenta und Gelb zusammen ohnehin nur Grau ergeben.

Grauanteil durch Schwarz ersetzen (GCR)

Anstatt Schwarzaufbau und Unterfarben-Reduzierung direkt einzustellen, können im Fenster „Drucken"/„Druckparameter"/„Kalibrierung"/„Kurvenberechnung…" auch die Kurven *GCR* und *UCA* erstellt werden. Aus diesen werden dann automatisch die oben erklärten *BG*- und *UCR*-Kurven berechnet, die Sie dann per Drag-and-Drop in das Fenster „Rendering" übertragen.

Sie stellen also entweder direkt *BG*- und *UCR*-Kurven im Rendering-Fenster ein, oder Sie benutzen die *GCR*- und *UCA*-Kurven im Fenster „Kurvenberechnung" als Hilfskurven zur Berechnung von *BG* und *UCR*.

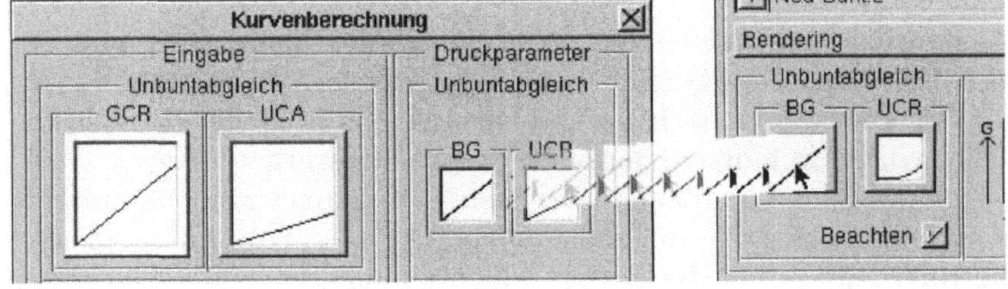

Beim GCR-Verfahren wird Pixel für Pixel geprüft, wie hoch der gemeinsame Anteil der drei bunten Farben (*gray component*) ist. Diesen ersetzt man durch Schwarz (*gray component replacement = GCR*). Beispiel: Ein Punkt mit $C = 30\,\%$, $M = 40\,\%$ und $Y = 50\,\%$ hat einen Grauanteil von $30\,\%$, könnte also auch mit $C = 0\,\%$, $M = 10\,\%$, $Y = 20\,\%$ und $K = 30\,\%$ gedruckt werden. Der Gesamtfarbauftrag verringert sich in diesem Beispiel von $120\,\%$ auf $60\,\%$. Außerdem wird die Gefahr von Farbschwankungen vermindert. Dieses Beispiel entspricht einer linearen GCR-Kurve mit einer Steigung $45\,°$.

UCA

Bei einem $100\,\%$igen GCR wie oben beschrieben würde der maximale Farbauftrag nicht im Schwarz, sondern in den stark gesättigten Tönen erreicht werden. Dadurch entstünde ein unschöner Bildein-

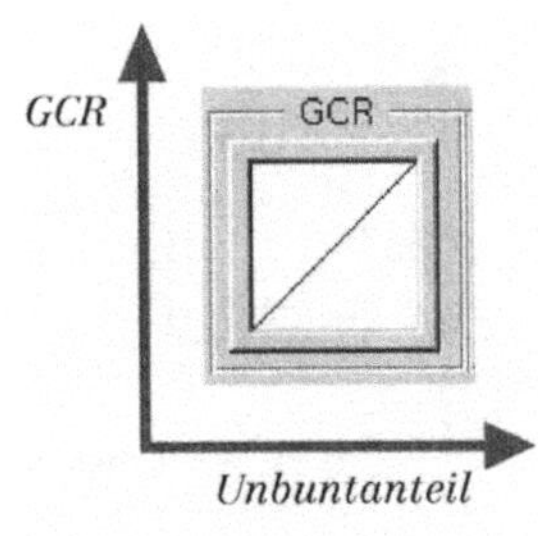

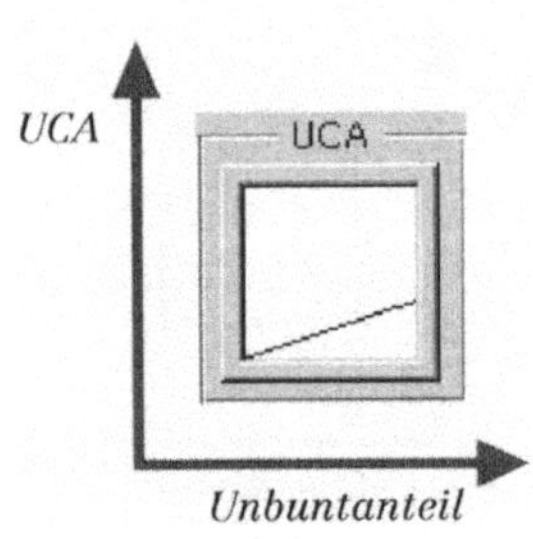

druck mit flauen Schattenbereichen. Um das zu vermeiden, gibt man eine Unterfarbzugabe-Kurve (*UCA = undercolor addition*) an, die zusätzlich zu Schwarz wieder etwas von den Unterfarben zu gleichen Teilen hinzu gibt. Für das obige Beispiel würde man mit nebenstehender UCA-Kurve folgende Werte erhalten: $C = 10\,\%$, $M = 20\,\%$, $Y = 30\,\%$ und $K = 30\,\%$. Ein reines Schwarz erhielte $C = 33\,\%$, $M = 33\,\%$, $Y = 33\,\%$ und $K = 100\,\%$.

Bunt- oder Unbuntaufbau?

Von einem reinen Buntaufbau spricht man, wenn keine Buntfarben entfernt werden, das Extrem wäre ein 3C-Druck. Ein reiner Unbuntaufbau liegt vor bei 100 %igem GCR ohne UCA. Ein Beispiel für letzteres sind übrigens die farbigen Abbildungen von Fenstern in diesem Handbuch. In der Praxis dürfte beides selten optimal sein, man wird sich also abhängig vom Druckverfahren einen passenden Mittelweg suchen.

Bei einem GCR und UCA, wie oben beschrieben, kommt der Farbauftrag maximal auf 200 %. Das dürfte für farbigen Zeitungsdruck passen, normalerweise sind aber etwa 240 % bis 300 % problemlos möglich. Nehmen Sie als Anhaltspunkte die beiden mitgelieferten Separationen „Standard" und „Skelett-Schwarz".

6.3.3 Farbkalibrierung (Buntabgleich)

Leider ist das Rot, das sich aus dem Zusammendruck von Magenta und Gelb ergibt, nicht unbedingt das gleiche Rot, das der Monitor anzeigt (zumal die Monitore alle verschieden sind). Das gleiche gilt für Grün und Blau. Außerdem ist beim autotypischen Druck (z. B. Offset mit rundem oder elliptischem Rasterpunkt) die subtraktive Farbmischung nicht so ideal, wie oben dargestellt, weil sich die Rasterpunkte nur teilweise überlappen.

Zur Anpassung gibt es als Teil der Rendering-Parameter eine *Farbkalibrierung*, die die Umrechnung der RGB-Werte nach CMY bestimmt. Für 27 verschiedene RGB-Werte stellen Sie ein, mit welcher CMY-Kombination diese gedruckt werden sollen. Der Schwarzanteil K bleibt hier noch unberücksichtigt. (Sie können allerdings auch hier K-Werte ungleich 0 % eingeben, wenn Sie zugleich den „Beachten"-Schalter im Feld „Unbuntabgleich" ausschalten.)

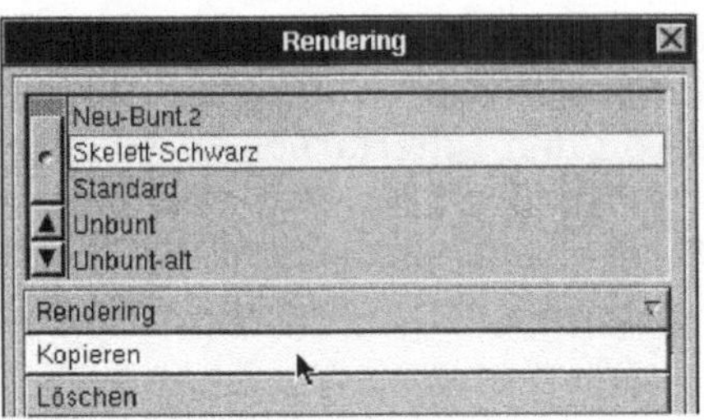

Die Kalibrierung führen Sie wie folgt durch: Zunächst benötigen Sie eine CMY-Farbtafel Ihres Drucksystems. Für den Fall, daß Sie keine solche Farbtafel zur Hand haben, befinden sich auf der OneVision-CD im Ordner „OneVision/DemoDokumente" die Dokumente „CMYTafel.1Vdoc" und „CMYTafel.A3.1Vdoc" die Sie ausdrucken und benutzen können. Wenn Ihnen eine Tafel vorliegt, öffnen Sie das Fenster „Rendering" (Menü „Drucken"/ „Druckparameter"/„Kalibrierung"/„Rendering…") und wählen in der Liste oben im Fenster das Rendering aus, das Ihren Wünschen am nächsten kommt. Dieses kopieren Sie und geben ihm einen neuen Namen.

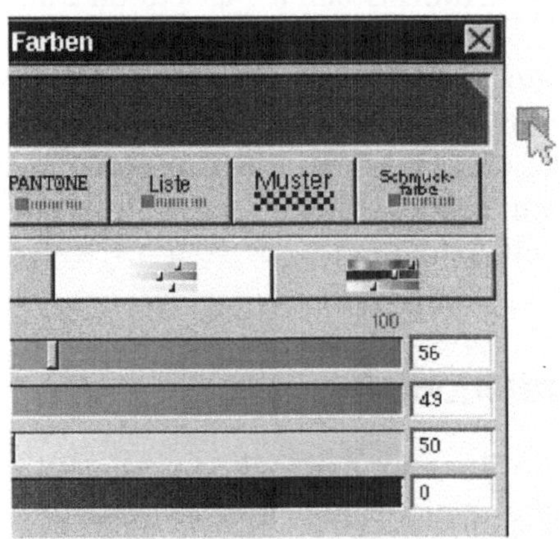

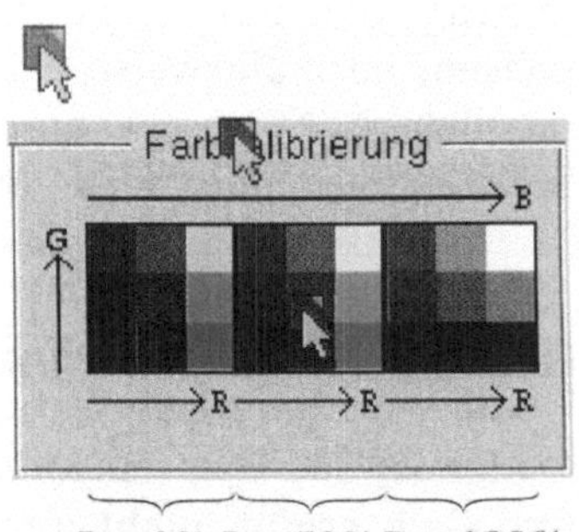

B = 0% B = 50% B = 100%

Den „Unbuntabgleich" schalten Sie zunächst aus. Um die Farbkalibrierung einzugeben, suchen Sie sich für jeden der 27 Werte aus der CMY-Tafel die passende Kombination heraus; beachten Sie dabei, daß die in den Feldern angezeigten Farben *keine* RGB-, sondern CMY-Farben sein sollten. Stellen Sie das Farben-Fenster also auf CMYK. Die K-Werte sollten Sie aber auf 0 lassen, denn den Schwarzaufbau bestimmen Sie besser über die UCR- und BG-Kurven (siehe vorigen Abschnitt). Beginnen Sie die Kalibrierung mit dem Farbfeld links oben: Mit welchen Werten für Cyan, Magenta und Gelb soll ein reines Grün gedruckt werden? Zum Vergleich der RGB-Farbe, deren

CMY-Rendering Sie gerade einstellen wollen, mit den Feldern der Farbmischtafel legen Sie ein Rechteck mit entsprechender RGB-Füllfarbe an. Stellen Sie die passenden Werte im CMYK-Modus des Farben-Fensters ein, und *ziehen* Sie die Farbe aus dessen Ablage in das gewünschte Farbfeld des Rendering-Fensters. Beim Auswählen der CMY-Werte sollte man bedenken, daß diese Einstellungen zwei Aufgaben erfüllen müssen: einerseits die Buntton-Kalibrierung, mit der das Druckergebnis an die RGB-Darstellung angeglichen wird und andererseits die Wiedergabe nicht-reproduzierbarer Farben wie beispielsweise einem 100 %igen Grün (engl. *gamut mapping*). Sie sollten bei der Auswahl der Farben darauf achten, daß diese nicht allzusehr entsättigt sind.

Wenn Sie glauben, gute Werte gefunden zu haben, machen Sie einen Testdruck mit diesem Rendering. Legen Sie auf Ihrem Testdokument neben geeigneten RGB-Bildern aus Ihrer Praxis auch einen RGB-Verlauf von Weiß nach Schwarz sowie einen ebensolchen Kanal-Verlauf mit dem Kanal „Black" (aus der Schmuckfarbenliste) an. Achten Sie darauf, daß der „Beachten"-Schalter im Feld „Unbuntabgleich" des Rendering-Fensters ausgeschaltet ist, und weisen Sie dem Dokument dieses Rendering zu („Drucken"/„Druckparameter"/„Dokument"/„Hinzufügen...", „Beachten" bestätigen). Wenn Sie Material

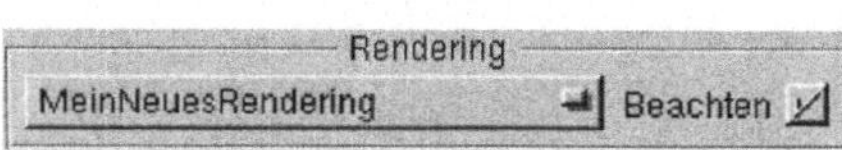

sparen möchten, dann schalten Sie bei der ersten Probe beim Drucken in der Auszugsverwaltung den Schwarzauszug aus. Dadurch wird allerdings der *K*-Verlauf nicht mehr gedruckt, was für eine erste Beurteilung jedoch kein Nachteil sein dürfte. Nach ein oder zwei Korrekturen sollten die Werte passen, wenn Ihr Druckverfahren nicht allzusehr vom Euroskalen-Druck abweicht.

Zur Erzielung einer guten Graubalance ist es empfehlenswert, schon während des Einstellens der Farben mit der Einzelfarbvorschau des Rendering-Fensters die Wiedergabe grauer Zwischentöne zu kontrollieren.

6.3.4 CMYKAdjust

Der Buntabgleich, mit dem die Konvertierung von RGB nach CMYK beeinflußt wird, ist nicht zu verwechseln mit dem Hilfsprogramm

Sie finden fertige Graukeile und anderes auf der CD im Dokument „OneVision/ DemoDokumente/Passerdokumente/Passerbeispiel.1Vdoc"

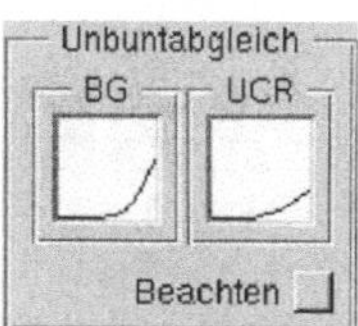

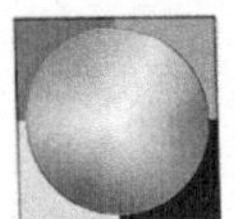

„CMYKAdjust", das die RGB-Darstellung von CMYK-Bildern auf dem Monitor bestimmt. Also:

Rendering: RGB   →   CMYK
CMYKAdjust: CMYK   →   RGB

Stellen Sie zuerst die Farbkalibrierung so ein, daß die Druckresultate von RGB-Farben der Darstellung auf dem Monitor möglichst nahekommen. Danach optimieren Sie mit CMYKAdjust die Monitordarstellung von CMYK-Farben (siehe Online-Hilfe im Programm).

6.3.5 Transferkurven

Fotosatzbelichter und insbesondere der Offsetdruck haben einen Tonwertzuwachs. Das heißt, daß dort, wo z.B. ein 50 %-Rasterpunkt gedruckt werden soll, tatsächlich ein 54 %-Punkt erscheint. In einem gewissem Rahmen ist das nicht zu vermeiden. Zur Kompensation dieses Effektes können in die PostScript-Datei die Transferkurven eingebunden werden, die für jede Intensität (=100 %-Rasterton) eine neue Intensität angeben, so daß der Zuwachs vollständig kompensiert wird.

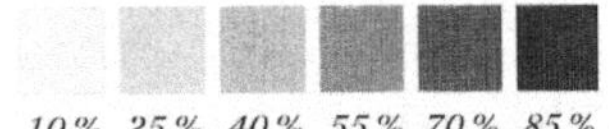

10 % 25 % 40 % 55 % 70 % 85 %

Zur Ermittlung des Punktzuwachses legen Sie sich auf einer Seite in fünf oder zehn Prozent abgestufte graue Felder an und gruppieren diesen Stufenkeil (Felder selektieren, ‹Befehl›+‹9› drücken). Dieser Gruppe weisen Sie dann Druckparameter zu (Menü „Drucken"/ „Druckparameter"/„Element"/„Hinzufügen…"). Wählen Sie den Kanal „Black", klicken Sie im Feld „Rastereinstellungen" „Beachten" und geben Sie Rasterweite, -winkel und Punktform an, mit denen Sie drucken wollen. Bestätigen Sie bei „Transferkurve" ebenfalls „Beachten". Es ist wichtig, daß die Transferkurve eine Gerade von links

unten nach rechts oben ist. Dies entspricht keinem Tonwertzuwachs. Würden Sie hier bereits eine angepaßte Transferkurve angeben, so müßten Sie anschließend die Meßwerte mit dieser Kurve verrechnen, was unnötig kompliziert wäre. Drucken Sie den Graukeil und messen Sie mit einem Densitometer die tatsächlichen Prozentwerte.

Die richtige Berechnung der Kurven zur genauen Punktzuwachs-Kompensation ist etwas knifflig, deswegen gibt es in OneVision die

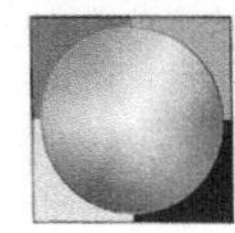

Möglichkeit, einfache Listen mit Meßwerten einzugeben. Rufen Sie im Menü „Drucken"/„Druckparameter"/„Kalibrierung" das Fenster „Kurvenberechnung" auf. Im Feld „Transferkurve" finden Sie jeweils für „Film" und „Druck" einen Schalter „Liste", mit dem Sie die Tonwertliste aufrufen. Füllen Sie die beiden Listen für Belichtung und Druck aus. Wenn Sie einstufig ausgeben, z. B. auf einem Farbdrucker, dann lassen Sie eine Liste unbeachtet. Das Fenster „Kurvenberechnung" ist wiederum nur eine Hilfe zur bequemen Bestimmung der Transferkurven, tatsächlich einbinden müssen Sie diese im Druckparameterfenster (Menü „Drucken"/„Druckparameter"/„Dokument"/„Hinzufügen..." oder .../„Zeigen..."). Klicken Sie dort in den Feldern „Rastereinstellungen" und „Transferkurve" jeweils „Beachten" an, und übertragen Sie die Kurve per Drag-and-Drop vom Kurvenfenster ins Druckparameterfenster. Dies müssen Sie für jeden Farbkanal einzeln machen! Die Transferkurven sind fester Bestandteil der Rasterparameter. Sie können also nicht ohne diese festgelegt werden.

Die Verwendung der Transferkurven birgt eine Gefahr: Wenn Ihr Belichtungsservice oder Ihre Druckerei schwankende Tonwertzunahmen ebenfalls softwaremäßig mit Transferkurven ausgleicht, die auf das RIP heruntergeladen werden, so sollten Sie nicht auch selbst Transferkurven in Ihren PostScript-Dateien verwenden, weil das RIP immer nur eine Transferfunktion (das müßte theoretisch nicht immer eine Kurve sein) beachten kann. Wenn eine PostScript-Datei solche Transferfunktionen enthält, so wird die voreingestellte nicht beachtet!

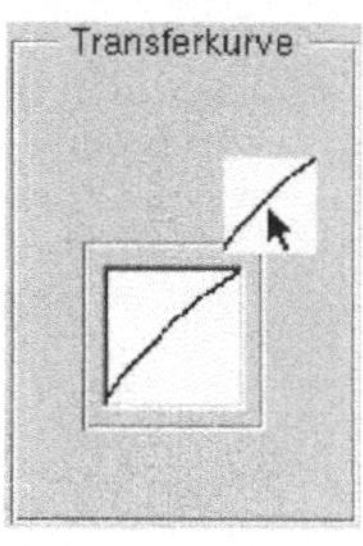

6.3.6 Wann separieren?

Es ist empfehlenswert, die in RGB gescannten Bilder in RGB weiterzuverarbeiten. Sie benötigen weniger Arbeitsspeicher als in CMYK, und Sie vermeiden Probleme, die mit dem Schwarzanteil und dem Buntabgleich zusammenhängen. Außerdem bleiben Ihre Dateien geräteunabhängig, weil Sie jederzeit das Rendering an einen anderen Druckprozeß anpassen können. Grafiken oder Textelemente, die volltonig wiedergegeben werden sollen, definiert man dagegen gleich in CMYK. Möchte man ein Element farblich auf ein anderes abstimmen, z. B. eine Überschrift auf einen Bildteil, dann nimmt man den Farbraum, den das Bild hat (Achtung: bei CMYK-Bildern Densitometer verwenden, die Lupe im Farben-Fenster „zapft" nur den Bildschirm – also RGB – an). Bei RGB-Bildern sollte man darauf achten, daß diese keine anderen Druckparameter haben als das darauf abzustimmende Element. Am besten vermeidet man es möglichst, Druckparameter für einzelne Elemente festzulegen.

Ganz auf das Separieren verzichten sollte man bei Druckern, die mit sehr speziellen Farben arbeiten, wie z. B. bei Farbkopierern und Thermosublimationsdruckern. Hier ist in der Regel eine optimierte Farbseparation eingebaut.

Die Farbseparation für die Ausgabe auf Diabelichtern verbietet sich von selbst, weil diese mit RGB-Filtern arbeiten und gar keinen schwarzen Farbstoff im Dia erzeugen.

Index